Caro aluno, seja bem-vindo à sua plataforma do conhecimento!

A partir de agora, você tem à sua disposição uma plataforma que reúne, em um só lugar, recursos educacionais digitais que complementam os livros impressos e são desenvolvidos especialmente para auxiliar você em seus estudos. Veja como é fácil e rápido acessar os recursos deste projeto.

1 Faça a ativação dos códigos dos seus livros.

Se você NÃO tiver cadastro na plataforma:
- Para acessar os recursos digitais, você precisa estar cadastrado na plataforma educamos.sm. Em seu computador, acesse o endereço <br.educamos.sm>.
- No canto superior direito, clique em "**Primeiro acesso? Clique aqui**". Para iniciar o cadastro, insira o código indicado abaixo.
- Depois de incluir todos os códigos, clique em "**Registrar-se**" e, em seguida, preencha o formulário para concluir esta etapa.

Se você JÁ fez cadastro na plataforma:
- Em seu computador, acesse a plataforma e faça o *login* no canto superior direito.
- Em seguida, você visualizará os livros que já estão ativados em seu perfil. Clique no botão "**Adicionar livro**" e insira o código abaixo.

Este é o seu código de ativação! → **SPMAT-ABY8B-DVMWC-XU3PG**

2 Acesse os recursos.

Usando um computador

Acesse o endereço <br.educamos.sm> e faça o *login* no canto superior direito. Nessa página, você visualizará todos os seus livros cadastrados. Para acessar o livro desejado, basta clicar na sua capa.

Usando um dispositivo móvel

Instale o aplicativo **educamos.sm**, que está disponível gratuitamente na loja de aplicativos do dispositivo. Utilize o mesmo *login* e a mesma senha da plataforma para acessar o aplicativo.

Importante! Não se esqueça de sempre cadastrar seus livros da SM em seu perfil. Assim, você garante a visualização dos seus conteúdos, seja no computador, seja no dispositivo móvel. Em caso de dúvida, entre em contato com nosso canal de atendimento pelo **telefone 0800 72 54876** ou pelo **e-mail** atendimento@grupo-sm.com.

MATEMÁTICA

VOLUME ÚNICO
ENSINO MÉDIO

ORGANIZADORA
EDIÇÕES SM
Obra coletiva concebida, desenvolvida e produzida por Edições SM.

EDITORA RESPONSÁVEL
Ana Paula Souza Nani

Felipe Fugita
Mestrando Profissional em Matemática pela Universidade do ABC (UFABC).
Licenciado em Matemática pelo Instituto de Matemática e Estatística da Universidade de São Paulo (USP).
Professor de Matemática na rede particular de ensino.

Marco Antonio Martins Fernandes
Licenciado em Matemática pela Fundação Instituto de Ensino para Osasco (FIEO).
Coordenador em curso de Educação de Jovens e Adultos.
Professor de Matemática na rede particular de ensino.

Milena Soldá Policastro
Mestra em Ensino de Ciências e Matemática pela Faculdade de Educação da USP.
Licenciada em Matemática pelo Instituto de Matemática e Estatística da USP.
Coordenadora Pedagógica na rede particular de ensino.
Professora de Matemática na rede particular de ensino.

Willian Seigui Tamashiro
Mestre em Engenharia Civil pela Escola Politécnica da USP.
Engenheiro Civil pela Escola Politécnica da USP.
Professor em Curso Pré-vestibular e Superior na rede particular de ensino.

São Paulo,
1ª edição 2015

***Ser Protagonista Box* Matemática – Volume Único**
© Edições SM Ltda.
Todos os direitos reservados

Direção editorial	Juliane Matsubara Barroso
Gerência editorial	Roberta Lombardi Martins
Gerência de processos editoriais	Marisa Iniesta Martin
Coordenação de área	Ana Paula Souza Nani
Edição	Adriana Ayami Takimoto, Daniela Beatriz Benites de Paula, Isabella Semaan, Larissa Calazans, Marcelo Augusto Barbosa Medeiros, Marcelo de Holanda Wolff, Simone Politi, Tomas Masatsugui Hirayama Manual do Professor: Clayton Bazani, Fernanda Festa, Paulo Roberto de Jesus Silva, Roberto Paulo de Jesus Silva
Apoio editorial	Ronan Carbone Petean Junior
Colaboração técnico-pedagógica	Adriana Soares Netto
Assistência de produção editorial	Alzira Aparecida Bertholim Meana, Camila Cunha, Flavia Casellato, Silvana Siqueira
Preparação e revisão	Cláudia Rodrigues do Espírito Santo (Coord.), Ana Paula Ribeiro Migiyama, Angélica Lau P. Soares, Eliane Santoro, Fernanda Oliveira Souza, Izilda de Oliveira Pereira, Nancy Helena Dias, Rosinei Aparecida Rodrigues Araujo, Sandra Regina Fernandes, Valéria Cristina Borsanelli, Marco Aurélio Feltran (apoio de equipe)
Coordenação de *design*	Erika Tiemi Yamauchi Asato
Coordenação de arte	Ulisses Pires
Projeto gráfico	Erika Tiemi Yamauchi Asato, Catherine Ishihara
Capa	Megalo Design. Ilustração: Natasha Molotkova
Edição de arte	Felipe Repiso, Melissa Steiner Rocha Antunes, Vitor Trevelin
Editoração eletrônica	Adriana Farias, Equipe SM
Iconografia	Josiane Laurentino (Coord.), Bianca Fanelli, Susan Eiko Diaz
Tratamento de imagem	Marcelo Casaro
Fabricação	Alexander Maeda
Impressão	Ricargraf

Dados Internacionais de Catalogação na Publicação (CIP)
(Câmara Brasileira do Livro, SP, Brasil)

Ser protagonista box : matemática : volume único :
  ensino médio / Felipe Fugita...[et al.] ; organizadora
  Edições SM ; obra coletiva concebida, desenvolvida e
  produzida por Edições SM ; editora responsável Ana
  Paula Souza Nani. — São Paulo : Edições SM, 2015. —
  (Coleção ser protagonista box)

Outros autores: Marco Antonio Martins Fernandes,
Milena Soldá Policastro, Willian Seigui Tamashiro
  Bibliografia.
  ISBN 978-85-418-1053-1 (aluno)
  ISBN 978-85-418-1054-8 (professor)

  1. Matemática (Ensino médio) I. Fugita, Felipe.
II. Fernandes, Marco Antonio Martins.
III. Policastro, Milena Soldá. IV. Tamashiro,
Willian Seigui. V. Nani, Ana Paula Souza. VI. Série.

15-04296   CDD-510.7

Índices para catálogo sistemático:
1. Matemática : Ensino médio 510.7

1ª edição, 2015
4ª impressão, 2019

Edições SM Ltda.
Rua Tenente Lycurgo Lopes da Cruz, 55
Água Branca 05036-120 São Paulo SP Brasil
Tel. 11 2111-7400
edicoessm@grupo-sm.com
www.edicoessm.com.br

Apresentação

A necessidade de contar sempre esteve presente na vida das pessoas. Isso teve início, provavelmente, quando os seres humanos eram simples coletores-caçadores e, para contar, se utilizavam dos dedos das mãos ou de pequenas marcas feitas em ossos, pedras, etc. Com o tempo, foi preciso mais do que os dedos das mãos e marcas em ossos para resolver os problemas de contagem.

Conforme os grupos humanos elaboravam modos mais complexos e diversos de viver em sociedade, novas necessidades surgiam, exigindo soluções igualmente inovadoras. E, para atender a muitas dessas necessidades, foram utilizadas ideias matemáticas. A expansão do comércio, por exemplo, incentivou a criação de unidades padronizadas de pesos e medidas e de sistemas de numeração. Isso evidencia que a Matemática é uma construção humana em um processo histórico, com possibilidades de aplicação em nosso cotidiano, que nos proporciona condições de vida cada vez melhores. Ela reúne métodos e técnicas que colaboram para o desenvolvimento de outras áreas, como a economia, a engenharia, a agronomia, e, ainda, de tecnologias nas áreas de informática, automação bancária, medicina, etc. Além de tudo isso, a Matemática é ferramenta fundamental para o entendimento dos fenômenos naturais, humanos e sociais. Com ela, tais fenômenos podem ser descritos, mensurados e relacionados.

Para que a Matemática continue sendo aprendida e continue transformando o mundo, é preciso que seu estudo contemple questionamentos e reflexões para que os alunos possam atribuir significados a ideias e procedimentos matemáticos.

Esta coleção foi elaborada considerando que, além de aprender Matemática, os alunos devem saber utilizá-la da melhor maneira possível, de modo ético, exercendo, assim, uma cidadania ativa, que faz diferença no dia a dia.

Esperamos poder contribuir para o aprender com prazer.

Equipe editorial

A organização do livro

As unidades são divididas em capítulos.

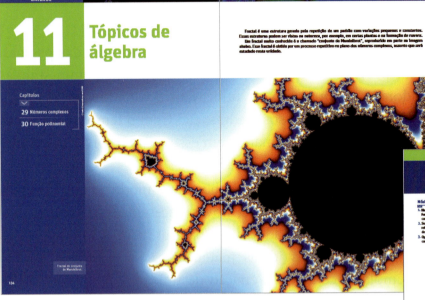

Abertura de unidade
Apresenta imagem em página dupla relacionada a algum conteúdo da unidade.

Os capítulos são divididos em módulos.

Abertura de capítulo
Imagem relacionada ao conteúdo que será trabalhado no capítulo.
O **Para começar** traz questões que buscam levantar os conhecimentos prévios dos alunos e ajudam a introduzir o que será abordado no capítulo.

A apresentação de conteúdos é feita de forma organizada.
Em alguns capítulos, são apresentados **recursos tecnológicos**, como o uso de calculadoras e de planilhas eletrônicas.

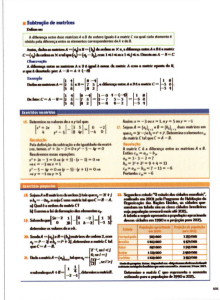

Exercícios resolvidos
Apresenta a resolução de alguns exercícios abordando estratégias que ajudarão na resolução dos exercícios propostos.

Exercícios propostos
Exercícios com diferentes níveis de dificuldade e de aplicação do conhecimento.

Esse ícone sinaliza o uso da calculadora na resolução do exercício.

4

Os módulos de conteúdo vêm acompanhados de boxes expositivos – **Um pouco de história**, **Para recordar**, **Saiba mais** – e de boxes que propõem atividades – **Ação e cidadania**, **Para refletir**, **Cálculo mental** e **Calculadora**.

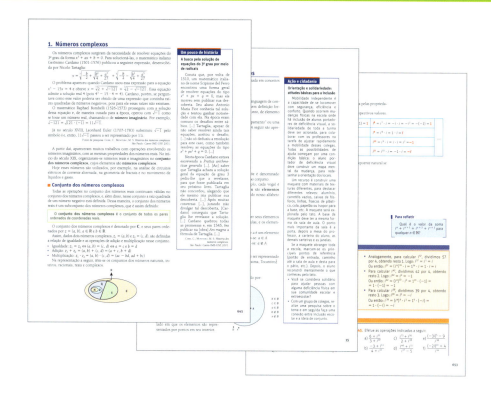

Exercícios complementares
A consolidação de conteúdos se faz na seção **Exercícios complementares**, ao final de cada capítulo.

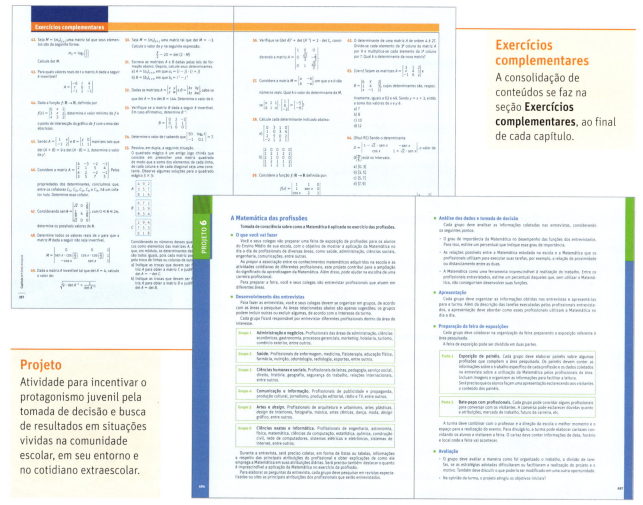

Projeto
Atividade para incentivar o protagonismo juvenil pela tomada de decisão e busca de resultados em situações vividas na comunidade escolar, em seu entorno e no cotidiano extraescolar.

5

Sumário geral

Parte I

Unidade 1 – Conjuntos 12

Capítulo 1   Conjuntos 14
1. Noções fundamentais de conjuntos 15
2. Subconjuntos e relação de inclusão 18
3. Operações entre conjuntos 20
- Exercícios complementares 24

Capítulo 2   Conjuntos numéricos 25
1. Conjuntos numéricos 26
2. Intervalos reais 32
- Exercícios complementares 35

Unidade 2 – Funções 36

Capítulo 3   Introdução às funções 38
1. Noção intuitiva de função 39
2. Definição de função 40
3. Função e gráfico 44
4. Função e proporcionalidade 48
5. Função injetora, função sobrejetora e função bijetora 51
6. Função inversa 53
- Exercícios complementares 55

Capítulo 4   Função afim 58
1. Introdução 59
2. Definição de função afim 60
3. Gráfico de uma função afim 64
4. Função afim e planilhas eletrônicas 69
5. Estudo do sinal de uma função afim e inequações do 1º grau 70
- Exercícios complementares 79

Capítulo 5   Função quadrática 80
1. Definição de função quadrática 81
2. Gráfico de uma função quadrática 86
3. Estudo do sinal de uma função quadrática e inequações do 2º grau 94
- Exercícios complementares 101

Capítulo 6   Módulo e função modular 103
1. Função definida por mais de uma sentença 104
2. Módulo de um número real 106
3. Função modular 108
4. Equação modular 112
5. Inequação modular 114
- Exercícios complementares 117

- Projeto 1: Como somos e o que queremos 118

Unidade 3 – Outras funções 120

Capítulo 7 Potência e função exponencial 122
1. Potenciação 123
2. Função exponencial 126
3. Equação exponencial e inequação exponencial 129
4. Situações modeladas por uma função exponencial 131
- Exercícios complementares 133

Capítulo 8 Logaritmo e função logarítmica 135
1. Logaritmo 136
2. Propriedades operatórias dos logaritmos 139
3. A calculadora e os logaritmos 143
4. Função logarítmica 145
5. Equação logarítmica e inequação logarítmica 150
- Exercícios complementares 154

Capítulo 9 Sequência e progressões 155
1. Sequência 156
2. Progressão aritmética 159
3. Progressão geométrica 165
4. Representações gráficas e problemas 173
- Exercícios complementares 178

Unidade 4 – Semelhança e trigonometria 180

Capítulo 10 Semelhança 182
1. Semelhança 183
2. Semelhança de triângulos 186
3. Perímetro e área de polígonos semelhantes 192
4. Relações métricas em um triângulo retângulo 195
- Exercícios complementares 199

Capítulo 11 Trigonometria em um triângulo 201
1. Razões trigonométricas em um triângulo retângulo 202
2. Razões tigonométricas em um triângulo qualquer 209
- Exercícios complementares 217

- **Projeto 2: A comunidade do bairro** 220
- **Respostas dos exercícios** 222
- **Tabela de razões trigonométricas** 256

Parte II

Unidade 5 – Trigonometria 258

Capítulo 12 Circunferência trigonométrica 260
1. Razões trigonométricas em um triângulo retângulo 261
2. Arcos e ângulos 262
3. Circunferência trigonométrica 267
- Exercícios complementares 286

Sumário geral

Capítulo 13 Funções trigonométricas 289
  1. Função periódica 290
  2. Função seno 294
  3. Função cosseno 303
  4. Função tangente 307
  5. Movimentos modelados por funções trigonométricas 309
  - Exercícios complementares 311

Capítulo 14 Relações e transformações trigonométricas 312
  1. Identidade 313
  2. Identidade trigonométrica 313
  3. Equação trigonométrica 315
  4. Inequação trigonométrica 320
  5. Adição e subtração de arcos 323
  - Exercícios complementares 327

Unidade 6 – Matriz, determinante e sistema linear 328

Capítulo 15 Matriz 330
  1. Matriz 331
  2. Operações com matrizes 336
  3. Matriz inversa 343
  4. Equação matricial 344
  - Exercícios complementares 346

Capítulo 16 Determinante 347
  1. Determinante de uma matriz de ordem até 3 348
  2. Determinante de uma matriz de ordem maior do que 3 351
  3. Propriedades dos determinantes 353
  4. Determinante da matriz inversa 356
  - Exercícios complementares 357

Capítulo 17 Sistema linear 359
  1. Equação linear 360
  2. Sistema linear 361
  3. Classificação de um sistema linear 364
  4. Resolução de um sistema linear 2×2 364
  5. Resolução de um sistema linear qualquer 369
  - Exercícios complementares 379

- Projeto 3: Espaços da escola 380

Unidade 7 – Geometria 382

Capítulo 18 Área de figuras planas 384
  1. Unidades de área 385
  2. Áreas de polígonos 386
  3. Área de um círculo e de suas partes 396
  - Exercícios complementares 399

Capítulo 19   Geometria espacial de posição **402**
     1. Conceitos primitivos e postulados 403
     2. Posição relativa de elementos do espaço 407
     3. Paralelismo 412
     4. Perpendicularismo 413
     5. Distâncias e ângulos 419
     ▪ Exercícios complementares 423

Capítulo 20   Sólidos **425**
     1. Sólidos 426
     2. Prisma 431
     3. Cilindro 438
     4. Pirâmide 441
     5. Cone 445
     6. Esfera 449
     7. Semelhança de sólidos 454
     ▪ Exercícios complementares 457

Unidade 8 –   Análise combinatória e probabilidade   **460**

Capítulo 21   Análise combinatória **462**
     1. Problemas de contagem 463
     ▪ Exercícios complementares 475

Capítulo 22   Probabilidade **476**
     1. Experimentos aleatórios 477
     2. Probabilidade 482
     ▪ Exercícios complementares 494

▪ **Projeto 4: Orçamento doméstico** 496
▪ **Respostas dos exercícios** 498
▪ **Tabela de razões trigonométricas** 528

Parte III

Unidade 9 –   Análise de dados   **530**

Capítulo 23   **Noções de estatística** **532**
     1. Pesquisa estatística 533
     2. Gráficos 538
     3. Histograma 543
     4. Gráficos e planilhas eletrônicas 545
     ▪ Exercícios complementares 546

Capítulo 24   **Medidas de posição e de dispersão** **548**
     1. Medidas de tendência central 549
     2. Medidas de dispersão 555
     ▪ Exercícios complementares 559

Sumário geral

Capítulo 25   **Matemática financeira** **561**
     1. Porcentagem 562
     2. Relações comerciais: lucro e prejuízo 566
     3. Juro 568
     • Exercícios complementares 574

Unidade 10 – Geometria analítica   **576**

Capítulo 26   **Pontos e retas** **578**
     1. Plano cartesiano 579
     2. Pontos 581
     3. Retas 587
     4. Posição relativa de duas retas em um plano 595
     5. Distância entre ponto e reta 601
     6. Resolução gráfica de inequações do 1º grau
         com duas incógnitas 605
     7. Aplicações 606
     • Exercícios complementares 608

Capítulo 27   **Circunferência** **609**
     1. Circunferência 610
     2. Posições relativas em um plano 615
     • Exercícios complementares 621

Capítulo 28   **Cônicas** **623**
     1. Cônicas 624
     2. Elipse 625
     3. Hipérbole 630
     4. Parábola 634
     • Exercícios complementares 639

• **Projeto 5:** Comprar à vista ou a prazo? 640

Unidade 11 – Tópicos de álgebra   **642**

Capítulo 29   **Números complexos** **644**
     1. Números complexos 645
     2. Representação algébrica de um número complexo 648
     3. Representação geométrica de um número complexo 654
     4. Representação trigonométrica de um número complexo ... 656
     • Exercícios complementares 662

Capítulo 30   **Função polinomial** **664**
     1. Função polinomial, ou polinômio 665
     2. Operações com polinômios 668
     3. Divisão de polinômios 670
     4. Equação algébrica 675
     5. Equação algébrica com coeficientes reais 679
     6. Relações de Girard 682
     • Exercícios complementares 684

• **Projeto 6:** A matemática das profissões 686
• **Apêndice** 688
• **Respostas dos exercícios** 690
• **Siglas das universidades** 715
• **Referências bibliográficas** 715

Parte I

Unidade 1	Conjuntos	12

Capítulo 1   Conjuntos, 14
Capítulo 2   Conjuntos numéricos, 25

Unidade 2	Funções	36

Capítulo 3   Introdução às funções, 38
Capítulo 4   Função afim, 58
Capítulo 5   Função quadrática, 80
Capítulo 6   Módulo e função modular, 103
Projeto 1   Como somos e o que queremos, 118

Unidade 3	Outras funções	120

Capítulo 7   Potência e função exponencial, 122
Capítulo 8   Logaritmo e função logarítmica, 135
Capítulo 9   Sequência e progressões, 155

Unidade 4	Semelhança e trigonometria	180

Capítulo 10   Semelhança, 182
Capítulo 11   Trigonometria em um triângulo, 201
Projeto 2   A comunidade do bairro, 220

Respostas dos exercícios, 222
Tabela de razões trigonométricas, 256

UNIDADE 1

Conjuntos

Capítulos

1 Conjuntos

2 Conjuntos numéricos

Tarsila do Amaral, *Operários*, 1933. Óleo sobre tela, 150 cm × 230 cm. Acervo Artístico-Cultural dos Palácios do Governo do Estado de São Paulo, Campos do Jordão.

O quadro *Operários*, de Tarsila do Amaral, tem papel importante na história da arte brasileira, pois representa o início da industrialização no país, período com grande fluxo de imigrantes europeus e asiáticos.

A noção de conjunto, que será estudada nesta unidade, pode ser vista no quadro pela presença do grupo de operários. Os elementos desse conjunto são pessoas de diferentes etnias que formam o povo brasileiro.

CAPÍTULO 1

Conjuntos

Módulos

1. Noções fundamentais de conjuntos
2. Subconjuntos e relação de inclusão
3. Operações entre conjuntos

Moinho de vento em um campo de tulipas na Holanda.

Para começar

Campo de tulipas, um dos principais pontos turísticos da Holanda, as tulipas constituem atualmente um dos mais expoentes produtos de exportação deste país. As tulipas florescem do fim de março até a segunda quinzena de maio, podendo ocorrer uma pequena variação dependendo do clima em cada ano.

Nesta imagem podemos observar diferentes colorações de tulipas, porém nada comparado as mais de 600 variedades desta espécie.

1. Observe a imagem acima:

   Como podemos separar as tulipas entre si?

2. Um buquê constituído de tulipas de diferentes cores pode ser considerado um conjunto? Quais são os elementos deste conjunto?

3. Se um buquê possuir 4 tulipas de cada cor, os elementos deste conjunto serão diferentes de um buquê composto por 3 tulipas de cada cor?

1. Noções fundamentais de conjuntos

A linguagem de conjuntos é muito importante, pois é usada em conceitos e proposições matemáticas.

■ Noções primitivas

Assim como acontece em outras áreas da Matemática, a linguagem de conjuntos adota, para o início dos estudos, algumas noções sem definição formal, consideradas **primitivas**. É o caso das noções de conjunto, de elemento e de pertinência.

A ideia de **conjunto** pode ser entendida como um "agrupamento" ou uma "coleção" de uma quantidade finita ou infinita de objetos. A seguir são apresentados alguns exemplos.

- O conjunto de alunos em uma escola.
- O conjunto das vogais do nosso alfabeto.
- O conjunto dos estados do Brasil.
- O conjunto dos números naturais.
- O conjunto dos polígonos.
- O conjunto dos quadriláteros.

Dado um conjunto qualquer, cada objeto que o compõe é denominado **elemento** do conjunto. Diz-se que os elementos **pertencem** ao conjunto.

No conjunto das vogais do nosso alfabeto, por exemplo, cada vogal é denominada elemento do conjunto. Então, **a**, **e**, **i**, **o** e **u** são **elementos** que **pertencem** ao conjunto das vogais. Já as consoantes do nosso alfabeto **não pertencem** ao conjunto das vogais.

■ Notação de conjuntos

Uma das maneiras de representar um conjunto é escrever seus elementos entre chaves. Os conjuntos são indicados por letras maiúsculas, e os elementos, por letras minúsculas.

A relação de pertinência também recebe uma notação. Se a é um elemento de um conjunto A, então a pertence ao conjunto A. Denota-se: $a \in A$

Caso contrário, se a não pertence ao conjunto A, denota-se: $a \notin A$

Exemplos

- O conjunto E dos estados da Região Norte do Brasil pode ser representado por: $E = \{$Acre, Amapá, Amazonas, Pará, Rondônia, Roraima, Tocantins$\}$
  Assim, Rondônia $\in E$ e Bahia $\notin E$.
  O conjunto E tem um número finito de elementos.

- O conjunto $\mathbb{Z}$ dos números inteiros pode ser representado por:
  $\mathbb{Z} = \{..., -3, -2, -1, 0, 1, 2, ...\}$
  Assim, $2 \in \mathbb{Z}$ e $\sqrt{10} \notin \mathbb{Z}$.
  As reticências colocadas antes e depois dos elementos dos conjuntos indicam que o conjunto é infinito.

  Outra maneira de representar um conjunto é utilizando um **diagrama**, isto é, uma representação como esta ao lado em que os elementos são representados por pontos em seu interior.

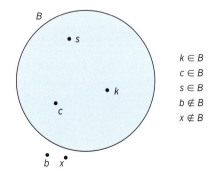

$k \in B$
$c \in B$
$s \in B$
$b \notin B$
$x \notin B$

Ação e cidadania

Orientação e solidariedade: atitudes básicas para a inclusão

Mobilidade independente é a capacidade de se locomover com segurança, eficiência e conforto. Quando ocorrem mudanças físicas na escola onde há inclusão de alunos portadores de deficiência visual, a solidariedade de toda a turma deve ser acionada, para colaborar com os professores na tarefa de ajustar rapidamente a mobilidade desses colegas. Todas as possibilidades de ajuda começam por uma condição básica: o aluno portador de deficiência visual deve construir um mapa mental da mudança, para redesenhar a orientação dos locais.

Um recurso é construir uma maquete com materiais de texturas diferentes, para destacar diferentes relevos: alumínio, carretéis vazios, caixas de fósforos, linhas, frascos de plástico, cola, papelão ou isopor para a base, etc. A maquete será explorada pelo tato. A base da maquete deve ter a mesma forma da sala de aula. O ponto mais importante da sala é a porta, depois a mesa do professor, a carteira do aluno, as demais carteiras e as janelas.

Se a maquete abranger toda a escola, marcam-se os principais pontos de referência (portão de entrada, caminho até a sala de aula e desta para o pátio, etc.). Depois, o aluno reconstrói mentalmente o que conheceu pelo tato.

- Você se considera solidário para ajudar pessoas com alguma deficiência física em sua comunidade escolar e extraescolar?
- Com um grupo de colegas, realize uma pesquisa sobre o tema e em seguida faça uma conexão entre inclusão escolar e a ideia de conjunto.

Descrição de um conjunto

Existem diferentes modos de descrever um conjunto.

I. **Explicitando a propriedade comum a todos os seus elementos.**
   Exemplo
   $A = \{x \mid x$ é um número natural e par$\}$. O símbolo | (barra vertical) significa "tal que". Lê-se: A é o conjunto de todos elementos x tal que x é um número natural e par.

II. **Indicando a condição a qual todos os seus elementos satisfazem.**
   Exemplo
   $B = \{x \mid x$ é um número inteiro e solução de $x + 8 = 5\}$. Lê-se:
   B é o conjunto de todos elementos x tal que x é um número inteiro e solução de $x + 8 = 5$.
   Podemos, então, dizer que $B = \{-3\}$.

III. **Escrevendo um a um seus elementos.**
   Exemplo
   $M = \left\{-\pi;\ -0{,}8;\ \dfrac{1}{2};\ \sqrt{2};\ 1\,035\right\}$

Observação
Essas não são as únicas maneiras de descrever um conjunto.

Igualdade de conjuntos

Define-se:

> Dois conjuntos são **iguais** quando têm os mesmos elementos.

Assim, dois conjuntos A e B são **iguais** se todo elemento do conjunto A pertence ao conjunto B e, reciprocamente, todo elemento de B pertence a A. Denota-se essa igualdade por: $A = B$

Então, dados os conjuntos A e B, diz-se que:
$A = B$ se e somente se $x \in A \Rightarrow x \in B$ e $x \in B \Rightarrow x \in A$
A ordem e a repetição dos elementos em um conjunto são irrelevantes.

Exemplo
Considerando-se os conjuntos $A = \{3, 5, 2, 4\}$, $B = \{2, 4, 3, 2, 2, 5\}$ e $C = \{1, 5, 2, 3, 4\}$, tem-se que $A = B$, pois todo elemento de A pertence a B, e vice-versa. Já o conjunto A não é igual ao conjunto C, pois o elemento 1 pertence ao conjunto C, mas não pertence ao conjunto A. Se A não é igual a C, então A é **diferente** de C e denota-se $A \neq C$. Do mesmo modo, $B \neq C$.

Conjunto unitário

Define-se:

> Um conjunto é **unitário** quando tem apenas um elemento.

Exemplos
- $B = \{x \mid x$ é um satélite natural da Terra$\}$, ou seja, $B = \{\text{Lua}\}$.
- $C = \{x \mid x$ é um número inteiro e solução da equação $2x + 1 = 11\}$, ou seja, $C = \{5\}$.

Um pouco de história

Georg Ferdinand Ludwig Philip Cantor (1845-1918)

Georg Ferdinand Cantor, em 1905.

Georg Ferdinand Ludwig Philip Cantor [...] nasceu em S. Petersburgo, Rússia, em 1845. Em 1856 sua família transferiu-se para Frankfurt, Alemanha. [Cantor] tomou-se de profundo interesse pela teologia medieval e seus argumentos intricados sobre o contínuo e o infinito. Como consequência, abandonou a sugestão do pai de se preparar para a carreira de engenharia a fim de se concentrar em Filosofia, Física e Matemática. [...]

Os primeiros interesses de Cantor se voltavam para a teoria dos números, equações indeterminadas e séries trigonométricas.

EVES, H. *Introdução à história da Matemática*. Campinas: Ed. da Unicamp, 2004. p. 615.

Exercícios propostos

1. Mostre que o conjunto de letras da palavra "ar" é igual ao conjunto de letras da palavra "arara".

2. Descreva um conjunto unitário por meio:
   a) de uma condição;
   b) de uma propriedade;
   c) escrevendo seus elementos.

3. Escreva os elementos dos seguintes conjuntos:
   a) $A = \{x \mid x$ é um número primo$\}$
   b) $B = \{x \mid x$ é real e solução da equação $x^2 - 1 = 0\}$
   c) $C = \left\{x \mid x$ é real e solução da equação $\dfrac{2}{3} + x = 0\right\}$
   d) $D = \{x \mid x$ é divisor inteiro de 12$\}$

Conjunto universo

Em problemas matemáticos, é necessário admitir a existência de um conjunto U no qual possam estar todos os elementos dos conjuntos envolvidos no problema. Esse conjunto é denominado **conjunto universo** e o denominamos por U.

Exemplo 1
Dada a equação $x + 2 = 0$, dependendo do conjunto universo U considerado, a equação pode ou não ter solução.
- Se U é o conjunto dos números naturais, então a equação não tem solução.
- Se U é o conjunto dos números inteiros, então a solução da equação é $x = -2$.

Diagrama de Venn

O **diagrama de Venn** é uma representação de conjuntos na qual o conjunto universo é representado por uma região do plano e cada subconjunto de U é representado por uma linha curva fechada simples dentro do conjunto universo U. Abaixo, tem-se o diagrama de Venn do conjunto universo U e do conjunto A.

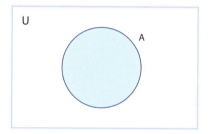

Conjunto vazio

Um conjunto vazio é definido da seguinte forma:

> O **conjunto vazio** é o conjunto que não tem elementos.

Os símbolos que representam o conjunto vazio são: $\varnothing$ ou $\{\ \}$

Exemplos
- $A = \{x \mid x$ é um número natural e solução da equação $x + 1 = 0\}$, ou seja, $A = \varnothing$.
- $B = \{x \mid x$ é um número ímpar e múltiplo de $2\}$, ou seja, $B = \{\ \}$.

Exercícios propostos

4. Sejam $\mathbb{R}$ o conjunto dos números reais e $\mathbb{N}$ o conjunto dos números naturais, classifique cada conjunto a seguir como unitário ou vazio.

a) $A = \{x \in \mathbb{R} \mid x^2 - 4x + 4 = 0\}$

b) $B = \left\{x \in \mathbb{N} \mid x = x + \dfrac{10}{3}\right\}$

c) $C = \left\{x \in \mathbb{R} \mid x = \sqrt[3]{-1}\right\}$

d) $D = \{$triângulos contidos em um plano, cuja soma das medidas dos ângulos internos é maior do que $180°\}$

5. Determine o conjunto universo em cada caso.

a) Possíveis resultados do lançamento de um dado.

b) Para que a equação $x^2 + 16x + 64 = 0$ não tenha solução real.

c) Para que a equação $x^2 + 1 = 0$ não tenha solução real.

2. Subconjuntos e relação de inclusão

Define-se:

> Um conjunto A é **subconjunto** de um conjunto B se todo elemento de A é elemento de B.

Desse modo, o conjunto A está **contido** no conjunto B, ou A é **parte** de B. Essa relação é denominada **relação de inclusão** e é denotada por $A \subset B$.

Por exemplo: O conjunto P dos números naturais ímpares é um subconjunto do conjunto $\mathbb{N}$ dos números naturais. Ou seja, $P \subset \mathbb{N}$.

Observações

- Uma condição necessária e suficiente para que o conjunto A não seja subconjunto de B é existir um elemento x de A que não pertence a B. Nesse caso, o conjunto A **não está contido** no conjunto B e denota-se $A \not\subset B$.
- Para qualquer conjunto A, é válida a relação $\varnothing \subset A$, ou seja, o conjunto vazio é subconjunto de qualquer conjunto.
  De fato, admitindo-se $\varnothing \not\subset A$, deve existir um elemento x tal que $x \in \varnothing$ e $x \notin A$. Como $x \in \varnothing$ é impossível, conclui-se que a afirmação $\varnothing \not\subset A$ é falsa e, portanto, $\varnothing \subset A$ é verdadeira.
- Se nenhum elemento de A pertence ao conjunto B e nenhum elemento de B pertence a A, então os conjuntos A e B são **disjuntos**.

■ Propriedades da inclusão

Para quaisquer três conjuntos A, B e C, valem as seguintes propriedades.

- **Reflexiva:** $A \subset A$, ou seja, todo conjunto é subconjunto de si mesmo.
- **Antissimétrica:** se $A \subset B$ e $B \subset A$, então $A = B$.
- **Transitiva:** se $A \subset B$ e $B \subset C$, então $A \subset C$.

A propriedade transitiva da inclusão é muito utilizada nas deduções. Em Lógica, é aplicada para validar argumentos.

Exercícios resolvidos

6. Considere os conjuntos A, B e C assim descritos:
$A = \{a \mid a = 2x, x \in \mathbb{N}\}$
$B = \{b \mid b = 3x, x \in \mathbb{N}\}$
$C = \{c \mid c = 6x, x \in \mathbb{N}\}$

Verifique se as afirmações a seguir são verdadeiras ou falsas.
a) $A \subset B$ b) $C \subset A$ c) $C \subset B$

Resolução

a) A afirmação é falsa, pois existem elementos do conjunto A que não pertencem ao conjunto B. Por exemplo, o elemento 2.

b) A afirmação é verdadeira, pois o conjunto C é formado pelos elementos c tais que $c = 6x$. Também podemos escrever esses elementos na forma: $c = 6x = 3 \cdot 2x = 3 \cdot a$. Assim, todos os elementos do conjunto C pertencem ao conjunto A.

c) A afirmação é verdadeira, pois todos os elementos do conjunto C pertencem ao conjunto B, pois: $c = 2 \cdot 3x = 2 \cdot b$

7. Verifique se o argumento abaixo é válido.
Todo leão é carnívoro.
Todo carnívoro bebe água.
Logo, todo leão bebe água.

Resolução

Uma maneira de comprovar a validade desse argumento é verificar a relação de inclusão entre os seguintes conjuntos:
$A = \{a \mid a \text{ é leão}\}$; $B = \{b \mid b \text{ é carnívoro}\}$;
$C = \{c \mid c \text{ bebe água}\}$

Como todo leão é carnívoro, $A \subset B$, ou $a \Rightarrow b$. Todo carnívoro bebe água, então $B \subset C$, ou $b \Rightarrow c$. Pela propriedade transitiva da inclusão, concluímos que $A \subset C$ ($a \Rightarrow c$), ou seja, todo leão bebe água. Portanto, o argumento é válido.

Outra maneira de verificar a validade de um argumento é construir diagramas que indiquem a relação de inclusão dos conjuntos, como ao lado.

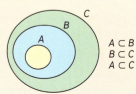

$A \subset B$
$B \subset C$
$A \subset C$

■ Conjunto das partes

Define-se:

> Dado um conjunto A, o **conjunto das partes** de A é o conjunto cujos elementos são todos os subconjuntos de A.

O conjunto das partes de A é denotado por: $P(A)$

Como $\varnothing \subset A$ qualquer que seja A, o conjunto vazio sempre será um elemento do conjunto das partes. Analogamente, como $A \subset A$, o conjunto A sempre será um elemento do conjunto das partes.

Exemplo

Dados os conjuntos A, B e C descritos a seguir, têm-se algumas situações.

Conjunto	Subconjuntos	Conjunto das partes	Número de elementos
$A = \{1\}$	$\varnothing$ e $\{1\}$	$P(A) = \{\varnothing, \{1\}\}$	• O conjunto A tem 1 elemento. • O conjunto $P(A)$ tem 2 elementos, ou 2^1.
$B = \{1, 2\}$	$\varnothing, \{1\}, \{2\}$ e $\{1, 2\}$	$P(B) = \{\varnothing, \{1\}, \{2\}, \{1, 2\}\}$	• O conjunto B tem 2 elementos. • O conjunto $P(B)$ tem 4 elementos, ou 2^2.
$C = \{1, 2, 3\}$	$\varnothing, \{1\}, \{2\}, \{3\}, \{1, 2\}, \{1, 3\}, \{2, 3\}$ e $\{1, 2, 3\}$	$P(C) = \{\varnothing, \{1\}, \{2\}, \{3\}, \{1, 2\}, \{1, 3\}, \{2, 3\}, \{1, 2, 3\}\}$	• O conjunto C tem 3 elementos. • O conjunto $P(C)$ tem 8 elementos, ou 2^3.

É possível demonstrar que, se um conjunto A tem n elementos, então o conjunto das partes $P(A)$ tem 2^n elementos.

Se $A = \varnothing$, ou seja, o conjunto A não tem elementos, então o conjunto das partes $P(A)$ tem 1 elemento ($2^0 = 1$). De fato, $P(A) = \{\varnothing\}$, um conjunto unitário que tem como elemento o conjunto vazio.

▌ Cálculo mental

Seja A um conjunto com 4 elementos. Quantos elementos tem o conjunto das partes de A?

Exercícios propostos

8. Dados os conjuntos $A = \{0, 1, 2, 4\}$ e $B = \{3, 4, 5, 6\}$, complete os quadros a seguir com os símbolos $\in$, $\notin$, $\subset$ e $\not\subset$.

$\{5, 6, 7\}$		B
B		A
$\{1, 2\}$		A
$\{3\}$		B
$1, 2$		A
$0, 2$		A

$\{4, 5\}$		B
$4, 5$		B
$\{\varnothing\}$		A
2		B
$\{0, 2\}$		A
6		A

9. Determine o conjunto das partes de cada conjunto representado abaixo:

a) $A = \{a, b, c, d\}$

b) $B = \{2, 4, 6, 8, 10\}$

10. Calcule o número de elementos do conjunto das partes de cada conjunto A descrito a seguir.

a) O conjunto A tem 8 elementos.

b) O conjunto A tem 10 elementos.

11. Quantos elementos deve ter um conjunto B para que o conjunto das partes de B tenha 128 elementos?

12. Junte-se a um colega e verifique se os argumentos a seguir são válidos. Justifique com a construção de diagramas e escreva as relações de inclusão correspondentes.

a) Todo quadrúpede é animal.

Os cachorros são quadrúpedes.

Logo, os cachorros são animais.

b) Todo homem é um vertebrado.

João é homem.

Logo, João é um vertebrado.

13. Considere os conjuntos G dos polígonos, P dos paralelogramos, R dos retângulos, L dos losangos e Q dos quadrados. Verifique se as proposições a seguir são verdadeiras ou falsas.

a) $Q \subset P$

b) $P \not\subset R$

c) $R \subset L$

d) $G \not\subset P$

3. Operações entre conjuntos

Os conjuntos admitem operações de união, interseção, diferença e complementação, que possibilitam obter novos conjuntos. Essas operações são definidas no conjunto universo U.

Dados os conjuntos A e B, definem-se as seguintes operações.

■ União de conjuntos

> A **união** dos conjuntos A e B é o conjunto formado pelos elementos que pertencem a A **ou** pertencem a B.

A união dos conjuntos A e B é denotada por: $A \cup B$
$$A \cup B = \{x \in U \mid x \in A \text{ ou } x \in B\}$$

■ Interseção de conjuntos

> A **interseção** dos conjuntos A e B é o conjunto formado pelos elementos que pertencem a A **e** pertencem a B.

A interseção dos conjuntos A e B é denotada por: $A \cap B$
$$A \cap B = \{x \in U \mid x \in A \text{ e } x \in B\}$$

Exemplos

A seguir são apresentadas três possíveis situações para a união e a interseção de dois conjuntos.

Saiba mais

Conectivos lógicos "ou" e "e"

Têm-se as seguintes afirmações:

- Se você estiver com dor de cabeça, pode ser gripe **ou** cansaço.
- Se você estiver com dor de cabeça, pode ser gripe **e** cansaço.

Existe uma diferença com relação ao sentido das duas frases, ocasionada pelo uso dos conectivos **ou** e **e**.

O uso do **ou** indica que pelo menos uma das condições é verdadeira, porém nada impede que ambas sejam verdadeiras. O uso do **e** indica que ambas as condições são verdadeiras.

As operações entre conjuntos resultam da aplicação desses conectivos lógicos.

Conjuntos	Representação de $A \cup B$		Representação de $A \cap B$	
A e B disjuntos $A = \{0, 2, 4, 6\}$ $B = \{1, 3, 5\}$	$A \cup B = \{0, 1, 2, 3, 4, 5, 6\}$	U, A, B (disjuntos, união sombreada)	$A \cap B = \varnothing$	U, A, B (disjuntos)
B contido em A $A = \mathbb{Z}$ $B = \mathbb{N}$	$A \cup B = \mathbb{Z}$	U, $B \subset A$	$A \cap B = \mathbb{N}$	U, B sombreado dentro de A
A e B têm elementos comuns $A = \{-1, -2, -3, -4\}$ $B = \{-3, -4, -5\}$	$A \cup B = \{-1, -2, -3, -4, -5\}$	U, A e B com interseção (união sombreada)	$A \cap B = \{-3, -4\}$	U, A e B com interseção sombreada

Exercícios propostos

14. Copie o diagrama abaixo e represente com desenhos as seguintes operações:

a) $A \cup C$
b) $A \cap B$
c) $B \cap C$
d) $A \cap C$
e) $A \cup B \cup C$
f) $A \cap B \cap C$

15. Dados os seguintes conjuntos: $A = \{1, 2, 3, 4, 5, 8\}$, $B = \{4, 5, 6, 7, 8\}$ e $C = \varnothing$, determine:

a) $A \cup B$ b) $A \cup \varnothing$ c) $A \cup A$ d) $A \cap \varnothing$

16. Determine os conjuntos que resultam das seguintes operações:

a) $\mathbb{Z} \cup \mathbb{Q}$ b) $\mathbb{Z} \cap \mathbb{Q}$ c) $\mathbb{R} \cap \mathbb{N}$

17. Considere os subconjuntos I, P e M do conjunto dos números naturais:

$I = \{x \mid x \text{ é ímpar}\}$
$P = \{x \mid x \text{ é par}\}$
$M = \{x \mid x \text{ é múltiplo de } 5\}$

Determine o resultado de cada operação:

a) $I \cup P$
b) $P \cup I$
c) $M \cap I$
d) $M \cup I$
e) $I \cap P \cap M$

■ Diferença de conjuntos

> A **diferença** entre os conjuntos A e B é o conjunto formado pelos elementos que pertencem a A e não pertencem a B.

A diferença entre os conjuntos A e B é denotada por: $A - B$
$$A - B = \{x \in U \mid x \in A \text{ e } x \notin B\}$$

■ Conjunto complementar

> Se $B \subset A$, então o **complementar** de B em relação a A é o conjunto formado pelos elementos que pertencem a A e não pertencem a B.

O complementar de B em relação a A é denotado por: C_A^B

Observações

- Das definições de complementar e da diferença de conjuntos conclui-se que: $C_A^B = A - B$
- $C_B^A = B - A = \varnothing$, se $B \subset A$
- O complementar de um conjunto A em relação ao conjunto universo U também pode ser representado por: A^C ou A'
  Nesse caso, para simplificar a linguagem, diz-se apenas "complementar de A".
- $(A^C)^C = A$
  Todo conjunto é complementar do seu complementar, como representado ao lado.
- $A^C \subset B^C$
  Se B está contido em A, então o complementar de A está contido no complementar de B.

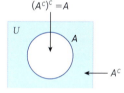

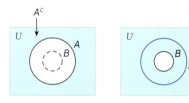

Exemplos

A seguir são apresentadas três possíveis situações para a diferença e o complementar de conjuntos.

Conjuntos	Representação de $A - B = C_A^B$		Representação de $B - A = C_B^A$	
A e B disjuntos $A = \{0, 2, 4, 6\}$ $B = \{1, 3, 5\}$	$A - B = C_A^B = A$		$B - A = C_B^A = B$	
B contido em A $A = \mathbb{Z}$ $B = \mathbb{N}$	$A - B = C_A^B = \mathbb{Z} - \mathbb{N}$		$B - A = C_B^A = \varnothing$	
A e B têm elementos comuns $A = \{-1, -2, -3, -4\}$ $B = \{-3, -4, -5\}$	$A - B = C_A^B = \{-1, -2\}$		$B - A = C_B^A = \{-5\}$	

■ Número de elementos de um conjunto

Quando as operações entre conjuntos finitos são usadas na resolução de problemas, na maioria dos casos, é necessário conhecer o número de elementos resultante dessas operações.

O quadro a seguir indica como calcular o número de elementos nas operações de união, interseção e diferença de dois conjuntos finitos A e B. São utilizadas as seguintes notações:

- $n(A)$ é o número de elementos do conjunto A.
- $n(B)$ é o número de elementos do conjunto B.

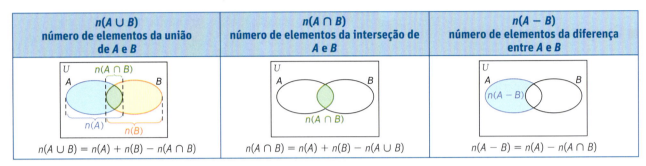

Por meio de um raciocínio análogo, é possível usar esses cálculos nas situações em que um conjunto está contido em outro, ou ainda em que os conjuntos são disjuntos.

Exercícios resolvidos

18. Uma loja vende camisetas brancas e camisetas coloridas. Durante uma semana foram vendidas 1 200 camisetas, das quais 750 eram brancas. Determine quantas camisetas coloridas foram vendidas.

Resolução
Sendo U o conjunto de todas as camisetas vendidas e B o conjunto das camisetas brancas vendidas, o número de camisetas coloridas vendidas

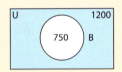

é dado pelo número de elementos do conjunto B^c.
$n(B^c) = 1\,200 - 750 = 450$
Logo, foram vendidas 450 camisetas coloridas.

19. Em uma avaliação constituída de dois problemas, 50 alunos acertaram somente o problema 1, 30 alunos acertaram somente o problema 2, e 45 alunos acertaram os dois problemas. Quantos alunos fizeram a avaliação?

Resolução
Uma maneira de organizar as informações é construir um diagrama de Venn.

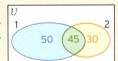

$n(1) = 50 + 45 = 95$ e $n(2) = 45 + 30 = 75$
A solução do problema é dada pela união dos conjuntos 1 e 2: $n(1 \cup 2) = n(1) + n(2) - n(1 \cap 2) =$
$= 95 + 75 - 45 = 125$
Logo, 125 alunos fizeram a avaliação.

20. Em uma pesquisa com 300 pessoas, verificou-se que 200 entrevistados já compraram arroz da marca A, 180 já compraram arroz da marca B, e todos os entrevistados compraram pelo menos uma vez uma das marcas. Calcule quantos entrevistados já compraram arroz de ambas as marcas.

Resolução
Representando por A o conjunto dos entrevistados que já compraram arroz da marca A e por B os que já compraram arroz da marca B, temos:

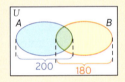

$n(A) = 200$ e $n(B) = 180$
A solução do problema é dada pela interseção dos conjuntos: $n(A \cap B) = n(A) + n(B) - n(A \cup B) =$
$= 200 + 180 - 300 = 80$
Logo, 80 entrevistados já compraram arroz de ambas as marcas.

21. Em uma pesquisa, 100 pessoas responderam que leem o jornal A, 65 leem o jornal B, 30 leem A e B, e 50 não leem nenhum dos jornais. Quantas pessoas participaram da pesquisa?

Resolução
Representando por A o conjunto das pessoas que leem o jornal A e por B o conjunto das pessoas que leem o jornal B, temos:

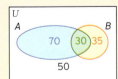

$n(A) = 70 + 30 = 100$ e
$n(B) = 30 + 35 = 65$

O número de pessoas pesquisadas é dado pela união dos conjuntos mais o número de pessoas que não leem nenhum dos jornais: $n(A \cup B) + 50$
Temos: $n(A \cup B) = n(A) + n(B) - n(A \cap B) =$
$= 100 + 65 - 30 = 135$
Então: $n(A \cup B) + 50 = 135 + 50 = 185$
Logo, 185 pessoas participaram da pesquisa.

Exercícios propostos

22. Dados os conjuntos $A = \{0, 1, 2, 3, 4, 5, 6, 7, 8, 9\}$, $B = \{1, 2, 3, 4\}$, $C = \{3, 4, 5, 6\}$, $D = \{5, 6, 7, 8\}$ e $E = \{7, 8, 9\}$, determine os conjuntos que resultam das seguintes operações:

a) $B \cup C$
b) $B \cup D$
c) $A \cap E$
d) $A \cap B$
e) $A - B$
f) $B - C$

23. Considere os seguintes conjuntos:

$A = \{x \mid x$ é natural par maior do que 3 e menor do que $8\}$

$B = \{x \mid x$ é natural maior do que 1 e menor do que $10\}$

$C = \{x \mid x$ é natural ímpar maior do que 1 e menor do que $15\}$

Determine o resultado de cada operação.

a) $A \cup C$
b) $A \cap B$
c) $B - A$
d) $B - C$

24. Dados os conjuntos $A = \{0, 1, 2, 3, 4, 5, 6, 7, 8, 9\}$, $B = \{0, 1, 2, 3, 4, 5, 6\}$, $D = \{0, 1, 2, 3, 4\}$ e $E = \{0, 1, 2\}$, determine os conjuntos indicados.

a) C_A^B
b) C_A^D
c) C_A^E
d) C_B^D
e) C_E^D

25. Determine os conjuntos complementares dos conjuntos listados abaixo. Adote U para o conjunto universo formado por todos os brasileiros que vivem no Brasil.

a) $A = \{x \in U \mid x$ é do sexo feminino$\}$
b) $B = \{y \in U \mid y$ tem no mínimo 25 anos*$\}$
c) $D = \{z \in U \mid z$ tem no máximo 40 anos$\}$
d) $E = \{t \in U \mid t$ nasceu na região Nordeste$\}$

*Considerar apenas os anos de idade, desconsiderando os meses e os dias.

26. Em um salão de beleza, foi realizada uma pesquisa sobre o uso das marcas A e B de xampu.

- 80 mulheres disseram que usam o xampu da marca A;
- 70 disseram que usam o xampu da marca B;
- 40 usam tanto o xampu da marca A quanto o da marca B;
- 45 não usam xampu nem da marca A nem da marca B.

Quantas mulheres do salão de beleza informaram a marca de xampu que usam?

27. Uma prova com duas questões foi aplicada a 100 alunos. O professor tabulou os seguintes dados:

- metade dos alunos acertou a primeira questão;
- 60 alunos acertaram a segunda questão;
- 30 alunos não acertaram nenhuma das questões.

Determine quantos alunos acertaram as duas questões.

28. Em uma lanchonete, foi realizada uma pesquisa com 60 frequentadores do local, o que resultou nos seguintes dados:

- 30% dos frequentadores preferem ser atendidos no balcão;
- $\frac{1}{4}$ é indiferente quanto à forma de atendimento;
- o restante prefere ser atendido na mesa.

Represente o resultado da pesquisa em uma tabela e determine quantas pessoas entrevistadas preferem ser atendidas na mesa.

29. Para uma prova bimestral, o professor de Matemática de uma turma com 100 alunos pediu a eles que lessem os seguintes livros: *O homem que calculava* ou *O teorema do papagaio*. Observe os dados sobre a leitura:

- 35 alunos leram *O homem que calculava*;
- 55 alunos leram *O teorema do papagaio*;
- 25 leram os dois livros.

a) Construa um diagrama para representar a situação.
b) Determine o número de alunos que não leram nenhum dos dois livros.
c) Determine quantos alunos dessa turma leram apenas *O homem que calculava*.
d) Quantos leram apenas *O teorema do papagaio*?
e) Calcule a porcentagem dos alunos que leram apenas um livro.

30. Uma escola realizou uma pesquisa sobre a preferência dos alunos quanto aos jogos coletivos nas aulas de Educação Física. Os dados foram registrados em uma tabela.

Jogos	Número de alunos
futebol	120
vôlei	60
futebol e vôlei	35

a) Represente um diagrama com os dados coletados na pesquisa.
b) Quantos alunos responderam à pesquisa?
c) Suponha que um dado novo fosse acrescentado à situação; por exemplo, 45 alunos não indicaram a preferência por nenhum dos jogos.

O número de alunos que responderam à pesquisa se alteraria? Quantos alunos teriam respondido à pesquisa?

d) Existe algum modo de inserir um dado novo no problema de maneira que não altere o número de alunos que responderam à pesquisa? Justifique sua resposta.

Exercícios complementares

31. Escreva uma propriedade para descrever os seguintes conjuntos:

a)   b)

32. Considere os conjuntos $A = \{0, 1, 2, 3, 4\}$ e $B = \{5, 6, 7\}$. Classifique as afirmações a seguir como verdadeiras ou falsas e corrija as falsas.
a) $\{3, 4\} \subset A$
b) $n[P(A)] = 32$
c) $\{5, 6\} \not\subset B$
d) $n[P(B)] = 8$
e) $2 \in A$
f) $\{5\} \in B$

33. Dados os conjuntos $A = \{0, 1, 2, 3, 4, 5, 6, 7, 8, 9\}$, $B = \{0, 1, 2, 3, 4\}$ e $D = \{4, 5\}$, determine os conjuntos:
a) C_A^B
b) C_D^A
c) C_D^B

34. Dados os conjuntos A e B tais que $A = \{a, b, c, d, e, f\}$ e $B = \{f, g, h, i, j, k\}$, classifique as seguintes afirmações como verdadeiras ou falsas e corrija as falsas.
a) $P(A)$ tem 64 elementos.
b) $P(B)$ tem mais elementos do que $P(A)$.
c) $\{e, f, g\}$ é subconjunto de A e de B.
d) $\{c, d\}$ é subconjunto de A.
e) $\{f\}$ é subconjunto de A e de B.

35. (Uespi) Seja o conjunto A, abaixo:
$$A = \{0, \{0\}, 1, \{1\}, \{0, 1\}\}$$
É correto afirmar que:
a) $0 \notin A$
b) $\{0, 1\} \in A$
c) $\{0, 1\} \not\subset A$
d) os elementos de A são 0 e 1.
e) o número de subconjuntos de A é $2^2 = 4$.

36. Resolva a equação $2x + 3 = 0$ nos seguintes conjuntos universos:
a) $\mathbb{N}$
b) $\mathbb{Z}$
c) $\mathbb{R}$

37. Considere os conjuntos A, B e C tais que:
$A = \{n \in \mathbb{N} \mid n \text{ é divisor de } 60\}$
$B = \{3n \mid n \in \mathbb{N}\}$
$C = \{n \in \mathbb{N} \mid n \text{ é divisor de } 30\}$
Determine:
a) o conjunto $A \cap B \cap C$
b) o número de elementos do conjunto $A \cap B \cap C$
c) o conjunto $A \cup C$
d) $n[P(A) \cap P(C)]$

38. Os pacientes acometidos por determinada virose apresentam febre alta e dor de cabeça. André e Marcos foram hospitalizados com suspeita dessa virose. André estava com febre alta e dor de cabeça, enquanto Marcos apresentava febre alta, mas não apresentava dor de cabeça.
Considere as seguintes propriedades.
- p: pacientes que são acometidos pela virose.
- q: pacientes com febre alta e dor de cabeça.

a) Escreva como se lê a implicação $p \Rightarrow q$ nessa situação e sua recíproca $q \Rightarrow p$.
b) Verifique se as afirmações obtidas no item anterior são verdadeiras ou falsas.
c) Pelas conclusões obtidas, verifique se André ou Marcos podem ter contraído essa virose.

39. Em dupla, resolva a seguinte situação.
Imagine que cada continente do planeta seja um conjunto. Exemplo: A – Europa, B – África, C – Ásia, D – América, E – Oceania e F – Antártida.
Esses conjuntos têm como elementos os países, os quais também podem ser considerados conjuntos de cidades e regiões.
a) Determine em que conjuntos estão os países Albânia, Bolívia, Canadá, China, Cuba, Etiópia, Fiji, Índia, Israel, Jamaica, Japão, Líbano, Luxemburgo, Madagascar, Marrocos, México, Micronésia, Nauru, Portugal, Tanzânia, Uruguai e Zâmbia. Se necessário, pesquise em livros de Geografia.

Para responder às questões abaixo, considere apenas os países citados no item **a**.

b) Quantos elementos tem o conjunto $A \cup B$?
c) Qual(is) conjunto(s) tem(têm) o menor número de elementos?
d) Forme dupla com um colega e organize uma lista, em ordem crescente, considerando o número de elementos de cada conjunto.
e) Nessa situação, existe o conjunto $A \cap D$? Explique.

40. (PUC-RJ) Sejam x e y números tais que os conjuntos $\{1, 4, 5\}$ e $\{x, y, 1\}$ sejam iguais. Então, podemos afirmar que:
a) $x = 4$ e $y = 5$
b) $x \neq 4$
c) $y \neq 4$
d) $x + y = 9$
e) $x < y$

41. Em um restaurante, durante um fim de semana, 150 pessoas consumiram massa. Dessas, 70 escolheram molho vermelho para compor seus pratos.
a) Faça um diagrama que represente o conjunto das pessoas que comeram massa e o conjunto das pessoas que comeram massa com molho vermelho.
b) Determine quantas pessoas pertencem à união dos conjuntos descritos no item a.

CAPÍTULO 2

Conjuntos numéricos

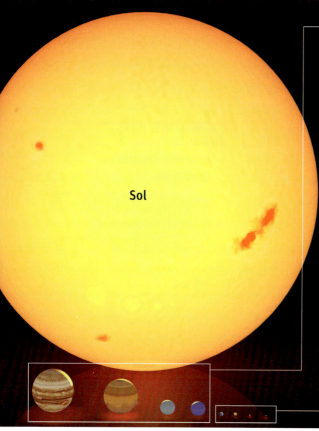

Módulos
1. Conjuntos numéricos
2. Intervalos reais

A medida do raio do Sol é 695 000 km, o raio equatorial da Terra mede 6 378 km e o raio da Lua terrestre mede 1 738 km. O maior planeta do Sistema Solar, Júpiter, tem 71 492 km de raio, e o menor, Mercúrio, tem 2 439 km de raio. Se Júpiter fosse oco, caberiam mais de 25 000 planetas Mercúrio dentro dele.

Fonte de pesquisa: Apolo11.com. Disponível em: <http://www.apolo11.com/escala_planetas.php>. Acesso em: 11 mar. 2015.

Para começar

Contar e medir são ações humanas que motivaram o surgimento dos números.

O número é um conceito matemático produto da criação do ser humano. É uma invenção, um conhecimento construído socialmente. O conceito atual de número é o resultado da troca de ideias, de experiências e de formas de linguagens realizadas ao longo de milhares de anos de desenvolvimento cultural, entre as pessoas de diferentes épocas e lugares.

BERTON, I. da C. B.; ITACARAMBI, R. R. *Números*: brincadeiras e jogos. São Paulo: Ed. Livraria da Física, 2009. p. 27.

1. Descreva uma ação do cotidiano na qual se faz uso dos números.

2. O resultado de uma medição é indicado por um número seguido da unidade de medida adotada. Por exemplo, na informação "a medida do raio do Sol é 695 000 km", a unidade de medida adotada é o quilômetro (km), e o número 695 000 indica quantas vezes essa unidade cabe no raio do Sol.

 O quilômetro é uma unidade de medida padronizada, mas também existem unidades não padronizadas. Na seguinte comparação entre os tamanhos de Júpiter e Mercúrio, por exemplo, foi adotada uma unidade de medida não padronizada:

 "Se Júpiter fosse oco, caberiam mais de 25 000 planetas Mercúrio dentro dele".

 Qual é a unidade de medida não padronizada utilizada nessa comparação?

3. Quantas vezes, aproximadamente, o raio da Terra é maior do que o raio da Lua terrestre? Nessa comparação, qual dos raios é adotado como unidade de medida?

25

1. Conjuntos numéricos

Os conjuntos cujos elementos são apenas números são denominados **conjuntos numéricos**. Os principais conjuntos numéricos são os dos números naturais, inteiros, racionais, irracionais, reais e complexos (este último conjunto será estudado no volume 3 desta coleção).

Os conjuntos dos números naturais, inteiros, racionais, irracionais e reais têm duas características comuns: são **infinitos** e **ordenados**. Define-se:

> Um conjunto numérico é **ordenado** quando, dados dois elementos quaisquer desse conjunto, é possível verificar se eles são iguais ou se um é maior ou menor do que o outro.

A seguir apresentam-se algumas características de cada conjunto.

■ Conjunto dos números naturais

Os números naturais são usados para contar, ordenar, medir e codificar. Denota-se o conjunto dos números naturais por $\mathbb{N}$.

$$\mathbb{N} = \{0, 1, 2, 3, 4, 5, 6, 7, 8, 9, 10, 11, 12, 13, ...\}$$

O subconjunto $\mathbb{N}^*$ é formado pelos números naturais não nulos.

$$\mathbb{N}^* = \{1, 2, 3, 4, 5, 6, 7, 8, 9, 10, 11, 12, 13, ...\}$$

Características dos números naturais

- Todo número natural tem um **sucessor**. Exceto o zero, todo número natural tem um **antecessor**.
- Dois números naturais são **consecutivos** quando um é o sucessor do outro. Por exemplo, 8 e 9 são consecutivos, pois 9 é o sucessor de 8. Consequentemente, 8 é o antecessor de 9.
- O resultado da adição e da multiplicação de dois números naturais é sempre um número natural.

■ Conjunto dos números inteiros

No conjunto dos números naturais não é possível efetuar algumas subtrações, por exemplo, $5 - 7$. Esse tipo de operação só é possível resolver no conjunto dos números inteiros.

Denota-se o conjunto dos números inteiros por $\mathbb{Z}$.

$$\mathbb{Z} = \{..., -6, -5, -4, -3, -2, -1, 0, 1, 2, 3, 4, 5, 6, ...\}$$

As seguintes notações indicam alguns subconjuntos do conjunto dos números inteiros.

Conjunto dos inteiros não nulos: $\mathbb{Z}^* = \{..., -3, -2, -1, 1, 2, 3, ...\}$
Conjunto dos inteiros não negativos: $\mathbb{Z}_+ = \{0, 1, 2, 3, 4, ...\}$
Conjunto dos inteiros não positivos: $\mathbb{Z}_- = \{..., -4, -3, -2, -1, 0\}$
Conjunto dos inteiros positivos (ou dos inteiros não negativos e não nulos):
$\mathbb{Z}_+^* = \{1, 2, 3, 4, ...\}$
Conjunto dos inteiros negativos: $\mathbb{Z}_-^* = \{..., -4, -3, -2, -1\}$

Características dos números inteiros

- O conjunto dos números naturais está contido no conjunto dos números inteiros ($\mathbb{N} \subset \mathbb{Z}$); logo, todo número natural é um número inteiro.
- Dois números inteiros são **opostos**, ou **simétricos**, quando o resultado da adição entre eles é zero. Por exemplo, 4 e -4 são números opostos, pois $4 + (-4) = 0$.
- Todo número inteiro tem um **sucessor** e um **antecessor**.
- O resultado da adição, da multiplicação e da subtração de dois números inteiros é sempre um número inteiro.

Para recordar

Números opostos ou simétricos

A representação geométrica dos números inteiros é feita associando-se cada número a um ponto de uma reta. Escolhe-se um ponto e associa-se a ele o número zero. Os pontos à direita do zero são associados aos números inteiros positivos, de modo que a ordem seja crescente da esquerda para a direita. Os pontos à esquerda do zero são associados aos números inteiros negativos, de modo que a ordem seja decrescente da direita para a esquerda. Os pontos devem estar igualmente espaçados. Os números **opostos**, ou **simétricos**, são equidistantes em relação ao zero.

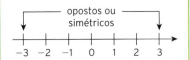

Cálculo mental

Forme dupla com um colega para exercitar o cálculo mental sobre números opostos e adição de números inteiros.

Primeiro, um dos dois propõe 10 questões, às quais o colega responde oralmente, o mais rápido que puder. Por exemplo: Qual é o número oposto de -7? Qual é o valor de $5 - 13$? Qual é o valor de $-29 + 18$?

Depois, inverta a situação: quem elaborou as questões agora responde às questões propostas pelo colega.

■ Conjunto dos números racionais

Entre vários contextos, é possível imaginar que a ideia de números racionais tenha surgido da necessidade de partilhar. Por exemplo, para expressar o resultado de repartir um pão em pedaços iguais ou a divisão de um terreno em lotes de mesmo tamanho, os números inteiros não seriam suficientes.

Um número é **racional** quando pode ser representado na forma de fração, na qual o numerador e o denominador são números inteiros e o denominador é diferente de zero. Denota-se o conjunto dos números racionais por $\mathbb{Q}$.

$$\mathbb{Q} = \left\{ x \mid x = \frac{a}{b},\, a \in \mathbb{Z} \text{ e } b \in \mathbb{Z}^* \right\}$$

O denominador b tem de ser diferente de zero, porque a divisão por zero não é definida.

Características dos números racionais

- Entre dois números racionais existem infinitos números racionais.

- O resultado da adição, da subtração, da multiplicação e da divisão entre dois números racionais é sempre um número racional.

Um número racional na forma $\frac{a}{b}$, em que a e b são números inteiros e b é diferente de zero, pode ser representado por **frações equivalentes**, de infinitas maneiras. Por exemplo:

$$\frac{1}{2} = \frac{2}{4} = \frac{3}{6} = \frac{4}{8} = 0{,}5 \qquad\qquad \frac{1}{4} = \frac{2}{8} = \frac{3}{12} = \frac{4}{16} = 0{,}25$$

- Todo número inteiro é um número racional, pois todo inteiro pode ser escrito na forma de **fração aparente** $\frac{a}{b}$, em que a e b são números inteiros e b é diferente de zero, isto é, o número a é múltiplo do número b. Observe estes exemplos:

$$6 = \frac{6}{1} \qquad\qquad -3 = -\frac{12}{4} \qquad\qquad -2 = -\frac{4}{2} \qquad\qquad 5 = \frac{10}{2}$$

- No número racional $\frac{a}{b}$, em que a e b são números inteiros e b é diferente de zero, quando o número a não é múltiplo do número b, ao se dividir a por b, obtém-se a representação decimal do número racional em duas formas possíveis:

Decimal exato: $\frac{1}{2} = 0{,}5$ e $-\frac{5}{4} = -1{,}25$

Dízima periódica: $\frac{1}{3} = 0{,}333\ldots$ e $-\frac{1}{30} = -0{,}0333\ldots$

O grupo de algarismos que se repetem infinitamente nas dízimas é denominado período. Quando o período começa na primeira casa decimal, a dízima periódica é simples; quando o período não começa na primeira casa decimal, a dízima é composta. Veja os exemplos:

Dízima periódica simples: $\frac{1}{3} = 0{,}333\ldots$ e $-\frac{50}{11} = -4{,}\overline{54}$

Dízima periódica composta: $-\frac{1}{30} = -0{,}0333\ldots$ e $-\frac{13}{12} = -1{,}08\overline{3}$

Denomina-se **fração geratriz** aquela que gera uma dízima periódica.

Para recordar

Dízimas periódicas

Existem dois modos de representar uma dízima periódica.

- Repetindo o período algumas vezes e colocando reticências no final.

  8,222…   2,12727…

- Colocando um traço em cima do período.

  $8{,}\overline{2}$ $2{,}1\overline{27}$

Exercício resolvido

1. Determine a fração geratriz das seguintes dízimas periódicas:

a) $0,\overline{270}$ 　　　　　　　　　　　　　　b) $2,2333...$

Resolução

a) Sendo x a fração geratriz de $0,\overline{270}$, temos:

(I) $x = 0,\overline{270}$
(II) $1\,000x = 270,\overline{270}$ → Multiplicamos cada membro da igualdade por 1 000, pois há no período três algarismos que se repetem.

$$\begin{cases} 1\,000x = 270,\overline{270} \\ x = 0,\overline{270} \end{cases} -$$ → Para eliminar o período, efetuamos (II) − (I).

$999x = 270 \Rightarrow x = \dfrac{10}{37}$ → Isolamos x e simplificamos a fração obtida. Portanto, $\dfrac{10}{37}$ é a fração geratriz do número $0,\overline{270}$.

b) Sendo x a fração geratriz de $2,2333...$, temos:

(I) $x = 2,233...$
(II) $10x = 22,333...$ → Multiplicamos cada membro da igualdade por 10, de modo que a parte decimal seja composta apenas pelo período.

(III) $100x = 223,333...$ → Multiplicamos novamente cada membro da igualdade por 10, pois há no período apenas um algarismo que se repete.

$$\begin{cases} 100x = 223,333... \\ 10x = 22,333... \end{cases} -$$ → Para eliminar o período, efetuamos (III) − (II).

$90x = 201 \Rightarrow x = \dfrac{67}{30}$ → Isolamos x e simplificamos a fração obtida. Logo, $\dfrac{67}{30}$ é a fração geratriz do número $2,2333...$

Exercícios propostos

2. Complete as tabelas com os símbolos $\in$, $\notin$, $\subset$ ou $\not\subset$.

$3,1$	$\mathbb{N}$
$\mathbb{N}^*$	$\mathbb{N}$
$\mathbb{Z}^*$	$\mathbb{N}$
0	$\mathbb{Z}^*$
$\mathbb{N}^*$	$\mathbb{Z}$
$\sqrt{2}$	$\mathbb{Z}$

$\mathbb{Z}^*_-$	$\mathbb{N}$
π	$\mathbb{N}$
0	$\mathbb{Z}$
57	$\mathbb{N}$
$\mathbb{Z}^*_+$	$\mathbb{N}$
$\mathbb{Z}^*_-$	$\mathbb{Z}^*_+$

3. Verifique se as afirmações a seguir são verdadeiras ou falsas. Justifique.

a) Existe um número natural que é maior do que todos os números naturais.

b) O conjunto $\mathbb{Z}^*_+$ é um conjunto ordenado.

4. Considere o seguinte conjunto:

$$A = \left\{ -5;\ 0,8;\ -1,\overline{7};\ \frac{5}{3};\ 2;\ -4;\ 3,5678111 \right\}$$

Escreva:

a) os números naturais desse conjunto;

b) os números inteiros desse conjunto;

c) os números racionais desse conjunto;

d) os números desse conjunto em ordem crescente.

5. Escreva cinco números racionais que estejam entre -4 e -3.

6. Verifique se as igualdades a seguir são verdadeiras ou falsas.

a) $\mathbb{N} \cup \mathbb{Z} = \mathbb{Q}$

b) $\mathbb{Z} \cap \mathbb{Q} = \mathbb{Z}$

c) $\mathbb{Z}^*_+ \cup \mathbb{Q}^*_- = \mathbb{Q}$

d) $\mathbb{Z} - \mathbb{N}^* = \{0, 1, ...\}$

7. Corrija as afirmações a seguir.

a) Todo número racional é também um número natural.

b) A divisão de dois números naturais é sempre um número natural.

8. Escreva os seguintes números racionais, utilizando representações decimais. Depois, classifique cada um em dízima periódica simples, dízima periódica composta ou decimal exato.

a) $\dfrac{22}{9}$ 　　　　　　　c) $\dfrac{25}{18}$

b) $-\dfrac{16}{99}$ 　　　　　　d) $-\dfrac{61}{20}$

9. Represente cada número racional a seguir, utilizando uma fração.

a) $2,\overline{7}$ 　　　b) $0,78$ 　　　c) $-3,\overline{14}$ 　　　d) $1,2\overline{8}$

Conjunto dos números irracionais

Denominam-se **comensuráveis** os segmentos $\overline{AB}$ e $\overline{CD}$ representados a seguir porque existe um segmento de medida x que cabe um número inteiro de vezes no segmento $\overline{AB}$ e um número inteiro de vezes no segmento $\overline{CD}$.

O segmento de medida x cabe três vezes no segmento $\overline{AB}$ e duas vezes no segmento $\overline{CD}$. Então, podemos afirmar que $2 \cdot AB = 3 \cdot CD$.

O segmento adotado como unitário tem, por definição, medida 1, e o segmento comensurável com o unitário tem sempre como medida um número racional.

Existem segmentos não comensuráveis com a unidade, cujas medidas não são números racionais. Um exemplo é a medida d da diagonal de um quadrado de lado medindo 1.

Nesse caso, o lado do quadrado é o segmento unitário e a medida d da diagonal não é um número racional.

Demonstração

Aplicando Pitágoras, temos:
$$d = \sqrt{2} = 1{,}41421356\ldots$$

A representação decimal do número $\sqrt{2}$ tem infinitas casas decimais não periódicas, não sendo possível escrevê-lo na forma de fração irredutível. Portanto, a medida d não é um número racional.

A existência de segmentos cujas medidas não são números racionais levou os matemáticos a considerar a existência de outros números, os quais foram denominados de **números irracionais**.

Números irracionais positivos são medidas de segmentos incomensuráveis com a unidade. No exemplo da diagonal do quadrado, d é um número irracional.

Denota-se o conjunto dos números irracionais por $\mathbb{I}$.

No sistema decimal de numeração, os decimais exatos e as dízimas periódicas representam números racionais, isto é, qualquer decimal exato ou dízima periódica pode ser escrito na forma de fração com numerador e denominador inteiros e denominador não nulo. A representação decimal dos números irracionais é uma dízima não periódica. Um exemplo é o número π, que é a razão entre o comprimento e a medida do diâmetro de qualquer circunferência.

$\pi = 3{,}1415926535897932384626433832795028841971693993 7510\ldots$

Características dos números irracionais

- Como não é possível representar um número irracional na forma de um número decimal exato, em muitas situações é comum aproximá-lo por meio de um número racional. Por exemplo $\sqrt{3} = 1{,}73205\ldots$ pode ser aproximado para 1,7 ou 1,73 dependendo da precisão que se necessite.
- Não são representados na forma de fração irredutível $\dfrac{a}{b}$

> **Um pouco de história**
>
> **Segmentos incomensuráveis**
>
> Os diálogos de Platão mostram [...] que a comunidade matemática grega fora assombrada por uma descoberta que praticamente demolia a base da fé pitagórica nos inteiros. Tratava-se da descoberta [de] que na própria geometria os inteiros e suas razões eram insuficientes para descrever [...] propriedades básicas. Não basta, por exemplo, para comparar a diagonal de um quadrado [...] ou de um pentágono com seu lado. Os segmentos são incomensuráveis, não importa quão pequena se tome a unidade de medida.
>
> Quando ou como foi feita essa descoberta não se sabe, mas muita tinta se gastou em apoio de uma ou outra hipótese. [...] A sugestão mais plausível é que a descoberta [tenha sido] feita por pitagóricos em algum momento antes de 410 a.C. Alguns a atribuem especificamente a Hipasus de Metaponto durante a primeira parte do último quarto do quinto século a.C., enquanto [...] outros a colocam meio século mais tarde.
>
> BOYER, C. B. *História da Matemática*. 3. ed. São Paulo: Blucher, 2010. p. 50.

Hipasus de Metaponto (~470-400 a.C.)

■ Conjunto dos números reais

Quando um segmento de reta é comensurável com a unidade de medida adotada, sua medida é um número racional. Quando o segmento de reta é incomensurável, sua medida é um número irracional.

No sistema de numeração decimal, há três tipos possíveis de representação decimal:
- **decimal exato** e **dízima periódica** são as formas de representação dos números racionais;
- **dízima não periódica** é a forma de representação dos números irracionais.

A união dos conjuntos dos números racionais e dos números irracionais resulta no **conjunto dos números reais**. Denota-se o conjunto dos números reais por $\mathbb{R}$.

O diagrama a seguir mostra a relação entre os conjuntos numéricos estudados.

Têm-se também as seguintes relações entre os conjuntos numéricos.
- Todo número natural é também um número inteiro ($\mathbb{N} \subset \mathbb{Z}$).
- Todo número inteiro é também um número racional ($\mathbb{Z} \subset \mathbb{Q}$).
- Todo número real ou é um número racional ou é um número irracional ($\mathbb{Z} = \mathbb{Q} \cup \mathbb{I}$).

As seguintes notações indicam alguns subconjuntos do conjunto dos números reais.

Conjunto dos reais não nulos: $\mathbb{R}^*$

Conjunto dos reais não negativos: $\mathbb{R}_+$

Conjunto dos reais não positivos: $\mathbb{R}_-$

Conjunto dos reais positivos: $\mathbb{R}_+^*$

Conjunto dos reais negativos: $\mathbb{R}_-^*$

Características dos números reais

- Todo número real tem um número real **simétrico**, ou **oposto**, em relação ao zero.
- O conjunto dos números reais é um **conjunto completo**, isto é, sempre é possível representar a medida do comprimento de um segmento de reta por um número real. Assim se estabelece uma relação entre o conjunto de pontos de uma reta e o conjunto dos números reais, tal que cada ponto seja associado a um único número real e cada número real seja associado a um único ponto, o que determina que toda a reta seja preenchida. Nessa situação, a reta é denominada **reta real**.

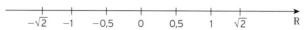

- O resultado da adição, da subtração, da multiplicação e da divisão (com divisor não nulo) de dois números reais é um número real.

Exercícios resolvidos

10. Determine o resultado de cada expressão numérica.

a) $3\sqrt{2} - 2\sqrt{2} - 4\sqrt{5} + 5\sqrt{5}$

b) $\dfrac{(\sqrt{8} + \sqrt{2}) \cdot \sqrt{3}}{\sqrt{6}}$

Resolução

a) Podemos simplificar essa expressão:
$3\sqrt{2} - 2\sqrt{2} - 4\sqrt{5} + 5\sqrt{5} = \sqrt{2} + \sqrt{5}$

Com auxílio de uma calculadora científica, determinamos um valor racional aproximado para $\sqrt{2} + \sqrt{5}$.

Na calculadora, digitamos as teclas: √ 2 + √ 5 =

No visor, aparecerá:

Logo, o resultado racional aproximado, com três casas decimais, é 3,650.
O resultado da calculadora também é um número racional aproximado, e a quantidade de casas decimais depende das limitações técnicas do visor da calculadora.

b) Simplificamos essa expressão:
$\dfrac{(\sqrt{8} + \sqrt{2}) \cdot \sqrt{3}}{\sqrt{6}} = \dfrac{(2\sqrt{2} + \sqrt{2}) \cdot \sqrt{3}}{\sqrt{6}} = \dfrac{3\sqrt{2} \cdot \sqrt{3}}{\sqrt{6}} = \dfrac{3\sqrt{6}}{\sqrt{6}} = 3$

Logo, o resultado da expressão é o número natural 3.
Nessa expressão numérica, observamos que o produto e o quociente de números irracionais podem ser números irracionais ou números racionais.

11. Represente $\sqrt{3}$ na reta real.

Resolução

Primeiro localizamos $\sqrt{2}$ na reta real. Para isso, construímos um triângulo retângulo isósceles de modo que os catetos representem uma unidade de medida, isto é, 1. Pelo teorema de Pitágoras, a hipotenusa desse triângulo mede $\sqrt{2}$, pois $1^2 + 1^2 = (\sqrt{2})^2$. Com auxílio de um compasso com centro em 0 e abertura igual à hipotenusa do triângulo, determinamos $\sqrt{2}$ na reta.

Em seguida, construímos outro triângulo retângulo, como na figura a seguir, de modo que os catetos meçam $\sqrt{2}$ e 1, pois $(\sqrt{2})^2 + 1^2 = (\sqrt{3})^2$. Por fim, determinamos $\sqrt{3}$ na reta real com auxílio de um compasso, como foi feito com $\sqrt{2}$.

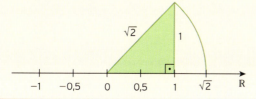

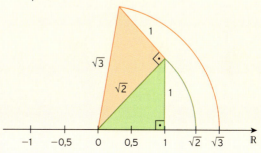

Exercícios propostos

12. Copie apenas os números irracionais do conjunto numérico representado a seguir.

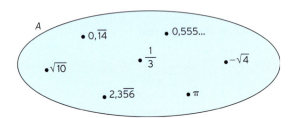

13. Identifique qual dos elementos do conjunto representado abaixo não é um número real.

$B = \left\{ -\sqrt{64};\ -1{,}056;\ \sqrt{5};\ 5{,}6842323...;\ \sqrt{-9} \right\}$

14. Com auxílio de uma calculadora, determine o valor racional aproximado, com duas casas decimais, de cada expressão.

a) $\sqrt{3} + 10\sqrt{7} - 9\sqrt{7}$

b) $4\sqrt{5} - 3\sqrt{5} + \sqrt{10}$

15. Construa um quadrado de lado medindo $\sqrt{3}$ e um quadrado de lado medindo $\sqrt{5}$.

16. Considere o triângulo equilátero representado a seguir.

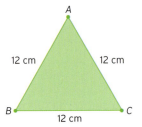

a) Qual é o perímetro desse triângulo?
b) Qual é sua altura?
c) Qual é sua área?
d) Quais dos valores calculados nos itens anteriores são números irracionais?

17. Determine quais números pertencem aos seguintes conjuntos numéricos:

a) $\left\{ x \in \mathbb{R} \mid x^2 + 2x - 4 = 0 \right\}$

b) $\left\{ x \in \mathbb{R}_- \mid (x + 1) \cdot (x - \sqrt{3}) = 0 \right\}$

c) $\left\{ x \in \mathbb{R}_+^* \mid x^2 - \dfrac{2x}{3} = 0 \right\}$

2. Intervalos reais

Algumas situações cotidianas estão associadas à ideia de **intervalo**. Por exemplo, o tempo decorrido entre os horários inicial e final de uma palestra ou sessão de cinema, a variação entre as velocidades mínima e máxima de um veículo, ou ainda a variação entre as temperaturas mínima e máxima registradas em um dia em certo local.

Na Matemática, os intervalos podem ser representados geométrica e algebricamente. Para a representação geométrica, é usada a reta real. A representação algébrica pode ser feita de duas maneiras: por meio da notação usual de conjuntos ou pela notação de colchetes.

Exemplo

Na previsão meteorológica reproduzida a seguir, estimava-se que a temperatura máxima fosse 25 °C e que a mínima fosse 18 °C.

Fonte de pesquisa: Climatempo. Disponível em: <http://www.climatempo.com.br/previsao-do-tempo/cidade/558/saopaulo-sp>. Acesso em: 27 mar. 2015.

Como ao longo do dia a temperatura sofre variações, é estabelecido um intervalo de variação com um limite superior e um limite inferior. Sendo a variação da temperatura contínua, podemos representar geometricamente esse intervalo de variação na reta real:

O intervalo é um subconjunto do conjunto dos números reais.
A representação algébrica para o intervalo do exemplo é:
$$\{x \in \mathbb{R} \mid 18 \leq x \leq 25\} \text{ ou } [18, 25]$$
O quadro abaixo mostra as representações para possíveis intervalos reais limitados, considerando-se os números reais a e b tal que $a < b$.

Intervalo limitado	Representação geométrica	Representação algébrica
Intervalo aberto	∘———∘ a b $\mathbb{R}$	$\{x \in \mathbb{R} \mid a < x < b\}$ ou $]a, b[$
Intervalo fechado	•———• a b $\mathbb{R}$	$\{x \in \mathbb{R} \mid a \leq x \leq b\}$ ou $[a, b]$
Intervalo aberto à direita e fechado à esquerda	•———∘ a b $\mathbb{R}$	$\{x \in \mathbb{R} \mid a \leq x < b\}$ ou $[a, b[$
Intervalo aberto à esquerda e fechado à direita	∘———• a b $\mathbb{R}$	$\{x \in \mathbb{R} \mid a < x \leq b\}$ ou $]a, b]$

Na representação geométrica, a bolinha vazia (∘) sobre um ponto do intervalo indica que aquele ponto não pertence ao intervalo, e a bolinha cheia (•), ao contrário, indica que o ponto pertence ao intervalo.

Na representação algébrica, os colchetes voltados para fora ($]a, b[$) indicam que os limites (ou extremos) não pertencem ao intervalo, e, ao contrário, os colchetes voltados para dentro ($[a, b]$) indicam que os limites pertencem ao intervalo.

No quadro abaixo, estão representados possíveis intervalos ilimitados.

Representação geométrica	Representação algébrica
←———∘ a $\mathbb{R}$	$\{x \in \mathbb{R} \mid x < a\}$ ou $]-\infty, a[$
←———• a $\mathbb{R}$	$\{x \in \mathbb{R} \mid x \leq a\}$ ou $]-\infty, a]$
∘———→ a $\mathbb{R}$	$\{x \in \mathbb{R} \mid x > a\}$ ou $]a, +\infty[$
•———→ a $\mathbb{R}$	$\{x \in \mathbb{R} \mid x \geq a\}$ ou $[a, +\infty[$

Saiba mais

Infinitos

O símbolo $+\infty$ (mais infinito) indica que o intervalo não tem limite (ou extremo) superior. E, ao contrário, o símbolo $-\infty$ (menos infinito) indica que o intervalo não tem limite inferior.

Por isso, as notações corretas são $[a, +\infty[$ e $]-\infty, a]$, e não $[a, +\infty]$ e $[-\infty, a]$.

Ação e cidadania

O que é o IDHM

O Índice de Desenvolvimento Humano Municipal (IDHM) é uma medida composta de indicadores de três dimensões do desenvolvimento humano: longevidade, educação e renda.

O índice varia de 0 a 1. Quanto mais próximo de 1, maior o desenvolvimento humano.

O IDHM brasileiro segue as mesmas três dimensões do IDH Global – longevidade, educação e renda, mas vai além: adequa a metodologia global ao contexto brasileiro e à disponibilidade de indicadores nacionais. Embora meçam os mesmos fenômenos, os indicadores levados em conta no IDHM são mais adequados para avaliar o desenvolvimento dos municípios brasileiros.

Assim, o IDHM – incluindo seus três componentes, IDHM Longevidade, IDHM Educação e IDHM Renda – conta um pouco da história dos municípios em três importantes dimensões do desenvolvimento humano durante duas décadas da história brasileira.[...]

Disponível em: <http://www.pnud.org.br/idh/IDHM.aspx?indiceAccordion=0&li=li_IDHM>. Acesso em: 27 abr. 2015.

- Escreva o intervalo referente à variação do IDHM.
- Troque ideias com os colegas sobre como o IDHM pode ajudar o governo de um município a decidir sobre políticas públicas.

Operações com intervalos

Como os intervalos são subconjuntos do conjunto dos números reais, as operações de união, de intersecção e de diferença de conjuntos também se aplicam a eles.

Nos exemplos abaixo, consideram-se os seguintes intervalos:
$$A = \{x \in \mathbb{R} \mid -2 \leq x < 1\} \text{ e } B = \{x \in \mathbb{R} \mid 0 \leq x < 3\}$$

Para refletir

Dados os intervalos A e B, se $A \cap B = A$, então podemos afirmar que $A = B$? Justifique.

$A \cup B = \{x \in A \text{ ou } x \in B\}$	$A \cap B = \{x \in A \text{ e } x \in B\}$	$A - B = \{x \in A \text{ e } x \notin B\}$
O conjunto **união** de A e B é formado pelos elementos que pertencem ao conjunto A ou pertencem ao conjunto B.	O conjunto **intersecção** de A e B é formado pelos elementos que pertencem aos dois conjuntos.	O conjunto **diferença** entre A e B é formado pelos elementos de A que não pertencem a B.
$A \cup B = \{x \in \mathbb{R} \mid -2 \leq x < 3\}$ ou $A \cup B = [-2, 3[$	$A \cap B = \{x \in \mathbb{R} \mid 0 \leq x < 1\}$ ou $A \cap B = [0, 1[$	$A - B = \{x \in \mathbb{R} \mid -2 \leq x < 0\}$ ou $A - B = [-2, 0[$

Exercícios propostos

18. Represente os conjuntos a seguir usando a notação de colchetes e as operações com intervalos, quando necessário.
a) $\{x \in \mathbb{R} \mid -2 < x \leq 8\}$
b) $\{x \in \mathbb{R}_+ \mid x > -1\}$
c) $\{x \in \mathbb{R} \mid x \leq -\sqrt{3} \text{ ou } x \geq \sqrt{6}\}$
d) $\{x \in \mathbb{R} \mid -1 < x \text{ e } x < 7\}$
e) $\{x \in \mathbb{R}^* \mid -\frac{2}{3} \leq x \text{ e } x \leq \frac{8}{5}\}$
f) $\{x \in \mathbb{R} \mid -1 \leq x \text{ e } x \leq 7\}$

19. Usando as notações de conjunto e de colchetes, represente os intervalos a seguir.

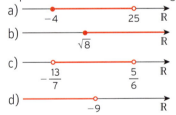

20. Verifique quais dos intervalos descritos a seguir são contínuos e podem ser representados em uma reta real. Depois, faça essa representação.
a) A partida de futebol será exibida das 16 h às 17 h 45 min.
b) O programa é indicado para jovens com idade entre 16 e 25 anos, incluindo esses valores.
c) Entre 35 mil e 40 mil pessoas esperam para assistir ao espetáculo.
d) Na maioria dos fornos de cozinha convencionais, a temperatura vai de 0 °C a 250 °C, incluindo esses valores.

21. Represente geometricamente os seguintes intervalos:
a) $[1, 30]$
b) $\left]-\frac{15}{8}, -\frac{1}{3}\right]$
c) $\left]3, \frac{19}{4}\right[$
d) $\left[\sqrt{5}, \sqrt{14}\right[$
e) $]-\infty, 5]$
f) $[-6, +\infty[$

22. Represente algebricamente o resultado de $A \cup B$ em cada caso abaixo.
a) $A =]-6, -1]$ e $B = [-2, 9[$
b) $A = \left\{x \in \mathbb{R} \mid -3{,}7 \leq x < \frac{3}{4}\right\}$ e $B = \left\{x \in \mathbb{R} \mid \frac{3}{4} \leq x < 1{,}7\right\}$
c) $A = \left\{x \in \mathbb{R} \mid -\sqrt{10} < x < \sqrt{3}\right\}$ e $B = \left\{x \in \mathbb{R} \mid 2 < x < \sqrt{6}\right\}$
d) $A = \left\{x \in \mathbb{R} \mid -\frac{\sqrt{5}}{2} \leq x \leq \frac{\sqrt{5}}{2}\right\}$ e $B = \left\{x \in \mathbb{R} \mid -\frac{\sqrt{2}}{2} \leq x \leq \frac{\sqrt{2}}{2}\right\}$

23. Considerando os intervalos $E = [-3, 1]$, $F = [-4, 4[$ e $G =]3, 8]$, calcule:
a) $E - F$
b) $G - F$
c) $F - G$
d) C_E^F

24. Dados os intervalos $A = [-7, 10[$, $B = [-4, 12]$ e $C =]-9, 1]$, determine os intervalos obtidos em:
a) $(A \cap B) - C$
b) $B - (A \cap C)$
c) $(A \cup B) - (B \cup C)$
d) $(B \cap C) - (A \cup B)$

Exercícios complementares

25. Verifique se as afirmações abaixo sobre os conjuntos numéricos são verdadeiras ou falsas.
a) $(\mathbb{N} \cup \mathbb{I}) \subset \mathbb{Q}$
b) $(\mathbb{Z} - \mathbb{N}) \subset \mathbb{Q}$
c) $\mathbb{Q} \cap \mathbb{N} = \mathbb{Z}$
d) $\mathbb{R} - \mathbb{Q} = \mathbb{I}$
e) $C_{\mathbb{N}}^{\mathbb{R}} \subset \mathbb{I}$
f) $\mathbb{Q} \cup \mathbb{I} = \mathbb{R}$

26. Considerando os intervalos A e B descritos em cada item, represente algebricamente o intervalo resultante da operação $A \cap B$.
a) $A = \{x \in \mathbb{R} \mid -3 \leq x < 7\}$ e $B = [-7, 0[$
b) $A = \{x \in \mathbb{R} \mid -\sqrt{7} \leq x \leq \sqrt{2}\}$ e $B = \{x \in \mathbb{R} \mid -2,5 \leq x \leq 1,3\}$
c) $A = \left\{x \in \mathbb{R} \mid -\frac{\sqrt{2}}{2} \leq x \leq \frac{\sqrt{2}}{2}\right\}$ e $B = \left\{x \in \mathbb{R} \mid -\frac{\sqrt{5}}{2} \leq x \leq \frac{\sqrt{5}}{2}\right\}$

27. Considere os intervalos A, B e C tais que $A = \,]-1, 2]$, $B = [-2, 4]$ e $C = \,]-5, 0[$. Resolva as operações indicadas a seguir.
a) $(A \cap B) \cup C$
b) $B - A$
c) $A - (B \cap C)$
d) $A \cup B \cup C$

28. Classifique as afirmações em verdadeiras ou falsas e justifique as falsas.
a) O número real $0,3454545...$ é racional.
b) O número real $\sqrt{7}$ pode ser escrito na forma $\frac{a}{b}$, em que a e b são números inteiros e $b \neq 0$.
c) O número real $0,33$ não pode ser escrito na forma $\frac{a}{b}$, em que a e b são números inteiros e $b \neq 0$.
d) Se m é um número racional positivo, então $\sqrt{m}$ é um número irracional.
e) Se n é um número irracional, então n^2 é um número racional.

29. Considere as seguintes situações:
I. Medir a temperatura de uma pessoa com um termômetro.
II. Medir a diagonal de uma mesa retangular com uma trena.
III. Contar, um por um, os alunos de uma sala.
IV. Calcular, pelo teorema de Pitágoras, a medida da diagonal de uma mesa retangular cujas medidas dos lados são números naturais.
V. Determinar o perímetro de um disco com uma fita métrica.w
VI. Determinar o perímetro de um disco cuja medida do raio é um número natural, utilizando para isso a relação $p = 2\pi R$, em que p é o perímetro e R é a medida do raio do disco.
VII. Contar as carteiras em uma disposição retangular, multiplicando a quantidade de carteiras por fileira pela quantidade de fileiras.

a) Em quais situações o valor obtido é sempre um número natural?
b) Em quais situações o valor obtido pode ser um número racional não natural?
c) Em quais situações o valor obtido pode ser um número irracional?

30. Escreva na forma $\frac{a}{b}$, com $b \neq 0$, os seguintes números:
a) $0,1515...$
b) $-3,4$
c) 0
d) $0,1257777...$
e) $4,3333...$
f) $0,06666...$

31. Determine os menores valores dos números a e b que satisfazem as condições em cada caso.
a) $\begin{cases} a \text{ e } b \text{ são números naturais e } b \neq 0. \\ x = 0,\overline{7} \text{ e } y = 0,8\overline{3} \text{ tais que } x + y = \frac{a}{b}. \end{cases}$
b) $\begin{cases} a \text{ e } b \text{ são números naturais e } b \neq 0. \\ x = 0,\overline{6} \text{ e } y = 0,91\overline{6} \text{ tais que } x + y = \frac{a}{b}. \end{cases}$
c) $\begin{cases} a \text{ e } b \text{ são números naturais e } b \neq 0. \\ x = -0,\overline{4} \text{ e } y = 0,\overline{32} \text{ tais que } x - y = \frac{a}{b}. \end{cases}$

32. Observe a representação dos números a e b no intervalo $[0, 1]$ da reta real:

Qual é a posição de $a \cdot b$ na reta real?

33. Sejam x e y números reais tais que $x \in [5, 10]$ e $y \in [20, 30]$. Determine o intervalo que contém todos os possíveis números na forma $\frac{x}{y}$.

34. Escreva os seguintes números em ordem crescente:
$$\pi;\ 0;\ -3;\ \frac{3}{5};\ 8;\ -3^2;\ \sqrt{2};\ (-3)^2;\ \sqrt{7};\ \frac{1}{4};\ \pi^2$$

35. Classifique as afirmações a seguir em verdadeiras ou falsas e justifique as falsas.
a) Se x e y são números inteiros e $x < y$, então existe um inteiro z tal que $x < z < y$.
b) Se x e y são números racionais e $x < y$, então existe um racional z tal que $x < z < y$.
c) Se x e y são números irracionais, então o produto de x por y é um número irracional.

UNIDADE

2

Funções

Capítulos

3 Introdução às funções

4 Função afim

5 Função quadrática

6 Módulo e função modular

Salto sobre Empuriabrava, Espanha, 2009. Baía das Rosas ao fundo.

Em um salto como o da foto, antes de acionar o paraquedas, uma pessoa fica em movimento de queda livre. No estudo desse movimento, percebemos que as grandezas altura (em relação ao solo) e tempo (de queda) se relacionam, de modo que podemos afirmar que a altura varia em função do tempo.

CAPÍTULO 3

Introdução às funções

Módulos

1. Noção intuitiva de função
2. Definição de função
3. Função e gráfico
4. Função e proporcionalidade
5. Função injetora, função sobrejetora e função bijetora
6. Função inversa

O mergulho livre é um esporte de alto risco para o praticante, pois a cada 10 metros que se afunda na água, há um aumento de pressão de uma atmosfera, ou seja, o corpo do praticante de mergulho sofre uma compressão equivalente ao dobro da que é sentida quando ele está ao nível do mar. Nesse esporte, os mergulhadores costumam chegar próximo a cem metros de profundidade.

Para começar

1. Calcule o valor acrescido à pressão, a cada metro que se mergulhe.
2. Determine qual seria a pressão a que um corpo estaria submetido caso ele se encontrasse submerso a 15 metros de profundidade.
3. Pesquise em livros de biologia ou na internet quais funções biológicas do corpo são prejudicadas em mergulhos devido ao aumento da pressão.

1. Noção intuitiva de função

O conceito intuitivo de **função** está presente em muitas situações do cotidiano. Trata-se de um conceito matemático que possibilita analisar algumas relações que estabelecem uma dependência entre duas grandezas.

As situações a seguir apresentam algumas noções relacionadas à ideia de função.

Situação 1

No final de 2014, uma empresa responsável pelo saneamento básico de uma cidade brasileira cobrava R$ 12,14 pelo consumo residencial de até 10 m³ de água. O volume de água excedente era tarifado conforme indicado a seguir.

Tarifa	
Consumo (m³)	Valor (R$)
0 a 10	12,14 por mês
11 a 20	2,10 por m³
21 a 30	7,42 por m³
31 a 50	10,58 por m³
acima de 50	11,70 por m³

Dados disponíveis em: <http://site.sabesp.com.br/uploads/file/clientes_servicos/comunicado_07_2014.pdf>. Acesso em: 2 jan. 2015.

Observe que há uma relação entre o valor a ser pago e o consumo de água. O valor a ser pago é calculado **em função** do consumo de água.

Situação 2

Em 1724, foi proposta por Daniel G. Fahrenheit uma escala de medida de temperatura que associa, a 0 m de altitude, o ponto de fusão da água a 32 °F e o ponto de ebulição a 212 °F. Essa escala é denominada escala Fahrenheit.

No Brasil, a escala de medida de temperatura utilizada é a escala Celsius, que associa, nas mesmas condições de altitude, o ponto de fusão da água a 0 °C e o ponto de ebulição a 100 °C.

Fonte de pesquisa: <www.dec.ufcg.edu.br/biografias/DaniGabr.html>. Acesso em: 16 nov. 2012.

No gráfico, a temperatura em grau Fahrenheit está apresentada em função da temperatura em grau Celsius.

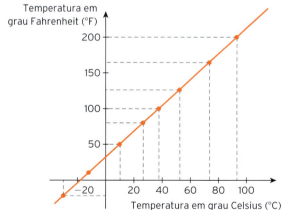

Situação 3

O comprimento C de uma circunferência depende da medida r do seu raio.

Uma expressão matemática que permite calcular o valor de C é $C = 2 \cdot \pi \cdot r$. Essa é uma **lei de correspondência** que faz cada valor possível de r corresponder a um único valor de C, ou seja, C é função de r.

Nesse caso, o comprimento da circunferência é a **variável dependente** da função, pois depende da medida do raio, que é a **variável independente**.

Como vimos nas situações acima apresentadas, tabelas, gráficos e expressões matemáticas são as maneiras mais comuns para representar uma função.

> **Para recordar**
>
> Variável pode ser, por exemplo, uma classificação, uma medida ou uma quantidade que pode se alterar, em um universo de possibilidades.

2. Definição de função

Uma relação que associa cada elemento de um conjunto A a um único elemento de um conjunto B, com A e B não vazios, pode ser chamada de função. Pode-se definir:

> Uma **função** de A em B, sendo A e B conjuntos não vazios, é toda associação que faz corresponder a cada elemento de A um único elemento de B.

Sendo f uma função que faz cada elemento x de um conjunto A corresponder a um único elemento y de um conjunto B, são válidas as seguintes notações.

- $f: A \to B$ ou $f: A \xrightarrow{f} B$
  Lê-se: **função** f de A em B, ou **aplicação** f de A em B, ou **transformação** f de A em B.
- $x \mapsto y$
  Lê-se: a **função** f transforma (ou leva) x em y, ou, simplesmente, função de x em y.

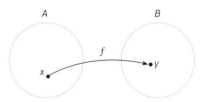

Aplicação ou transformação f de A em B.

Uma função pode ser entendida de duas maneiras: como uma relação que **leva**, ou como uma relação que **transforma** ou **produz**.

Função que leva

O diagrama a seguir mostra uma correspondência em que cada elemento do conjunto A dos números naturais pares é associado a um único elemento do conjunto B dos números naturais.

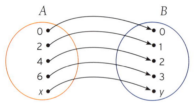

Pela definição de função, é estabelecida a seguinte relação, que, neste momento, é denominada **função** f:
- **Todos** os elementos de A estão associados a algum elemento de B.
- Cada elemento de A está associado a um **único** elemento de B, f é uma função que **leva** cada elemento do conjunto dos números naturais pares a um único elemento do conjunto dos números naturais.

Função que transforma ou produz

Supõe-se que exista uma máquina que aceite, na entrada, números naturais e que, na saída, seja produzido o triplo desses números.

O número que sai depende do número que entra. Assim, a máquina representa uma função f que, a partir do número natural x que entra nela, **produz** um número natural y que é o triplo de x. Também pode ser dito que ela representa uma função f que **transforma** cada número x em um número y tal que $y = 3x$.

Ação e cidadania

Inventando soluções

Muitos objetos que facilitam nossa vida foram inventados por alguém que teve uma ideia para resolver uma situação-problema. Ou então percebeu novo uso para um objeto já existente. Por exemplo, ao observar a bacia para lavar arroz, a brasileira Therezinha Zorowich (hoje com 80 anos de idade) pensou em algo que nunca lhe havia ocorrido, para evitar a perda de grãos que entupiam a pia: fazer furos em uma lateral da bacia! Estava inventado o escorredor de arroz, em 1958.

O incômodo causado pelo carrapicho grudado na barra da calça do engenheiro suíço Georges de Mestral (1907-1990) o levou, em 1941, a inventar o Velcro (tecido em tiras duplas aderentes, usado como fecho).

- O que há em comum entre a invenção do escorredor de arroz e a do Velcro?

Funções definidas por expressões matemáticas

Agora, vamos destacar o estudo de funções cujas leis de correspondências são expressões matemáticas. Veja alguns exemplos:

Exemplo 1
A área A de um círculo é dada em função da medida r do seu raio e pode ser expressa pela lei de correspondência $A = \pi \cdot r^2$. Nesse caso, r é a variável independente e A é a variável dependente.

Considerando um círculo cujo raio mede 3 cm, por exemplo, calcula-se a área A substituindo-se r por 3 na **lei de correspondência**: $A = \pi \cdot 3^2 = 9\pi$.

Logo, a área é 9π cm².

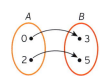

Exemplo 2
Uma função $f: A \to B$ é dada pela **lei de correspondência** $y = x + 3$. Por essa lei que descreve a função, podemos obter alguns valores de y para alguns valores de $x \in A$ e $y \in B$:
- o valor da função f quando $x = 0$ é: $y = 0 + 3 = 3$
- o valor da função f quando $x = 2$ é: $y = 2 + 3 = 5$

Exercício resolvido

1. Observe o quadro.

Quantidade de combustível (litro)	5	10	15	20
Valor a pagar (R$)	16,25	32,50	48,75	65,00

Dados fictícios.

a) Escrever a lei de correspondência que relaciona o valor P a pagar pela quantidade C de combustível.

b) Determinar o valor a pagar por 7 litros de combustível.

c) Determinar a quantidade máxima de combustível que pode ser comprada com R$ 78,00.

Resolução

a) O preço de um litro de combustível é R$ 3,25 (16,25 : 5 = 3,25). Portanto, a lei de correspondência é: $P = 3,25 \cdot C$

b) Substituímos C por 7 na expressão $P = 3,25 \cdot C$.
$P = 3,25 \cdot 7 = 22,75$
Logo, o valor a pagar por 7 litros de combustível é R$ 22,75.

c) Substituímos P por 78 na expressão $P = 3,25 \cdot C$.
$78 = 3,25 \cdot C \Rightarrow C = \dfrac{78}{3,25} = 24$
Logo, é possível comprar no máximo 24 litros de combustível com R$ 78,00.

Exercícios propostos

2. Um avião se desloca em linha reta com velocidade constante, de acordo com os instantes mostrados.

t (h)	1	2	3	4	5
d (km)	800	1 600	2 400	3 200	4 000

Dados fictícios.

a) Escreva a lei de correspondência que relaciona a distância d e o tempo t.

b) Determine a distância que o avião terá percorrido após 8 h de viagem se mantiver o movimento descrito pela lei obtida no item **a**.

3. Um prestador de serviços de manutenção de computadores cobra uma taxa fixa de R$ 35,00 pela visita e mais R$ 10,00 por hora trabalhada.

a) Escreva a lei de correspondência que relaciona o valor pago pelo serviço prestado e a quantidade de horas de trabalho desse prestador.

b) Qual é a variável dependente da lei obtida no item **a**? E a variável independente?

c) Qual é o valor pago por um serviço iniciado às 15 h 45 min e concluído às 17 h 45 min?

d) Um cliente pagou R$ 75,00 pela manutenção. Quantas horas esse prestador trabalhou?

4. Um retângulo tem lados de medidas x e y e 24 cm² de área. Determine:

a) a lei de correspondência que expressa o valor de y em função de x;

b) o valor de y, sabendo que $x = 4,8$ cm;

c) as dimensões desse retângulo para $y = 6x$.

5. A figura ao lado representa um quadrado de 100 cm² de área.

a) Expresse a área da região laranja da figura em função de x.

b) Determine a área da região verde quando $x = 7$ cm.

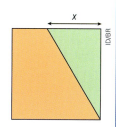

Domínio, contradomínio e conjunto imagem de uma função

Dada uma função f definida de A em B, o conjunto A é o **domínio** da função f, e o conjunto B é o **contradomínio**.

O domínio de uma função é denotado por $D(f)$ ou simplesmente D, e o contradomínio, por $CD(f)$ ou CD.

Para cada x do domínio da função f, o valor correspondente y do contradomínio é a **imagem de x pela função f**. Indica-se $y = f(x)$ e lê-se "f de x".

O conjunto imagem de uma função f é formado pelos elementos y do contradomínio de f que correspondem aos valores x do domínio, ou seja, os elementos $y = f(x)$. Lê-se "y igual a f de x". Denotamos o conjunto imagem por $Im(f)$ ou Im.

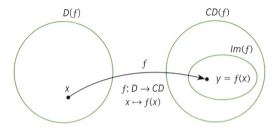

> Note que f não é equivalente a $f(x)$, pois f é a função e $f(x)$ é o valor que a função assume para cada x pertencente ao domínio.

Assim:

- $D(f) = A$
- $CD(f) = B$
- $Im(f) = \{y \in B \mid y = f(x)\}$

> Uma função só está definida quando se tem o domínio, o contradomínio e a regra, ou seja, a lei de correspondência que permite determinar, para cada elemento do domínio, um único elemento do contradomínio.

Nossos estudos terão maior enfoque nos casos de funções cujas variáveis possam assumir valores reais e que os associem a valores reais, ou seja, funções cujos domínio e imagem são subconjunto dos números reais. Essas são as **funções reais de variáveis reais**.

Estudo do domínio de uma função real

Uma vez que não seja dado o domínio, não está caracterizada uma função. Mas daqui em diante, porém, vamos convencionar que, sempre que não for especificado o domínio de uma função, fica subentendido que ele é o conjunto $\mathbb{R}$, devendo ser excluídos apenas os valores para os quais as operações indicadas pela lei de correspondência não estão definidas.

Exemplos

- Uma função f tal que $f(x) = \frac{1}{x}$ tem domínio $D = \mathbb{R}^*$ ou $D = \mathbb{R} - \{0\}$. O zero é excluído do domínio dessa função, pois f não está definida para $x = 0$.
- Uma função f tal que $f(x) = \sqrt{x}$ tem domínio $D = \mathbb{R}_+$. São excluídos os valores negativos de $\mathbb{R}$ do domínio dessa função, pois não é possível calcular a raiz quadrada de números negativos no conjunto dos números reais.

Zeros de uma função

Denomina-se **zero** de uma função f cada número x pertencente ao domínio de f tal que $y = f(x) = 0$, ou seja, cada número do domínio da função f cuja imagem seja igual a zero.

Por exemplo, $x = -2$ é o zero da função $f: \mathbb{Z} \to \mathbb{Z}$ tal que $f(x) = 5x + 10$, pois: $f(-2) = 5 \cdot (-2) + 10 = 0$

Há funções que têm **mais de um zero**. Por exemplo, a função $f: \mathbb{R} \to \mathbb{R}$, tal que $f(x) = 3x^2 + 13x + 12$, tem como zeros os números -3 e $-\frac{4}{3}$.

De modo geral, para se determinar o zero de uma função basta igualar a lei de correspondência da função a zero e resolver a equação obtida.

Exercícios resolvidos

6. Dada a função f tal que $f(x) = x^2 + 1$, determine:
a) $f(0)$ b) $f(\sqrt{2})$ c) $f(-4)$

Resolução
a) $f(0) = 0^2 + 1 = 1$ b) $f(\sqrt{2}) = (\sqrt{2})^2 + 1 = 2 + 1 = 3$ c) $f(-4) = (-4)^2 + 1 = 16 + 1 = 17$

7. Considere $f(x) = x^2 + kx + 4$. Calcule k, sabendo que $f(3) = 19$.

Resolução
Como $f(x) = x^2 + kx + 4$ e $f(3) = 19$, para determinar o valor de k, substituímos x por 3 na lei de correspondência:
$19 = 3^2 + k \cdot 3 + 4 \Rightarrow 19 = 9 + 3k + 4 \Rightarrow 19 - 9 - 4 = 3k \Rightarrow 6 = 3k \Rightarrow k = \frac{6}{3} = 2$
Logo, o valor de k é 2.

8. Dada a função f, dada pela lei de correspondência $f(x) = x^3 + 4$, determine o valor de x cuja imagem é 12.

Resolução
Para determinar o valor procurado, substituímos $f(x)$ por 12 na lei de correspondência:
$12 = x^3 + 4 \Rightarrow 12 - 4 = x^3 \Rightarrow 8 = x^3 \Rightarrow x = 2$
Portanto, o valor de x é 2.

9. Determine os zeros da função dada por $f(x) = x^3 + 2x^2 - 9x - 18$.

Resolução
Para determinar os zeros dessa função, igualamos a lei de correspondência a zero e resolvemos a equação fatorando o 1º membro da equação:

$x^3 + 2x^2 - 9x - 18 = 0 \Rightarrow x^2(x + 2) - 9(x + 2) = 0 \Rightarrow (x + 2) \cdot (x^2 - 9) = 0 \Rightarrow x + 2 = 0$ ou $x^2 - 9 = 0$

Então: $x + 2 = 0 \Leftrightarrow x = -2$ ou $x^2 - 9 = 0 \Leftrightarrow x = \pm 3$
Portanto, os zeros dessa função são -3, -2 e 3.

Exercícios propostos

10. Uma locadora de automóveis cobra R$ 50,00 para cada dia de uso de seus veículos e uma taxa única de R$ 30,00 por locação, referente à quantidade de combustível disponibilizada no tanque.
a) Escreva a lei de correspondência da função que associa o custo total y da locação de um veículo ao número x de dias de locação.
b) Qual é o custo de uma locação por cinco dias?

11. Verifique se cada diagrama abaixo representa uma função. Em seguida, identifique o domínio, o contradomínio e o conjunto imagem dessa função.

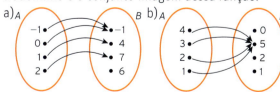

12. Determine a lei de correspondência da função f que relaciona um número real x:
a) ao quadrado desse número.
b) ao dobro desse número, adicionado à sua metade.
c) ao inverso desse número.

13. A lei de correspondência de uma função $g: A \to \mathbb{R}$, com $A = \{-1, 0, 1, 2\}$, é $g(x) = x^3 + 2x^2$. Determine o contradomínio e o conjunto imagem de g.

14. Dada a função $f: \mathbb{R} - \{-\sqrt{5}; \sqrt{5}\} \to \mathbb{R}$, dada por $f(x) = \frac{x}{x^2 - 5}$, determine:
a) $f(0)$ c) $f\left(\frac{1}{2}\right)$
b) $f(-2)$ d) $f(-2) + f\left(\frac{1}{2}\right)$

15. Seja g a função cuja lei é:
$$g(x) = \frac{4}{1 - x} + \frac{x}{2x - 6}$$
Se $x \in \mathbb{N}$, para quais valores de x a função g não está definida?

16. Considerando a função f dada por $f(x) = x^2 - 2x + 1$, determine $f(k + 1)$.

17. Seja a função g, tal que $g(x) = x^2 + (m - 1)x + 6$. Sabendo que $g(2) = 20$, determine:
a) o valor de m. b) os zeros de g.

3. Função e gráfico

■ Plano cartesiano

O sistema cartesiano é formado por duas retas reais perpendiculares entre si e que se cruzam no ponto zero. Esse ponto, denominado **origem** do sistema cartesiano, é frequentemente denotado por O. Cada reta representa um **eixo coordenado**; o eixo horizontal é o eixo Ox, e o vertical é o eixo Oy. O plano determinado por esses dois eixos é denominado **plano cartesiano**.

Assim, um ponto A do plano cartesiano corresponde a um par ordenado (x, y), em que x é a 1ª coordenada e y é a 2ª coordenada. Representamos esse ponto por $A(x, y)$, em que x é a **abscissa** e y é a **ordenada** do ponto A. A origem O do plano cartesiano é representada por $O(0, 0)$.

O eixo Ox é denominado **eixo das abscissas**, e o eixo Oy, **eixo das ordenadas**. Esses eixos dividem o plano em quatro regiões denominadas **quadrantes**. Para localizar, por exemplo, o ponto $A(x, y)$ no plano cartesiano, procede-se da seguinte maneira:

- Pelo ponto de abscissa x do eixo Ox traça-se uma reta paralela ao eixo Oy.

- Pelo ponto de ordenada y do eixo Oy traça-se uma reta paralela ao eixo Ox.

- A interseção dessas duas retas é o ponto A de coordenadas x e y.

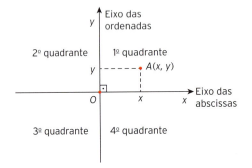

Exemplo

No plano cartesiano ao lado, tem-se:

- O par ordenado $(2, 4)$ corresponde ao ponto A. Observa-se que a primeira coordenada é obtida no eixo Ox e a segunda coordenada, no eixo Oy.

- O ponto C corresponde ao par ordenado $(-4, -3)$, em que -4 é a abscissa e -3 é a ordenada do ponto C.

- Os pontos E e F estão sobre o eixo das abscissas e, portanto, têm ordenadas iguais a zero: $E(-2, 0)$ e $F\left(\frac{1}{2}, 0\right)$

- Os pontos $B(0, 3)$ e $D(0, -5)$ têm abscissas iguais a zero, pois estão localizados sobre o eixo das ordenadas.

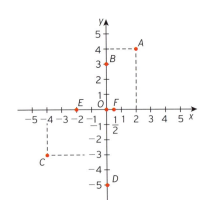

O plano cartesiano possibilita a articulação entre a geometria e a álgebra. Nele há uma correspondência entre pontos do plano e pares ordenados de números reais, de modo que cada ponto no plano tem seu correspondente par ordenado, assim como cada par ordenado tem um ponto correspondente no plano.

Desse modo, alguns problemas geométricos podem ser interpretados algebricamente e alguns problemas algébricos podem ser interpretados geometricamente, facilitando a resolução.

O nome cartesiano é dado em referência a René Descartes, autor da obra *La géométrie*, na qual ele apresenta relações entre a geometria e a álgebra.

■ Representações gráficas de uma função

Considerando a função $f: \{-2, -1, 0, 1, 2\} \to [0, 4]$, definida por $f(x) = x^2$, têm-se a seguir algumas representações gráficas para essa função.

Tabela

x	y
−2	4
−1	1
0	0
1	1
2	4

Diagrama ou esquema

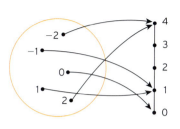

Plano cartesiano

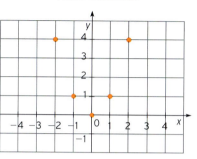

Gráfico de uma função

Define-se:

> O **gráfico** de uma função f é o conjunto de pares ordenados (x, y) do plano cartesiano que tem x pertencente ao domínio de f e $y = f(x)$.

Por exemplo, seja f uma função definida por $f(x) = 2x$. O gráfico da função f é o conjunto de pontos G_f tal que $G_f = \{(x, 2x) \mid x \in \mathbb{R}\}$.

Para simplificar a linguagem, é comum a **representação gráfica no plano cartesiano** ser considerada o **gráfico** da função. Nesta coleção, essa nomenclatura é adotada.

Reconhecendo o domínio e o conjunto imagem no gráfico de uma função

Dado o gráfico de uma função, é possível identificar o domínio e o conjunto imagem de uma função projetando seu gráfico sobre os eixos das abscissas e das ordenadas. A seguir têm-se dois exemplos.

Exemplo 1

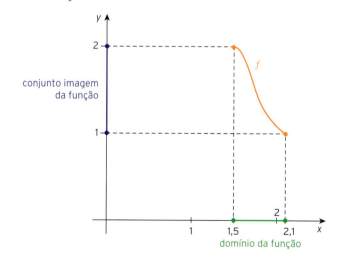

O domínio da função f é:
$D(f) = \{x \in \mathbb{R} \mid 1{,}5 \leq x \leq 2{,}1\}$
O conjunto imagem da função f é:
$Im(f) = \{y \in \mathbb{R} \mid 1 \leq y \leq 2\}$

Exemplo 2

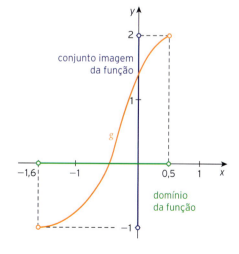

O domínio da função g é:
$D(g) = \{x \in \mathbb{R} \mid -1{,}6 < x < 0{,}5\}$
O conjunto imagem da função g é:
$Im(g) = \{y \in \mathbb{R} \mid -1 < y < 2\}$

Reconhecendo o gráfico de uma função

Nem sempre um gráfico (conjunto de pares ordenados) representa o gráfico de uma função.

- Para saber se um gráfico representa o gráfico de uma função, é preciso verificar se, para cada elemento do domínio – que no plano cartesiano é representado pelos valores do eixo Ox –, existe um **único** elemento correspondente no contradomínio – representado no plano cartesiano pelos valores do eixo Oy. Geometricamente basta verificar se qualquer reta perpendicular ao eixo Ox corta o gráfico da função em um único ponto.

y está em função de x

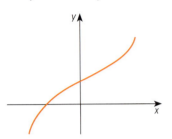

Qualquer reta perpendicular ao eixo Ox corta o gráfico em um único ponto. Portanto, o gráfico **representa uma função** de x em y.

y não está em função de x

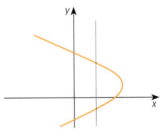

Existem retas perpendiculares ao eixo Ox que cortam o gráfico em mais de um ponto. Portanto, o gráfico **não representa uma função** de x em y.

y não está em função de x

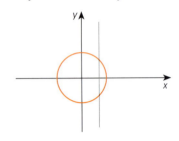

Existem retas perpendiculares ao eixo Ox que cortam o gráfico em mais de um ponto. Portanto, o gráfico **não representa uma função** de x em y.

Análise de um gráfico

Os gráficos não são um mero recurso visual; eles permitem ao leitor analisar e propor relações entre as variáveis.

Exemplo

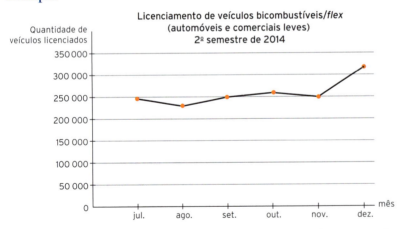

Fonte de pesquisa: Anfavea (Associação Nacional de Fabricantes de Veículos Automotores). Disponível em: <www.anfavea.com.br//tabelas.html>. Acesso em: 8 jan. 2015.

O gráfico acima possibilita tirar as seguintes conclusões.

- No 2º semestre de 2014, a quantidade mínima de licenciamentos de veículos bicombustíveis ocorreu em agosto, ao passo que a quantidade máxima ocorreu em dezembro.
- De agosto a setembro de 2014 houve crescimento na quantidade mensal de licenciamentos desse tipo de veículo, assim como também houve crescimento de setembro a outubro e de novembro a dezembro.
- De julho a agosto houve queda na quantidade mensal de licenciamentos desse tipo de veículo, assim como de outubro a novembro.
- A variável **quantidade de veículos licenciados** é dada em função da variável **mês**.

Para refletir

Jean Galvão. *Folha de S.Paulo*, 9 out. 2008.

A personagem da charge é um operador da bolsa de valores internado em um hospital. Ele vê a situação financeira daquele momento refletida no gráfico mostrado no monitor da máquina ligada ao seu corpo.

- Na charge, que situação financeira os gráficos da bolsa de valores representam?
- O que representa o gráfico do monitor no hospital?

Exercícios resolvidos

18. As representações gráficas das funções f e g no plano cartesiano são dadas a seguir.

$f: \mathbb{N} \to \mathbb{R}$
$f(x) = x - \dfrac{1}{2}$

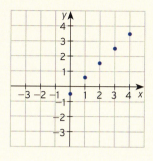

$g: \mathbb{R} \to \mathbb{R}$
$g(x) = x - \dfrac{1}{2}$

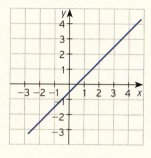

a) Determine o conjunto dos pares ordenados correspondente ao gráfico de cada função.
b) Cite algumas características comuns e características diferentes das duas representações gráficas.

Resolução

a) O gráfico de uma função é o conjunto dos pares ordenados (x, y), em que x pertence ao domínio da função e $y = f(x)$. Assim, o gráfico de f é o conjunto $G_f = \left\{ \left(x, x - \dfrac{1}{2}\right) \mid x \in \mathbb{N} \right\}$ e o gráfico de g é o conjunto $G_g = \left\{ \left(x, x - \dfrac{1}{2}\right) \mid x \in \mathbb{R} \right\}$.

b) Características comuns: as duas representações gráficas são formadas por conjunto de infinitos pontos e representam funções com leis de correspondências equivalentes. Características diferentes: o domínio e o conjunto imagem.

19. Determine o valor de m para que o ponto $P(m - 3, 2)$ pertença ao eixo das ordenadas.

Resolução

Para que o ponto P esteja sobre o eixo Oy, sua abscissa deve ser igual a zero: $m - 3 = 0 \Rightarrow m = 3$.
Logo, o valor de m é 3.

20. Verifique se o par ordenado $(2, 1)$ pertence ao gráfico da função definida por $f(x) = -2x + 3$.

Resolução

O par ordenado $(2, 1)$ tem abscissa 2 e ordenada 1, ou seja, $x = 2$ e $y = 1$. Para que ele pertença ao gráfico da função, verificamos se $f(2) = 1$.
$f(2) = -2 \cdot 2 + 3 = -1 \neq 1$
Logo, o par ordenado $(2, 1)$ não pertence ao gráfico dessa função.

Exercícios propostos

21. Construa um plano cartesiano e represente nele os pontos $M(5, 4)$, $N(3, -4)$, $P(6, 0)$, $Q(-4, 3)$, $R(-3, -6)$, $S(7, -3)$, $T(0, -2)$, $U(2, 1)$ e $V(0, 7)$.

22. O gráfico a seguir foi elaborado com base na variação da inflação anual no Brasil entre 2007 e 2014, medida de acordo com o Índice de Preços ao Consumidor Amplo (IPCA).

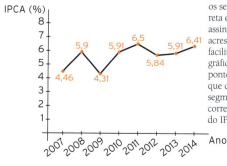

Neste gráfico estatístico, os segmentos de reta entre os pontos assinalados foram acrescentados para facilitar o estudo do gráfico, embora os pontos intermediários que compõem esses segmentos não correspondam a valores do IPCA.

Fonte de pesquisa: <http://www.ibge.gov.br/home/estatistica/indicadores/precos/inpc_ipca/ipca-inpc_201412caderno.pdf>. Acesso em: 8 jan. 2015.

a) Dentro do período representado no gráfico, em que ano foi registrado o maior IPCA? E o menor?
b) Represente alguns pares ordenados que pertencem ao gráfico dessa função.

23. Sabendo que o ponto $P(k - 9, 2k - 8)$ pertence ao eixo das abscissas, determine:
a) o valor de k;
b) as coordenadas do ponto P.

24. Todos os pontos pertencentes ao gráfico da função g estão representados abaixo.

a) Determine o domínio e o conjunto imagem dessa função.
b) Verifique se os pontos $(1, 1)$, $(-1, 2)$ e $(0, 0)$ pertencem ao gráfico dessa função.

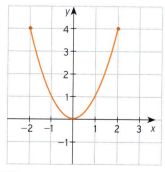

4. Função e proporcionalidade

As situações apresentadas a seguir são relativas à proporcionalidade entre grandezas de valores positivos. A proporcionalidade entre grandezas pode ser direta ou inversa.

■ Proporcionalidade direta

Situação 1

Quando a medida ℓ do lado de um quadrado aumenta, seu perímetro P também aumenta.

A tabela abaixo mostra alguns valores possíveis para o perímetro de um quadrado de acordo com a medida de seu lado. Nota-se que o perímetro do quadrado é o quádruplo da medida de seu lado.

Medida do lado (cm)	1	2	3,5	17,5
Perímetro (cm)	4	8	14	70

Considerando-se duas colunas quaisquer da tabela, verifica-se que, se a medida do lado do quadrado é multiplicada por certo número, então seu perímetro também é multiplicado pelo mesmo número.

Medida do lado (cm)	1	2	3,5	17,5
Perímetro (cm)	4	8	14	70

Para recordar

Grandeza é uma característica de um objeto ou de um fenômeno que pode ser medida ou contada.

Dividindo-se os diferentes valores do perímetro P pelos valores correspondentes da medida ℓ do quadrado, obtém-se a seguinte igualdade:

$$\frac{4\ell}{\ell} = \frac{4 \cdot n\ell}{n\ell} = 4$$

Desse modo, conclui-se que há uma relação de **proporcionalidade direta** entre as grandezas envolvidas.

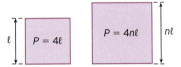

Situação 2

Quando a medida ℓ do lado de um quadrado aumenta, sua área A também aumenta.

Na tabela a seguir, verifica-se que esse aumento não ocorre de maneira proporcional, pois se a medida do lado do quadrado é multiplicada por 2, então sua área é multiplicada por 4; se a medida do lado do quadrado é multiplicada por 3, então sua área é multiplicada por 9.

Medida do lado (cm)	1	2	5	15
Área (cm²)	1	4	25	225

Dividindo-se os diferentes valores da área A pelos valores correspondentes da medida ℓ do quadrado, verifica-se que:

$$\frac{\ell^2}{\ell} \neq \frac{n^2\ell^2}{n\ell}$$

Nesse caso, pode-se afirmar que **não** existe proporcionalidade entre as grandezas envolvidas.

Conclusão

Na situação 1 a **proporcionalidade é direta**, pois há dependência entre as grandezas envolvidas, e a razão entre os valores associados a essas grandezas é constante. Já na situação 2, as grandezas estão em relação de dependência, mas **não** de proporcionalidade.

> Duas grandezas X e Y são **diretamente proporcionais** quando satisfazem duas condições: se os valores de X aumentam, então os valores correspondentes de Y também aumentam; e $\frac{y}{x} = k$, $k \in \mathbb{R}_+^*$ (x representa os valores da grandeza X e y representa os valores da grandeza Y.)

Lei de correspondência da proporcionalidade direta

Toda situação que apresenta uma relação de proporcionalidade direta pode ser interpretada por meio de uma função f. Para isso, é necessário redefinir os objetos, de acordo com o que segue.
- O conjunto dos possíveis valores de uma grandeza é o domínio D.
- O conjunto dos possíveis valores da outra grandeza é o conjunto imagem Im.
- A relação de proporcionalidade é a lei de correspondência da função f:
$$f(x) = kx$$
Por exemplo, a relação de proporcionalidade direta vista na situação 1 representa uma função P, em que $P: \mathbb{R}_+ \to \mathbb{R}_+$ tal que $P(\ell) = 4\ell$.

■ Proporcionalidade inversa

Situação 3

Na tabela abaixo, há alguns valores possíveis para as medidas x e y dos lados de um retângulo de 1 m² de área.

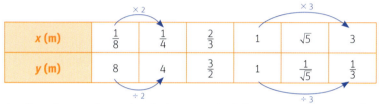

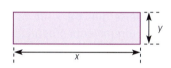

Analisando os valores da tabela, é possível tirar as seguintes conclusões:
- Se a medida x aumenta, então a medida y diminui.
- O produto $x \cdot y$ é igual a 1, ou seja, é um valor **constante**:

$$\frac{1}{8} \cdot 8 = 1; \frac{1}{4} \cdot 4 = 1; \frac{2}{3} \cdot \frac{3}{2} = 1; \sqrt{5} \cdot \frac{1}{\sqrt{5}} = 1; 3 \cdot \frac{1}{3} = 1$$

- Se o valor de x é multiplicado por 2, então o valor correspondente de y é dividido por 2; se o valor de x é multiplicado por 3, então o valor correspondente de y é dividido por 3.
- O valor de x é sempre o inverso do valor de y.

Desse modo, conclui-se que há uma relação de **proporcionalidade inversa** entre as grandezas envolvidas.

Situação 4

A massa de um elemento radioativo que se desintegra diminui com o passar do tempo. A tabela a seguir mostra o processo de desintegração desse elemento com massa inicial de 100 g ao longo de 48 anos.

Massa (g)	100	50	25	12,5	6,25	3,12	1,56
Tempo (ano)	0	8	16	24	32	40	48

Dados fictícios.

Embora os valores referentes à massa diminuam à medida que o tempo aumenta, o produto desses valores pelo tempo correspondente **não** é um valor constante:
$100 \cdot 0 = 0; 50 \cdot 8 = 400; 25 \cdot 16 = 400; 12,5 \cdot 24 = 300; 6,25 \cdot 32 = 200$
Então, **não** existe proporcionalidade entre as grandezas envolvidas.

Conclusão

Na situação 3, a proporcionalidade é inversa, pois uma grandeza depende da outra, e o produto das medidas associadas a essas grandezas é constante. Já na situação 4, que relaciona a massa e o tempo de desintegração de um elemento radioativo, as grandezas estão em relação de dependência, mas **não** de proporcionalidade.

> Duas grandezas X e Y são **inversamente proporcionais** quando satisfazem duas condições: se os valores de X aumentam, então os valores correspondentes de Y diminuem; e $x \cdot y = k$, $k \in \mathbb{R}_+^*$ (x representa os valores da grandeza X e y representa os valores da grandeza Y).

■ Saiba mais

Constante de proporcionalidade

O valor k na lei de correspondência de uma proporcionalidade direta ou de uma proporcionalidade inversa é denominado **constante de proporcionalidade**.

■ Saiba mais

Matemática e Física: consumo de energia elétrica

O consumo de energia elétrica de uma lâmpada é função de sua potência (em *watt*) e do tempo que ela fica acesa.

A tabela a seguir apresenta o consumo de uma lâmpada fluorescente de 20 W, expresso em Wh (watt-hora):

Tempo em que a lâmpada fica acesa	Consumo
1 h	20 Wh
2 h	40 Wh
3 h	60 Wh

Fonte de pesquisa: <http://www.cemig.com.br/pt-br/atendimento/Documents/SimuladorDeConsumo/Cemig%20-%20Estime%20seu%20Consumo2.htm>. Acesso em: 30 jan. 2015.

O consumo de energia mensal de uma residência é calculado adicionando os consumos dos aparelhos utilizados ao longo do mês. É mais adequado expressar o consumo em quilowatt-hora (kWh): 1 kWh = 1 000 Wh

Lei de correspondência da proporcionalidade inversa

Uma relação de proporcionalidade inversa pode ser interpretada como uma função f desde que sejam redefinidos os objetos, de acordo com o que segue.

- O conjunto dos possíveis valores de uma grandeza é o domínio D.
- O conjunto dos possíveis valores da outra grandeza é o conjunto imagem Im.
- A relação de proporcionalidade é a lei de correspondência da função f:

$$f(x) = \frac{k}{x}$$

Por exemplo, a relação de proporcionalidade inversa vista na situação 3 representa uma função f em que $f: \mathbb{R}_+ \to \mathbb{R}_+$ tal que $f(x) = \frac{1}{x}$.

Exercícios propostos

25. Sabe-se que x e y são os valores de duas grandezas diretamente proporcionais e que $y = 15$ quando $x = 3$.
a) Escreva uma expressão matemática que relacione y com x.
b) Determine o valor de y quando $x = 7$.
c) Calcule o valor de x quando $y = 180$.

26. Sabe-se que x e y são os valores de duas grandezas inversamente proporcionais e que $x = 14$ quando $y = 4$.
a) Escreva uma expressão matemática que relacione y com x.
b) Determine o valor de y quando $x = 8$.
c) Calcule o valor de x quando $y = 2$.

27. Uma máquina produz ininterruptamente 100 peças a cada 40 minutos. Quantas peças essa máquina produzirá se trabalhar por 2 horas no mesmo ritmo de produção?

28. Uma barra de metal dilata-se proporcionalmente de acordo com a variação de sua temperatura. A constante de proporcionalidade k dessa relação é denominada coeficiente de dilatação linear.
Sabe-se que uma barra de aço de 1 metro dilata 0,00024 m para cada 20 °C de aumento de sua temperatura.
a) Qual é o valor de k para essa barra de aço?
b) Se o comprimento da barra aumentou 0,00042 m, qual foi o aumento da temperatura?

29. Um automóvel percorre a distância entre duas cidades em 9 horas, mantendo velocidade média de 80 km/h durante todo o percurso. Sabendo que "velocidade média" e "tempo" estão em relação de proporcionalidade inversa, determine a velocidade média que o automóvel deveria manter para fazer o mesmo percurso em 10 horas.

30. Os pentágonos representados a seguir são polígonos regulares cujos lados medem, respectivamente, x e $3x$.

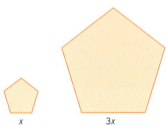

a) Verifique se as grandezas "medida do lado" e "perímetro" estão em relação de proporcionalidade direta.
b) Represente, por uma expressão matemática, a relação entre essas grandezas.

31. Inácio quer encher uma piscina, inicialmente vazia, com capacidade para 54 000 litros. Ele utilizará uma torneira com vazão constante (quantidade de água que sai da torneira por unidade de tempo) de 900 litros por hora. Complete a tabela. Depois, responda às questões.

Tempo da torneira aberta (h)	Quantidade de água na piscina (ℓ)
1	
5	
10	
15	
20	
25	
30	

Dados fictícios.

a) Quantas horas são necessárias para encher metade da piscina?
b) Em quantos dias a piscina estará cheia se for mantida essa vazão?

5. Função injetora, função sobrejetora e função bijetora

Algumas funções têm características particulares, que são usadas em sua classificação. Uma das maneiras de classificar as funções é pelo estudo do seu domínio e do seu contradomínio.

Situação 1

Consideram-se os conjuntos $A = \{-1, 0, 1, 2\}$ e $B = \{-1, 1, 3, 5, 6\}$ e a função $f: A \to B$ dada por $f(x) = 1 + 2x$. Uma das representações gráficas dessa função é o diagrama ao lado.

Nesse caso, nenhum elemento do contradomínio é imagem de mais de um elemento do domínio. Quando isso acontece, a função é denominada **injetora**.

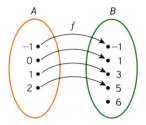

Situação 2

Consideram-se os conjuntos $A = \{-2, -1, 2\}$ e $B = \{1, 4\}$ e a função $g: A \to B$ dada por $g(x) = x^2$. Uma das representações gráficas dessa função é o diagrama ao lado.

Nesse caso, cada elemento do contradomínio é imagem de pelo menos um elemento do domínio. Quando isso acontece, a função é denominada **sobrejetora**.

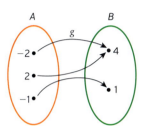

Situação 3

Consideram-se os conjuntos $A = \{-1, 0, 1, 2\}$ e $B = \{-2, -1, 0, 1\}$ e a função $h: A \to B$ dada por $h(x) = -x$. Uma das representações gráficas dessa função é o diagrama ao lado.

Nesse caso, cada elemento do contradomínio é imagem de um único elemento do domínio. A função é, portanto, injetora e sobrejetora, simultaneamente. Quando isso acontece, a função é denominada **bijetora**.

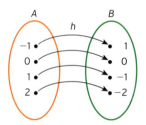

O quadro a seguir sintetiza esses conceitos para uma função $f: A \to B$ e exemplifica cada caso para conjuntos numéricos infinitos.

Função injetora (ou injetiva)	Função sobrejetora (ou sobrejetiva)	Função bijetora (ou bijetiva)
Se $x_1 \neq x_2$ em A, então $f(x_1) \neq f(x_2)$ em B, ou ainda, se $f(x_1) = f(x_2)$ em B, então $x_1 = x_2$ em A.	Para todo $y \in B$, existe $x \in A$, tal que $f(x) = y$.	Se $x_1 \neq x_2$ em A, então $f(x_1) \neq f(x_2)$ em B, e, para todo $y \in B$, existe $x \in A$, tal que $f(x) = y$.
Exemplo: $f: \mathbb{N} \to \mathbb{N}$, dada por $f(x) = 3x$. Essa função associa cada número natural x do domínio ao seu triplo do contradomínio: $y = 3x$. Como não existem dois números naturais distintos que tenham o mesmo triplo, cada imagem tem apenas um elemento do domínio associado a ela.	**Exemplo:** $f: \mathbb{R} \to \mathbb{R}_+$, dada por $f(x) = x^2$. Essa função associa cada número real x do domínio ao seu quadrado $y = x^2$ do contradomínio. Todos os números reais positivos têm suas raízes quadradas no conjunto dos números reais, ou seja, o conjunto imagem de f é o próprio contradomínio de f.	**Exemplo:** $f: \mathbb{R} \to \mathbb{R}$, dada por $f(x) = 2x + 3$. Essa função associa cada número real x do domínio ao número real $y = 2x + 3$ do contradomínio. E, para cada número real $y = 2x + 3$ do contradomínio, existe um número real distinto $x = \dfrac{y - 3}{2}$ do domínio tal que $f(x) = y$.

Para refletir

Por que as funções f e g das situações 1 e 2 apresentadas não são bijetoras? Converse com os colegas sobre isso.

Função identidade

A **função identidade** é a função $i: \mathbb{R} \to \mathbb{R}$, definida por $i(x) = x$. Essa função é um caso particular de função afim, que será estudada no próximo capítulo.

O gráfico da função identidade é uma reta que passa pela origem do plano cartesiano e é a bissetriz dos quadrantes ímpares.

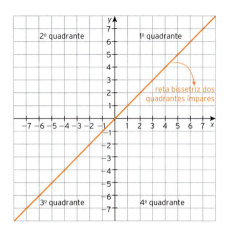

Exercício resolvido

32. A seguir tem-se a representação de uma função $f: [-2, 2] \to [-1, 2]$.

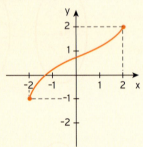

Essa função é bijetora? Justifique.

Resolução

Observando o gráfico de f, verificamos que, para cada valor de x, temos um valor de y diferente (se $x_1 \neq x_2$, então $f(x_1) \neq f(x_2)$). Isso garante que f é uma função injetora. Também verificamos que todos os elementos do contradomínio são imagens de elementos do domínio (para todo $y \in \mathbb{R}$, existe $x \in \mathbb{R}$ tal que $f(x) = y$). Isso garante que f é uma função sobrejetora.

Logo, f é uma função bijetora.

Exercícios propostos

33. Verifique se as funções representadas a seguir podem ser classificadas em injetora, sobrejetora ou bijetora.

a)
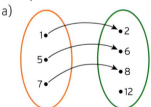

b)
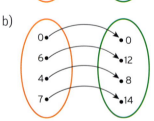

a)
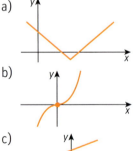

b)
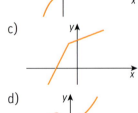

c)

d)

Esses gráficos continuam, bilateralmente e infinitamente.

34. Verifique se os gráficos a seguir representam funções injetoras, sobrejetoras ou bijetoras, com domínio e contradomínio sendo o conjunto dos números reais. Justifique.

35. Seja $g: A \to B$ uma função definida por $g(x) = -x^2$.
a) A função g é injetora? E sobrejetora?
b) Especifique os conjuntos A e B para que a função g seja bijetora.

6. Função inversa

Na linguagem usual, "inversão" pode sugerir a ideia de pôr-se em sentido contrário até voltar ao ponto de partida. Na Matemática, informalmente, podemos dizer que a **função inversa** de uma função f desfaz o efeito da f.

> A **função inversa** de uma função bijetora $f: A \to B$ é a função $f^{-1}: B \to A$ tal que, para todo $a \in A$ e $b \in B$, se $f(a) = b$, então $f^{-1}(b) = a$.

Saiba mais

A inversa de funções não bijetoras

A função f definida por $f(x) = x^2$ com domínio no conjunto dos números reais não é bijetora. Portanto, não é possível determinar sua função inversa nessa situação.

No entanto, ao restringir o domínio de f, pode-se determinar sua função inversa.

- Se o domínio for restringido para $\mathbb{R}_+$, então a função inversa de f será dada por $f^{-1}(x) = \sqrt{x}$.
- Se o domínio for restringido para $\mathbb{R}_-$, então a função inversa de f será dada por $f^{-1}(x) = -\sqrt{x}$.

De modo geral, podemos determinar a função inversa de qualquer função bijetora; para tornar qualquer função não bijetora em uma função bijetora, basta restringir de maneira adequada o domínio e o contradomínio.

Exemplo

Dada uma função f tal que $f(1) = 1$, $f(2) = 4$, $f(4) = 16$ e $f(6) = 36$, pelo diagrama a seguir, é possível verificar de maneira simples o comportamento da função inversa de f.

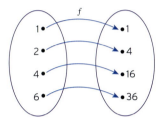
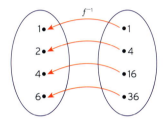

Assim, a definição estabelece que, se uma função f transforma x em y, então a função f^{-1} transforma de volta y em x. Como f^{-1} reverte o efeito de f, existe uma relação entre o domínio e o conjunto imagem dessas funções.

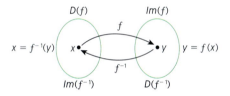

Além disso, têm-se as seguintes relações para as composições de funções.

- $f^{-1}(f(x)) = f^{-1}(y) = x \Rightarrow (f^{-1} \circ f)(x) = x$ para todo $x \in A$
- $f(f^{-1}(y)) = f(x) = y \Rightarrow (f \circ f^{-1})(y) = y$ para todo $y \in B$

Há um procedimento prático para determinar a função inversa de algumas funções bijetoras, como mostram os exemplos no quadro a seguir.

	I. Escreve-se $y = f(x)$	**II. Resolve-se a equação isolando x**	**III. Troca-se x por y e y por x, e, em seguida, y por $f^{-1}(x)$**
$f(x) = 2x + 5$	$y = 2x + 5$	$y = 2x + 5 \Rightarrow 2x = y - 5 \Rightarrow x = \dfrac{y-5}{2}$	$y = \dfrac{x-5}{2}$ $f^{-1}(x) = \dfrac{x-5}{2}$
$f(x) = x^3$	$y = x^3$	$y = x^3 \Rightarrow x = \sqrt[3]{y}$	$y = \sqrt[3]{x}$ $f^{-1}(x) = \sqrt[3]{x}$

Observações

- A troca de x por y é feita para que a função inversa seja escrita em termos da variável independente x.
- A notação para a função inversa f^{-1} não indica a operação de potência com expoente negativo. De fato, as funções inversas no quadro acima não foram determinadas pelo inverso da função. Portanto: $f^{-1}(x) \neq \dfrac{1}{f(x)}$
- Uma função que admite função inversa é denominada **invertível**.

Para refletir

A função identidade $f: \mathbb{R} \to \mathbb{R}$ tal que $f(x) = x$ tem como inversa a função definida por $f^{-1}(x) = \dfrac{1}{x}$? Justifique sua resposta.

■ Gráficos

Os gráficos de uma função f e de sua função inversa f^{-1} são simétricos em relação ao gráfico da função identidade.

Exemplos

$f: \mathbb{R} \to \mathbb{R}$ tal que $f(x) = x - 3$
$f^{-1}: \mathbb{R} \to \mathbb{R}$ tal que $f^{-1}(x) = x + 3$

$f: \mathbb{R}_+ \to \mathbb{R}_+$ tal que $f(x) = x^2$
$f^{-1}: \mathbb{R}_+ \to \mathbb{R}_+$ tal que $f^{-1}(x) = \sqrt{x}$

$f: \mathbb{R}_- \to \mathbb{R}_+$ tal que $f(x) = x^2$
$f^{-1}: \mathbb{R}_+ \to \mathbb{R}_-$ tal que $f^{-1}(x) = -\sqrt{x}$

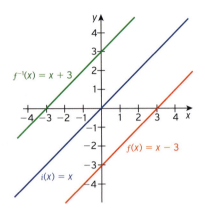
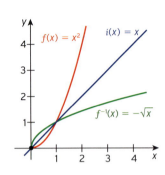
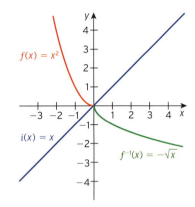

Exercícios propostos

36. Determine a lei de correspondência da função inversa de cada função bijetora dada a seguir, definida no conjunto dos números reais.
a) $f(x) = x + 6$
b) $h(x) = -2x - 3$
c) $g(x) = 3x - 2$
d) $v(x) = 2 + 5x$

37. Considere a função $f: \mathbb{R} - \{3\} \to \mathbb{R} - \{1\}$ dada por $f(x) = \dfrac{x}{x - 3}$.
Determine a lei de correspondência da função inversa de f e identifique o domínio dessa função.

38. Seja f uma função invertível tal que $f\left(\dfrac{2}{3}\right) = \sqrt{3}$. Determine o valor de $f^{-1}(\sqrt{3})$.

39. Considere a função f tal que $f(x) = 2x - 4$.
a) Determine a lei de correspondência da função inversa de f.
b) Calcule $f^{-1}(2)$.

40. Considere a função g invertível definida por:
$$g(x) = 3x - 2$$
Determine o valor de $g^{-1}(2) + 2 \cdot g^{-1}(-3)$.

41. Determine a função inversa da função f dada a seguir.
$$f: \mathbb{R} - \{2\} \to \mathbb{R} - \{-1\}$$
$$f(x) = \dfrac{x}{x - 2}$$

42. Em cada item, os gráficos de duas funções foram representados no mesmo plano cartesiano, um em laranja e outro em azul. Determine se uma função é a inversa da outra.

a)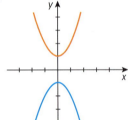

b)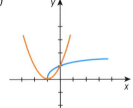

c)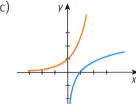

d)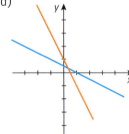

e)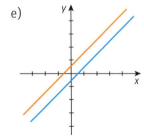

f)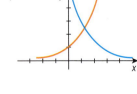

Exercícios complementares

43. Determine a lei de correspondência que relaciona os valores de y e x dados abaixo.

a)
x	1	2	3	4	5	6
y	5	7	9	11	13	15

b)
x	7	8	9	10	11	12
y	3	2	1	0	−1	−2

c)
x	3	4	5	6	7	8
y	10	17	26	37	50	65

44. Durante um experimento, um pesquisador concluiu que determinada colônia de bactérias cresce segundo a função cuja lei é $n(t) = 2^{t+4}$, em que n representa a quantidade de bactérias e t o tempo, em hora.
a) Qual é a quantidade inicial de bactérias nessa colônia? (Adote: $t_0 = 0$)
b) Qual é a quantidade de bactérias após 2 horas? E após 6 horas?
c) As grandezas "número de bactérias" e "tempo" estão em relação de proporcionalidade? Justifique.

45. Considere as sequências (2, 4, x) e (6, y, 18).
a) Determine os valores de x e y para que os números em cada uma dessas sequências apresentem proporcionalidade direta.
b) Determine os valores de x e y para que os números de cada uma dessas apresentem proporcionalidade inversa.

46. A tabela a seguir apresenta a nota de cinco alunos em uma prova de Geografia.

Nome	Nota
Gustavo	6,0
Paulo	9,0
César	7,0
Rodrigo	5,5
José	6,0

Dados fictícios.

Considere uma função f que associa o nome de cada aluno à respectiva nota.
a) Determine $D(f)$ e $CD(f)$.
b) Qual é a lei de correspondência de f?
c) Calcule o valor de m tal que:

$$m = \frac{f(\text{Gustavo}) + f(\text{Paulo}) + f(\text{César}) + f(\text{Rodrigo}) + f(\text{José})}{5}$$

O que significa o valor de m?
d) Há alguns elementos do domínio que têm imagens iguais. Quais são eles?

47. Escreva uma expressão para a área do trapézio representado a seguir em função de x.

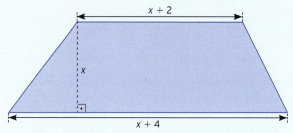

48. Todos os pontos pertencentes ao gráfico da função g estão representados no plano cartesiano abaixo.

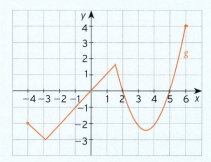

a) Determine o domínio da função g.
b) Determine o conjunto imagem da função g.

49. A função $f: \mathbb{R}^* \to \mathbb{R}$ é dada por $f(x) = \frac{2}{x}$.
Determine:
a) $f(\sqrt{2})$
b) o valor de x para que $f(x) = 8$
c) $f\left(\frac{1}{x}\right)$

50. Um hospital cobra R$ 4 150,00 por certa cirurgia e R$ 150,00 por dia de internação.
a) Qual é o valor total pago por um paciente submetido a essa cirurgia e que ficou internado por quatro dias nesse hospital?
b) Expresse o total y pago por um paciente que foi submetido a essa cirurgia em função do número x de dias de internação nesse hospital.

51. A quantidade d de diagonais de um polígono convexo é dada em função de sua quantidade n de lados.

$$d(n) = \frac{n^2 - 3n}{2}$$

a) Quantas diagonais tem um polígono convexo de 90 lados?
b) Quantos lados tem um polígono convexo de 170 diagonais?
c) Qual é o polígono cuja quantidade de diagonais é o dobro da quantidade de lados?

Exercícios complementares

52. Determine a lei de correspondência da função inversa de cada função definida a seguir.
a) $f(x) = 4x + 2$
b) $g(x) = \dfrac{x+2}{x-2}$, para $x \neq 2$ e $CD(g) = \mathbb{R} - \{1\}$
c) $h(x) = \dfrac{x-4}{x+1}$, para $x \neq -1$ e $CD(h) = \mathbb{R} - \{1\}$

53. Um automóvel parte de uma cidade A, com velocidade constante, em direção a uma cidade B.
A tabela a seguir mostra a distância d, em metro, percorrida por esse automóvel, em cada instante de tempo t, em segundo.

t (s)	d (m)
0	0
1	18
2	36
3	54
4	72
5	90

a) Escreva uma expressão que relacione d e t.
b) Determine o tempo de viagem da cidade A até a cidade B, em hora, sabendo que a distância entre essas cidades é 120 km.

54. A sequência dos números pares positivos pode ser expressa pela função p, $p(n) = 2n$, $n \in \mathbb{N}^*$, em que n é a posição do número na sequência. Assim, o 3º número par positivo é:
$$p(3) = 2 \cdot 3 = 6$$
Escreva a lei de correspondência de uma função que represente a sequência dos números naturais:
a) ímpares;
b) múltiplos de 5;
c) quadrados perfeitos;
d) múltiplos de 10 entre 98 e 503.

55. Dois líquidos foram aquecidos a partir de 0 °C.
O aumento de temperatura em função do tempo desses líquidos foi registrado no gráfico abaixo.

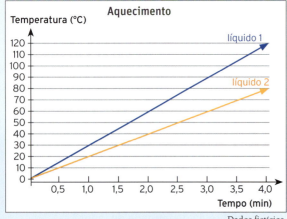

Dados fictícios.

a) Qual líquido aquece mais rapidamente?
b) Após 2 minutos do início do aquecimento, quais eram as temperaturas dos líquidos?
c) Qual era a temperatura do líquido 1 quando o líquido 2 estava a 60 °C?

56. Uma imobiliária cobra os seguintes valores na venda de um imóvel:
- uma comissão de 6% sobre o preço de venda do imóvel;
- uma taxa fixa de R$ 200,00 por custos administrativos.

a) Quanto essa imobiliária cobra pela venda de um apartamento de R$ 80 000,00?
b) Escreva uma lei de correspondência que associa o valor y cobrado pela imobiliária com o valor x de venda do imóvel.

57. Uma função relaciona a área A de um retângulo em função da medida c de seu comprimento.
Essa função é dada por $A(c) = 6c$.
Seu domínio é $D = \{c \in \mathbb{N} \mid 0 < c \leq 6\}$.
Construa uma tabela relacionando os valores das variáveis c e A.

58. O gráfico a seguir representa uma função f que admite função inversa.

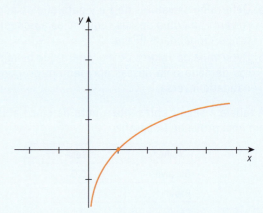

Esboce o gráfico da função f^{-1} em um plano cartesiano.

59. Considere a função f representada no plano cartesiano abaixo.

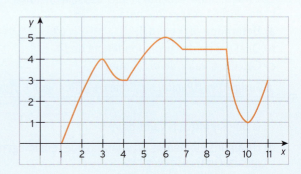

a) Qual é o domínio e o conjunto imagem da função f?
b) A função f é injetora? É sobrejetora?
c) A função f é invertível?

60. Considere $f: \mathbb{R} - \{2\} \to \mathbb{R}^*$ uma função dada por:

$$f(x) = \frac{2}{x-2}$$

Calcule o valor de $f^{-1}(2)$.

61. Em 2015, a tarifa cobrada por uma corrida de táxi em João Pessoa (PB) era R$ 4,00 fixos, mais R$ 2,30 por quilômetro rodado em bandeira 1.

Fonte de pesquisa: <www.joaopessoa.pb.gov.br/secretarias/semob/taxi>. Acesso em: 1º fev. 2015.

Escreva a lei de correspondência da função f que associa o valor total pago, em real, pelo trajeto de x quilômetros percorridos em um táxi nessa cidade.

62. Forme dupla com um colega para resolver a seguinte situação.

Um estacionamento cobra os seguintes valores:
- R$ 5,00 pela primeira hora de permanência de cada veículo;
- R$ 1,00 para cada hora adicional.

a) Escreva a lei de correspondência da função que associa o valor pago ao estacionamento pelo tempo que cada veículo permanece estacionado.
b) Quanto um cliente pagará ao deixar um veículo por 5 horas nesse estacionamento?

63. Classifique em injetora, sobrejetora ou bijetora cada função real definida a seguir, com domínio e contradomínio reais.
a) $f(x) = x + 1$
b) $f(x) = x^2 + 1$
c) $f(x) = 7x - 3$

64. Verifique se a função f representada abaixo, de domínio e contradomínio reais, é bijetora. Justifique.

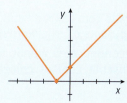

65. O saldo da balança comercial de um país é a diferença entre os valores das exportações e importações.

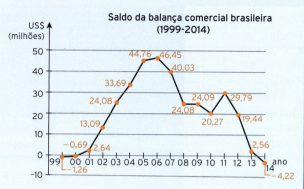

Fonte de pesquisa: <http://www.portalbrasil.net/economia_balancacomercial.htm>. Acesso em: 5 jan. 2015.

Quais foram o maior e o menor saldo da balança comercial brasileira no período de 1999 a 2014?

66. (Fuvest-SP) Considere a função $f(x) = 1 - \frac{4x}{(x+1)^2}$, a qual está definida para $x \neq -1$. Então, para todo $x \neq 1$ e $x \neq -1$, o produto $f(x) \cdot f(-x)$ é igual a:
a) -1
b) 1
c) $x + 1$
d) $x^2 + 1$
e) $(x - 1)^2$

67. (Insper-SP) O conjunto $A = \{1, 2, 3, 4, 5\}$ foi representado duas vezes, na forma de diagrama, na figura abaixo.

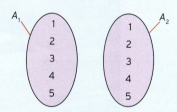

Para definir uma função sobrejetora $f: A_1 \to A_2$, uma pessoa ligou cada elemento do diagrama A_1 com um único elemento do diagrama A_2, de modo que cada elemento do diagrama A_2 também ficou ligado a um único elemento do diagrama A_1.

Sobre a função f assim definida, sabe-se que:
- $f(f(3)) = 2$
- $f(2) + f(5) = 9$

Com esses dados, pode-se concluir que $f(3)$ vale:
a) 1
b) 2
c) 3
d) 4
e) 5

CAPÍTULO 4
Função afim

Módulos

1. Introdução
2. Definição de função afim
3. Gráfico de uma função afim
4. Função afim e planilhas eletrônicas
5. Estudo do sinal de uma função afim e inequações do 1º grau

Rodovia dos Imigrantes com tráfego intenso nas proximidades do pedágio, em São Paulo (SP).

Para começar

1. Imagine que, em um fim de semana de feriado prolongado, passem cerca de 3 500 carros por hora em um posto de pedágio.
   a) Suponha que o fluxo de carros seja mantido e determine a quantidade de veículos que passam por esse pedágio em 8 horas.
   b) Considere que em cada veículo há, em média, 4 passageiros. Estime a quantidade de pessoas que passaram por esse pedágio nessas 8 horas.
   c) Suponha que o destino de todas essas pessoas seja uma pequena cidade com 75 000 habitantes. Determine aproximadamente a quantidade de pessoas que estarão nessa cidade durante o feriado prolongado.

2. Muitas cidades brasileiras têm o turismo como principal atividade econômica. O grande fluxo de pessoas pode beneficiar seus moradores, mas também causa problemas. Discuta com os colegas e registre os benefícios e os problemas que o turismo pode trazer.

1. Introdução

As funções são utilizadas em muitas áreas do conhecimento, como a Química, a Física e a economia. Além disso, muitas situações cotidianas podem ser descritas por funções. Veja alguns exemplos a seguir.

Situação 1

Uma livraria que faz venda pela internet oferece livros a R$ 15,00 cada um e cobra um frete fixo de R$ 5,00 pela entrega dos livros. O valor pago por um pedido depende da quantidade de livros comprados, acrescida do valor fixo do frete. Veja os valores na tabela abaixo.

Quantidade de livros	Valor pago (R$)
1	20,00
2	35,00
3	50,00
4	65,00
5	80,00

+15,00
+15,00
+15,00
+15,00

Para recordar

A lei de uma função f pode ser dada por $y = f(x)$.

A partir dessas informações, podemos escrever a lei da função, de $\mathbb{R}_+$ em $\mathbb{R}_+$, que relaciona o preço (em R$) pago pelos livros ($y$) com a quantidade de livros pedida (x): $y = 15x + 5$

Situação 2

A quantidade de grãos em um silo inicialmente com 600 toneladas de grãos diminui à medida que o produto é retirado para o transporte. Esse transporte é feito por caminhões com capacidade de 20 toneladas cada um. A quantidade de grãos no silo varia como mostrado nesta tabela:

Quantidade de caminhões	Grãos no silo (em tonelada)
0	600
1	580
2	560
3	540
4	520

−20
−20
−20
−20

Saiba mais

A função custo de um produto relaciona todos os gastos envolvidos na produção desse produto.

■ Taxa média de variação de uma função

Supõe-se que o custo total para uma empresa produzir x unidades de determinado produto é $C(x)$. Assim, C é a função custo de produção desse produto. Se a quantidade de unidades produzidas crescer de x_0 para x_1, então o custo adicional é dado por $\Delta C(x) = C(x_1) - C(x_0)$.

A **taxa média de variação**, ou taxa de crescimento, da função C é dada por:

$$\frac{\Delta C(x)}{\Delta x} = \frac{C(x_1) - C(x_0)}{x_1 - x_0}$$

Para uma função f, a taxa média de variação da função é o quociente $\frac{\Delta f(x)}{\Delta x} = \frac{f(x_1) - f(x_0)}{x_1 - x_0}$, com $x_0 \neq x_1$.

Nas situações 1 e 2, observa-se que:
- o valor a pagar na compra de livros sofre **acréscimo** de R$ 15,00 para **cada** livro pedido, isto é, a **taxa média de variação** no valor pago é constante e igual a R$ 15,00 por livro (taxa média de variação positiva e constante);
- a quantidade de grãos no silo **diminui** em 20 toneladas a **cada** caminhão abastecido, isto é, a **taxa média de variação** de grãos no silo é constante e igual a −20 toneladas por caminhão (taxa média de variação negativa e constante).

Mas nem todas as situações que podem ser descritas por funções têm taxa média de variação constante.

2. Definição de função afim

Situações como as apresentadas, em que a taxa média de variação é **constante** em qualquer intervalo do domínio, sempre podem ser descritas por uma **função afim**, assim definida:

> **Função afim** é toda função $f: \mathbb{R} \to \mathbb{R}$ da forma $f(x) = ax + b$ em que a e b são constantes reais.

Saiba mais

Uma função afim em que $a \neq 0$ também pode ser denominada **função polinomial do 1º grau**, pois a expressão $ax + b$ é um polinômio do 1º grau.

As constantes a e b são denominadas **coeficientes** da função afim. Para esses coeficientes, tem-se:
- O coeficiente a da função afim é a **taxa média de variação da função**, ou ainda, a é a variação de $f(x)$ por unidade de variação de x.
  De fato, considerando a variação da variável x de x_0 para x_1, com $x_0 < x_1$, a variação correspondente em y é de $y = f(x_0) = ax_0 + b$ para $y = f(x_1) = ax_1 + b$.
  Então: $\dfrac{\Delta f(x)}{\Delta x} = \dfrac{f(x_1) - f(x_0)}{x_1 - x_0} = \dfrac{ax_1 + b - (ax_0 + b)}{x_1 - x_0} = \dfrac{a(x_1 - x_0)}{x_1 - x_0} = a$

O coeficiente b da função afim é o valor da função quando $x = 0$. De fato: $f(0) = a \cdot 0 + b = b$. Assim, na situação 2 da página anterior, define-se a função $C: \mathbb{N} \to \mathbb{R}$ que relaciona a quantidade $C(x)$ de grãos no silo, em tonelada, com a quantidade x de caminhões abastecidos.

Considerando $x_0 = 0$ e $x_1 = 1$, pela tabela, têm-se: $C(0) = 600$ e $C(1) = 580$

Então: $a = \dfrac{\Delta C(x)}{\Delta x} = \dfrac{C(1) - C(0)}{1 - 0} = \dfrac{580 - 600}{1} = -20$ e $b = C(0) = 600$

Logo, a função C é dada por $C(x) = -20x + 600$.

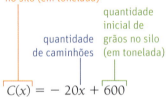

Exercício resolvido

1. Na produção de peças, uma indústria tem um custo fixo de R$ 1 000,00 mais um custo de R$ 0,15 por unidade produzida.

a) Defina a função afim c referente ao custo de produção das peças dessa indústria.

b) Utilizando a função c, calcule o custo para produzir 600 peças.

c) Calcule quantas peças são produzidas a um custo de produção de R$ 1 270,00.

Resolução

a) A cada peça produzida, o custo aumenta R$ 0,15. Logo, podemos descrever a função afim que representa o custo de produção das peças com taxa média de variação 0,15 e valor inicial 1 000. Sendo x a quantidade de peças produzidas, temos:
$c: \mathbb{N} \to \mathbb{R}$ tal que $c(x) = 0,15x + 1000$

b) O custo para produzir 600 peças é obtido quando substituímos x por 600 na lei de correspondência da função:
$c(600) = 0,15 \cdot 600 + 1000 = 1090$
Logo, o custo é R$ 1090,00.

c) Para um custo $c(x) = 1270$, obtemos:
$1270 = 0,15x + 1000 \Rightarrow 270 = 0,15x \Rightarrow$
$\Rightarrow x = 1800$
Logo, são produzidas 1800 peças a R$ 1 270,00.

Casos particulares da função afim

Existem algumas situações em que o coeficiente a ou o coeficiente b da função afim é igual a zero. Funções dessa forma são classificadas como mostra o quadro a seguir.

Classificação	Lei de correspondência da função	Coeficientes da função	Exemplo Um trem se desloca em um trecho retilíneo com velocidade constante de 40 km/h.
Função linear	$f(x) = ax$	$a \neq 0$ e $b = 0$	A velocidade é constante e a cada hora o trem se desloca 40 km. Portanto, o deslocamento d do trem pode ser descrito por uma função do tempo t, $d : \mathbb{R}_+ \to \mathbb{R}_+$, com taxa média de variação $+40$ e valor inicial zero. $d(t) = 40 \cdot t$
Função constante	$f(x) = b$	$a = 0$	A velocidade do trem pode ser descrita por uma função $v : \mathbb{R}_+ \to \mathbb{R}$ com taxa média de variação zero e valor inicial 40. $v(t) = 40$

A **função nula** é um caso particular da função constante, em que $b = 0$:

$$f(x) = 0$$

A **função identidade**, apresentada no capítulo 3, é um caso particular da função linear ($b = 0$), em que $a = 1$:

$$f(x) = x$$

Observação

Em uma função linear, $f(x)$ é diretamente proporcional a x e a constante de proporcionalidade é a:

$$\frac{f(x)}{x} = \frac{ax}{x} = a$$

Na função linear do exemplo acima, $d(t) = 40t$, o deslocamento $d(t)$ é diretamente proporcional ao tempo t e, portanto, vale a relação de proporção $\frac{40}{1} = \frac{80}{2} = \frac{120}{3} = 40$, ou seja, a constante de proporcionalidade é $a = 40$.

Situações que envolvem grandezas diretamente proporcionais sempre podem ser descritas por uma função linear.

Zero de uma função afim

Zero de uma função f é cada número x, pertencente ao domínio de f, tal que sua imagem é igual a zero:

$$y = f(x) = 0$$

No caso da função afim f, $f(x) = ax + b$, com $a \neq 0$, os zeros são os valores de x tais que $ax + b = 0$. Resolvendo essa equação, obtém-se $x = -\frac{b}{a}$, que é o **zero** da função afim.

Saiba mais

Aplicação da função afim em matemática financeira

Uma aplicação da função afim na matemática financeira pode ser observada na função que controla o custo mensal C de uma conta de celular pós-pago.

Se a operadora de telefonia cobra uma assinatura fixa A, mais uma tarifa M por minuto, então a função pode ser dada por $C(t) = M \cdot t + A$, em que t é o tempo das ligações, em minuto.

Exercícios propostos

2. Considere as funções dadas a seguir.

$p(x) = x^2 - 5$ $g(x) = 6x$

$q(x) = 15$ $h(x) = \frac{1}{x} + 7$

Identifique quais dessas funções são afins e justifique por que as demais funções não podem ser definidas como afins.

3. Para cada função afim descrita a seguir, identifique os coeficientes, a taxa média de variação e o valor inicial.

a) $f(x) = 3x + 7$

b) $g(x) = 8x$

c) $j(x) = -\frac{1}{2} \cdot x + 4$

d) $h(x) = -x + 3$

e) $p(x) = 17$

f) $l(x) = -2 \cdot (x + 2)$

Exercícios propostos

4. Escreva uma função afim para cada condição dada a seguir.
   a) Os coeficientes são $a = 4$ e $b = -7$.
   b) A taxa média de variação da função é -1, e o valor inicial é $b = 0$.
   c) A taxa média de variação da função é $a = \frac{1}{3}$, e o valor inicial é 9.

5. Dada a função f, $f(x) = -\frac{1}{2} \cdot x + 5$, determine:
   a) $f(6)$
   b) $f(-4)$
   c) $f(0)$
   d) $f(-9)$

6. Considere as funções f e g tal que $f(x) = 5 - 3x$ e $g(x) = 7x - 8$. Calcule o valor de cada expressão a seguir.
   a) $f(2) - g(2)$
   b) $\dfrac{f(5) + g(3)}{f(1) \cdot g(8)}$
   c) $7 \cdot f(0) + 5 \cdot g(1)$
   d) $\dfrac{2}{3} \cdot f(0) - 4 \cdot g(3)$

7. Determine os zeros das funções dadas abaixo.
   a) $f(x) = x - 9$
   b) $g(x) = -x + 12$
   c) $h(x) = 7x - 2$
   d) $j(x) = 4 - 3x$
   e) $k(x) = 5x$
   f) $m(x) = 4$

8. A função C, definida por $C(r) = 2\pi r$, permite calcular o comprimento C de uma circunferência, dada a medida r de seu raio. Adote $\pi = 3{,}14$ e determine:
   a) o comprimento de uma circunferência de raio medindo 20 cm;
   b) a medida do raio de uma circunferência de 6,28 m de comprimento.

9. Observe os preços cobrados por quilograma em uma lavanderia, com taxa de entrega fixa de R$ 2,00.

Preço (por kg)	
Lavar	Lavar e passar
R$ 3,50	R$ 5,50

   Dados fictícios.

   a) Quanto deve pagar um cliente que recebeu em sua casa 6 kg de roupa lavada e passada?
   b) Um cliente retirou no balcão roupas que foram apenas lavadas e pagou R$ 17,50. Quantos quilogramas de roupa ele retirou?

10. Considere a tabela a seguir.

x	0	1	2	3	4	5	6
y	3	5	7	9	11	13	15

    Escreva a lei de correspondência que associa cada valor de x representado na tabela ao valor de y correspondente.

11. A função f, dada por $f(x) = \dfrac{5}{9} \cdot x - \dfrac{160}{9}$, fornece a temperatura na escala Celsius a partir da temperatura x na escala Fahrenheit.
    a) Determine o valor na escala Celsius correspondente a 104 °F.
    b) Em um mesmo instante, a temperatura registrada no Rio de Janeiro era 24 °C e, em Londres, era 59 °F. Em qual cidade a temperatura estava mais elevada?

12. Uma cooperativa de artesãos tem um custo fixo mensal de R$ 2 000,00 e um ganho de R$ 40,00 em cada peça vendida.

    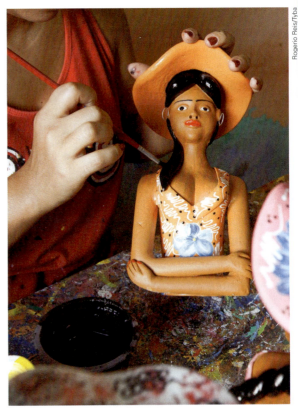

    Artesanato em cerâmica. Alto do Moura, Caruaru (PE), 2013.

    a) Quantas peças devem ser vendidas em um mês para a cooperativa não ter prejuízo?
    b) Qual é o lucro obtido pela venda de 300 peças em um mês?

13. Uma clínica de emagrecimento garante que, seguindo uma dieta recomendada, seus clientes obterão redução de 1,5 kg por semana. Considerando que essa taxa semanal de emagrecimento seja constante, responda:
    a) Essa situação pode ser descrita por uma função afim? Justifique.
    b) Por quantas semanas uma pessoa de 76 kg deve seguir a dieta para ficar com menos de 69 kg?

14. Um reservatório de água com capacidade para 4 800 litros, inicialmente cheio, é esvaziado à razão constante de 1200 litros a cada hora.
a) A situação do esvaziamento do reservatório pode ser descrita por uma função afim? Justifique.
b) Quanto tempo é necessário para esvaziar completamente o reservatório?
c) Escreva a lei de correspondência da função que descreve essa situação.
d) Especifique o domínio e o conjunto imagem dessa função.

15. Considere as funções:
$f(x) = 6 - 4x$; $p(x) = 3x^2 - 6$;
$g(x) = 9x$; $q(x) = 43$.
$h(x) = \frac{1}{x} - 15$;

Podemos afirmar que:
a) apenas f e g são funções afins
b) apenas f, g e h são funções afins
c) apenas f, g e q são funções afins
d) apenas p não é função afim
e) não temos nenhuma função afim

16. Considere o retângulo ABCD.

a) Escreva a função $f(x)$ que representa o perímetro do retângulo ABCD.
b) Escreva a função $g(x)$ que represente a área do retângulo ABCD.

17. Em um estacionamento é cobrado R$ 6,00 pela 1ª hora de permanência e R$ 1,50 por hora adicional. A função que relaciona o valor cobrado v com o tempo de permanência t é:
a) $v = 6t + 1,5$
b) $v = 1,5t + 6$
c) $v = t(1,5 + 6)$
d) $t = 6v + 1,5$
e) $t = 1,5v + 6$

18. Considere a função f, $f(x) = 12x - 3m$. Determine qual deve ser o valor de m para que o zero da função seja $x = 8$.

19. Um automóvel percorre 10 km com um litro de combustível. Cada litro de combustível custa R$ 3,50. Escreva uma função que relaciona o custo c com a distância percorrida x.

20. Um caminhão pipa está cheio com 8 000 litros de água. Para retirar a água do caminhão é preciso abrir uma válvula com vazão de 100 litros por minuto.
a) Quanto tempo é necessário para retirar 1 000 litros de água do caminhão?
b) Quantos litros de água restam no caminhão, se a válvula ficar aberta por meia hora?
c) Escreva uma função f que determina quantos litros de água restam no caminhão após t minutos.

21. Um vendedor recebe mensalmente um salário de R$ 800,00 e mais 3% de comissão sobre o valor total das vendas realizadas.
a) Quanto o vendedor receberá se o valor total de vendas, realizadas no mês, for R$ 12 400,00?
b) Qual deve ser o valor total das vendas realizadas em um mês para que o vendedor receba um total de R$ 1 550,00?
c) Escreva uma função que expresse o salário do vendedor em relação ao valor total das vendas realizadas.

22. Renato gastou R$ 60,00 na compra de ingredientes para fazer os lanches que vende na praia. Ele vende cada lanche por R$ 4,00. Considerando L o lucro e n o número de lanches vendidos, a expressão $L = 4n - 60$ determina o lucro em função da quantidade de lanches vendidos.
a) Explique por que é preciso subtrair 60 para determinar o lucro.
b) Se ele vender 12 lanches, terá lucro ou prejuízo? De quanto?
c) Para não ter prejuízo, deve-se ter, no mínimo, $L = 0$. Quantos lanches ele precisa vender para não ter prejuízo?

23. O quadrilátero KLMN da figura é um quadrado de lado 12 cm.

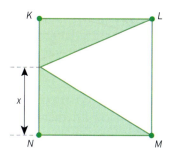

a) Escreva uma função f que expressa a área da região colorida.
b) A função f é uma função afim? Como podemos classificá-la?

3. Gráfico de uma função afim

Tem-se a seguinte proposição:

> O gráfico de uma função afim é uma **reta**.

Saiba mais

Proposição é uma afirmação ou sentença que pode ser comprovada ou demonstrada.

Demonstração

Considera-se a função afim f, $f(x) = ax + b$, em que $a \neq 0$, e três pontos distintos $A(x_1, y_1)$, $B(x_2, y_2)$ e $C(x_3, y_3)$ pertencentes ao gráfico de f.

Para provar que o gráfico de f é uma reta, é preciso mostrar que esses pontos estão alinhados.

Para isso, considera-se inicialmente que os pontos A, B e C não estejam alinhados. Vamos mostrar que os triângulos ABM e BCP, retângulos em M e em P, conforme representados ao lado, são triângulos semelhantes e que, portanto, a medida de α é igual à de β.

Como os pontos A, B e C pertencem ao gráfico de f, tem-se o seguinte:

No ponto $A \Rightarrow y_1 = ax_1 + b$ (I)
No ponto $B \Rightarrow y_2 = ax_2 + b$ (II)
No ponto $C \Rightarrow y_3 = ax_3 + b$ (III)

Fazendo (III) − (II) e (II) − (I), obtém-se:

$$\left. \begin{array}{l} y_3 - y_2 = a \cdot (x_3 - x_2) \\ y_2 - y_1 = a \cdot (x_2 - x_1) \end{array} \right\} \Rightarrow a = \frac{y_3 - y_2}{x_3 - x_2} = \frac{y_2 - y_1}{x_2 - x_1} \Rightarrow \frac{CP}{BP} = \frac{BM}{AM}$$

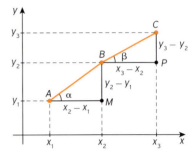

Nesta representação, estamos considerando que os pontos A, B e C estão desalinhados, mas vamos demonstrar que o gráfico da função afim é uma reta, ou seja, que A, B e C são alinhados.

Logo, os triângulos retângulos ABM e BCP são semelhantes, pois têm as medidas dos lados proporcionais, o que implica que a medida de α é igual à de β e os pontos A, B e C pertencem à mesma reta. Desse modo, os pontos pertencentes ao gráfico da função afim estão sempre alinhados e, portanto, esse gráfico é uma reta.

Quando o coeficiente da função afim f, $f(x) = ax + b$, é nulo, f é uma função constante (função afim em que $a = 0$) e seu gráfico também é uma reta. Nesse caso, a reta é paralela ao eixo Ox ou coincidente a ele, dependendo do valor do coeficiente b.

■ Os coeficientes da função afim e a reta

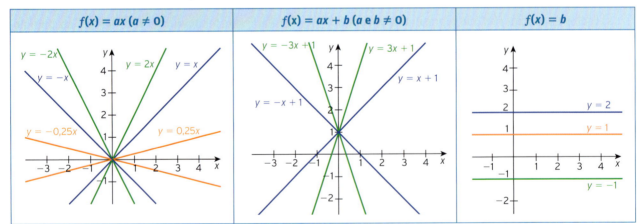

- O coeficiente a da função determina a **direção da reta** em relação à horizontal. Quanto maior o valor absoluto de a, ou seja, quanto maior o valor de $|a|$, mais a direção da reta se aproxima da posição vertical. Esse fato é válido sempre que as escalas dos eixos coordenados do plano cartesiano forem iguais. Quando a função é constante, ou seja, quando $a = 0$, a reta é paralela à horizontal.

- A reta corta o eixo das ordenadas no ponto em que $x = 0$. Como $f(0) = a \cdot 0 + b = b$, geometricamente, o coeficiente b é a **ordenada do ponto de intersecção da reta com o eixo Oy**. Esse ponto tem coordenadas $(0, b)$.

Saiba mais

O gráfico de uma função afim é sempre uma reta (ou parte dela), mas nem toda reta representa uma função afim.

Crescimento ou decrescimento de uma função afim

Para refletir

Qual é a relação entre o sinal do coeficiente a da função afim e o da taxa de variação?

Quando o coeficiente a da função afim é igual a 0, o valor de $f(x)$ é **constante** para qualquer x do domínio da função. Porém, quando $a \neq 0$, existem duas possibilidades para o comportamento dos valores de $f(x)$, como apresentadas a seguir.

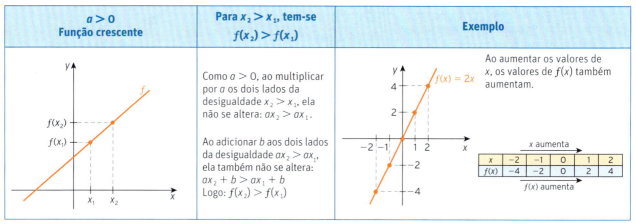

Zero de uma função afim e a reta

Geometricamente, o zero da função afim determina a abscissa do ponto onde a reta que representa a função corta o eixo Ox. Esse ponto tem coordenadas $\left(-\dfrac{b}{a}, 0\right)$, em que $a \neq 0$.

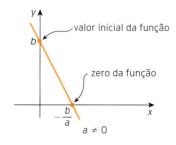

Exercícios propostos

24. Classifique cada função a seguir em crescente, decrescente ou constante.
a) $f(x) = x - 6$
b) $g(x) = -3x + 47$
c) $h(x) = -14 + 6x$
d) $j(x) = 9 - 7x$
e) $k(x) = -35$
f) $l(x) = -5 + 3x$

25. Classifique a função f dada por $f(x) = 3x - 15$ em crescente ou decrescente, e indique o ponto em que o gráfico de f corta o eixo das ordenadas.

26. O gráfico abaixo representa uma função real.

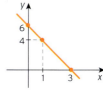

Determine a lei de correspondência dessa função.

Construção do gráfico de uma função afim

A seguir são apresentados dois procedimentos para construir o gráfico de uma função afim.

Tabela de pontos

Considera-se a função f dada por $f(x) = 2x + 1$.

I. Constrói-se uma tabela de pontos	II. Localizam-se os pontos no plano cartesiano	III. Determina-se o gráfico
Organizando os dados em uma tabela, atribuem-se valores para x e calcula-se o correspondente valor de $f(x)$. | x | $y = f(x)$ | |---|---| | -1 | $2 \cdot (-1) + 1 = -1$ | | 0 | $2 \cdot 0 + 1 = 1$ | | 1 | $2 \cdot 1 + 1 = 3$ | | 2 | $2 \cdot 2 + 1 = 5$ |		Traça-se a reta que une os pontos localizados.

Perceba que determinamos quatro pontos do gráfico de f, mas, para traçar uma reta, basta obter dois de seus pontos. Como o gráfico de uma função afim é sempre uma reta (ou parte dela), vamos fazer assim daqui por diante, indicando se possível os pontos em que a reta corta os eixos coordenados.

Para refletir

Como fica o gráfico da função t dada por $t(x) = 2x - 2$?

Translação

Translação é um método que consiste em deslocar uma figura do plano, horizontal e/ou verticalmente, mantendo as mesmas características da figura.

É possível construir o gráfico da função afim f, $f(x) = ax + b$ por meio da translação do gráfico da função linear g, $g(x) = ax$.

Para isso, translada-se o gráfico da função g verticalmente, para cima ou para baixo, de acordo com o valor de b.

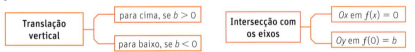

Para o exemplo acima, $f(x) = 2x + 2$, toma-se a função linear g, $g(x) = 2x$.

I. Constrói-se o gráfico da função linear	II. Translada-se o gráfico da função linear
A reta correspondente à função g passa pelos pontos de coordenadas $(0, 0)$ e $(1, 2)$.	Translada-se o gráfico de g na vertical em $+2$ unidades.

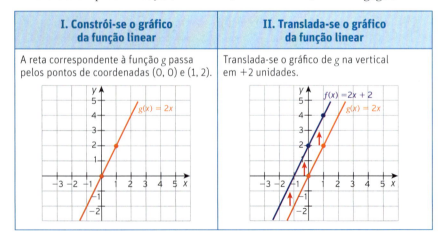

As retas das funções f e g são paralelas, pois foram construídas a partir do mesmo coeficiente a, ou seja, da mesma direção em relação à horizontal.

Exercícios resolvidos

27. Construa o gráfico da função dada por $f(x) = 6x + 12$.
Resolução
Para construir o gráfico de f, utilizamos os pontos de intersecção da reta com os eixos coordenados:
$f(0) = 6 \cdot 0 + 12 = 12$
$f(x) = 0 \Rightarrow 6x + 12 = 0 \Rightarrow 6x = -12 \Rightarrow x = -2$
Portanto, os pontos de intersecção da reta com os eixos têm coordenadas (0, 12) e (−2, 0). Representando esses pontos em um plano cartesiano e traçando a reta que passa por eles, determinamos o gráfico da função f:

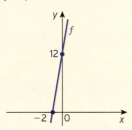

28. Determine a lei de correspondência da função afim f representada ao lado.

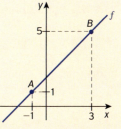

Resolução
A função f é da forma $f(x) = ax + b$, e os pontos $A(-1, 1)$ e $B(3, 5)$ pertencem à reta que representa f. Então, pelas coordenadas desses pontos, determinamos a lei de correspondência da função:
$1 = a \cdot (-1) + b = -a + b$ (I)
$5 = a \cdot 3 + b = 3a + b$ (II)
Multiplicamos a equação (I) por -1 e adicionamos membro a membro à equação (II):
$$\begin{cases} a - b = -1 \\ 3a + b = 5 \end{cases} +$$
$\overline{-4a = -4} \Rightarrow a = 1$
Então: $-1 + b = 1 \Rightarrow b = 2$
Portanto, a lei de correspondência é $f(x) = x + 2$.

Exercícios propostos

29. Construa o gráfico de cada função dada.
a) $f(x) = 4$
b) $g(x) = x - \frac{3}{2}$
c) $h(x) = -2x$
d) $y = -x + 2$
e) $y = \frac{1}{2}x + 1$
f) $y = 5 - 2x$

30. Considere as funções dadas abaixo.
$f(x) = 3x$
$g(x) = 3x + 1$
$h(x) = 3x + 2$
a) O que elas têm em comum?
b) Represente essas funções em um mesmo plano cartesiano e descreva o método utilizado na construção.

31. Seja $f: A \rightarrow \mathbb{R}$ a função definida por $f(x) = 7x - 10$, em que $A = [1, 5]$.
a) Construa o gráfico da função f.
b) Identifique o conjunto imagem de f.

32. Considere o seguinte gráfico.

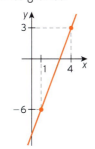

a) Esse gráfico representa uma função afim?
b) Determine a lei de correspondência da função representada pelo gráfico.
c) Determine as coordenadas do ponto em que o gráfico corta o eixo Ox.
d) Determine as coordenadas do ponto de intersecção da reta com o eixo Oy.

33. O gráfico da função dada por $f(x) = \frac{x}{2} + 1$ está representado em laranja.

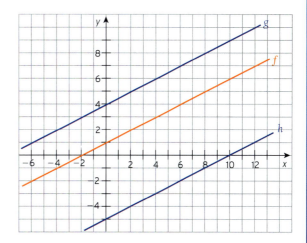

Determine as leis de correspondência das funções g e h representadas.

34. Um reservatório de água, inicialmente cheio, é esvaziado conforme indica o gráfico.

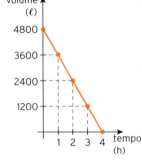

De acordo com o gráfico, responda.
a) Qual a capacidade do reservatório?
b) Quanto tempo é necessário para esvaziar completamente o reservatório?
c) Com que taxa de vazão (litros /hora) o reservatório foi esvaziado?

35. Determine a lei de correspondência da função para cada gráfico.

a)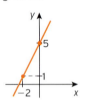

c)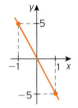

b)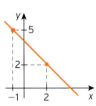

d)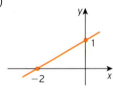

36. O gráfico de uma função linear passa pelos pontos A(1, 3) e B(3, 15). Qual é a função?

37. Qual dos esboços representa o gráfico da função $f(x) = 2x + 1$?

a)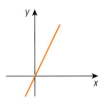

d)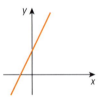

b)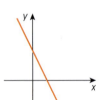

e)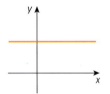

c) (gráfico)

38. O gráfico de uma função afim intersecta o eixo Ox no ponto de abscissa 3 e o eixo Oy no ponto de ordenada 15. Qual é a lei de correspondência dessa função?

39. Dada a função $f(x) = (\frac{k}{2} + 5)x + 3$, determine o valor de k em cada caso.
a) O gráfico de f é decrescente.
b) O gráfico de f corta o eixo Oy no ponto (0, 3).
c) O gráfico de f corta o eixo Ox no ponto (4, 0).

40. O gráfico representa a função horária do movimento uniforme de um móvel dada por $S(t) = 40 + 20t$, onde S é a posição do móvel e t o tempo de deslocamento.

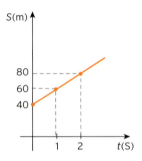

a) Qual a posição inicial do móvel (t = 0)?
b) Qual a posição do móvel no instante t = 8 s?
c) Em que instante o móvel passará pela posição 170 m?

41. Sabendo que o ponto A(2, 8) pertence à reta que representa a função $f(x) = (2p + 1)x - 2p$, determine o valor de p.

42. Considere a função $f(x) = 6x$ e $g(x) = 6x + 3$. Qual dos esboços abaixo representa as funções f e g?

a)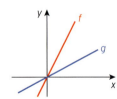

d)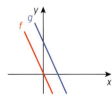

b)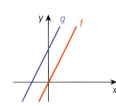

e)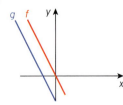

c)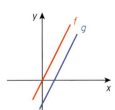

4. Função afim e planilhas eletrônicas

A planilha eletrônica é um instrumento útil de cálculo e construção de gráficos. No estudo da função afim pode-se utilizar essa ferramenta para determinar alguns de seus valores e construir seu gráfico. Veja um exemplo.

Determinando valores de uma função afim

Considera-se uma função real f, $f(x) = 2x + 1$. Vamos calcular as imagens de alguns valores do domínio dessa função.

I. Escreve-se a lei de correspondência da função na célula A1 (coluna A, linha 1).
II. Mais abaixo, ainda na coluna A, a partir da linha 5 (célula A5), digitam-se alguns valores pertencentes ao domínio da função.
III. Na coluna B, linha 5 (célula B5), escreve-se a expressão **=2*A5+1**, que calcula o valor da função utilizando os valores da coluna A (Figura 1).

Para obter os valores da função para todos os valores de x escolhidos, basta clicar no canto da célula B5 e "arrastar" para as demais células da coluna B (Figura 2). Ao soltar o *mouse* temos a tabela de pontos dessa função (Figura 3).

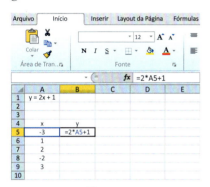

Figura 1   Figura 2   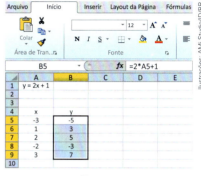

Figura 3

Construindo o gráfico de uma função afim

Para construir o gráfico, selecionam-se as células que contêm os valores da função, ou seja, a tabela de pontos, escolhe-se a opção "Inserir" e, depois, "Gráfico". Em seguida, escolhe-se o gráfico de dispersão. Esse tipo de gráfico utiliza os pares ordenados (x, y) dispostos na tabela (Figura 4). Obtém-se o gráfico da função (Figura 5).

Na janela que geralmente se abre após a construção, é possível preencher e alterar algumas características do gráfico. Por exemplo, clicando com o botão direito do *mouse* sobre os elementos do gráfico, como os eixos Ox e Oy, o título ou a janela inteira do gráfico, tem-se a opção de alterar suas características.

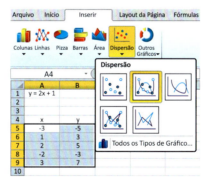 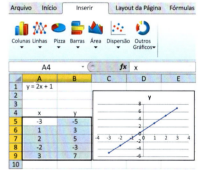

Figura 4   Figura 5

Exercício proposto

43. Em uma planilha eletrônica, construa uma tabela com alguns valores de x e y para as funções dadas abaixo e construa seus gráficos.

a) $y = 3 - x$ b) $y = 20x - 15$ c) $f(x) = 60 - 3x$

5. Estudo do sinal de uma função afim e inequações do 1º grau

Estudar o sinal de uma função é determinar para que valores de x, pertencentes ao seu domínio, a função é negativa, nula ou positiva. Uma função é positiva quando seu gráfico está acima do eixo Ox; é nula quando o gráfico intersecta o eixo Ox (zero da função); e é negativa quando está abaixo do eixo Ox.

Pode-se estudar o sinal de uma função afim analisando seu gráfico, como nos exemplos a seguir.

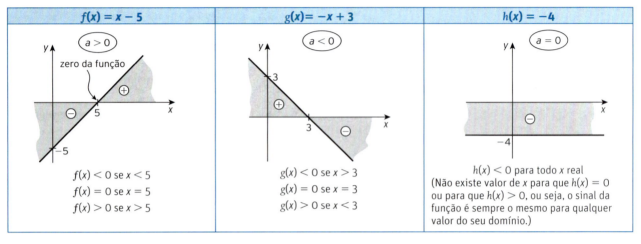

O estudo do sinal de qualquer função afim pode ser realizado como a seguir.

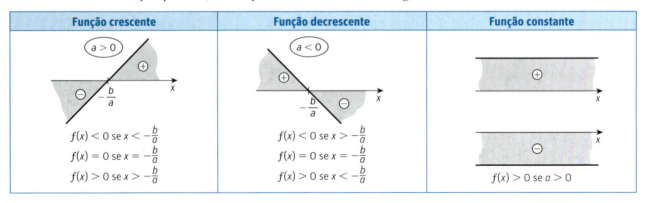

■ Resolução gráfica

Inequações do 1º grau

Denomina-se **inequação do 1º grau** na incógnita x aquela que pode ser reduzida a uma desigualdade em que um membro é da forma $ax + b$ e o outro membro é zero.

O estudo do sinal da função afim pode ser utilizado para resolver graficamente as inequações do 1º grau. Para isso, estuda-se o sinal da função afim associada a essa inequação.

Exemplo

O conjunto solução da inequação $7x + 12 < 0$, em $\mathbb{R}$, é formado pelos valores reais de x em que a função dada por $f(x) = 7x + 12$ assume valores negativos: $f(x) < 0$

Para recordar

Conjunto solução de uma inequação

O conjunto solução da inequação são os valores que a tornam uma sentença verdadeira.

Por exemplo, o conjunto solução da inequação $5x + 6 > 0$ em $\mathbb{R}$ é $S = \left\{x \in \mathbb{R} \mid x > -\dfrac{6}{5}\right\}$, pois todos os valores de x maiores do que $-\dfrac{6}{5}$ tornam a sentença verdadeira.

O esboço do gráfico da função f é feito conhecendo-se duas informações:

- O zero da função, ou seja, o ponto em que a reta corta o eixo Ox:
$f(x) = 0 \Rightarrow 7x + 12 = 0 \Rightarrow x = -\frac{12}{7}$

- O comportamento dos valores da função: $a = 7$, ou seja, $a > 0 \Rightarrow f$ é crescente. A função f assume valores negativos para $x < -\frac{12}{7}$ e, portanto, o conjunto solução da inequação $7x + 12 < 0$ é: $S = \left\{x \in \mathbb{R} \mid x < -\frac{12}{7}\right\}$.

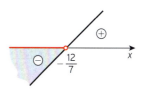

Exercícios propostos

44. Escreva uma desigualdade para representar cada sentença a seguir.
a) x é um número natural maior do que 7.
b) x é um número racional menor que ou igual a −2.
c) x é um número real positivo ou nulo.
d) x é um número real positivo.

45. Faça o estudo do sinal de cada função representada a seguir.

a)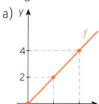

c)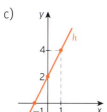

b)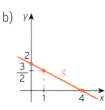

46. Faça o estudo do sinal de cada função dada abaixo.
a) $f(x) = 3x + 9$
b) $g(x) = 8 - 4x$
c) $t(x) = -7$
d) $h(x) = 0,2x + 3$

47. Qual é o valor de x para que a função dada por $g(x) = \frac{2}{5}x - \frac{6}{7}$ seja nula?

48. Estude o sinal da função f representada abaixo para os seguintes valores de x:
a) $x > 100$
b) $x = 10$
c) $x > 14$
d) $x = 14$
e) $x < 0$

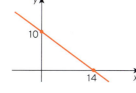

49. O gráfico de uma função afim corta o eixo Ox no ponto de abscissa 2, e o eixo Oy no ponto de ordenada 18.
a) Determine a lei de correspondência da função representada por esse gráfico.
b) Faça um esboço desse gráfico.
c) Estude o sinal da função.

50. Uma função afim tem taxa média de variação constante −3, e o ponto de coordenadas (1, 4) pertence ao seu gráfico.
a) Qual é a lei de correspondência dessa função?
b) Determine para quais valores de x a função assume valores positivos.
c) Calcule os valores de x que negativam a função.

51. Considere o gráfico a seguir.

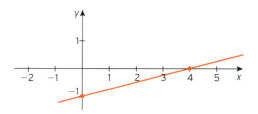

a) A função representada acima é crescente ou decrescente? Justifique.
b) Escreva a lei de correspondência dessa função.
c) Determine para que valores de x a função se anula.
d) Faça o estudo do sinal dessa função.

52. Considere a função definida por $f(x) = 4x - 6$. Determine os valores do domínio dessa função cujas imagens são maiores do que 2.

53. Resolva graficamente, em $\mathbb{R}$, as inequações dadas a seguir.
a) $6x + 7,5 > 3x - 4,5$
b) $5 \cdot (x + 3) - 2 \cdot (x + 1) \leq 2x + 3$
c) $11 - 2 \cdot (x - 3) > 1 - 3 \cdot (x - 5)$

54. Resolva graficamente as seguintes inequações nos conjuntos universos indicados.
a) $3k + 17 < -1$ $\quad U = \mathbb{R}$
b) $12x - 8 \leq 6$ $\quad U = \mathbb{Q}$
c) $6y - 20 \geq 1 + 3y$ $\quad U = \mathbb{N}$
d) $4 \leq 16 - 2k$ $\quad U = \mathbb{Z}$

55. Considere a função f, $f(x) = 3x - 8$.
a) Faça um esboço do gráfico de f.
b) Quais são as soluções da inequação $3x - 8 < 0$

56. Observe o gráfico abaixo e assinale a alternativa correta.

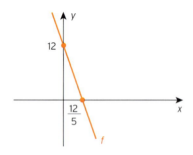

a) A lei de correspondência da função f é $f(x) = 12 - \dfrac{12}{5}x$.
b) $f(x) > 0$ se $x < 12$
c) $f(x) > 0$ se $x > \dfrac{12}{5}$
d) $f(x) > 0$ se $x < \dfrac{12}{5}$
e) $f(x) < 0$ se $x < \dfrac{12}{5}$

57. Dado o retângulo $ABCD$:

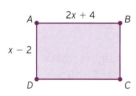

a) Escreva a lei de correspondência que representa o perímetro do retângulo $ABCD$.
b) Para quais valores de x o perímetro do retângulo é maior que 40?

58. Determine o domínio da função $g(x) = 5\sqrt{(4-5x)}$, sendo $U = \mathbb{R}$.

59. Dada a função f, $f(x) = -4x + 86$ é correto afirmar que:
a) A função é crescente.
b) A função assume um valor negativo quando $x = -2$.

c) O zero da função é um número negativo.
d) A função assume valores negativos quando $x > 21,5$
e) nenhuma das alternativas é correta.

60. Determine para quais números reais a função f, $f(x) = \sqrt{x + 8}$ está definida.

61. Identifique, entre as funções abaixo, aquela que satisfaz simultaneamente as três condições seguintes:
  I. A função é crescente.
  II. A função intercepta o eixo das ordenadas no ponto (0, 5)
  III. A função assume valores negativos se $x < -5$.
a) $f(x) = x - 5$
b) $f(x) = -x + 5$
c) $f(x) = x + 5$
d) $f(x) = 5x + 5$
e) $f(x) = 3x - 15$

62. Determine o menor número natural para que a função $f(x) = 14 - 3x$ tenha como imagem um valor negativo.

63. A função f, representada no gráfico abaixo, assume valores negativos se $x > 40$. Determine a lei de correspondência dessa função.

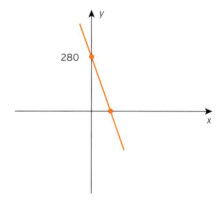

64. O lucro de uma fábrica de peças mecânicas é dado por $L(x) = 80x - 40000$, onde x é o número de peças vendidas.
a) Qual o número mínimo de peças que devem ser vendidas para que a fábrica tenha lucro ($L(x) > 0$)?
b) Quantas peças devem ser vendidas para que o lucro seja superior a R$ 80 000,00?
c) Se a fábrica vender 300 peças terá lucro ou prejuízo? De quanto?

Sistemas de inequações do 1º grau

Para determinar o conjunto solução de um sistema de inequações do 1º grau, podem-se adotar os seguintes procedimentos.

I. Resolve-se separadamente cada inequação que compõe o sistema.

II. Determina-se o conjunto solução do sistema por meio da intersecção das soluções das inequações.

A seguir, tem-se um exemplo de como aplicar os procedimentos descritos para resolver em $\mathbb{R}$ o sistema: $\begin{cases} 3 \cdot (4 - x) + 7 < 25 \\ 2x - (x - 8) \leq 12 \end{cases}$

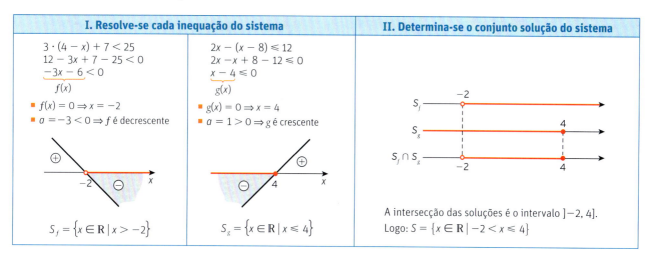

Inequações simultâneas

Inequações que apresentam duas ou mais desigualdades são denominadas **inequações simultâneas**. Para resolvê-las, é conveniente organizá-las em um sistema de inequações do 1º grau.

Para resolver em $\mathbb{R}$, por exemplo, a inequação $x + 6 < 2x + 4 \leq 3x - 1$, pode-se separá-la em duas inequações e organizar um sistema como a seguir.

$$x + 6 < \underbrace{2x + 4} \leq 3x - 1 \quad \Rightarrow \quad \begin{cases} x + 6 < 2x + 4 \\ 2x + 4 \leq 3x - 1 \end{cases}$$

O sistema obtido é um sistema de inequações do 1º grau. Logo, pode-se solucioná-lo utilizando os mesmos procedimentos estudados acima.

I. Resolve-se cada inequação do sistema		II. Determina-se o conjunto solução do sistema
$x + 6 < 2x + 4$ $x + 6 - 2x - 4 < 0$ $-x + 2 < 0$ $\underbrace{}_{f(x)}$ ■ $f(x) = 0 \Rightarrow x = 2$ ■ $a = -1 < 0 \Rightarrow f$ é decrescente $S_f = \{x \in \mathbb{R} \mid x > 2\}$	$2x + 4 \leq 3x - 1$ $2x + 4 - 3x + 1 \leq 0$ $-x + 5 \leq 0$ $\underbrace{}_{g(x)}$ ■ $g(x) = 0 \Rightarrow x = 5$ ■ $a = -1 < 0 \Rightarrow g$ é decrescente $S_g = \{x \in \mathbb{R} \mid x \geq 5\}$	A intersecção das soluções é o intervalo $[5, +\infty[$. Logo: $S = \{x \in \mathbb{R} \mid x \geq 5\}$

Para recordar

União e intersecção

Dados dois conjuntos A e B, a união de A e B é o conjunto formado pelos elementos que estão em A **ou** estão em B.

$A \cup B = \{x \mid x \in A \text{ ou } x \in B\}$

Já a intersecção de A e B é o conjunto formado pelos elementos que estão em A **e** estão em B.

$A \cap B = \{x \mid x \in A \text{ e } x \in B\}$

Exemplo

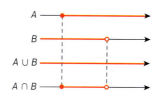

Exercício resolvido

65. Em um terreno de 1000 m², pretende-se construir uma loja, cujo projeto tem as seguintes condições: a área destinada ao estoque deve ser 200 m², a área construída, área interna da loja mais a área do estoque, deve ultrapassar 700 m²; a área não construída é reservada para estacionamento. Além disso, o custo da construção deve ser, no máximo, R$ 340 000,00.

Qual deve ser a área interna da loja se o custo da construção de cada metro quadrado construído é R$ 400,00?

Resolução

Sendo x a área interna da loja, temos: $x + 200 > 700$
O custo da construção da área interna da loja deve ser de, no máximo, R$ 340 000,00; então:
$400(x + 200) \leq 340 000$

Temos então o seguinte sistema:
$\begin{cases} x + 200 > 700 \\ 400(x + 200) \leq 340 000 \end{cases}$

Resolvemos cada inequação.

$x + 200 > 700 \Rightarrow \underbrace{x - 500}_{f(x)} > 0$

$f(x) = 0 \Rightarrow x - 500 = 0 \Rightarrow x = 500$

$S_f = \{x \in \mathbb{R} \mid x > 500\}$

$400(x + 200) \leq 340 000 \Rightarrow 400x + 80 000 - 340 000 \leq 0 \Rightarrow \underbrace{400x - 260 000}_{g(x)} \leq 0$

$g(x) = 0 \Rightarrow 400x - 260 000 = 0 \Rightarrow x = 650$

$S_g = \{x \in \mathbb{R} \mid x \leq 650\}$

Fazendo a intersecção das soluções, obtemos:

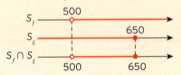

Portanto, a área interna da loja deve ser maior que 500 m² e de no máximo 650 m².

Exercícios propostos

66. Resolva em $\mathbb{R}$ as inequações a seguir.

a) $6 < 2x - 10 < 8$

b) $x + 1 \leq 5x - 9 < 15 - x$

c) $3 \cdot (x + 1) < 4x + 3 \leq x + 12$

d) $2 - x \geq \dfrac{x + 1}{2} + 3 > -1$

67. Determine os valores de x de modo que as funções dadas por f e g, definidas por $f(x) = 3x + 4$ e $g(x) = \dfrac{7}{2} - x$, sejam positivas simultaneamente.

68. Resolva em $\mathbb{R}$ os seguintes sistemas de inequações:

a) $\begin{cases} x + 7 \leq 5 \\ 7 - x < 2 \end{cases}$

b) $\begin{cases} x + 5 \geq 12 \\ -x + 8 \geq 1 \end{cases}$

69. Uma fábrica tem um custo C de produção determinado por um valor fixo de R$ 4 000,00 e o valor adicional de R$ 20,00 por unidade produzida. Para manter um custo de produção entre R$ 10 000,00 e R$ 18 000,00, incluindo esses valores, qual deve ser a quantidade de peças produzidas?

70. Escreva o domínio de cada função real dada abaixo.

a) $f(x) = \sqrt{3x + 27}$ c) $h(x) = \sqrt{8 - x} + \sqrt{2x + 5}$

b) $g(x) = \sqrt{\dfrac{7}{12 - 3x}}$

71. Mariângela é proprietária de um terreno, conforme representado abaixo.

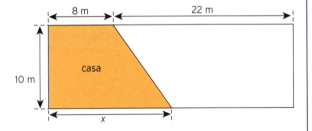

De acordo com a legislação do município em que se localiza o terreno, as construções devem ocupar no mínimo 40% e no máximo 60% da área total do terreno.

Quais são os valores mínimo e máximo de x para que Mariângela possa construir uma casa no seu terreno?

Inequações produto

Sendo f e g funções reais, denominam-se **inequações produto** as sentenças da forma $f(x) \cdot g(x) < 0$; $f(x) \cdot g(x) \geq 0$, entre outras.

Para determinar o conjunto solução desse tipo de inequação, adotam-se os seguintes procedimentos.

I. Associa-se a cada fator uma função.
II. Estuda-se o sinal de cada função.
III. Monta-se um quadro para o estudo do sinal do produto das funções.

A seguir, tem-se um exemplo de como aplicar os procedimentos descritos para resolver em $\mathbb{R}$ a inequação produto $(x - 5) \cdot (12 - 2x) > 0$.

I. Associa-se a cada fator uma função	II. Estuda-se o sinal de cada função	III. Monta-se um quadro de sinais
$\underbrace{(x - 5)}_{f(x)} \cdot \underbrace{(12 - 2x)}_{g(x)} > 0$ O produto de $f(x)$ por $g(x)$ deve ser positivo. Nesse caso, os zeros das funções não pertencem ao conjunto solução.	$f(x) = x - 5$ $0 = x - 5$ $x = 5$ $g(x) = 12 - 2x$ $0 = 12 - 2x$ $x = 6$	A solução da inequação produto é dada pelos intervalos cujo produto de $f(x)$ por $g(x)$ resulta apenas em valores positivos. Logo: $S = \{x \in \mathbb{R} \mid 5 < x < 6\}$

Observação

Pode-se resolver diretamente a inequação $(x - 5) \cdot (12 - 2x) > 0$ efetuando o produto de $(x - 5)$ por $(12 - 2x)$; obtém-se, porém, a inequação $2x^2 + 22x - 60 > 0$, cuja resolução será estudada no próximo capítulo.

Exercício resolvido

72. Uma casa de planta retangular de 80 m² está em um terreno retangular de 420 m² de área. Deseja-se construir uma varanda em L, aumentando as dimensões da casa, conforme representado na figura abaixo, de modo que a área da construção não ultrapasse 40% da área total do terreno.

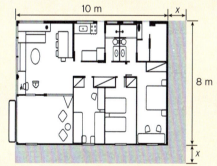

Determine os possíveis valores de x para que seja realizada essa ampliação.

Resolução

Como a área da casa não pode ultrapassar 40% da área do terreno, calculamos a área máxima para a nova construção: 420 m² · 0,40 = 168 m²

Então, a área da casa deve ser menor do que ou igual a 168 m². Assim:

$$\underbrace{(10 + x) \cdot (8 + x)}_{\text{área da casa após a reforma}} \leq 168$$

Escrevemos essa inequação na forma de inequação produto:

$80 + 10x + 8x + x^2 - 168 \leq 0 \Rightarrow$
$\Rightarrow x^2 + 18x - 88 \leq 0 \Rightarrow (x + 22) \cdot (x - 4) \leq 0$

Resolvemos a inequação obtida:

$$\underbrace{(x + 22)}_{f(x)} \cdot \underbrace{(x - 4)}_{g(x)} \leq 0$$

$f(x) = x + 22$ $g(x) = x - 4$
$0 = x + 22$ $0 = x - 4$
$x = -22$ $x = 4$

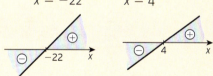

Montamos um quadro de sinais:

A solução da inequação produto é dada pelos intervalos cujo produto de $f(x)$ por $g(x)$ resulta apenas em valores negativos. Isso acontece para x no intervalo $[-22, 4]$. Como x representa uma medida: $0 < x \leq 4$

Inequações quociente

Sendo f e g funções reais, denominam-se **inequações quociente** as sentenças da forma $\dfrac{f(x)}{g(x)} > 0$; $\dfrac{f(x)}{g(x)} \leq 0$, entre outras, com $g(x) \neq 0$.

Para determinar o conjunto solução de uma inequação quociente, são aplicados os mesmos procedimentos adotados para as inequações produto.

A seguir, tem-se a resolução em $\mathbb{R}$ da inequação quociente $\dfrac{-x - 12}{2x + 18} \geq 0$.

I. Associa-se ao numerador uma função e ao denominador outra função	II. Estuda-se o sinal de cada função	III. Monta-se um quadro de sinais
$\underbrace{\dfrac{-x - 12}{2x + 18}}_{\substack{f(x) \\ g(x)}} \geq 0$ O quociente de $f(x)$ por $g(x)$ deve ser positivo ou nulo. O zero da função g, porém, não pertence ao conjunto solução da inequação.	$f(x) = -x - 12$ $\quad$ $g(x) = 2x + 18$ $0 = -x - 12$ $\quad$ $0 = 2x + 18$ $x = -12$ $\quad\quad\quad$ $x = -9$ 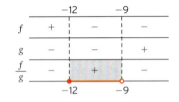 Como o zero da função g não pertence ao conjunto solução: $x \neq -9$	Logo: $S = \{x \in \mathbb{R} \mid -12 \leq x < -9\}$ 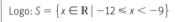

Exercício resolvido

73. Resolva a inequação $\dfrac{-x \cdot (x + 4)}{x^2 - 9} > 0$ no conjunto dos números reais.

Resolução

Escrevemos o denominador na forma fatorada: $x^2 - 9 = (x - 3) \cdot (x + 3)$

Associando uma função a cada termo da inequação quociente: $\dfrac{\overbrace{-x}^{f(x)} \cdot \overbrace{(x + 4)}^{g(x)}}{\underbrace{(x - 3)}_{h(x)} \cdot \underbrace{(x + 3)}_{t(x)}} > 0$, com $h(x) \neq 0$ e $t(x) \neq 0$

Estudamos o sinal de cada função separadamente:

$f(x) = -x$ $\quad\quad\quad$ $g(x) = x + 4$ $\quad\quad\quad$ $h(x) = x - 3$ $\quad\quad\quad$ $t(x) = x + 3$
$0 = -x$ $\quad\quad\quad\;\,$ $0 = x + 4$ $\quad\quad\quad\;\,$ $0 = x - 3$ $\quad\quad\quad\;\,$ $0 = x + 3$
$x = 0$ $\quad\quad\quad\quad$ $x = -4$ $\quad\quad\quad\quad\;$ $x = 3$ $\quad\quad\quad\quad\quad$ $x = -3$

Montamos um quadro de sinais:

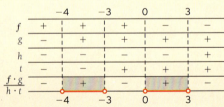

A solução da inequação quociente é dada pelos intervalos cujo quociente entre $f(x) \cdot g(x)$ e $h(x) \cdot t(x)$ resulta apenas em valores positivos.

Portanto: $S = \{x \in \mathbb{R} \mid -4 < x < -3 \text{ ou } 0 < x < 3\}$

Exercícios propostos

74. Resolva em ℝ as seguintes inequações:
a) $(x+4) \cdot (3x-21) \leq 0$
b) $\dfrac{x}{1-4x} \leq 0$
c) $\dfrac{(x+2) \cdot (2-x)}{3x-6} \leq 0$
d) $(2x-3) \cdot (6-x) < 0$
e) $\dfrac{(x+1) \cdot (x-1)}{3-4x} < 0$
f) $\dfrac{x \cdot (x-8)}{(8-x)} \geq 0$

75. Determine os valores de x para que a área do retângulo representado a seguir seja maior do que 42 m².

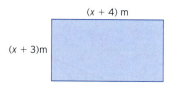

76. Determine para quais números reais x as seguintes funções estão definidas.
a) $f(x) = \dfrac{1-x}{x}$
b) $h(x) = \sqrt{x \cdot (x+2)}$
c) $g(x) = \sqrt{\dfrac{2x-9}{1+x}}$
d) $p(x) = \dfrac{11}{\sqrt{8-x}}$

77. Considere as funções f e g definidas por $f(x) = 2x$ e $g(x) = 5 - x$. Quais são os valores inteiros positivos de x para que $f(x) \cdot g(x) \leq 0$?

78. Determine o intervalo em que a função g dada por $g(x) = \dfrac{6x-12}{9-x}$ é negativa.

79. Resolva em ℝ a inequação $\dfrac{500-x}{x} \geq 999$.

80. Quais valores de x inteiros podem ser assumidos pela inequação produto $(2-x) \cdot (6-x) < 0$?

81. Quais são os números primos que satisfazem a inequação $(24-3x) \cdot (x-2) \geq 0$?

82. Calcule o menor número natural que satisfaz a inequação $\dfrac{x+6}{10-3x} > 0$.

83. Considere a função g tal que: $g(x) = \left(\dfrac{t}{3-t}\right) \cdot x - 3$.
a) Determine os valores da constante $t \in \mathbb{N}$ para que a função g seja crescente.
b) Quais são os valores naturais de t para que a função g seja decrescente?

c) É possível determinar os valores de t pedidos no item **b**, conhecendo-se os valores de t em que a função g é crescente, sem fazer novos cálculos? Explique.

84. A função f definida por $f(x) = 1 - x$ está representada a seguir.

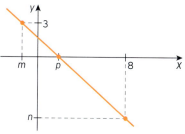

Determine:
a) os valores de m, n e p;
b) o sinal de f quando $x < m$;
c) o sinal de f quando $x > p$;
d) o zero dessa função.

85. O lucro mensal de uma empresa prestadora de serviços é dado por $L(x) = 450 \cdot (x-6) \cdot (x+2)$, em que x é a quantidade de ordens de serviço executadas.
a) Em fevereiro, a empresa atendeu 15 ordens de serviço. Qual foi o lucro obtido?
b) Quantas ordens de serviço, no mínimo, devem ser executadas durante um mês para que a empresa não tenha prejuízo?

86. Resolva em ℝ as inequações dadas.
a) $\dfrac{x+4}{x^2-9} > 0$
b) $x^2 - 3x \leq 0$
c) $\dfrac{x}{x^2 - 10x + 25} \geq 0$
d) $x^2 - x - 6 < 0$

87. A área do triângulo retângulo isósceles ABC representado a seguir é um número natural que pertence ao conjunto solução da inequação $\dfrac{38-2x}{5x-85} > 0$.

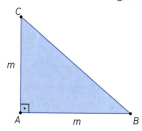

Determine:
a) a área do triângulo ABC;
b) o valor de m.

88. Um trabalhador recebeu no mês de fevereiro o salário acrescido de um bônus de um quarto de seu salário. Determine entre quais valores está o salário original desse trabalhador, sabendo que a quantia recebida foi maior que R$ 3.500,00 e menor que R$ 4.000,00.

89. Determine os múltiplos de 3 que satisfazem o sistema de inequações $\begin{cases} x + 8 < 3x + 2 \\ 5(x - 1) \leqslant 2(x + 22) \end{cases}$

90. (Insper) Um bazar beneficente arrecadou R$ 633,00. Nenhum dos presentes contribuiu com menos de R$ 17,00, mas também ninguém contribuiu com mais de R$ 33,00. O número mínimo e o número máximo de pessoas presentes são, respectivamente, iguais a:
a) 19 e 37
b) 20 e 37
c) 20 e 38
d) 19 e 38
e) 20 e 39

91. Observe o gráfico das funções f e g definidas por $f(x) = ax + b$ e $g(x) = mx + n$ e assinale a alternativa incorreta.

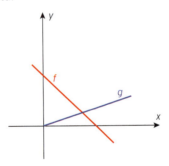

a) $a < m$
b) $n = 0$
c) $a < 0$
d) $b > 0$
e) $m = 0$

92. Determine o valor de $m \cdot n \cdot p$, sabendo que são números inteiros consecutivos que satisfazem a inequação $x + 5 < 3x + 1 < 25 - x$.

93. Determine o menor valor inteiro de x para que seja possível construir o triângulo ABC.

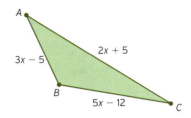

94. Observe os gráficos das funções f e g e assinale a alternativa correta.

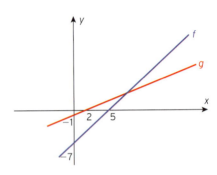

a) Se $x > 2$, as funções f e g assumem valores positivos.
b) Se $x < 2$, as funções f e g assumem valores positivos.
c) Se $x < 5$, as funções f e g assumem valores negativos.
d) Se $x > 5$, as funções f e g assumem valores positivos.
e) Todas as anteriores são falsas.

95. (Fuvest) Na cidade de São Paulo, as tarifas de transporte urbano podem ser pagas usando o bilhete único. A tarifa é de R$ 3,00 para uma viagem simples (ônibus ou metrô/trem) e de R$ 4,65 para uma viagem de integração (ônibus e metrô/trem). Um usuário vai recarregar seu bilhete único, que está com um saldo de R$ 12,50. O menor valor de recarga para o qual seria possível zerar o saldo do bilhete após algumas utilizações é:
a) R$ 0,85
b) R$ 1,15
c) R$ 1,45
d) R$ 2,50
e) R$ 2,80

96. Considere as funções f, g e h definidas por $f(x) = 3x - 123$, $g(x) = 72 - 4x$ e $h(x) = \dfrac{(5x - 75)}{2}$. Determine os valores de x para que $\dfrac{f \cdot g}{h}$ seja um número positivo.

Exercícios complementares

97. Considere a função f tal que $f(x) = (8 - 4t) \cdot x + 2$. Determine para quais valores da constante t a função f pode ser representada pelo gráfico de cada item.

a)   b)   c)

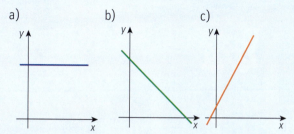

98. Em uma indústria metalúrgica, são fabricadas peças com placas de alumínio. De uma placa retangular foram recortados 6 quadrados, conforme mostra a figura:

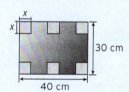

a) Escreva uma função que relacione o perímetro dos 6 quadrados recortados com a medida x.
b) Determine a lei de correspondência da função que relaciona o perímetro da peça obtida após o corte e a medida x.
c) Qual seria o perímetro da peça após o corte, se fossem retirados quadrados de lado 3 cm?

99. O gráfico abaixo representa a posição s de um automóvel em uma estrada em função do tempo t.

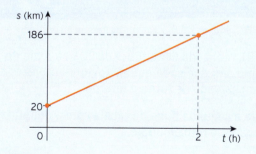

a) Qual é a lei de correspondência dessa função?
b) Qual é o conjunto $D(s)$?
c) E o conjunto $Im(s)$?
d) De qual quilometragem da estrada o automóvel iniciou o percurso?
e) Quanto tempo depois do início da viagem o motorista passará pelo quilômetro 324 da estrada?
f) Qual é a velocidade média do automóvel?

100. Um indivíduo adulto tem aproximadamente 5 litros de sangue. Na aorta – a maior artéria do corpo humano – de um adulto, circula cerca de 0,104 litro de sangue por segundo.

a) Escreva a lei de correspondência de uma função que relaciona o volume de sangue que circula na aorta de um adulto e o tempo.
b) Determine o tempo médio que o sangue em circulação leva para retornar ao coração.

101. O preço a ser pago por uma corrida de táxi em certa cidade inclui um valor fixo de R$ 3,20, denominado bandeirada, e R$ 0,80 por quilômetro rodado.

a) Qual é o preço de uma corrida de 20 km?
b) Um passageiro pagou R$ 8,00 por uma corrida. Quantos quilômetros o táxi percorreu?
c) Escreva a lei de correspondência da função que relaciona o preço de uma corrida de táxi e a distância percorrida.

102. Resolva em $\mathbb{R}$ as seguintes inequações:

a) $3 \cdot (x - 5) + 5 \cdot (x + 11) < 0$
b) $\dfrac{(6 - x) \cdot (x + 4)}{x} > 0$
c) $x + 4 < 3x - 2 < x + 10$
d) $-2x < x + (x + 1) \cdot (x - 1) - x^2 < -4x + 2$

103. Um objeto descreve um movimento uniforme quando sua velocidade é constante em qualquer instante ou intervalo de tempo.
Suponha então que o carro de Cátia e o carro de Jonas estão em movimento uniforme na mesma estrada, conforme posição e velocidade descritos a seguir.

- Cátia saiu do quilômetro 35 e dirige a 80 km/h.
- Jonas saiu do quilômetro 80 e dirige no mesmo sentido de Cátia, mas com velocidade de 65 km/h.

a) Qual é a lei de correspondência da função que relaciona a posição e o tempo, para o carro de Cátia?
b) Qual é a lei de correspondência da posição em função do tempo, para o carro de Jonas?
c) Depois de quanto tempo os carros se encontram?
d) Em que quilômetro da estrada ocorre esse encontro?

104. (Udesc) Se n é um número inteiro, então a quantidade de números racionais da forma $\dfrac{2n}{3n + 15}$, que são estritamente menores que $\dfrac{7}{13}$, é:

a) 21   c) 20   e) 27
b) 25   d) infinita

CAPÍTULO 5
Função quadrática

Módulos

1. Definição de função quadrática
2. Gráfico de uma função quadrática
3. Estudo do sinal de uma função quadrática e inequações do 2º grau

Partida de basquete entre Flamengo e Franca, no Tijuca Tênis Club, Rio de Janeiro (RJ).

Para começar

A sétima edição do campeonato Novo Basquete Brasil (NBB), realizada de outubro de 2014 a maio de 2015, teve sua fase de classificação feita no sistema de rodízio duplo, em que cada equipe jogou duas vezes contra cada uma das demais equipes. Esse sistema também pode ser chamado de turno e returno.

1. Tendo em vista a quantidade de equipes inscritas, complete a segunda linha da tabela com a quantidade de partidas realizadas na fase de classificação de um campeonato de rodízio duplo.

Quantidade de equipes	2	3	4	5	6	7	8	9
Quantidade de partidas								

Dados fictícios.

2. Quantas equipes são necessárias para que sejam realizadas 110 partidas na fase de classificação de um campeonato de rodízio duplo?
3. Sendo n e p variáveis que representam a quantidade de equipes e a quantidade de partidas, determine uma lei de correspondência que estabeleça uma relação entre essas variáveis, considerando o campeonato de rodízio duplo.
4. Essa lei de correspondência pode estar associada a uma função afim? Justifique.

1. Definição de função quadrática

Além do campeonato NBB, muitos outros são disputados em turno e returno. Considerando p a quantidade de partidas disputadas e n a quantidade de equipes que disputam o campeonato, p pode ser expressa em função de n.

Quantidade de equipes (n)	2	3	4	5	...	n
Quantidade de partidas (p)	$2 \cdot (2-1) = 2$	$3 \cdot (3-1) = 6$	$4 \cdot (4-1) = 12$	$5 \cdot (5-1) = 20$	...	$n \cdot (n-1)$

A quantidade p de partidas é expressa em função de n por $p(n) = n \cdot (n-1)$, ou, então, $p(n) = n^2 - n$.

Funções desse tipo são chamadas de **funções quadráticas**.

> **Função quadrática** é toda função cuja lei é da forma $f(x) = ax^2 + bx + c$, em que a, b e c são constantes reais e $a \neq 0$.

Saiba mais

Uma função quadrática também pode ser denominada **função polinomial do 2º grau**, pois a expressão $ax^2 + bx + c$ é um polinômio do 2º grau.

As constantes a, b e c são denominadas **coeficientes** da função quadrática.

O domínio de uma função quadrática depende do contexto estudado. No exemplo dado, o domínio é restrito ao conjunto dos números naturais maiores do que ou iguais a 2: $D = \mathbb{N} - \{0, 1\}$

Portanto, essa situação pode ser descrita pela função $p: \mathbb{N} - \{0, 1\} \to \mathbb{R}$, tal que $p(n) = n^2 - n$. Nessa função, os coeficientes são $a = 1$, $b = -1$ e $c = 0$.

Para refletir

Por que as funções dadas abaixo não são quadráticas? Explique.
- $f(x) = 4x$
- $g(x) = -2x^2 + 2x^2 - 4$
- $h(x) = 2^x + 5$

Situações que envolvem função quadrática

Veja duas situações que podem ser descritas por uma função quadrática.

- Uma praça, representada na figura ao lado, é formada por um gramado retangular e por uma calçada ao seu redor. A área da calçada depende da largura x, em metro. Assim, a área da praça também depende da largura x da calçada.

A área A da praça, em função de x, pode ser obtida pela soma das áreas da calçada e do gramado, isto é:

$A(x) = A_1 + A_2 + A_3 + A_4 + A_5 + A_6 + A_7 + A_8 + A_9 =$
$= x^2 + 60x + x^2 + 80x + x^2 + 60x + x^2 + 80x + 4\,800 =$
$= 4x^2 + 280x + 4\,800$

Logo, a área da praça é definida pela função $A: \mathbb{R}_+^* \to \mathbb{R}$, tal que $A(x) = 4x^2 + 280x + 4\,800$. Os coeficientes dessa função são $a = 4$, $b = 280$ e $c = 4\,800$.

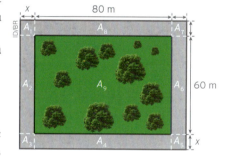

- Observe a representação de alguns polígonos convexos de n lados e as d diagonais traçadas a partir de cada vértice.

triângulo	quadrilátero	pentágono	hexágono	heptágono
$n = 3 \quad d = 0$	$n = 4 \quad d = 2$	$n = 5 \quad d = 5$	$n = 6 \quad d = 9$	$n = 7 \quad d = 14$

Um polígono de n lados tem n vértices. De cada vértice partem $(n-3)$ diagonais. Logo, é possível traçar $n \cdot (n-3)$ diagonais de todos os vértices. Para não contar duas vezes a mesma diagonal, é preciso calcular metade de $n \cdot (n-3)$. A quantidade d de diagonais de um polígono convexo é dada em função da quantidade n de lados desse polígono do seguinte modo:

$d(n) = \dfrac{n \cdot (n-3)}{2} = \dfrac{n^2 - 3n}{2} = \dfrac{n^2}{2} - \dfrac{3n}{2}$

A quantidade de diagonais é dada pela função $d: \mathbb{N} - \{0, 1, 2\} \to \mathbb{R}$, tal que $d(n) = \dfrac{n^2}{2} - \dfrac{3n}{2}$. Nessa função, os coeficientes são $a = \dfrac{1}{2}$, $b = -\dfrac{3}{2}$ e $c = 0$.

Para refletir

Quantas diagonais tem um dodecágono?

Exercícios resolvidos

1. Considere a função definida por $f(x) = x^2 - 2x + 8$.
a) Identifique o valor dos coeficientes dessa função.
b) Determine $f(3)$, $f(-2)$, $f\left(\dfrac{2}{3}\right)$ e $f(\sqrt{2})$.

Resolução
a) $f(x) = \underbrace{1x^2}_{ax^2} \underbrace{- 2x}_{+ bx} \underbrace{+ 8}_{+ c}$

Os coeficientes são: $a = 1$, $b = -2$ e $c = 8$

b) $f(3) = 3^2 - 2 \cdot 3 + 8 = 11$

$f(-2) = (-2)^2 - 2 \cdot (-2) + 8 = 16$

$f\left(\dfrac{2}{3}\right) = \left(\dfrac{2}{3}\right)^2 - 2 \cdot \left(\dfrac{2}{3}\right) + 8 = \dfrac{64}{9}$

$f(\sqrt{2}) = (\sqrt{2})^2 - 2 \cdot (\sqrt{2}) + 8 = 10 - 2\sqrt{2}$

2. Considere a função dada por $f(x) = 3x^2 - 9x + 6$ e determine os valores de x para que $f(x) = 18$.

Resolução
Para determinar $f(x) = 18$, resolvemos a equação $3x^2 - 9x + 6 = 18$.
$3x^2 - 9x + 6 = 18 \Rightarrow 3x^2 - 9x - 12 = 0$
Utilizamos a expressão de resolução de equações do 2º grau: $x = \dfrac{-b \pm \sqrt{\Delta}}{2a}$ com $\Delta = b^2 - 4ac$. Então:

$x = \dfrac{-(-9) \pm \sqrt{(-9)^2 - 4 \cdot 3 \cdot (-12)}}{2 \cdot 3} =$

$= \dfrac{9 \pm \sqrt{225}}{6} = \dfrac{9 \pm 15}{6} \Rightarrow x = -1 \text{ ou } x = 4$

Portanto, $f(x) = 18$ quando $x = -1$ ou $x = 4$.

Exercícios propostos

3. Identifique os coeficientes de cada função quadrática a seguir.
a) $f(x) = \sqrt{5} + \dfrac{3}{4}x - x^2$
b) $g(x) = 3 - x^2$
c) $h(x) = \dfrac{(x^2 + 5x)}{6}$

4. Dada a função $f(x) = 2x^2 + 1$, determine:
a) $f(0)$
b) $f(2)$
c) os valores de x para que $f(x) = 3$
d) $f(3) + f(-3)$

5. O custo, em real, para se produzir x unidades de certo produto é dado pela função quadrática c, tal que $c(x) = 2x^2 - 50x + 4000$.
a) Qual é o custo para produzir 10 dessas unidades?
b) Quantas unidades do produto podem ser produzidas ao custo de R$ 4 000,00?

6. Considerando as funções f e g, tais que $f(x) = 1 - x^2$ e $g(x) = 2x^2 + 1$, determine:
a) $f(0)$ e $g(0)$
b) $f(x) + g(x)$
c) $2 \cdot f(3) + 3 \cdot g(2)$
d) $\sqrt{f(4) + g(5)}$

7. Um polígono regular convexo tem 189 diagonais. Determine a quantidade de lados desse polígono.

8. Considere um retângulo que tem um dos lados medindo o triplo do outro lado.
a) Escreva uma expressão que represente sua área em função da medida de um de seus lados.
b) Quanto medem os lados desse retângulo, se sua área é 48 cm²?

9. A área de um retângulo é dada pela função f, $f(x) = 2x^2 - 3x + 1$, e a área de um quadrado é dada pela função g, $g(x) = x^2 + 2x + 1$. Qual é a medida dos lados desses dois quadriláteros quando essas áreas são equivalentes?

10. Considere um objeto que cai, em queda livre, partindo do repouso do ponto mais alto de uma torre de transmissão de energia elétrica. O movimento dessa queda é descrito pela função $h(t) = -5t^2 + 25$, em que $h(t)$ é a altura, em metro, e t é o tempo, em segundo.
a) Qual é a altura da torre?
b) Em quanto tempo esse objeto atinge o solo?

11. Considere uma função quadrática em que $f(-1) = 2$, $f(0) = 4$ e $f(1) = 4$. Determine a soma dos coeficientes dessa função.

12. Uma pedra que é lançada verticalmente para cima, a partir do solo, tem a altura h (em metro) expressa pela lei $h(t) = 25t - 5t^2$, em função do tempo t (em segundo) decorrido após o lançamento.
a) Determine a altura em que a pedra se encontra 1 segundo após o lançamento.
b) Determine o instante em que a pedra retorna ao solo.

13. Uma fábrica de autopeças produz peças de reposição em aço inoxidável. A face lateral de uma das peças produzidas é composta de dois quadrados e de dois setores circulares, conforme se representa na figura ao lado.

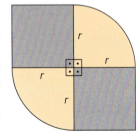

a) Escreva a lei que representa a área dessa face da peça em função da medida r, em centímetro.
b) Qual é a área dessa face quando $r = 4$ cm? (Adote: $\pi = 3{,}14$.)

14. A função f dada por $f(x) = 2x^2 + 2mx - 4(m^2 - t)$ é tal que $f(m) = 4$. Qual é o valor de t?

■ Zeros de uma função quadrática

Na função quadrática $f(x) = ax^2 + bx + c$, os **zeros** são os valores de x tais que $f(x) = 0$, ou seja, $ax^2 + bx + c = 0$ (equação do 2º grau).

Para resolver essa equação, além da expressão $x = \dfrac{-b \pm \sqrt{\Delta}}{2a}$, com $\Delta = b^2 - 4ac$, há os métodos de resolução por fatoração e por completamento de quadrados apresentados a seguir.

Determinação dos zeros por fatoração

Para resolver uma equação do 2º grau pelo método da fatoração, é necessário escrever o polinômio do 2º grau correspondente como um produto de polinômios de menor grau.

Exemplos

- Seja h a função dada por $h(x) = 4x^2 + 16x$. Para determinar os zeros da função h, resolve-se a equação $h(x) = 0$.

  $h(x) = 0 \Rightarrow 4x^2 + 16x = 0 \Rightarrow 4x \cdot (x + 4) = 0 \Rightarrow x = 0$ ou $x = -4$

  Logo, os zeros da função h são 0 e -4.

- Seja f a função definida por $f(x) = x^2 - 9$. Para determinar os zeros da função f, resolve-se a equação $f(x) = 0$.

  $f(x) = 0 \Rightarrow x^2 - 9 = 0 \Rightarrow (x - 3) \cdot (x + 3) = 0 \Rightarrow x = 3$ ou $x = -3$

  Logo, os zeros dessa função f são -3 e 3.

- Seja g a função definida por $g(x) = x^2 - 16x + 64$.

  $x^2 - 16x + 64$ é um quadrado perfeito, pois $x^2 - 16x + 8^2 = (x - 8)^2$.

  $$2 \cdot x \cdot 8$$

  Então, para determinar os zeros da função g, resolve-se a equação $(x - 8)^2 = 0$.

  $(x - 8)^2 = 0 \Rightarrow x - 8 = 0 \Rightarrow x = 8$

  Logo, o zero da função g é 8.

Determinação dos zeros por completamento de quadrados

O completamento de quadrados consiste em transformar um polinômio do 2º grau em um trinômio quadrado perfeito.

Exemplo

Para determinar os zeros da função $f(x) = x^2 + 6x + 8$, resolve-se a equação $x^2 + 6x + 8 = 0$.

$x^2 + 6x + 8 = 0 \Rightarrow x^2 + 6x = -8 \Rightarrow x^2 + 6x + 3^2 = -8 + 3^2 \Rightarrow$

$$2 \cdot x \cdot 3$$

$\Rightarrow (x + 3)^2 = 1 \Rightarrow x + 3 = \pm\sqrt{1} \Rightarrow x = \pm\sqrt{1} - 3 \Rightarrow x = -2$ ou $x = -4$

Logo, os zeros da função f são -2 e -4.

Observação

Os zeros determinados podem ser conferidos substituindo-os na equação do 2º grau. No último exemplo, tem-se:

$(-2)^2 + 6 \cdot (-2) + 8 = 4 - 12 + 8 = 0$

$(-4)^2 + 6 \cdot (-4) + 8 = 16 - 24 + 8 = 0$

Essa verificação pode, e deve, ser utilizada após a determinação dos zeros de uma função, pois valida os resultados obtidos.

Para recordar

Fatoração de polinômios

- **Fator comum em evidência**
  Quando os termos de um polinômio apresentam fatores comuns.
  Exemplo
  $$\underbrace{x^2 - 8x}_{x \text{ é fator comum}} = \underbrace{x \cdot (x - 8)}_{x \text{ em evidência}}$$

- **Diferença de dois quadrados**
  É possível representar a diferença de dois quadrados pelo produto da soma pela diferença de dois termos.
  Exemplo
  $x^2 - 25 = (x + 5) \cdot (x - 5)$

- **Trinômio quadrado perfeito**
  Quando o trinômio pode ser representado pelo quadrado da soma ou da diferença de dois termos.
  Exemplos
  $x^2 + 10x + 25 = (x + 5)^2$
  $x^2 - 6x + 9 = (x - 3)^2$

- **Trinômio do 2º grau**
  Se a equação do 2º grau $ax^2 + bx + c = 0$, $a \neq 0$, tem raízes x_1 e x_2, então o polinômio $ax^2 + bx + c$ pode ser fatorado em $a \cdot (x - x_1) \cdot (x - x_2)$, em que:
  $$\begin{cases} x_1 + x_2 = -\dfrac{b}{a} \\ x_1 \cdot x_2 = \dfrac{c}{a} \end{cases}$$
  Exemplo
  $x^2 - x - 2 = (x + 1) \cdot (x - 2)$

▌Cálculo mental

Identifique os zeros das funções do 2º grau, sem usar lápis e papel:

- $f(x) = x^2 - 4$
- $g(x) = x^2 - 81$
- $h(x) = 2x^2 - 50$
- $t(x) = 3x^2 - 27$
- $s(x) = x^2 + 16x$

83

O discriminante e a quantidade de zeros

A quantidade de zeros reais de uma função quadrática f é igual à quantidade de raízes reais da equação do 2º grau $f(x) = 0$ e depende do valor do discriminante Δ dessa equação.

- Quando $\Delta > 0$, a função quadrática tem **dois** zeros reais distintos.
- Quando $\Delta = 0$, a função quadrática tem **um** zero real duplo, ou seja, os dois zeros reais são iguais.
- Quando $\Delta < 0$, a função quadrática **não tem** zeros reais.

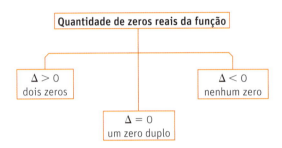

Exercício resolvido

15. Analise a quantidade de zeros reais da função $f(x) = x^2 - 8x + k + 3$, em relação ao valor de k.

Resolução

Calculamos o valor do discriminante, em função de k.
$\Delta = (-8)^2 - 4 \cdot 1 \cdot (k + 3) =$
$= 64 - 4k - 12 = 52 - 4k$

Analisamos cada caso.
- $\Delta > 0 \Rightarrow 52 - 4k > 0 \Rightarrow -4k > -52 \Rightarrow$
  $\Rightarrow 4k < 52 \Rightarrow k < 13$

- $\Delta = 0 \Rightarrow 52 - 4k = 0 \Rightarrow -4k = -52 \Rightarrow$
  $\Rightarrow 4k = 52 \Rightarrow k = 13$

- $\Delta < 0 \Rightarrow 52 - 4k < 0 \Rightarrow -4k < -52 \Rightarrow$
  $\Rightarrow 4k > 52 \Rightarrow k > 13$

Logo, a função f tem dois zeros reais distintos quando $\{k \in \mathbb{R} \mid k < 13\}$; tem um zero real duplo, se $k = 13$; e não admite zeros reais quando $\{k \in \mathbb{R} \mid k > 13\}$.

Exercícios propostos

16. Determine os zeros das funções quadráticas definidas em cada item utilizando o método da fatoração.

a) $f(x) = x^2 - 19x$
b) $f(x) = x^2 + 12x + 36$
c) $f(x) = x^2 + 10x - 11$
d) $f(x) = x^2 + 3x - 4$

17. Determine os zeros das funções definidas a seguir.

a) $f(x) = x^2 + 12x$
b) $g(x) = x^2 + 4x + 3$
c) $h(x) = x^2 - 25$
d) $i(x) = x^2 - 8x$
e) $j(x) = x^2 - x$
f) $k(x) = x^2 - 20x + 64$
g) $l(x) = (x - 2)^2 - 9$
h) $m(x) = x^2 - 2x - 3$

18. Lucas tem 10 anos e Fábio tem 12 anos. Daqui a quantos anos o produto das idades deles será 255?

19. Considerando a função f tal que $f(x) = x^2 + x - 56$, calcule:

a) o produto dos zeros dessa função;
b) a soma dos zeros dessa função;
c) a soma dos inversos dos zeros dessa função.

20. O número 2 é um dos zeros da função f dada por $f(x) = x^2 + (t + 2)x - 10$.

a) Qual é o valor de t?
b) Qual é o outro zero dessa função?

21. Um dos zeros da função $f(x) = x^2 + x + p$ também é zero da função $g(x) = x^2 + 5x + 3p$.
a) Qual é o valor de p?
b) Quais são os zeros da função f e da função g?

22. Sendo f a função dada por $f(x) = (m + 2)x^2 + kx + 2$, cujos zeros são -1 e 1, determine os valores de m e k.

23. Classifique as afirmações a seguir em verdadeiras ou falsas, justificando a classificação dada.
   I. A função f dada por $f(x) = x^2 + 22x + 121$ tem um zero real duplo.
   II. A função h dada por $h(x) = 2x^2 - 14x - 16$ admite dois zeros reais.
   III. A função j dada por $j(x) = x^2 + 2x + 1$ não admite zeros reais.

24. Determine o maior número inteiro t para o qual a função f dada por $f(x) = 2x^2 + 7x + (1 - t)$ não admite zeros reais.

25. A função $f(x) = x^2 + (k + 3)x + 1$ tem um zero real duplo. Quais são os possíveis valores de k?

26. Analise a quantidade de zeros reais da função dada por $f(x) = x^2 - 6x + 9m$, em relação ao valor de m.

27. Verifique para que valores de k a função real dada por $f(x) = (k^2 - 4)x^2 + (k + 2)x + 2$ representa cada uma das situações a seguir:
a) uma função quadrática;
b) uma função afim;
c) uma função constante.

28. Considere a função f, $f(x) = 3x^2 - 9x + 2k - 7$. Sabendo que $f(0) = 0$, determine o valor de k.

29. A área de um triângulo equilátero é dada por $A(x) = \dfrac{x^2\sqrt{3}}{4}$, em que x é a medida do lado do triângulo.
a) Qual é a área de um triângulo equilátero de lado 4 cm?
b) Qual é o perímetro de um triângulo equilátero cuja área é $\sqrt{3}$ cm²?

30. Determine os valores de x para que a função f, $f(x) = 4x^2 - 100$ seja nula.

31. Considere as funções f e g, tais que $f(x) = x^2 + 3x - 5$ e $g(x) = 2x^2 + 7x - 2$. Determine os valores de x para os quais $f(x) = g(x)$.

32. Pedro precisa fazer um canil e dispõe de 36 metros de tela. Aproveitando o muro do quintal, pretende fazer um cercado retangular de largura x, como indicado na figura.

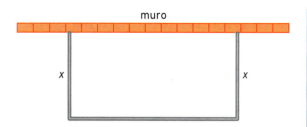

A lei de correspondência que representa a área A do canil em função da largura x é:
a) $A(x) = 2x^2 + 36x$
b) $A(x) = -2x^2 + 36x$
c) $A(x) = -x^2 + 36x$
d) $A(x) = x^2 + 36x$

33. Considere a função f, $f(x) = x^2 + bx + 25$. Determine os valores de b em cada caso.
a) A função f tem um zero real duplo.
b) A função f não tem zeros reais.
c) A função f tem dois zeros reais distintos.

34. Para que a função f, $f(x) = (2m - 1)x^2 + 5x - 19$ seja quadrática, quais são os possíveis valores de m?

35. Na figura abaixo temos um icoságono regular com todas as suas diagonais traçadas. Qual é o número de diagonais do icoságono regular?

36. Em uma indústria de autopeças, a produção diária P varia de acordo com o número de funcionários em serviço n, e essa variação é dada pela função $P(n) = n^2 + 50n + 400$. Calcule:
a) a produção, com 10 funcionários em serviço;
b) o número de funcionários necessário para produzir 1 375 peças.

2. Gráfico de uma função quadrática

O gráfico de uma função quadrática é uma curva denominada **parábola**. Pode-se perceber a forma de uma parábola, por exemplo, em antenas parabólicas, em alguns modelos de faróis automotivos, em aplicações da óptica e da mecânica.

Lançamento de mísseis, Califórnia, EUA.

Exemplo

As baterias de artilharia militar utilizam cálculos balísticos a partir de funções quadráticas para definir as condições de tiro. Determinado projétil lançado por uma dessas baterias descreve uma curva parabólica segundo a função h, dada por $h(t) = -t^2 + 30t$, $0 \leq t \leq 30$, com h em metro e t em segundo. A parábola que representa essa função é apresentada a seguir.

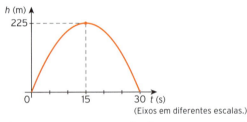

(Eixos em diferentes escalas.)

Partindo do solo, em $t = 0$, o projétil sobe até atingir a altura máxima de 225 m, em $t = 15$ s. Em seguida, o projétil desce até atingir o solo novamente, em $t = 30$ s. Nesse trajeto, a partir do lançamento, o projétil leva 15 s para atingir a altura máxima e depois mais 15 s para retornar ao solo.

Observando a parábola que representa essa função, é possível identificar algumas características.

- **Concavidade:** ou abertura da parábola. Nesse caso, é voltada para baixo.
- **Vértice da parábola:** é o ponto em que a função assume o valor máximo ou o valor mínimo. Nesse caso, é o ponto $V(15, 225)$, que é o valor máximo dessa parábola.
- **Eixo de simetria:** é o eixo que passa pelo vértice da parábola e, nesse caso, é a reta $x = 15$ s, que é perpendicular ao eixo x.
- **Intersecção com os eixos:** são os pontos com ordenada ou abscissa nulas. Nesse caso, a parábola corta o eixo Ox em $t = 0$ s e em $t = 30$ s; esses são os **zeros** da função.

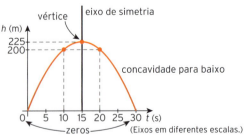

(Eixos em diferentes escalas.)

Para o estudo das características de cada parábola, considera-se uma função quadrática f dada por $f(x) = ax^2 + bx + c$.

Saiba mais

O porquê do uso das formas parabólicas

Os faróis de automóveis geralmente fazem uso de uma lâmpada colocada no foco de uma superfície parabólica. Essa construção permite maior eficiência na propagação da luz emitida, aumentando a capacidade de iluminação.

As antenas parabólicas são usadas para comunicação, captando sinais distantes ou de satélites para telefonia móvel, internet e televisão. O formato parabólico permite concentrar o sinal captado em um ponto restrito, o que resulta em melhor recepção.

Antena parabólica, Califórnia, EUA.

Concavidade da parábola

A **concavidade** (abertura) da parábola depende do sinal do coeficiente a da função.

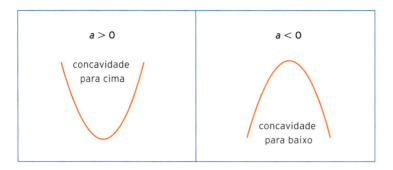

Vértice e eixo de simetria da parábola

O **vértice** da parábola é o ponto $V(x_V, y_V)$ em que a função assume **valor mínimo** (no caso em que a concavidade é voltada para cima) ou **valor máximo** (no caso em que a concavidade é voltada para baixo). Quando a função admite valor mínimo, a coordenada x_V do vértice também é denominada **ponto de mínimo** da função. Já quando a função admite valor máximo, a coordenada x_V é denominada **ponto de máximo** da função.

A parábola é simétrica em relação à reta perpendicular ao eixo Ox que passa pelo vértice. Essa reta é o **eixo de simetria** da parábola.

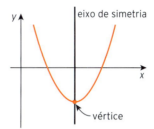

Intersecção da parábola com o eixo Ox

Geometricamente, os zeros da função quadrática determinam as abscissas dos **pontos de intersecção da parábola com o eixo Ox**.

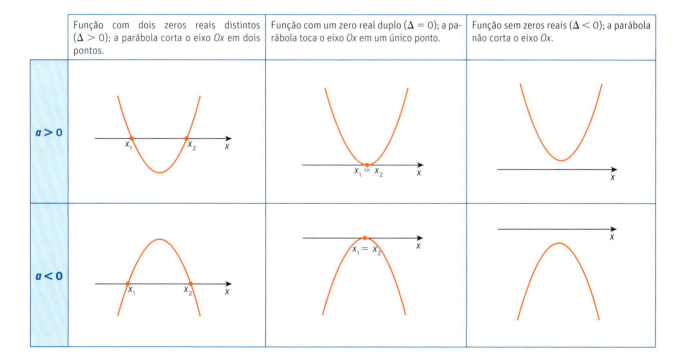

Intersecção da parábola com o eixo Oy

Todo ponto que pertence ao eixo Oy tem coordenadas (0, y). Assim, para uma função quadrática, tem-se:

$$f(0) = a \cdot 0^2 + b \cdot 0 + c = c$$

Portanto, geometricamente, o coeficiente c da função é a ordenada do **ponto em que a parábola corta o eixo Oy**.

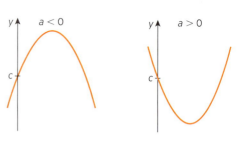

Exercício resolvido

37. Qual dos gráficos a seguir pode representar a função f, dada por $f(x) = -x^2 + 8x - 15$?

a)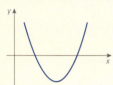

c)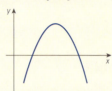

e)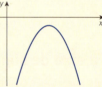

b)

d)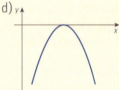

Resolução

A quantidade de zeros que uma função quadrática tem está relacionada ao valor do discriminante da função.
Para a função dada, temos:
$\Delta = (-8)^2 - 4 \cdot (-1) \cdot (-15) = 4$ ($\Delta > 0$)
Como Δ é positivo, a função tem dois zeros reais distintos, e a parábola que representa essa função corta o eixo Ox em dois pontos distintos.
Além disso, como $a = -1 < 0$, a concavidade da parábola é para baixo.
Logo, o gráfico que pode representar a função f dada é o apresentado no item **c**.

Exercícios propostos

38. Identifique se a concavidade da parábola que representa cada função a seguir é para baixo ou para cima.
a) $f(x) = x^2 - 3x$
b) $g(x) = 5x - x^2 + 6$
c) $t(x) = -\frac{1}{2}x^2 + 4x - 5$

39. Determine as coordenadas dos pontos em que o gráfico de cada função dada abaixo corta o eixo Ox.
a) $f(x) = x^2 + x - 20$
b) $g(x) = 4x^2 - 49$
c) $h(x) = 8x^2 + 4x$
d) $t(x) = -5x^2 - 3x - 1$

40. Para quais valores de p o vértice da parábola que representa $f(x) = (p - 5)x^2 - 4x - 2$ pertence ao eixo Ox?

41. Dada a função real $g(x) = -2x^2 + 10x - 28$, determine os pontos de intersecção do gráfico de g com os eixos coordenados.

42. Observe o gráfico da função real f dada pela lei de correspondência $f(x) = -x^2 + 7x + 18$.

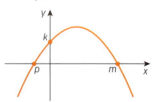

Determine os valores de k, p e m.

Coordenadas do vértice da parábola

Além do ponto $(0, c)$ da intersecção da parábola da função $f(x) = ax^2 + bx + c$, $a \neq 0$, com o eixo Oy, há outro ponto do gráfico com ordenada c, como mostra o gráfico ao lado (Figura 1). Para determinar a abscissa desse ponto, substitui-se $f(x)$ por c na lei de correspondência da função.

$$c = ax^2 + bx + c \Rightarrow ax^2 + bx = 0 \Rightarrow x \cdot (ax + b) = 0 \Rightarrow x = 0 \text{ ou } x = -\frac{b}{a}$$

Assim (Figura 2), a parábola contém os pontos simétricos $(0, c)$ e $\left(-\frac{b}{a}, c\right)$, em relação à reta $x = x_V$ (eixo de simetria).

Como a parábola é simétrica em relação à reta perpendicular ao eixo Ox e que passa pelo seu vértice (o eixo de simetria), a coordenada x_V do vértice é a metade de $-\frac{b}{a}$, ou seja, $x_V = -\frac{b}{2a}$.

Para determinar a coordenada y_V do vértice, substitui-se $x_V = -\frac{b}{2a}$ na lei de correspondência da função.

$$y_V = a\left(-\frac{b}{2a}\right)^2 + b\left(-\frac{b}{2a}\right) + c = a \cdot \frac{b^2}{4a^2} - \frac{b^2}{2a} + c = \frac{b^2}{4a} - \frac{b^2}{2a} + c =$$

$$= \frac{b^2 - 2b^2 + 4ac}{4a} = \frac{-b^2 + 4ac}{4a} = -\frac{\Delta}{4a}$$

Portanto (Figura 3), as coordenadas do vértice são $V\left(-\frac{b}{2a}, -\frac{\Delta}{4a}\right)$.

O valor da coordenada y_V também é o **valor mínimo** ou o **valor máximo** da função, dependendo do sinal do coeficiente a.

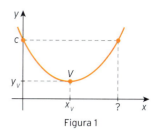

Figura 1

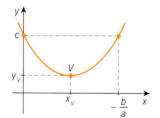

Figura 2

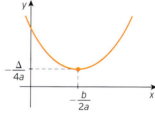

Figura 3

Concavidade para cima ($a > 0$)
Valor mínimo: $y = -\frac{\Delta}{4a}$
Ponto de mínimo: $V\left(-\frac{b}{2a}, -\frac{\Delta}{4a}\right)$

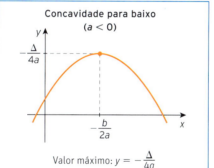

Concavidade para baixo ($a < 0$)
Valor máximo: $y = -\frac{\Delta}{4a}$
Ponto de máximo: $V\left(-\frac{b}{2a}, -\frac{\Delta}{4a}\right)$

Exercícios propostos

43. Determine as coordenadas dos pontos A', B' e C' em cada gráfico a seguir.

a)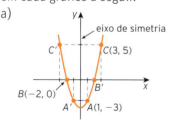

b)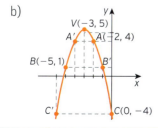

44. Analisando o gráfico da função quadrática do tipo $f(x) = ax^2 + bx + c$, ao lado, determine:

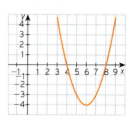

a) o sinal de a;
b) os zeros da função;
c) o valor mínimo de f.

45. Determine as coordenadas do vértice e o valor máximo ou mínimo dos gráficos destas funções:
a) $f(x) = 3x^2 + 6x$
b) $f(x) = -x^2 + 5x - 1$
c) $f(x) = -3x^2 - 12x + 2$
d) $f(x) = -7x^2 + 28x - 8$

46. Seja f uma função definida por $f(x) = 2x^2 - 8x + 6$. Dado que $x \in [-1, 4]$, determine o maior e o menor valor que a função f assume.

Construção do gráfico

Para construir o gráfico de uma função quadrática, pode-se utilizar um dos procedimentos descritos a seguir.

Tabela de pontos

A construção do gráfico de uma função quadrática pode ser feita utilizando uma tabela de pontos. Para formar essa tabela, escolhem-se valores para x, como a coordenada x_V do vértice e outros valores de x equidistantes do vértice, obtendo-se assim pontos simétricos da parábola.

Exemplo

Construir o gráfico da função f dada por $f(x) = x^2 - 8x + 18$.
Inicialmente determina-se o valor de x_V:

$$x_V = -\frac{b}{2a} = -\frac{(-8)}{2 \cdot 1} = 4$$

Escolhem-se valores de x equidistantes a $x_V = 4$, como 2, 3, 5 e 6.

Forma-se a tabela, obtendo as coordenadas dos pontos. Esses pontos são representados em um plano cartesiano, determinando o gráfico da função quadrática.

x	f(x) = x² − 8x + 18
2	$f(2) = 2^2 - 8 \cdot 2 + 18 = 6$
3	$f(3) = 3^2 - 8 \cdot 3 + 18 = 3$
4	$f(4) = 4^2 - 8 \cdot 4 + 18 = 2$
5	$f(5) = 5^2 - 8 \cdot 5 + 18 = 3$
6	$f(6) = 6^2 - 8 \cdot 6 + 18 = 6$

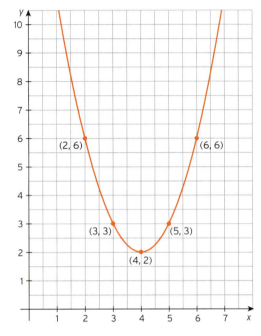

Elementos característicos da função

Outra maneira de construir o gráfico da função quadrática é determinar elementos que caracterizam a função, como a concavidade da parábola, as coordenadas do vértice da parábola, os zeros da função e o ponto de intersecção da parábola com o eixo Oy.

Exemplo

Construir o gráfico da função g dada por $g(x) = -x^2 + 2x + 3$.

- Concavidade da parábola: para baixo, pois $a = -1 < 0$.

- Coordenadas do vértice da parábola:

$$x_V = -\frac{b}{2a} = -\frac{2}{2 \cdot (-1)} = 1 \qquad y_V = -\frac{\Delta}{4a} = -\frac{2^2 - 4 \cdot (-1) \cdot 3}{4 \cdot (-1)} = 4$$

Logo, as coordenadas do vértice são (1, 4).

- Zeros da função:

$$x = \frac{-b \pm \sqrt{\Delta}}{2a} = \frac{-2 \pm \sqrt{16}}{2 \cdot (-1)} = \frac{-2 \pm 4}{-2} \Rightarrow x = \frac{-2 + 4}{-2} = -1 \text{ ou } x = \frac{-2 - 4}{-2} = 3$$

Logo, os zeros são (−1, 0) e (3, 0).

- Ponto de intersecção da parábola com o eixo Oy: (0, 3), pois $g(0) = -0^2 + 2 \cdot 0 + 3 = 3$.

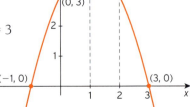

Utilizando esses elementos, constrói-se o gráfico da função quadrática.

Observação

Esse procedimento é eficiente quando a função quadrática tem zeros reais distintos ($\Delta > 0$); caso contrário, além das coordenadas do vértice e do ponto de intersecção com o eixo Oy, é necessário determinar as coordenadas de outros pontos da parábola.

Translação

Ao lado, têm-se os gráficos de funções g definidas por $g(x) = ax^2$, em que o coeficiente a assume diferentes valores.

O gráfico de uma função quadrática também pode ser construído transladando-se o gráfico da função $g(x) = ax^2$ em relação aos eixos coordenados, como apresentado a seguir.

A abertura da parábola diminui à medida que o valor absoluto de a aumenta.

Translação vertical

O gráfico de funções do tipo $f(x) = ax^2 + k$ pode ser obtido por meio da translação vertical do gráfico da função g em $|k|$ unidades para cima ou para baixo.

- $k > 0 \rightarrow$ translação para cima;
- $k < 0 \rightarrow$ translação para baixo.

Exemplos

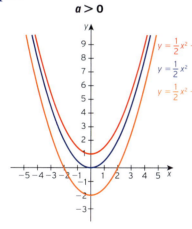

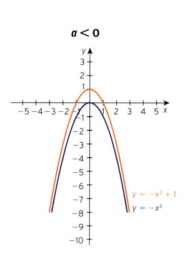

Translação horizontal

Os gráficos das funções definidas por $f(x) = a(x - m)^2$ podem ser obtidos por meio da translação horizontal do gráfico da função g em $|m|$ unidades para a esquerda ou para a direita.

Se m é negativo, então a translação é para a esquerda; se m é positivo, então a translação é para a direita.

- $m < 0 \rightarrow$ translação para a esquerda;
- $m > 0 \rightarrow$ translação para a direita.

Exemplos

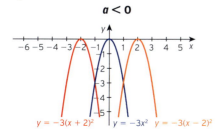

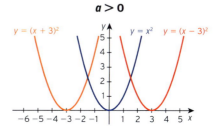

Translação horizontal e vertical

Os gráficos das funções definidas por $f(x) = a(x - m)^2 + k$, com a, m e k constantes reais, podem ser obtidos por meio da translação vertical do gráfico da função g em $|k|$ unidades para cima ou para baixo e em $|m|$ unidades para a esquerda ou para a direita.

Exemplos

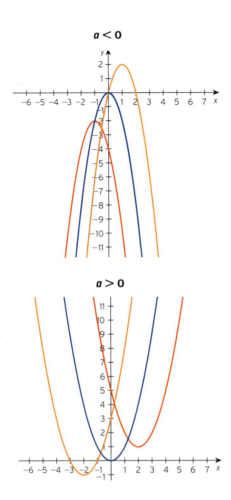

Saiba mais

Uma função cuja lei é na forma $y = a(x - m)^2 + k$, com a, m e k constantes reais, é uma função quadrática escrita na **forma canônica**.

Exercícios propostos

47. Pedro construiu o gráfico de uma função f conforme representado a seguir.

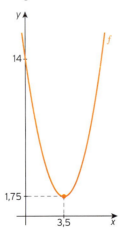

A professora de Pedro pediu que ele construísse o gráfico de uma função g dada por $g(x) = f(x) - 4$. Como Pedro pode construir esse gráfico a partir do gráfico f? Faça essa construção.

48. Entre as parábolas que representam as funções definidas por $f(x) = -\frac{1}{2}x^2$, $g(x) = \frac{3}{8}x^2$ e $h(x) = \frac{2}{3}x^2$, verifique qual apresenta maior abertura. Justifique sua resposta.

49. Construa o gráfico da função $f(x) = -x^2 + 5$. Depois, determine o vértice dessa parábola e o valor máximo da função.

50. Esboce, no mesmo plano cartesiano, os gráficos das funções dadas por $f(x) = x^2$, $g(x) = x^2 + 3$ e $h(x) = x^2 - 3$.

51. Observe o gráfico da função f dada por $f(x) = a(x - m)^2 + k$.

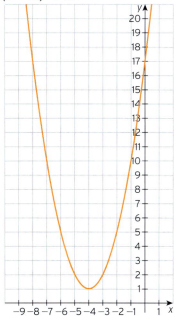

Determine:
a) o valor de k;
b) o valor de m;
c) a lei de correspondência dessa função.

52. (FGV) Seja $f: \mathbb{R} \to \mathbb{R}$, tal que $f(x) = x^2 + bx + \frac{15}{4}$, com b sendo uma constante real positiva.

Sabendo que a abscissa do ponto de mínimo do gráfico dessa função é igual à ordenada desse ponto, então b é igual a:

a) $\frac{11}{2}$ b) 5   c) $\frac{9}{2}$ d) 4   e) $\frac{7}{2}$

53. (PUC-SP) Alguns biólogos estudaram o efeito de determinada substância na variação da população de certos microrganismos. Parte dos dados obtidos aparece no gráfico [abaixo], em que N é o número de microrganismos e D o número de dias transcorridos a partir do contato com a substância, ocorrido no dia 0.

Nesse estudo, foi observado que N é aproximadamente uma função quadrática de D, para D positivo menor que 8.

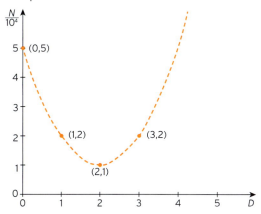

Sobre a situação apresentada, considere as afirmações seguintes.

(I) Os microrganismos são inteiramente dizimados após o contato com a substância.

(II) O contato com a substância diminui o valor de N, mas este logo volta a crescer.

(III) No dia $D = 5$ deve haver aproximadamente 10^5 microrganismos na população.

(IV) A relação entre N e D é dada por $N = D^2 - 2D + 5$.

Dessas afirmações, apenas
a) I e II são verdadeiras.
b) II é verdadeira.
c) III é verdadeira.
d) II e III são verdadeiras.
e) IV é verdadeira.

54. (Famerp) Em um estudo controlado de uma nova medicação contra dor, pesquisadores acompanharam um grupo de pessoas submetidas à administração desse medicamento durante alguns dias. A cada novo dia de tratamento, as pessoas tinham que atribuir um número inteiro, de 1 a 10, para o nível de dor que sentiam (1 significando "dor desprezível" e 10 significando "dor insuportável"). A tabela indica a média dos resultados da pesquisa nos primeiros dias, já sugerindo uma modelagem matemática para o estudo.

Dia de tratamento	Nível médio de dor do grupo
1º	$\frac{1}{80} \cdot 1^2 - \frac{1}{2} \cdot 1 + 9 = 8{,}5125$
2º	$\frac{1}{80} \cdot 2^2 - \frac{1}{2} \cdot 2 + 9 = 8{,}0500$
3º	$\frac{1}{80} \cdot 3^2 - \frac{1}{2} \cdot 3 + 9 = 7{,}6125$
4º	$\frac{1}{80} \cdot 4^2 - \frac{1}{2} \cdot 4 + 9 = 7{,}2000$
⋮	⋮

Supondo que nenhum outro fator intervenha no estudo e utilizando a modelagem matemática sugerida, o menor nível médio de dor do grupo foi dado no
a) 18º dia.
b) 16º dia.
c) 15º dia.
d) 20º dia.
e) 22º dia.

3. Estudo do sinal de uma função quadrática e inequações do 2º grau

O estudo do sinal de uma função quadrática depende da quantidade de zeros da função. Podem ocorrer os seguintes casos:

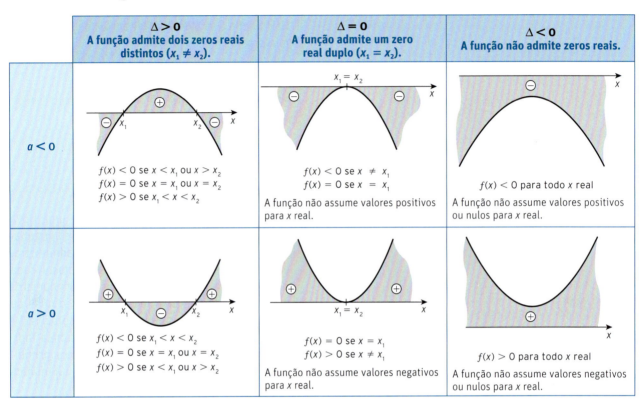

Exemplo

Estudar o sinal da função f definida por $f(x) = -x^2 + 12x$.

O esboço do gráfico da função f é feito conhecendo-se duas informações sobre ela:

- Os zeros, pontos em que a parábola corta o eixo Ox:
$f(x) = 0 \Rightarrow -x^2 + 12x = 0 \Rightarrow x(-x + 12) = 0 \Rightarrow x = 0$ ou $-x + 12 = 0 \Rightarrow x = 0$ ou $x = 12$

- A concavidade da parábola: $a = -1 < 0 \Rightarrow$ concavidade para baixo
$f(x) > 0$ se $0 < x < 12$
$f(x) = 0$ se $x = 0$ ou $x = 12$
$f(x) < 0$ se $x < 0$ ou $x > 12$

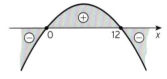

Portanto, a função é positiva quando x pertence ao conjunto $\{x \in \mathbb{R} \mid 0 < x < 12\}$, nula quando $x = 0$ ou quando $x = 12$, e negativa quando x pertence ao conjunto $\{x \in \mathbb{R} \mid x < 0$ ou $x > 12\}$.

Exercício resolvido

55. Dada a função f definida por $f(x) = x^2 - 14x + 45$, determinar os valores de x para os quais ela é positiva ou nula.

Resolução

Usando o método do completamento de quadrados, temos:

- $f(x) = 0 \Rightarrow x^2 - 14x + 45 = 0 \Rightarrow x^2 - 14x = -45 \Rightarrow (x^2 - 14x + 49) = 49 - 45 \Rightarrow$

$\Rightarrow (x - 7)^2 = 4 \Rightarrow x - 7 = \pm\sqrt{4} \Rightarrow \begin{cases} x - 7 = 2 \Rightarrow x = 9 \\ x - 7 = -2 \Rightarrow x = 5 \end{cases}$

- $a = 1 > 0 \Rightarrow$ concavidade para cima

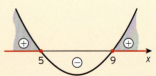

Fazemos o esboço do gráfico e determinamos os valores de x para os quais $f(x) \geq 0$.

Portanto, a função f é positiva ou nula para x pertencente ao conjunto $\{x \in \mathbb{R} \mid x \leq 5$ ou $x \geq 9\}$.

Resolução gráfica

Inequações do 2º grau

Denomina-se **inequação do 2º grau** na incógnita x aquela que pode ser reduzida a uma desigualdade em que um dos membros é um polinômio do 2º grau da forma $ax^2 + bx + c$ e o outro membro é zero.

A resolução de uma inequação do 2º grau pode ser feita utilizando-se o estudo do sinal da função quadrática associada a essa inequação.

Exemplo

O conjunto solução da inequação $x^2 + 4x - 21 \leq 0$, em $\mathbb{R}$, é formado pelos valores reais de x para os quais a função dada por $f(x) = x^2 + 4x - 21$ assume valores negativos ou nulos.

O esboço do gráfico da função f é feito conhecendo-se duas informações sobre ela:

- Os zeros da função: $f(x) = 0 \Rightarrow x^2 + 4x - 21 = 0 \Rightarrow x = -7$ ou $x = 3$
- A concavidade da parábola: $a = 1 > 0 \Rightarrow$ concavidade para cima

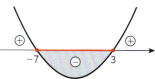

A função f assume valores negativos ou nulos para $-7 \leq x \leq 3$; portanto, o conjunto solução da inequação $x^2 + 4x - 21 \leq 0$ é: $S = \{x \in \mathbb{R} \mid -7 \leq x \leq 3\}$

Exercício resolvido

56. Qual é a quantidade mínima de lados de um polígono convexo para que sua quantidade de diagonais seja maior que 44?

Resolução

A função que relaciona a quantidade n de lados de um polígono convexo com sua quantidade d de diagonais é: $d(n) = \dfrac{n^2}{2} - \dfrac{3n}{2}$.

Do enunciado, sabemos que $d(n) > 44$, ou seja:
$\dfrac{n^2}{2} - \dfrac{3n}{2} > 44$.

Desenvolvendo essa inequação, obtemos:

$\dfrac{n^2}{2} - \dfrac{3n}{2} > 44 \Rightarrow \dfrac{n^2 - 3n}{2} - 44 > 0 \Rightarrow$

$\Rightarrow \dfrac{n^2 - 3n - 88}{2} > 0 \Rightarrow n^2 - 3n - 88 > 0$.

Estudamos o sinal da função $f(n) = n^2 - 3n - 88$, cujos zeros são $n = -8$ e $n = 11$.

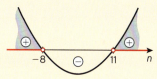

Pelo esboço do gráfico da função, verificamos que ela assume valores positivos para x pertencente ao conjunto $S = \{n \in \mathbb{R} \mid n < -8$ ou $n > 11\}$.

No entanto, n representa a quantidade de lados do polígono, ou seja, n é um número inteiro positivo e não nulo. Então $n > 11$.

Como se deseja o menor valor possível de n, esse polígono convexo deve ter 12 lados.

Exercícios propostos

57. Resolva em $\mathbb{R}$ as inequações a seguir.
a) $x^2 - 5x \leq 0$
b) $8 - 3x + x^2 \geq x + 3$

58. Faça o estudo do sinal de cada função dada a seguir.
a) $f(x) = x^2 - 13x$
b) $f(x) = x^2 + 7$
c) $f(x) = -2x^2 + 6x + 80$
d) $f(x) = x^2 - 18x + 81$

59. O lucro de uma empresa, em milhar de real, pela venda diária de x peças é dado pela função L, definida por $L(x) = -x^2 + 18x - 80$.
a) Quantas peças devem ser vendidas diariamente para que a empresa não tenha prejuízo?
b) Qual é o lucro máximo diário?

60. Determine o valor de m de modo que a função f definida por $f(x) = -x^2 + 6x - 3m$ seja nula em um único ponto.

61. Dada uma função quadrática f, com um zero real duplo e cujo gráfico é uma parábola com concavidade voltada para cima, classifique as afirmações em verdadeiras ou falsas, corrigindo as falsas.
a) A função f é positiva.
b) A parábola que representa a função f corta o eixo Ox em dois pontos.
c) A função f tem valor máximo.
d) A função f é nula em apenas um ponto.
e) O gráfico da função f não corta o eixo Ox.

Sistemas de inequações do 2º grau

O processo de resolução de sistemas de inequações do 2º grau é semelhante ao estudado para sistemas de inequações do 1º grau, no capítulo de função afim.

Exemplo

A seguir tem-se a resolução em $\mathbb{R}$ do sistema $\begin{cases} -6x \leq x^2 - 7 \\ x^2 + 20 < x^2 - x + 17 \end{cases}$

Para recordar

Para resolver um sistema de inequações:
I. Resolve-se separadamente cada inequação que compõe o sistema.
II. Determina-se o conjunto solução do sistema por meio da intersecção das soluções das inequações.

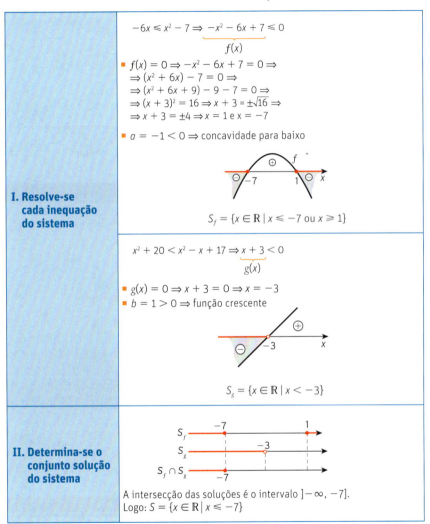

Inequações simultâneas

Para resolver inequações simultâneas, é preciso organizá-las em um sistema de inequações e utilizar os procedimentos estudados acima. Esse processo também é semelhante ao estudado em função afim.

Para recordar

Inequações simultâneas são inequações que apresentam duas ou mais desigualdades.

Inequações produto e inequações quociente

Para determinar o conjunto solução de inequações produto e inequações quociente, adotam-se os seguintes procedimentos, semelhantes aos estudados para função afim.

I. Associa-se cada termo da inequação a uma função.
II. Estuda-se o sinal de cada função.
III. Monta-se um quadro para o estudo do sinal do produto ou do quociente das funções.

Exemplo

A seguir tem-se a resolução em $\mathbb{R}$ da inequação quociente $\dfrac{-x^2 + 6x - 8}{x^2 - 7x + 10} \geqslant 0$.

I. Associa-se cada termo da inequação a uma função	$$\overbrace{\dfrac{-x^2 + 6x - 8}{\underbrace{x^2 - 7x + 10}_{g(x)}}}^{f(x)} \geqslant 0$$ O quociente de $f(x)$ por $g(x)$ deve ser positivo ou nulo. Porém, o zero da função g não pertence ao conjunto solução da inequação.
II. Estuda-se o sinal de cada função	$f(x) = 0 \Rightarrow -x^2 + 6x - 8 = 0 \Rightarrow x^2 - 6x = -8 \Rightarrow$ $\Rightarrow (x^2 - 6x + 9) = 9 - 8 \Rightarrow (x - 3)^2 = 1 \Rightarrow$ $\Rightarrow x - 3 = \pm\sqrt{1} \Rightarrow \begin{cases} x - 3 = 1 \Rightarrow x = 4 \\ x - 3 = -1 \Rightarrow x = 2 \end{cases}$ $g(x) = 0 \Rightarrow x^2 - 7x + 10 = 0 \Rightarrow x^2 - 7x = -10 \Rightarrow$ $\Rightarrow \left(x^2 - 7x + \dfrac{49}{4}\right) = \dfrac{49}{4} - 10 \Rightarrow \left(x - \dfrac{7}{2}\right)^2 = \dfrac{9}{4} \Rightarrow$ $\Rightarrow x - \dfrac{7}{2} = \pm\sqrt{\dfrac{9}{4}} \Rightarrow \begin{cases} x - \dfrac{7}{2} = -\dfrac{3}{2} \Rightarrow x = \dfrac{4}{2} = 2 \\ x - \dfrac{7}{2} = \dfrac{3}{2} \Rightarrow x = \dfrac{10}{2} = 5 \end{cases}$
III. Monta-se um quadro de sinais	 Logo: $S = \{x \in \mathbb{R} \mid 4 \leqslant x < 5\}$

Ação e cidadania

Igualdade e justiça social

A igualdade que se espera em nome da justiça social é que todos os cidadãos tenham o mesmo direito ao conhecimento. Essa é a ferramenta por meio da qual cada indivíduo pode elaborar e concretizar projetos e participar da sociedade, identificando as questões que interferem em sua vida.

É pelo conhecimento que o indivíduo obtém sua emancipação, capacitando-se para entender e transformar o que o rodeia, para interagir socialmente e se tornar livre da opressão — a qual corresponde à redução da cidadania.

Ao promover o conhecimento, a escola cria uma oportunidade para se buscar a igualdade social.

Sobre o papel do conhecimento matemático nesse processo de emancipação, apresentam-se a seguir alguns trechos do artigo "Matemática e justiça social: tempo de reflexão e de questionamento", de Helena Gerardo, doutoranda da Fundação para a Ciência e a Tecnologia da Universidade de Lisboa, Portugal.

A relevância da Matemática na sociedade leva-nos a pensar que a Matemática escolar deve auxiliar os alunos a verem a Matemática como uma ferramenta que lhes permitirá identificar, compreender, avaliar e criticar vários modelos usados no quotidiano.

[...] Esta abordagem tem benefícios em termos da justiça social e da própria aprendizagem da Matemática porque os alunos reconhecem o poder da Matemática como uma ferramenta essencial de análise para compreenderem e mudarem o mundo [...]; aprofundam a sua compreensão por aspectos sociais importantes como o racismo, questões de gênero e de classes; [...] podem compreender seu próprio poder como cidadãos ativos na construção de uma sociedade democrática [...]; e ficam mais motivados para aprenderem Matemática.

Disponível em: <http://www.apm.pt/files/_Gerardo1_485b50b691b6f.pdf>. Acesso em: 29 jan. 2015.

- Você concorda que o estudo da Matemática ajuda no equilíbrio social? Explique.
- Com um grupo de colegas e de acordo com o texto, reflita e discuta: O que é desigualdade social?

Exercícios resolvidos

62. Resolva em $\mathbb{R}$ o sistema de inequações abaixo:

$$\begin{cases} x \cdot (x+1) > 2x^2 - 8 \cdot (x-1) \\ \dfrac{x^2}{2} - 2x \leq 30 \end{cases}$$

Resolução

Escrevemos a primeira inequação como $f(x) > 0$ e a segunda como $g(x) \leq 0$.

- $x \cdot (x+1) > 2x^2 - 8 \cdot (x-1) \Rightarrow$
  $\Rightarrow x^2 + x > 2x^2 - 8x + 8 \Rightarrow$
  $\Rightarrow -x^2 + 9x - 8 > 0$

- $\dfrac{x^2}{2} - 2x \leq 30 \Rightarrow x^2 - 4x \leq 60 \Rightarrow x^2 - 4x - 60 \leq 0$

Desse modo, as inequações do sistema são:

$\underbrace{-x^2 + 9x - 8}_{f(x)} > 0 \qquad \underbrace{x^2 - 4x - 60}_{g(x)} \leq 0$

Resolvemos cada inequação.

- $f(x) = 0 \Rightarrow -x^2 + 9x - 8 = 0 \Rightarrow x^2 - 9x = -8 \Rightarrow$
  $\Rightarrow \left(x^2 - 9x + \dfrac{81}{4}\right) = \dfrac{81}{4} - 8 \Rightarrow$
  $\Rightarrow \left(x - \dfrac{9}{2}\right)^2 = \dfrac{49}{4} \Rightarrow \begin{cases} x - \dfrac{9}{2} = \dfrac{7}{2} \Rightarrow x = \dfrac{16}{2} = 8 \\ x - \dfrac{9}{2} = -\dfrac{7}{2} \Rightarrow x = \dfrac{2}{2} = 1 \end{cases}$

- $a = -1 < 0$

$S_f = \{x \in \mathbb{R} \mid 1 < x < 8\}$

- $g(x) = 0 \Rightarrow x^2 - 4x - 60 = 0 \Rightarrow x^2 - 4x = 60 \Rightarrow$
  $\Rightarrow (x^2 - 4x + 4) = 4 + 60 \Rightarrow (x-2)^2 = 64 \Rightarrow$
  $\Rightarrow \begin{cases} x - 2 = -8 \Rightarrow x = -6 \\ x - 2 = 8 \Rightarrow x = 10 \end{cases}$

- $a = 1 > 0$

$S_g = \{x \in \mathbb{R} \mid -6 \leq x \leq 10\}$

A solução do sistema é a intersecção das soluções das inequações.

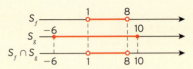

Portanto, a solução do sistema é:

$S = \{x \in \mathbb{R} \mid 1 < x < 8\}$

63. Resolva em $\mathbb{R}$ a seguinte inequação produto:

$(x + 3) \cdot (x^2 - 3x - 10) < 0$

Resolução

$\underbrace{(x+3)}_{f(x)} \cdot \underbrace{(x^2 - 3x - 10)}_{g(x)} < 0$

Estudamos o sinal de cada função.

- $f(x) = 0 \Rightarrow x + 3 = 0 \Rightarrow x = -3$
- $g(x) = 0 \Rightarrow x^2 - 3x - 10 = 0 \Rightarrow x^2 - 3x = 10 \Rightarrow$
  $\Rightarrow \left(x^2 - 3x + \dfrac{9}{4}\right) = \dfrac{9}{4} + 10 \Rightarrow \left(x - \dfrac{3}{2}\right)^2 = \dfrac{49}{4} \Rightarrow$
  $\Rightarrow x - \dfrac{3}{2} = \pm\sqrt{\dfrac{49}{4}} \Rightarrow$
  $\Rightarrow \begin{cases} x - \dfrac{3}{2} = -\dfrac{7}{2} \Rightarrow x = -\dfrac{4}{2} = -2 \\ x - \dfrac{3}{2} = \dfrac{7}{2} \Rightarrow x = \dfrac{10}{2} = 5 \end{cases}$

- $b = 1 > 0$

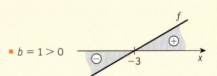

- $a = 1 > 0$

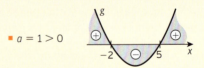

Montamos o quadro de sinais:

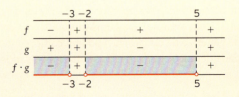

Logo: $S = \{x \in \mathbb{R} \mid x < -3 \text{ ou } -2 < x < 5\}$

Exercícios propostos

64. Determine os valores reais de x que tornam verdadeiras as inequações abaixo.

a) $\dfrac{x^2 - 5x + 6}{3 - 4x + x^2} \geq 0$

b) $6x^2 \cdot (5 - x)^2 < 0$

c) $(x^2 - 4x - 4) \cdot (x^2 + 2x) > 0$

65. Resolva os sistemas de inequações:

a) $\begin{cases} x^2 - 4x - 12 > 0 \\ x^2 - 2(x + 6) \leq \varphi -2x + 4 \end{cases}$

b) $\begin{cases} x^2 + 2x + 5 > 2x^2 + 7x - 9 \\ 22 - x^2 \geq 1 - 4x \end{cases}$

66. Considerando dois números reais x e y tais que $x > 0$ e $y < 0$, determine o sinal do quociente $Q = \dfrac{x \cdot (y - 4)^2}{y^3 (xy - 4)^2}$.

67. O produto entre dois números naturais pares consecutivos é maior que 143 e menor que 195.

a) Escreva uma inequação simultânea para representar essa situação.

b) Resolva essa inequação e determine esses números.

68. Determine os valores de p que satisfazem a condição $\dfrac{p}{(1 - p)^2} > 0$.

69. Dada a função definida por $f(x) = x^2 + 1$, resolva a inequação $\dfrac{f(x) - f(-2)}{6} \leq f(3)$.

70. Resolva em $\mathbb{R}$ as inequações:

a) $x^2 \leq 7x - 10 < x^2 - 7x + 39$

b) $-3x - 35 \leq -x^2 - x < -x^2 - 1$

71. Para quais valores de x a área do trapézio ABCD representado abaixo é maior que 21 cm e menor que 45 cm?

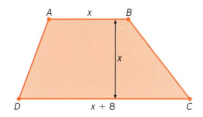

72. A seguir estão representadas as funções definidas por $f(x) = 9 - x^2$ e $g(x) = 2x + 6$.

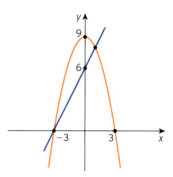

a) Qual é a solução da inequação $f(x) \cdot g(x) \geq 0$?

b) Qual é a solução da inequação $f(x) \cdot g(x) < 0$?

c) Para determinar a solução do item **b** foi necessário fazer novos cálculos? Discuta com os colegas como determinar essa solução pela solução obtida no item **a**.

73. Considere o seguinte sistema de inequações:

$\begin{cases} -y + 2 > 0 \\ y^2 - 4y \geq 5 \end{cases}$

A solução desse sistema é o conjunto imagem de uma função f definida por $f(x) = ax^2 + bx + c$, com $a < 0$.

Determine a ordenada do vértice do gráfico de f.

74. Coroa circular é uma região delimitada por dois círculos concêntricos. As arruelas utilizadas na montagem de máquinas e de engrenagens lembram a figura de uma coroa circular.

arruela

a) Escreva uma expressão para a área da arruela (coroa circular) acima em função de x.

b) Determine os valores de x para que a área da arruela seja maior que 16π mm² e menor que 24π cm².

75. Em dupla, resolva o problema a seguir.
O valor obtido pela venda dos materiais de duas empresas de reciclagem, A e B, é dado pelas seguintes leis de correspondência.

$$C_A(x) = -x^2 + 9x - 14$$
$$C_B(x) = -x^2 + 6x - 5$$

Sabe-se que C_A e C_B são valores em reais e x é a quantidade, em quilograma, de material reciclado vendido pela empresa.
a) Calcule a quantidade de material reciclado que cada empresa deve vender para obter lucro.
b) Determine a quantidade de material que deve ser vendida para que cada empresa tenha lucro máximo.
c) Calcule o lucro máximo de cada empresa de reciclagem.
d) Construa em um mesmo plano cartesiano os gráficos das funções C_A e C_B.
e) Quantos quilogramas de material reciclado devem ser vendidos para que as empresas recebam o mesmo valor em reais?
f) Resolva as seguintes inequações:
    I. $C_A(x) > C_B(x)$ II. $C_B(x) > C_A(x)$

76. Determine os valores de k de modo que a função f dada por $f(x) = -x^2 + 2kx - 25$ seja sempre negativa.

77. Observe a representação gráfica da função f, $f(x) = x^2 - 15x + 54$ e responda às questões.

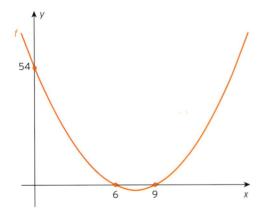

a) Quais são os valores de x para que a função seja nula?
b) Qual é o conjunto solução da seguinte inequação $x^2 - 15x + 54 < 0$?
c) Qual é o sinal da função quando $x = 51$?

78. Determine os valores reais de x que tornam estas desigualdades verdadeiras.

$$x^2 + 15x - 71 < x^2 + 4 \leq 2x^2 + 53 + 14x$$

79. Considere uma função quadrática f com concavidade voltada para baixo e que apresenta um zero real duplo. É correto afirmar que:
a) a parábola que representa a função não corta o eixo das abscissas.
b) a função f é sempre negativa ou nula.
c) a função f apresenta um ponto de mínimo.
d) a função f é positiva para $x \geq 0$.
e) todas as afirmações anteriores são falsas.

80. Considere a função dada por $g(x) = x^2 - 4x$. O conjunto de todos os números x para os quais $g(x - 1) \leq 0$ está contido no intervalo:
a) $[-5; -1]$ d) $]-6; -1[$
b) $[1; 5]$ e) $]-1; 2]$
c) $[-1; 5[$

81. Resolva o sistema de inequações:

$$\begin{cases} x^2 - 1 \geq 9\,999 \\ \dfrac{5x}{2} - 1 > 999 \end{cases}$$

82. Sabe-se que o quadrado de um número natural n é maior do que o seu dobro, e que o quádruplo desse número n é maior do que o seu quadrado. Dessa forma, é possível afirmar que o número n pertence ao intervalo:
a) $]0; 1[$ d) $]3; 6[$
b) $]1; 2[$ e) $]4; 7[$
c) $]2; 4[$

83. Quantos números inteiros satisfazem o sistema de inequações abaixo?

$$\begin{cases} x^2 - 7x \leq -10 \\ 5x + 7 \geq 6x + 4 \end{cases}$$

a) 0   d) 3
b) 1   e) 4
c) 2

84. Considerando os números reais m e n tais que $m > 0$ e $n < 0$, determine o sinal de P.

$$P = \frac{m^3(m + n)^4}{6mn(n - 7)^2}$$

85. A soma dos números inteiros pertencentes ao domínio da função f, $f(x) = \sqrt[4]{\dfrac{-x^2 + 6x}{17}}$ é:
a) 11   d) 41
b) 21   e) 51
c) 31

Exercícios complementares

86. Determine a lei de correspondência da função quadrática representada em cada item.

a)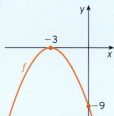
b)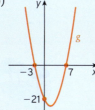

87. Considere o gráfico abaixo.

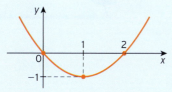

Classifique as afirmações a seguir em verdadeiras ou falsas, justificando sua classificação.

I. $f(x) = 0$ se, e somente se, $x = 0$.
II. Se $x < 0$, então $f(x) > 0$.
III. Para todo x real, tem-se $f(x) \geq -1$.
IV. $f(x) \geq 0$ se $0 \leq x \leq 2$.

88. Calcule para quais valores de k o gráfico da função quadrática definida por $f(x) = kx^2 - 3x + k$ tem valor máximo e não corta o eixo das abscissas.

89. Um grupo de turistas fretou um ônibus com capacidade para 50 passageiros sentados. A empresa de transporte cobra R$ 60,00 de cada passageiro mais R$ 5,00 por assento que ficar vago.

a) Se viajarem x passageiros, qual será o preço, em real, pago por passageiro?
b) Escreva a função que relaciona o valor recebido pela empresa, em real, por uma viagem com x passageiros.
c) Qual deve ser o número de passageiros para que o valor recebido pela empresa seja máximo?
d) Qual é esse valor máximo?

90. Em uma partida de voleibol, o movimento da bola depois do saque é descrito pela função H dada por $H(t) = 2t - \dfrac{t^2}{4} + 1$, em que H é a altura em relação ao solo, em metro, e t é o tempo, em segundo.

a) Determine o tempo que a bola leva para atingir a altura máxima.
b) Determine a altura máxima atingida pela bola no saque.
c) Se o saque não for recepcionado pelo time adversário, quanto tempo a bola levará para atingir o solo?

91. O salto de um golfinho é representado pela parábola abaixo.

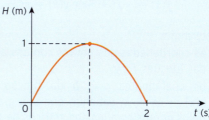

a) Qual é a altura máxima atingida pelo golfinho com o salto?
b) Quanto tempo demorou o salto?
c) Qual é a lei de correspondência da função que relaciona a altura H e o tempo t desse salto?
d) Quais são os zeros dessa função?
e) No item **d**, foi necessário realizar cálculos para determinar os zeros da função? É possível determinar esses valores observando a parábola representada? Justifique.

92. O custo, em real, para produzir x unidades de um modelo de bicicleta é dado por:

$$C(x) = 2x^2 - 4x + 100$$

a) Calcule o custo para produzir 10 unidades desse modelo de bicicleta.
b) Calcule a quantidade de bicicletas que deve ser produzida para que o custo de produção seja mínimo.
c) Qual é o custo mínimo da produção?

93. Determine dois números naturais ímpares consecutivos cujo produto é maior que ou igual a 1 155.

94. Considere a figura ao lado.

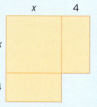

a) Escreva uma função que relacione a área $A(x)$ dessa figura e o valor de x.
b) Para quais valores inteiros de x essa função é positiva?

95. Considere o quadrado $ABCD$ de lado medindo 4 cm.

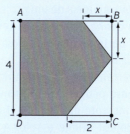

Determine:
a) a área da região sombreada em função de x;
b) o valor de x para que a área sombreada seja máxima;
c) a área máxima dessa região.

101

Exercícios complementares

96. Considere as funções f e g definidas por:

$$f(x) = -x^2 + 5x \text{ e } g(x) = x^2 - 3x$$

Determine:
a) as coordenadas dos pontos comuns aos gráficos das funções f e g;
b) os coeficientes a e b da função dada por $h(x) = ax + b$, sabendo que seu gráfico passa pelos pontos comuns aos gráficos de f e g;
c) a lei de correspondência de outra função quadrática que passa pelos mesmos pontos comuns das funções f, g e h.

97. (Unesp) Admita que, em certo jogo, um jogador arremesse uma bola cujo centro siga uma trajetória de equação $y = -\dfrac{1}{6,7}x^2 + \dfrac{8}{6,7}x + 2$, na qual os valores de x e y são dados em metro, conforme mostra a ilustração.

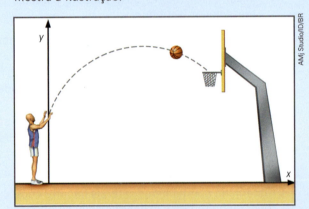

Ele acerta o arremesso, e o centro da bola passa pelo centro da cesta, que está a 6,7 m do eixo y. A altura do centro do aro da cesta, em relação ao solo, é, em metro, igual a:

a) 3,0
b) 2,9
c) 3,2
d) 3,3
e) 3,7

98. (Fuvest) A trajetória de um projétil, lançado da beira de um penhasco sobre um terreno plano e horizontal, é parte de uma parábola com eixo de simetria vertical, como ilustrado na figura. O ponto P sobre o terreno, pé da perpendicular traçada a partir do ponto ocupado pelo projétil, percorre 30 m desde o instante do lançamento até o instante em que o projétil atinge o solo. A altura máxima do projétil, de 200 m acima do terreno, é atingida no instante em que a distância percorrida por P, a partir do instante do lançamento, é de 10 m. Quantos metros acima do terreno estava o projétil quando foi lançado?

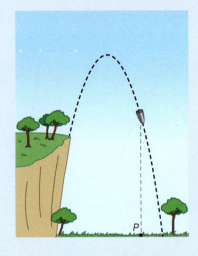

a) 60
b) 90
c) 120
d) 150
e) 180

99. (Enem) Um professor, depois de corrigir as provas de sua turma, percebeu que várias questões estavam muito difíceis. Para compensar, decidiu utilizar uma função polinomial f, de grau menor que 3, para alterar as notas x da prova para notas $y = f(x)$, da seguinte maneira:
- A nota zero permanece zero.
- A nota 10 permanece 10.
- A nota 5 passa a ser 6.

A expressão da função $y = f(x)$ a ser utilizada pelo professor é

a) $y = -\dfrac{1}{25}x^2 + \dfrac{7}{5}x$.
b) $y = -\dfrac{1}{10}x^2 + 2x$.
c) $y = \dfrac{1}{24}x^2 + \dfrac{7}{12}x$.
d) $y = \dfrac{4}{5}x + 2$.
e) $y = x$.

100. (Enem) A temperatura T de um forno (em graus centígrados) é reduzida por um sistema a partir do instante de seu desligamento ($t = 0$) e varia de acordo com a expressão $T(t) = -\dfrac{t^2}{4} + 400$, com t em minutos. Por motivos de segurança, a trava do forno só é liberada para abertura quando o forno atinge a temperatura de 39 °C. Qual o tempo mínimo de espera, em minutos, após desligar o forno, para que a porta possa ser aberta?

a) 19,0
b) 19,8
c) 20,0
d) 38,0
e) 39,0

Módulo e função modular

CAPÍTULO 6

Módulos

1. Função definida por mais de uma sentença
2. Módulo de um número real
3. Função modular
4. Equação modular
5. Inequação modular

Tabela progressiva para o cálculo mensal do imposto de renda de pessoa física Ano-calendário 2014		
Base de cálculo mensal (R$)	Alíquota (%)	Parcela a deduzir do imposto (R$)
até 1787,77	—	—
de 1787,78 até 2679,29	7,5	134,08
de 2679,30 até 3572,43	15,0	335,03
de 3572,44 até 4463,81	22,5	602,96
acima de 4463,81	27,5	826,15

Fonte de pesquisa: Secretaria da Receita Federal do Brasil. Disponível em: <http://www.receita.fazenda.gov.br/Aliquotas/ContribFont2012a2015.htm>. Acesso em: 7 fev. 2015.

Para começar

O cálculo do imposto de renda mensal para pessoa física depende da renda dessa pessoa. Em 2014, a base de cálculo do salário mensal de Ana era R$ 2000,00. Para saber o imposto que incide sobre esse valor, ela calculou 7,5% de R$ 2000,00 e, do resultado, subtraiu R$ 134,08. Na calculadora, digitou:

Apareceu no visor o resultado 15,92. Logo, o imposto de renda sobre o salário mensal de Ana é R$ 15,92.

1. Ana determinou 7,5% de 2000 na calculadora. Agora, determine os seguintes valores:
   a) 7,5% de R$ 1787,77
   b) 22,5% de R$ 3572,44
   c) 27,5% de R$ 4463,81

2. A base de cálculo do imposto de renda do salário de Tiago, em 2014, era R$ 3365,22 mensais. Quanto ele deve pagar de imposto de renda por mês?

3. Em 2014, após um aumento, o salário de Carla foi de R$ 1700,00 para R$ 1800,00 mensais, de modo que a base de cálculo para o imposto de renda foi alterada.
   a) Quanto Carla vai passar a pagar de imposto de renda sobre seu salário mensal?
   b) O aumento no salário foi vantajoso?
   c) Analise as respostas dos itens anteriores e explique qual é a utilidade da parcela a deduzir do imposto.

1. Função definida por mais de uma sentença

A abertura deste capítulo apresenta uma tabela com os valores a serem considerados no cálculo do imposto de renda de um contribuinte no ano-calendário 2014.

A relação matemática entre o valor $f(x)$ da contribuição mensal do imposto de renda e a base de cálculo x pode ser representada por uma única função, sendo seu domínio e seu contradomínio números racionais positivos. Para isso, determinam-se as cinco sentenças a seguir, cada uma referente a um dos intervalos da base de cálculo mensal.

$$f(x) = \begin{cases} 0 \text{ se } x \leqslant 1\,787{,}77 \\ 0{,}075x - 134{,}08;\ \text{se } 1\,787{,}78 \leqslant x \leqslant 2\,679{,}29 \\ 0{,}15x - 335{,}03;\ \text{se } 2\,679{,}30 \leqslant x \leqslant 3\,572{,}43 \\ 0{,}225x - 602{,}96;\ \text{se } 3\,572{,}44 \leqslant x \leqslant 4\,463{,}81 \\ 0{,}275x - 826{,}15;\ \text{se } x > 4\,463{,}81 \end{cases}$$

Dependendo do valor de x, utiliza-se uma ou outra sentença.

Esse tipo de função é denominado **função definida por mais de uma sentença**.

■ Gráfico de uma função definida por mais de uma sentença

O gráfico de uma função definida por mais de uma sentença é obtido de acordo com os intervalos de sua lei de correspondência.

Para construir, por exemplo, o gráfico da função $f: \mathbb{R} \to \mathbb{R}$ tal que $f(x) = \begin{cases} x + 1,\ \text{se } x < -2 \\ -1,\ \text{se } x \geqslant -2 \end{cases}$, representam-se os gráficos das funções no mesmo plano cartesiano, de acordo com o intervalo de cada sentença.

1º intervalo

$f(x) = x + 1$ se $x < -2$

Como o gráfico da função afim é uma reta, é suficiente determinar dois pontos que pertençam a essa reta e traçá-la, respeitando o intervalo.

x	y = f(x)
−3	−2
−4	−3

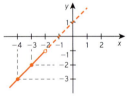

2º intervalo

$f(x) = -1$ se $x \geqslant -2$

O gráfico da função constante também é uma reta. Logo, é suficiente determinar dois pontos que pertençam a essa reta no intervalo dado.

x	y = f(x)
−1	−1
−2	−1

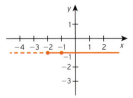

Ação e cidadania

Internet com segurança

A rede de computadores conecta via internet pessoas no mundo todo, com os mais diversos objetivos. A grande quantidade de usuários é cada vez mais heterogênea. Esse panorama tem muitas vantagens: facilita trabalhos de pesquisa e o acesso imediato a informações e notícias; possibilita aos usuários divulgar seus negócios, realizar compras, pagar contas, comparar preços, conhecer pessoas de todos os continentes.

Mas o uso inadequado da rede pode incomodar ou prejudicar a vida de milhões de pessoas; por exemplo: a maciça quantidade de mensagens publicitárias e correntes que se recebe; boatos difamatórios; invasão de privacidade; disseminação de vírus para destruir arquivos.

Para saber se um *site* é seguro, pode-se seguir estas dicas: procurar no navegador por um ícone de cadeado, clicar duas vezes no ícone e consultar o certificado de garantia da página; pesquisar se há comentários denunciando o *site*. (Repasse essas dicas.)

[...]

TEIXEIRA, R. C. O pesadelo do *spam*. Disponível em: <http://memoria.rnp.br/newsgen/0101/spam.html>. Acesso em: 2 abr. 2015.

- Em uma função definida por mais de uma sentença, dependendo do valor de *x*, a função apresenta diferentes sentenças associadas. Em dupla, apresente dois casos em que, dependendo da ação, o uso da internet pode ser vantajoso ou não.

▌Para refletir

Esboce o gráfico na função $f(x)$ que representa a contribuição mensal do imposto de renda no ano-calendário 2014.

Gráfico da função

Representam-se os dois gráficos no mesmo plano cartesiano, obtendo-se o gráfico da função.

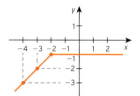

$$f(x) = \begin{cases} x + 1, \text{ se } x < -2 \\ -1, \text{ se } x \geq -2 \end{cases}$$

Saiba mais

Linguagem de programação

Na programação de computadores e sistemas de informática, comandos condicionais são muito importantes, pois permitem a execução de diferentes ações de acordo com a opção do usuário ou de acordo com resultados numéricos.

Para isso, muitas vezes são utilizadas funções definidas por mais de uma sentença.

Exemplos

- Ao verificar o saldo bancário em um terminal eletrônico, o cliente seleciona uma sequência de itens no menu até obter o que ele deseja na tela. Nesse terminal, há programas de computador com comandos condicionados, que abrem telas específicas de acordo com a escolha de cada item.
- Um programa de computador que mostra a nota N dos alunos aprovados e reprovados em um curso de média 5 tem sentenças de comando como as apresentadas a seguir.
  Se $N \geq 5$, então imprimir "ALUNO APROVADO".
  Se $N < 5$, então imprimir "ALUNO REPROVADO".

Exercício resolvido

1. Dada a função f, dada por $f(x) = \begin{cases} x^2 - 4, \text{ se } x < 1 \\ x - 5, \text{ se } x \geq 1 \end{cases}$, determine o valor de:

a) $f(3)$ b) $f(-\sqrt{5})$

Resolução

a) Como $3 > 1$, calculamos o valor de $f(3)$ pela lei de correspondência $f(x) = x - 5$.

Assim:
$f(3) = 3 - 5 = -2$
Logo, $f(3) = -2$.

b) Como $-\sqrt{5} < 1$, substituímos x por $-\sqrt{5}$ em $f(x) = x^2 - 4$. Assim:
$f(-\sqrt{5}) = (-\sqrt{5})^2 - 4 = 5 - 4 = 1$
Logo, $f(-\sqrt{5}) = 1$.

Exercícios propostos

2. Considerando a função f, $f(x) = \begin{cases} x + 7, \text{ se } x \geq 5 \\ 2x^2 + 4, \text{ se } x < 5 \end{cases}$, determine o valor de:

a) $f(-1)$
b) $f\left(\dfrac{3}{5}\right)$
c) $f(10)$
d) $f\left(-\dfrac{20}{3}\right)$

3. Esboce o gráfico de cada função $f: \mathbb{R} \to \mathbb{R}$ dada pelas sentenças a seguir:

a) $f(x) = \begin{cases} \dfrac{9x^2}{4} - 4, \text{ se } x < 0 \\ 4x - 4, \text{ se } x \geq 0 \end{cases}$

b) $f(x) = \begin{cases} x - 2, \text{ se } x \geq 2 \\ x^2 - 4, \text{ se } x < 2 \end{cases}$

2. Módulo de um número real

A seguir, são apresentados dois extratos bancários. Note que C e D, que aparecem na coluna Valor, significam respectivamente crédito e débito.

Extrato — Limite especial: R$ 5 000,00				
Cliente: Empresa A				
Data	Doc.	Histórico	Valor	Saldo
12/8	0002	DEP.	500,00 C	−2 550,00
13/8	0003	CHEQ. COMP.	800,00 D	−3 350,00
14/8	0004	CHEQ. COMP.	650,00 D	−4 000,00
			Saldo final	−4 000,00

Extrato — Limite especial: R$ 3 000,00				
Cliente: Empresa B				
Data	Doc.	Histórico	Valor	Saldo
12/8	0002	DEP.	1 000,00 C	−950,00
13/8	0003	CHEQ. COMP.	150,00 D	−1 100,00
14/8	0004	CHEQ. COMP.	900,00 D	−2 000,00
			Saldo final	−2 000,00

Neles, o saldo final das empresas A e B está representado por números negativos. Isso significa que cada uma delas está devendo ao banco determinada quantia. Observe essas quantias representadas na reta numérica.

O número −4 000 indica uma dívida de R$ 4 000,00, enquanto −2 000 indica uma dívida de R$ 2 000,00. Apesar de −4 000 ser menor que −2 000, a comparação dos valores para saber qual das dívidas é maior só faz sentido se for considerado o valor absoluto de cada número, ou seja, a distância entre o ponto que representa o valor da dívida e a origem. Define-se:

> O **valor absoluto**, ou **módulo**, de um número real x é igual a x, se x é positivo ou nulo; ou igual a $-x$, se x é negativo.

O módulo de um número real x é denotado por: $|x| = \begin{cases} x, \text{ se } x \geq 0 \\ -x, \text{ se } x < 0 \end{cases}$

Exemplos

$|5| = 5$ $\qquad$ $|-7| = 7$ $\qquad$ $\left|-\dfrac{3}{4}\right| = \dfrac{3}{4}$ $\qquad$ $|-\sqrt{6}| = \sqrt{6}$

Na reta numérica, o módulo de um número x representa a distância entre o ponto que representa esse número e a origem da reta.

Observação

Se dois números reais x e y são as coordenadas de dois pontos X e Y sobre um eixo E, então $|x - y|$ é a distância do ponto X ao ponto Y.

Exemplo

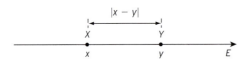

Então, a distância entre -5 e 3 é $|-5 - 3| = 8$.

Saiba mais

Módulo e raiz quadrada

Pela definição de raiz quadrada, para todo número real a, $a \geq 0$, $\sqrt{a}$ é um número x positivo ou nulo, tal que $x^2 = a$. Assim, conclui-se que: $\sqrt{x^2} = |x|$

De fato, se $\sqrt{x^2} = y$, com $y \geq 0$, então $y^2 = x^2 \Rightarrow y^2 - x^2 = 0$.

Fatorando essa expressão, obtém-se $(y - x) \cdot (y + x) = 0$.

Para que o produto do 1º membro da igualdade seja igual a zero, pelo menos um dos fatores deve ser igual a zero.

$y - x = 0 \Rightarrow y = x$ (I)

ou

$y + x = 0 \Rightarrow y = -x$ (II)

Da igualdade (I), como $y \geq 0$, tem-se $y = x \geq 0$. Da igualdade (II), como $y \geq 0$, tem-se $y = -x \geq 0$, e, portanto, $x \leq 0$. Assim:

$y = \begin{cases} x, \text{ se } x \geq 0 \\ -x, \text{ se } x \leq 0 \end{cases}$

Portanto: $y = |x|$ e $\sqrt{x^2} = |x|$

Exercícios resolvidos

4. Determine o valor de $|7 - \sqrt{70}|$.

Resolução
Para calcular o valor do módulo dado, precisamos verificar se $7 - \sqrt{70} \geq 0$ ou se $7 - \sqrt{70} < 0$.
Observamos que:
$64 < 70 < 81 \Rightarrow \sqrt{64} < \sqrt{70} < \sqrt{81} \Rightarrow 8 < \sqrt{70} < 9$
Assim, $\sqrt{70}$ é maior do que 7 e, então: $7 - \sqrt{70} < 0$
Portanto: $|7 - \sqrt{70}| = -(7 - \sqrt{70}) = -7 + \sqrt{70}$

5. Resolva a equação $x^2 = 9$.

Resolução
$x^2 = 9 \Rightarrow \sqrt{x^2} = \sqrt{9} \Rightarrow |x| = 3$
Como o valor absoluto de x é igual a 3, concluímos que $x = 3$ ou $x = -3$.

6. Determine o valor de cada expressão.
a) $|x - 4| - |x|$ para $x = -8$
b) $|x - 7| + |x + 9|$ para $x < 3$
c) $|x + 2|$ para $x \in \mathbb{R}$

Resolução
a) Substituímos x por -8 na expressão dada:
$|x - 4| - |x| = |-8 - 4| - |-8| = |-12| - 8 = 4$
b) Para $|x - 7|$, temos: $x - 7 \geq 0 \Rightarrow x \geq 7$ ou $x - 7 < 0 \Rightarrow x < 7$
Como $x < 3$, temos $x - 7 < 0$.
Logo, pela definição: $|x - 7| = -(x - 7) = -x + 7$
Para $|x + 9|$, temos: $x + 9 \geq 0 \Rightarrow x \geq -9$ ou $x + 9 < 0 \Rightarrow x < -9$
Como $x < 3$, consideramos os intervalos $x < -9$ e $-9 \leq x < 3$.
Para $x < -9$, temos: $|x + 9| = -(x + 9) = -x - 9$
Para $-9 \leq x < 3$, temos: $|x + 9| = x + 9$. Assim:
Se $x < -9$, então: $|x - 7| + |x + 9| =$
$= -x + 7 + (-x - 9) = -x + 7 - x - 9 = -2x - 2$
Se $-9 \leq x < 3$, então: $|x - 7| + |x + 9| =$
$= -x + 7 + x + 9 = 16$
Portanto: $|x - 7| + |x + 9| = \begin{cases} -2x - 2, \text{ se } x < -9 \\ 16, \text{ se } -9 \leq x < 3 \end{cases}$
c) $x + 2 \geq 0 \Rightarrow x \geq -2$ ou $x + 2 < 0 \Rightarrow x < -2$
Para $x \geq -2$, temos: $|x + 2| = x + 2$
Para $x < -2$, temos: $|x + 2| = -(x + 2) = -x - 2$
Logo: $|x + 2| = \begin{cases} x + 2, \text{ se } x \geq -2 \\ -x - 2, \text{ se } x < -2 \end{cases}$

7. Determine os valores reais de x em cada item.
a) $|x| = \dfrac{2}{9}$ b) $|x| = \sqrt{5}$ c) $|x| = -2$

Resolução
a) Pela definição de módulo: $x = \dfrac{2}{9}$ ou $x = -\dfrac{2}{9}$
b) Pela definição de módulo: $x = \sqrt{5}$ ou $x = -\sqrt{5}$
c) O módulo de um número real é sempre positivo ou nulo. Portanto, não existe valor real de x na equação.

Exercícios propostos

8. Determine o valor de cada expressão a seguir.
a) $\left|-\dfrac{1}{3} - \dfrac{2}{5}\right|$
b) $|-7 + 12| - |-6|$
c) $9 - \left|\dfrac{4}{3} - \dfrac{1}{2}\right| + \left|-\left|\dfrac{5}{6}\right|\right|$
d) $||-6| + |5| - |9 - 17|| - 2 \cdot |-8|$

9. Determine o valor de cada expressão.
a) $|x - 8|$ para $x = 10$
b) $|x^2 + 2x|$ para $x = -4$
c) $|x^3 - 3x + 3|$ para $x = \dfrac{2}{3}$
d) $|x^4| + |-x^4|$ para $x = \sqrt{6}$

10. Determine os valores reais de y em cada caso.
a) $|y| = 8$ b) $|y| = \dfrac{7}{5}$ c) $|y| = -3$ d) $|y| = \sqrt{21}$

11. Sem usar módulo, escreva expressões equivalentes às expressões dadas.
a) $|x + 7|$ para $x \geq -5$
b) $|x - 9|$ para $x < 11$
c) $|2x - 10|$ para $x \in \mathbb{R}$
d) $|3x - 18| + |2x + 6|$ para $x \geq 4$
e) $|2x + 4| - |x + 8|$ para $x \in \mathbb{R}$

12. Os pontos destacados na reta numérica a seguir representam os números a, b, c e d.

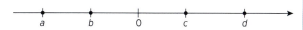

Classifique as sentenças abaixo como verdadeiras ou falsas, corrigindo as falsas.
a) O módulo de b é menor do que o módulo de a, isto é: $|b| < |a|$
b) A distância entre os pontos que representam os números a e d é: $|a| - |d|$
c) Se $|b| = |c|$, então b é o oposto de c.

13. Resolva as seguintes equações.
a) $x^2 = 49$
b) $-x^2 + 10 = -15$

3. Função modular

Para qualquer número real x, sempre existe um único valor de $|x|$. Pode-se definir assim uma função modular que associa o número x ao seu módulo:

> **Função modular** é a função $f: \mathbb{R} \to \mathbb{R}$ da forma $f(x) = |x|$.

Para refletir

- O módulo de um número real que não é positivo ou nulo é igual ao oposto desse número? Explique.

Desse modo, tem-se: $f(x) = \begin{cases} x, \text{ se } x \geq 0 \\ -x, \text{ se } x < 0 \end{cases}$

Uma função modular é uma função definida por mais de uma sentença.

■ Gráfico de uma função modular

O gráfico de uma função modular pode ser construído com dados organizados em tabelas de pontos, de acordo com cada intervalo definido pela função, ou pela reflexão dos valores negativos da função em relação ao eixo Ox.

Tabela de pontos

1º intervalo

$f(x) = x$, se $x \geq 0$

Como o gráfico da função afim é uma reta, é suficiente determinar as coordenadas de dois pontos que pertencem a essa reta e traçá-la, respeitando o intervalo.

x	$y = f(x)$
0	0
1	1

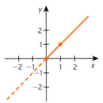

2º intervalo

$f(x) = -x$, se $x < 0$

Nesse caso, também é suficiente determinar apenas as coordenadas de dois pontos que pertencem à reta nesse intervalo.

x	$y = f(x)$
-1	1
-2	2

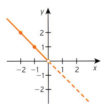

Gráfico da função

Representam-se os dois gráficos no mesmo plano cartesiano, obtendo-se o gráfico da função modular.

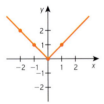

Reflexão

A partir da composição entre uma função afim ou uma função quadrática e a função modular, obtém-se uma nova função. Por exemplo, dadas as funções f e g, $f(x) = |x|$ e $g(x) = x$, pela composição $f(g(x))$ é possível construir o gráfico da função f a partir do gráfico da função g.

$$f(g(x)) = |g(x)| = |x|$$

Essa construção é feita refletindo os valores negativos da função g em relação ao eixo Ox.

Gráfico de g(x)	Gráfico de f(g(x))
x | y = g(x) 0 | 0 1 | 1	

Exemplos

- Construir o gráfico da função f, dada por $f(x) = |\underbrace{x + 1}_{g(x)}|$, a partir do gráfico da função g, refletindo os valores negativos de g em relação ao eixo Ox.

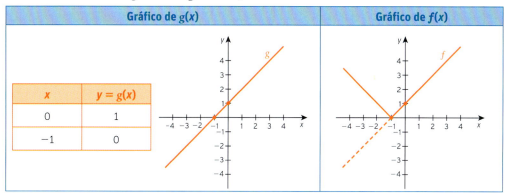

- Construir o gráfico da função h, dada por $h(x) = |\underbrace{x^2 - 9}_{j(x)}|$.

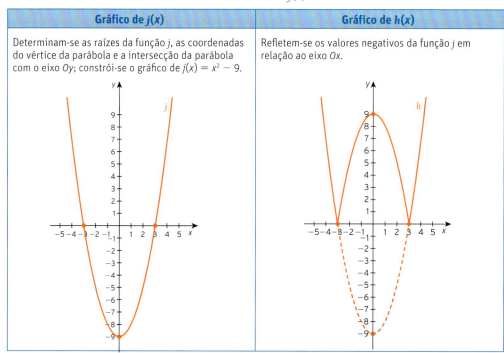

A lei de correspondência da função h, dada por $h(x) = |\underbrace{x^2 - 9}_{j(x)}|$, também pode ser assim escrita:

$$h(x) = \begin{cases} x^2 - 9, \text{ se } x \leq -3 \text{ ou } x \geq 3 \\ -x^2 + 9, \text{ se } -3 < x < 3 \end{cases}$$

Translação

O gráfico de uma função $f: \mathbb{R} \to \mathbb{R}$, tal que $f(x) = |g(x)| + p$, em que g é uma função e p é uma constante real, é obtido transladando-se o gráfico de $|g(x)|$ na vertical em $|p|$ unidades, tal que, quando $p > 0$, o deslocamento é para cima e, quando $p < 0$, o deslocamento é para baixo.

Exemplo

A partir de translações dos gráficos das funções f e h construídos nos exemplos anteriores, determinam-se os gráficos das funções l e k, tal que $l(x) = |x + 1| + 1$ e $k(x) = |x^2 - 9| - 2$.

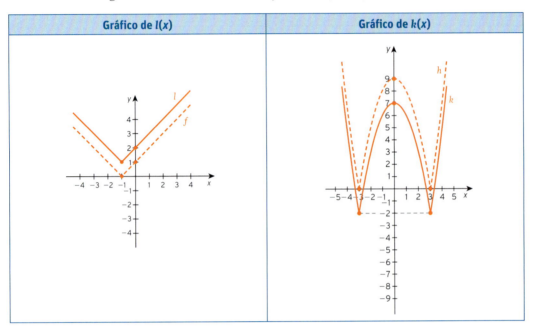

Exercícios propostos

14. Considerando a função f dada pela lei de correspondência $f(x) = |9x - 14|$, determine os valores a seguir.

a) $f(1)$
b) $f(-4)$
c) $f\left(\dfrac{1}{3}\right)$
d) $f(0,07)$
e) $f(5) - f(-5)$
f) $\dfrac{f\left(\dfrac{2}{9}\right)}{f(2)}$

15. Uma sorveteria está localizada a 180 m do início de uma ciclovia retilínea. Um ciclista parte do início, no sentido indicado na figura abaixo, em direção ao parque, localizado a 300 m do início.

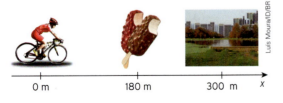

Escreva a lei de correspondência da função que expressa a distância d entre o ciclista e a sorveteria em função da distância x percorrida por ele.

16. Considere a função f dada a seguir, com $x \in \mathbb{R}$.

$$f(x) = \dfrac{3}{|x - 7|}$$

Para qual valor de x a função não é definida?

17. Construa o gráfico da função $g(x) = |x + 2| - 3$, a partir do gráfico de $f(x) = |x + 2|$.

18. Construa o gráfico da função f dada pela lei de correspondência de cada item a seguir, e determine seu conjunto imagem.

a) $f(x) = |2x|$
b) $f(x) = |-x|$
c) $f(x) = |-x| + 4$
d) $f(x) = |-x + 3|$
e) $f(x) = |x^2 - 2|$
f) $f(x) = |-x^2 + x|$
g) $f(x) = |x^2 + 2x + 3|$
h) $f(x) = |x^2| - 1$

110

19. Considere a função f dada por:

$$f(x) = \left|2 - \frac{x}{2}\right|$$

a) Calcule os seguintes valores:
- $f(0)$
- $f(1)$
- $f(2)$
- $f\left(\frac{1}{2}\right)$
- $f(-2)$

b) Construa o gráfico dessa função.

c) Identifique o conjunto imagem dessa função.

20. Sejam f e g funções definidas como a seguir:

$$f(x) = |x^2 + 3| \text{ e } g(x) = |x + 1|$$

Esboce o gráfico dessas funções no mesmo plano cartesiano e verifique para quais valores de x do domínio dessas funções $f(x)$ é maior que $g(x)$ ou menor que $g(x)$, ou seja, $|x^2 + 3| > |x + 1|$ ou $|x^2 + 3| < |x + 1|$.

21. Considere as funções f e g representadas a seguir, tais que $f(x) = -|x - 4| + 6$ e $g(x) = 2$.

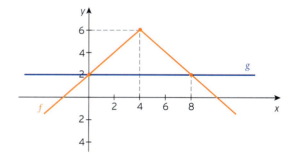

Calcule a área da figura plana formada pelos pontos que satisfazem a condição $f(x) \geq g(x)$.

22. Determine a lei de correspondência de cada função h representada a seguir.

a)
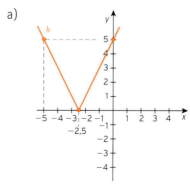

b)
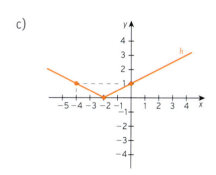

c)
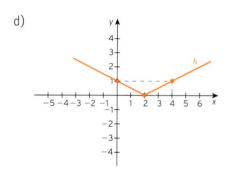

d)

23. Escreva a lei de correspondência da função f representada abaixo, sabendo que essa função é da forma $f(x) = |ax^2 + bx + c|$, com $a > 0$.

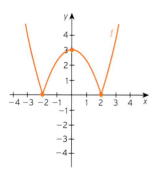

Determine:

a) o conjunto imagem dessa função;

b) o domínio dessa função;

c) os zeros dessa função.

4. Equação modular

Em uma pesquisa eleitoral, um candidato obteve 23% das intenções de voto, com margem de erro de 3%. Isso indica que as intenções de voto do candidato podem ser, no máximo, 23% + 3% = 26% e, no mínimo, 23% − 3% = 20%. O módulo da diferença entre 26 e 23 é igual ao módulo da diferença entre 20 e 23.

$$|26 - 23| = |3| = 3 \text{ e } |20 - 23| = |-3| = 3$$

Assim, os valores percentuais máximo e mínimo de intenção de voto, 26% e 20%, podem ser representados por uma incógnita x na equação $|x - 23| = 3$.

Essa equação é um exemplo de **equação modular**, assim definida:

> **Equação modular** é uma igualdade que apresenta a incógnita, isolada ou não, dentro de módulo.

No Brasil, o processo de informatização do voto começou nas eleições municipais de 1996. A partir de 2000, todos os eleitores puderam utilizar as urnas eletrônicas para eleger seus candidatos.

As igualdades abaixo também são exemplos de equações modulares.

$|x| = 3$ $|-x + 7| = -12$ $3 - |x| = +2|x|^2$

Para resolver uma equação modular, consideram-se duas propriedades.

1ª propriedade

$$|x| = k \Rightarrow x = k \text{ ou } x = -k, \text{ para } k > 0$$

Exemplos

- $|x| = 2 \Rightarrow x = 2$ ou $x = -2$
  Logo: $S = \{-2, 2\}$

- $|x - 3| = 5 \Rightarrow x - 3 = 5$ ou $x - 3 = -5$
  Resolvendo essas equações, obtém-se: $x = 8$ ou $x = -2$
  Logo: $S = \{-2, 8\}$

- $|x| = -7 \Rightarrow S = \{\ \}$
  O conjunto solução é vazio porque $k = -7$, e o módulo de um número real é sempre positivo ou nulo.

2ª propriedade

$$|m| = |n| \Rightarrow m = n \text{ ou } m = -n$$

Exemplo

$|5x - 12| = |3x - 4| \Rightarrow 5x - 12 = 3x - 4$ ou $5x - 12 = -(3x - 4)$
Resolvendo essas equações, obtém-se: $2x = 8 \Rightarrow x = 4$ ou $8x = 16 \Rightarrow x = 2$
Logo: $S = \{2, 4\}$

■ Interpretação gráfica

Outra maneira de resolver uma equação modular é por meio da interpretação gráfica. Considere, por exemplo, a equação modular $|x| = 2$ e as funções f e g, tais que $f(x) = |x|$ e $g(x) = 2$. Ao construir os gráficos dessas funções em um mesmo plano cartesiano, como ao lado, observa-se que $f(x) = g(x)$, quando $x = -2$ e quando $x = 2$.

Portanto, o conjunto solução da equação $|x| = 2$ é: $S = \{-2, 2\}$

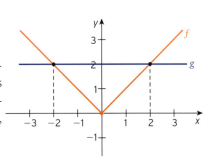

Exercícios resolvidos

24. Resolva a equação $|x + 1| = 2x - 10$.

Resolução

Pela definição, o módulo de um número real é sempre positivo ou nulo. Assim, para resolver essa equação, verificamos inicialmente a seguinte condição:

$2x - 10 \geqslant 0 \Rightarrow 2x \geqslant 10 \Rightarrow x \geqslant \dfrac{10}{2} \Rightarrow x \geqslant 5$

Então, pela 1ª propriedade de equação modular, temos:

$|x + 1| = 2x - 10 \Rightarrow x + 1 = 2x - 10$ ou
$x + 1 = -2x + 10$

Resolvemos as equações obtidas.

- $x + 1 = 2x - 10 \Rightarrow -x = -11 \Rightarrow x = 11$
- $x + 1 = -2x + 10 \Rightarrow 3x = 9 \Rightarrow x = 3$

Dentre esses valores de x, o número 3 é menor do que 5 e não satisfaz a condição $x \geqslant 5$.

Logo, a solução da equação dada é: $S = \{11\}$.

25. Determine o conjunto solução da equação modular $|x|^2 + 2|x| - 8 = 0$.

Resolução

Podemos substituir $|x|$ por uma incógnita auxiliar y, $y \geqslant 0$, tal que $|x| = y$. Então:

$|x|^2 + 2|x| - 8 = 0 \Rightarrow y^2 + 2y - 8 = 0$

Resolvemos essa equação:

$\Delta = 2^2 - 4 \cdot 1 \cdot (-8) = 36$

$y = \dfrac{-2 \pm \sqrt{36}}{2 \cdot 1} \Rightarrow y = 2$ ou $y = -4$

Como $y \geqslant 0$, $y = -4$ não é solução da equação. Então: $|x| = y = 2$

Pela 1ª propriedade de equação modular, temos:

$|x| = 2 \Rightarrow x = 2$ ou $x = -2$

Logo, a solução da equação dada é: $S = \{-2, 2\}$

26. Resolva a equação modular $|x + 3| + |x - 1| = 8$.

Resolução

Para determinar expressões equivalentes sem os módulos, estudaremos o sinal de $f(x) = x + 3$ e de $g(x) = x - 1$, que são as leis de correspondência das funções associadas a $|x + 3|$ e a $|x - 1|$.

- $f(x) \geqslant 0 \Rightarrow x + 3 \geqslant 0 \Rightarrow x \geqslant -3$ e
  $f(x) < 0 \Rightarrow x < -3$

  Logo: $|x + 3| = \begin{cases} x + 3, \text{ se } x \geqslant -3 \\ -x - 3, \text{ se } x < -3 \end{cases}$

- $g(x) \geqslant 0 \Rightarrow x - 1 \geqslant 0 \Rightarrow x \geqslant 1$ e $g(x) < 0 \Rightarrow x < 1$

  Logo: $|x - 1| = \begin{cases} x - 1, \text{ se } x \geqslant 1 \\ -x + 1, \text{ se } x < 1 \end{cases}$

Considerando esses intervalos, temos as seguintes equações.

- Para $x < -3$, temos:
  $|x + 3| + |x - 1| = 8 \Rightarrow (-x - 3) + (-x + 1) = 8 \Rightarrow$
  $\Rightarrow -2x - 2 = 8 \Rightarrow x = -5$
  O número -5 pertence ao intervalo $x < -3$; portanto, -5 é solução da equação.

- Para $-3 \leqslant x < 1$, temos:
  $|x + 3| + |x - 1| = 8 \Rightarrow (x + 3) + (-x + 1) = 8 \Rightarrow$
  $\Rightarrow 4 = 8$ (igualdade falsa)

- Para $x \geqslant 1$, temos:
  $|x + 3| + |x - 1| = 8 \Rightarrow (x + 3) + (x - 1) = 8 \Rightarrow$
  $\Rightarrow 2x + 2 = 8 \Rightarrow x = 3$
  O número 3 pertence ao intervalo $x \geqslant 1$; portanto, 3 é solução da equação.

Logo, a solução da equação dada é: $S = \{-5, 3\}$.

Exercícios propostos

27. Determine o valor de x em cada equação a seguir.

a) $|x| = 13$

b) $|x| = \dfrac{7}{8}$

c) $|x| = -9$

d) $|x| = \sqrt{5}$

e) $|x| = \sqrt{5} - 3$

f) $|5x| = |2x - 21|$

g) $|x^2 + 2x| = |-4x - 15|$

h) $|x^2 + 9| = |6x|$

28. Apresente o conjunto solução de cada equação:

a) $|6x - 17| = x + 3$

b) $|2x + 8| = 3x - 18$

c) $|7x + 8| = 9x - 72$

d) $|4x - 25| = x - 10$

29. Resolva as equações a seguir.

a) $|x|^2 + 3|x| - 18 = 0$

b) $|x|^2 - 11|x| + 28 = 0$

c) $|x|^2 - 4|x| - 6 = 0$

d) $|x + 6| - |x| = 2$

e) $|3x + 6| - |x - 1| = 3$

f) $|x^2| - |x - 2| = 4$

30. Determine a soma dos valores pertencentes ao conjunto solução da equação a seguir.

$$\big||x - 5| - 6\big| = 3$$

113

5. Inequação modular

Parafusos como o representado ao lado serão fabricados em grande quantidade, com mesmo diâmetro, mas tendo pequenas variações de comprimento. No processo de embalagem, eles serão separados por categoria. Por isso, no projeto, foi determinado que o comprimento do parafuso classificado como pequeno teria de ser de 23 mm com uma tolerância de ±3 mm. Isso significa que, para estar na embalagem de parafusos pequenos, aceita-se que ele tenha no mínimo 20 mm (23 − 3 = 20) e no máximo 26 mm (23 + 3 = 26). Assim, não existe um valor exato para o comprimento, mas um intervalo de variação com um valor mínimo (20 mm) e um valor máximo (26 mm).

(23 ± 3) mm

Representando esse intervalo na reta real, tem-se o seguinte esquema:

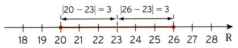

A variação do comprimento do parafuso comercializado, em relação a 23, é sempre menor que ou igual a 3. Por isso, ele pode ser representado pela inequação $|x - 23| \leq 3$.

Essa inequação é um exemplo de **inequação modular**, assim definida:

> **Inequação modular** é uma desigualdade que apresenta a incógnita, isolada ou não, dentro de um módulo.

As desigualdades abaixo também são exemplos de inequações modulares.

$|x| > 3$ $|-x + 7| < -12$ $3 - |x| \leq x + |x|^2$

Para resolver uma inequação modular, consideram-se duas propriedades.

1ª propriedade

$$|x| \leq k \Rightarrow -k \leq x \leq k, \text{ para } k > 0$$

Representando na reta numérica, tem-se:

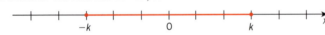

2ª propriedade

$$|x| \geq k \Rightarrow x \geq k \text{ ou } x \leq -k, \text{ para } k > 0$$

Representando na reta numérica, tem-se:

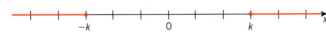

Exemplos

- $|x| \leq 15 \Rightarrow -15 \leq x \leq 15 \Rightarrow S = \{x \in \mathbb{R} \mid -15 \leq x \leq 15\}$

- $|x| \geq 15 \Rightarrow x \leq -15 \text{ ou } x \geq 15 \Rightarrow S = \{x \in \mathbb{R} \mid x \leq -15 \text{ ou } x \geq 15\}$

- $|x - 3| < 2 \Rightarrow -2 < x - 3 < 2$
  Separam-se em duas inequações: $x - 3 > -2 \Rightarrow x > 1$ e $x - 3 < 2 \Rightarrow x < 5$
  Então: $1 < x < 5 \Rightarrow S = \{x \in \mathbb{R} \mid 1 < x < 5\}$

Saiba mais

Sistema de inequações

A desigualdade $13 < |x| < 17$ é equivalente ao seguinte sistema de inequações:

$$\begin{cases} 13 < |x| & \text{(I)} \\ |x| < 17 & \text{(II)} \end{cases}$$

Resolvem-se as inequações.

I. $13 < |x| \Rightarrow |x| > 13$
   Portanto: $x < -13$ ou $x > 13$

II. $|x| < 17 \Rightarrow -17 < x < 17$

Determina-se a intersecção dessas soluções:

Logo:
$S = \{x \in \mathbb{R} \mid -17 < x < -13 \text{ ou } 13 < x < 17\}$ ou
$S = \,]{-17}, -13[\, \cup \,]13, 17[$

Para refletir

Por que se deve inverter o sinal da desigualdade quando se multiplica uma inequação pelo número -1?

- $|x| < -9$
  O módulo de um número real é sempre um número positivo ou nulo.
  Logo, a solução dessa inequação é o conjunto vazio: $S = \emptyset$
- $|x| > -9$
  Para qualquer valor de x, o módulo de um número é maior do que -9.
  Logo, o conjunto solução dessa inequação é: $S = \mathbb{R}$
- $|-x - 5| > 3 \Rightarrow -x - 5 < -3$ ou $-x - 5 > 3$
  Resolvem-se essas inequações:
  $\left.\begin{array}{l}-x - 5 < -3 \Rightarrow x + 5 > 3 \Rightarrow x > -2 \\ -x - 5 > 3 \Rightarrow x + 5 < -3 \Rightarrow x < -8\end{array}\right\}$ $S = \{x \in \mathbb{R} \mid x < -8 \text{ ou } x > -2\}$

■ Interpretação gráfica

Pelo gráfico de duas funções f e g dadas, é possível observar, por exemplo, quando $f(x) < g(x)$, $f(x) > g(x)$, $f(x) = g(x)$, etc.

Exemplos

Analisando os gráficos das funções f e g definidas por $f(x) = |x|$ e $g(x) = 1$, é possível determinar o conjunto solução de $f(x) < g(x)$, ou seja, o intervalo que torna a inequação $|x| < 1$ uma sentença verdadeira.

I. Determinam-se os pontos de intersecção das curvas de f e de g	II. Verifica-se a existência de intervalos do gráfico da função f que estão abaixo do gráfico da função g
$|x| = 1 \Rightarrow x = 1$ ou $x = -1$ Então, as curvas de f e de g se intersectam quando $x = 1$ e quando $x = -1$.	No intervalo $-1 \leq x \leq 1$ o gráfico da função f está abaixo do gráfico da função g, ou seja, nesse intervalo, $f(x) < g(x)$.
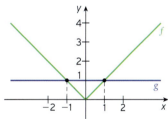	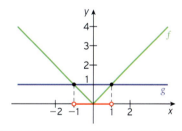

Logo, o conjunto solução da inequação $|x| < 1$ é: $S = \{x \in \mathbb{R} \mid -1 < x < 1\}$.

Exercícios resolvidos

31. Determine o conjunto solução desta inequação:
$$|3x + 3| < x + 9$$

Resolução
Para resolver essa inequação, inicialmente estudamos o sinal de $f(x) = x + 9$, que é a lei de correspondência da função associada ao $2^{\underline{o}}$ membro da inequação.
- $f(x) < 0 \Rightarrow x + 9 < 0 \Rightarrow x < -9$
- $f(x) = 0 \Rightarrow x + 9 = 0 \Rightarrow x = -9$
- $f(x) > 0 \Rightarrow x + 9 > 0 \Rightarrow x > -9$

Considerando esses intervalos, temos as seguintes inequações.
- Para $x < -9$, temos que $x + 9$ é sempre negativo. Logo, não existe valor de x nesse intervalo que satisfaça a inequação $|3x + 3| < x + 9$, pois o módulo de um número real é sempre positivo ou nulo.
- Para $x = -9$, temos: $|3 \cdot (-9) + 3| < 0 \Rightarrow 24 < 0$ (desigualdade falsa)
- Para $x > -9$, temos que $x + 9$ é sempre positivo. Então, pela 1ª propriedade de inequação modular, temos:
$|3x + 3| < x + 9 \Rightarrow -x - 9 < 3x + 3 < x + 9$
Separamos em duas inequações e as resolvemos:
- $-x - 9 < 3x + 3 \Rightarrow -4x < 12 \Rightarrow x > -3$
- $3x + 3 < x + 9 \Rightarrow 2x < 6 \Rightarrow x < 3$

Então: $-3 < x < 3$
Portanto, a solução da inequação dada é:
$S = \{x \in \mathbb{R} \mid -3 < x < 3\}$

115

32. Determine o conjunto solução da inequação:
$$|2x + 12| > |2x - 6|$$

Resolução

Para determinar expressões equivalentes sem os módulos, estudamos o sinal de $f(x) = 2x + 12$ e de $g(x) = 2x - 6$, que são as leis de correspondência das funções associadas a $|2x + 12|$ e a $|2x - 6|$.

- $f(x) \geq 0 \Rightarrow 2x + 12 \geq 0 \Rightarrow x \geq -6$ e
  $f(x) < 0 \Rightarrow x < -6$

  Logo: $|2x + 12| = \begin{cases} 2x + 12, \text{ se } x \geq -6 \\ -2x - 12, \text{ se } x < -6 \end{cases}$

- $g(x) \geq 0 \Rightarrow 2x - 6 \geq 0 \Rightarrow x \geq 3$ e $g(x) < 0 \Rightarrow x < 3$

  Logo: $|2x - 6| = \begin{cases} 2x - 6, \text{ se } x \geq 3 \\ -2x + 6, \text{ se } x < 3 \end{cases}$

Considerando esses intervalos, temos as seguintes inequações.

- Para $x < -6$, temos: $-2x - 12 > -2x + 6 \Rightarrow$
  $\Rightarrow -12 > 6$ (desigualdade falsa)

- Para $-6 \leq x < 3$, temos: $2x + 12 > -2x + 6 \Rightarrow$
  $\Rightarrow 4x > -6 \Rightarrow x > -\dfrac{3}{2}$

Então, determinamos a intersecção entre os intervalos $-6 < x < 3$ e $x > -\dfrac{3}{2}$.

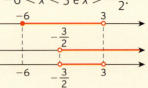

Logo, nesse intervalo a inequação é verdadeira para $-\dfrac{3}{2} < x < 3$ (S_I).

- Para $x \geq 3$, temos: $2x + 12 > 2x - 6 \Rightarrow 12 > -6$ (desigualdade verdadeira)
  Logo, a inequação é verdadeira para $x \geq 3$ (S_{II}).

A solução S da inequação dada é a união das soluções obtidas:

Portanto: $S = \left\{ x \in \mathbb{R} \mid x > -\dfrac{3}{2} \right\}$

Exercícios propostos

33. Considere os gráficos abaixo das funções f e g.

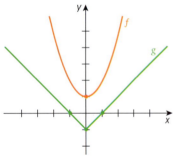

Identifique o conjunto solução das seguintes desigualdades:
a) $f(x) < g(x)$
b) $f(x) > g(x)$

34. Resolva as inequações a seguir.
a) $|x - 9| \leq 1$
b) $|2x - 6| > 4$
c) $|x^2 - 16| \geq 7$
d) $|2x^2 - 2x + 1| < 8$

35. Determine o conjunto solução de cada inequação.
a) $|x + 4| > -x$
b) $|-x + 6| < x + 1$
c) $|x^2 - 2| \leq 2 - x$
d) $|-x^2 + 16x - 60| \geq x^2$
e) $|x + 5| > |x - 1|$
f) $|3x + 2| < |4x|$
g) $3 < |x| < 5$
h) $1 < |2x + 1| < 3$

36. Determine para quais valores de x as funções dadas a seguir estão definidas.
a) $f(x) = \sqrt{|x| - 4}$
b) $f(x) = \dfrac{1}{2 - |x + 3|}$

37. Observando o gráfico a seguir, determine o conjunto solução de $f(x) \geq g(x)$.

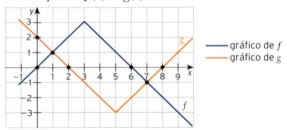

— gráfico de f
— gráfico de g

38. Observe o gráfico da função $f(x) = -|x^2 - 6| + 7$, em laranja, e o gráfico de $g(x) = |x + 1|$, em azul.

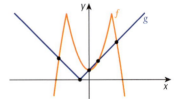

a) Determine as coordenadas dos pontos de intersecção desses gráficos.
b) Analise o gráfico e verifique em quais intervalos $f(x) \leq g(x)$.

39. Resolva as seguintes inequações.
a) $\left| \dfrac{x + 2}{x - 1} \right| > 3$
b) $\left| \dfrac{10}{x} + 2 \right| \leq x + 1$

Exercícios complementares

40. Um relatório sobre a quantidade de sacas de soja produzidas em uma propriedade em 2014 e em 2015 informa que, em 2015, houve uma produção de 150 000 sacas de soja, o que representa uma variação de 30 000 sacas em relação à produção de 2014.
a) As informações fornecidas no relatório são suficientes para determinar a quantidade de sacas produzidas em 2014?
b) Considerando x a quantidade de sacas produzidas em 2014, escreva a equação modular cuja solução são as possíveis quantidades de sacas produzidas em 2014.
c) Resolva a equação do item anterior, isto é, determine as possíveis quantidades de sacas produzidas em 2014.
d) Pesquise quantos quilogramas tem, em média, uma saca de soja. Quantos quilogramas têm as produções citadas neste exercício?

41. Resolva o seguinte sistema.
$$\begin{cases} |2x - 5| < 3 \\ |3x + 1| > 0 \end{cases}$$

42. A velocidade média de um automóvel ao longo de uma viagem é dada pela função descrita a seguir.
$$v(t) = \begin{cases} 80t, \text{ se } 0 < t \leq 1 \\ 80, \text{ se } 1 < t \leq 3 \\ -30t + 170, \text{ se } 3 < t \leq 4 \end{cases}$$
Nessa função, t é o tempo em hora e $v(t)$ é a velocidade em km/h.
a) Construa o gráfico dessa função.
b) O espaço percorrido por esse automóvel pode ser determinado pelo cálculo da área da região entre o gráfico da função v e o eixo das abscissas em um intervalo de tempo. Calcule quantos quilômetros o automóvel percorreu entre 0 e 4 horas.

43. Considere as funções f, g e h, tais que:
$f(x) = |x - 4| + 2$, $g(x) = 1$ e $h(x) = 3$
a) Em um mesmo plano cartesiano, esboce os gráficos dessas três funções.
b) Calcule a área da figura formada pelos pontos que estão acima do gráfico da função f e abaixo do gráfico da função h.

44. Determine para quais valores de x a função definida por $f(x) = |x + 5|$ é:
a) crescente
b) decrescente
c) constante

45. Resolva as inequações a seguir.
a) $3 < |2x - 4| \leq 13$
b) $|x^2 + 4x - 12| \geq 9$

46. Considere a função dada por $f(x) = |x - 1| + |x + 3|$.
a) Escreva a lei de correspondência dessa função sem utilizar módulo.
b) Calcule o valor de $f(0)$.
c) Construa o gráfico dessa função.
d) Essa função tem valor máximo?

47. Resolva as equações a seguir.
a) $\dfrac{|4x + 9|}{3 - x} = 6$
b) $\dfrac{|2x + 4|}{6} - \dfrac{|5x - 7|}{5} = 1$

48. Uma loja atacadista de doces fez uma promoção de fim de ano baixando o preço da paçoca de acordo com a quantidade comprada.
- Para a compra de até 50 paçocas, são cobrados R$ 0,50 por paçoca.
- Para a compra de 51 a 100 paçocas, são cobrados R$ 0,35 por paçoca.
- Para a compra acima de 100 paçocas, são cobrados R$ 0,25 por paçoca.

a) Qual é o preço pago pela compra de 60 paçocas? E de 150 paçocas?
b) Qual é a lei de correspondência da função que relaciona o preço à quantidade de paçocas compradas?

49. (Fuvest-SP) O imposto de renda devido por uma pessoa física à Receita Federal é função da chamada base de cálculo, que se calcula subtraindo o valor das deduções do valor dos rendimentos tributáveis. O gráfico dessa função, representado na figura, é a união dos segmentos de reta $\overline{OA}$, $\overline{AB}$, $\overline{BC}$, $\overline{CD}$ e da semirreta $\overrightarrow{DE}$. João preparou sua declaração tendo apurado como base de cálculo o valor de R$ 43 800,00. Pouco antes de enviar a declaração, ele encontrou um documento esquecido numa gaveta que comprovava uma renda tributável adicional de R$ 1 000,00.

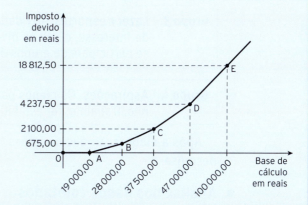

Ao corrigir a declaração, informando essa renda adicional, o valor do imposto devido será acrescido de:
a) R$ 100,00
b) R$ 200,00
c) R$ 225,00
d) R$ 450,00
e) R$ 600,00

Como somos e o que queremos

Tomada de consciência sobre o perfil geral dos alunos do Ensino Médio da escola e promoção de uma atividade lúdica de integração entre eles e a comunidade escolar.

■ O que você vai fazer

Você e seus colegas apresentarão à direção escolar e aos professores uma proposta de atividade lúdica para o ano letivo, com o objetivo de promover a integração dos alunos do Ensino Médio, pautada no perfil dos alunos da escola. Para isso serão usados conhecimentos matemáticos, como organização de dados e construção de gráficos estatísticos.

Para apresentar a proposta de atividade, providenciem os itens a seguir.

1. Realização de uma pesquisa entre os alunos do Ensino Médio da escola para levantamento do perfil deles com relação à rotina, a comportamentos e aspirações.
2. Análise dos dados para a tomada de decisão quanto à melhor atividade a ser proposta.
3. Elaboração de um documento que será entregue à direção escolar com o detalhamento da proposta.
4. Construção de painel com conteúdo de apoio à apresentação oral da proposta à direção e aos professores da escola.

■ Investigação para a coleta dos dados

Para realizar a pesquisa, você e seus colegas devem organizar-se em grupos de acordo com os temas a serem investigados. Lembre-se de que as possíveis respostas às questões que serão elaboradas devem fornecer subsídios para a elaboração da atividade.

Os temas relacionados abaixo são apenas sugestões, e os grupos podem excluir alguns e/ou incluir outros, conforme o interesse da turma.

Cada grupo deve elaborar questões de múltipla escolha que tratem do tema escolhido.

> **Grupo 1.** **Rotina fora da escola.** Como os alunos ocupam o tempo quando não estão na escola: lendo, vendo televisão, realizando trabalhos domésticos, com jogos eletrônicos, no computador, etc.

> **Grupo 2.** **Comportamento.** O adolescente e o conhecimento de si próprio e de como ele se relaciona consigo e com as pessoas mais próximas. Como ele lida com questões referentes a consumo, exposição, aparência, etc.

> **Grupo 3.** **Lazer e esportes.** Atividades esportivas e de lazer praticadas pelos alunos (esportes de interesse, como se divertem em festas, se tocam algum instrumento musical, se participam de grupos de teatro, de dança, etc.).

> **Grupo 4.** **Aspirações.** Os planos para o futuro: fazer curso de Ensino Superior, morar sozinho, trabalhar, ter estabilidade financeira, etc.

Após a elaboração das questões, apresente ao professor uma estratégia para realizar a pesquisa.

■ Análise dos dados coletados

Nessa fase do projeto, cada grupo, de acordo com o tema, deve analisar os dados obtidos com a pesquisa. Para isso, os dados devem ser organizados em uma tabela para posterior elaboração dos gráficos.

Cada grupo deve pesquisar a melhor maneira de representar o resultado da pesquisa, por temas, na forma de gráficos.

Os **gráficos** podem ser confeccionados durante a aula, com a ajuda do professor.

Se a escola dispõe de computadores, uma alternativa é fazer as tabelas e os gráficos com o auxílio de uma planilha eletrônica.

Tomada de decisão

Os grupos apresentam à turma os resultados da pesquisa e, com a ajuda do professor, elaboram a atividade que será proposta à direção escolar.

Com os colegas, verifique se há outras maneiras de interpretar os resultados da pesquisa.

Cada grupo pode propor uma atividade à turma e argumentar sobre a escolha. A turma toda deve opinar e, no final, elaborar uma única proposta.

Escolha, com o professor, o momento apropriado para a realização dessa etapa do projeto.

> **Dicas para a construção de gráficos**
>
> Os gráficos devem ser construídos de acordo com os seguintes itens.
> - Proponha um título autoexplicativo.
> - Escolha o tipo de gráfico adequado para a organização dos dados.
> - Nomeie os eixos de modo apropriado, incluindo, quando houver, as unidades de medida.
> - Cuidado com a escala dos eixos, para não deformar o gráfico. Se o objetivo for comparar as informações de dois ou mais gráficos, mantenha a mesma escala em todos eles.
> - Inclua legenda nos gráficos, se necessário.
> - Ilustre os gráficos com imagens relativas ao tema. Cuidado para não exagerar, de modo que a leitura das informações fique prejudicada.

Comunicação dos resultados

Para essa fase do projeto, os alunos podem dividir-se em três grupos.

Grupo 1. **Redação do documento**. O grupo será responsável pela redação do documento que será entregue à direção escolar, o qual deve conter:
- explicação detalhada da atividade proposta;
- descrição de como e quando essa atividade será realizada;
- justificativas para a escolha da atividade.

Grupo 2. **Preparação da apresentação oral**. O grupo será responsável pela apresentação oral, que pode ser dividida em duas partes.
- Introdução: apresentação dos resultados da pesquisa e de como a atividade foi pensada com base nela.
- Apresentação da atividade: informar detalhes dos objetivos e também de como e quando a atividade deve acontecer.

Grupo 3. **Elaboração do painel da apresentação**. O grupo será responsável pela confecção do painel que auxiliará na apresentação oral. Ele deve conter informações relevantes, como gráficos, tabelas, ilustrações e pequenos textos.

Avaliação

Depois de concluído o projeto, faça uma avaliação com seus colegas.
- Como a Matemática contribuiu para a escolha da atividade proposta?
- Avalie os gráficos apresentados pelos grupos. Eles estão coerentes com os resultados obtidos na pesquisa?
- Comente como foi a organização do trabalho. A maneira como ele foi organizado, a divisão de tarefas e as estratégias adotadas dificultaram a realização do projeto? O que poderia ser modificado em outra oportunidade?
- Na opinião da turma, o projeto atingiu os objetivos iniciais? A atividade proposta respeitou o perfil do adolescente traçado pela pesquisa?
- Com toda essa análise, elabore, junto com seus colegas, uma lista de atitudes que possam contribuir para a melhoria dos estudos e da convivência dos alunos da turma.

UNIDADE

Outras funções

Capítulos

7 Potência e função exponencial

8 Logaritmo e função logarítmica

9 Sequência e progressões

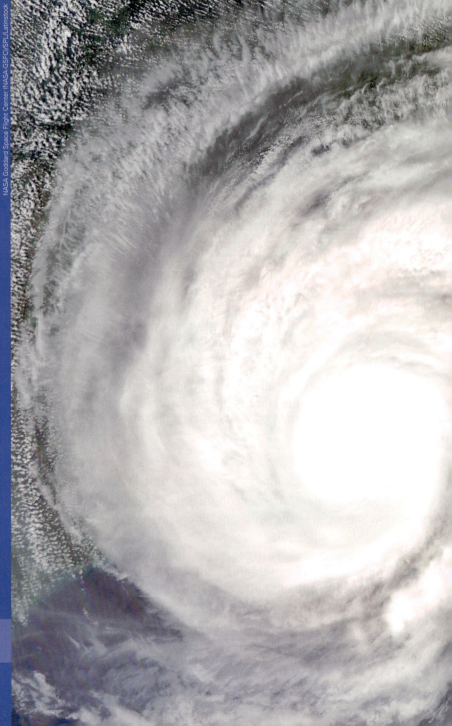

Furacão Gustav sobre a costa da Louisiana, EUA, 2008.

O formato de um furacão pode ser associado a uma curva matemática denominada **espiral logarítmica**.

Esse modelo de espiral é encontrado com frequência na natureza, e o ser humano se vale desse modelo em várias situações, inclusive na arquitetura, como na construção da escadaria do Museu do Vaticano, mostrada na imagem ao lado.

Escadaria do Museu do Vaticano.

CAPÍTULO 7
Potência e função exponencial

Módulos

1. Potenciação
2. Função exponencial
3. Equação exponencial e inequação exponencial
4. Situações modeladas por uma função exponencial

Para começar

Há diversas lendas sobre a invenção do jogo de xadrez. No entanto, a maioria delas registra um pedido semelhante ao que o súdito da história acima fez ao rei.

1. Um tabuleiro de xadrez tem quantas casas?
2. Complete a tabela abaixo.

Posição da casa	1ª	2ª	3ª	4ª	5ª	6ª
Quantidade de grãos	$1 = 2^0$	$2 = 2^1$	$4 = 2^2$			

3. Analise os valores da tabela e identifique a relação existente entre a 1ª e a 2ª linha da tabela, ou seja, dada a posição da casa no tabuleiro, explique como é calculada a quantidade de grãos correspondente a ela. Em seguida, calcule a quantidade de grãos correspondente à 11ª casa.
4. Converse com um colega e responda: qual terá sido a intenção de Sissa ao fazer tal pedido ao rei?

1. Potenciação

Considere os dados numéricos a seguir e o modo como são apresentados.
- A distância média entre a Terra e o Sol é $1,5 \cdot 10^{11}$ metro.
- Uma unidade de massa atômica vale $1,66053886 \cdot 10^{-18}$ micrograma.

Em algumas ciências, é comum a representação de valores numéricos em **notação científica**, como os números $1,5 \cdot 10^{11}$ e $1,66053886 \cdot 10^{-18}$.

A notação científica é útil para representar números que representam quantidades muito grandes ou muito pequenas. E, para isso, é preciso conhecer as propriedades da potenciação, conforme apresentadas a seguir.

■ Potência de expoente natural

Define-se:

> Sendo a um número real e n um número natural, ambos não nulos simultaneamente, a **potência** a^n é definida por:
> $a^1 = a$
> $a^0 = 1$, com $a \neq 0$
> $a^n = \underbrace{a \cdot a \cdot a \cdot \ldots a}_{n \text{ fatores}}$, com $n \geq 2$

Em uma potência a^n, a é a **base** e n é o **expoente**.

Exemplos

- $2^1 = 2$
- $3,27^0 = 1$
- $\left(\dfrac{2}{3}\right)^1 = \dfrac{2}{3}$
- $(-3)^2 = (-3) \cdot (-3) = 9$
- $(-0,5)^3 = (-0,5) \cdot (-0,5) \cdot (-0,5) = -0,125$
- $-15^2 = -15 \cdot 15 = -225$

Para recordar

Notação científica

Alguns números, por causa de sua ordem de grandeza, são expressos em notação científica, ou seja, como um produto de dois números reais. O primeiro pertence ao intervalo [1, 10[e o segundo é uma potência de base 10. A finalidade é expor de maneira prática a ordem de grandeza do número por meio do expoente da potência.

$\underbrace{15\,000\,000\,000}_{10 \text{ dígitos}} = 1,5 \cdot 10^{10}$

Usina hidrelétrica de Itaipu. O volume de água no nível máximo normal do reservatório é cerca de 29 000 000 000 m³, ou seja, aproximadamente $2,9 \cdot 10^{10}$ m³.

Propriedade	Representação algébrica	Exemplo
1. Multiplicação de potências de mesma base: o resultado pode ser obtido conservando-se a base e somando-se os expoentes.	$a^m \cdot a^n = a^{m+n}$	$6^2 \cdot 6^3 = 6^{2+3} = 6^5 = 7\,776$

Demonstração

$a^m \cdot a^n = \underbrace{a \cdot a \cdot a \cdot \ldots \cdot a}_{m \text{ fatores}} \cdot \underbrace{a \cdot a \cdot a \cdot \ldots \cdot a}_{n \text{ fatores}} = a^{m+n}$

Também é possível demonstrar uma extensão da propriedade 1 que é válida para a multiplicação de duas ou mais potências de mesma base.

$a^{n_1} \cdot a^{n_2} \cdot a^{n_3} \cdot \ldots \cdot a^{n_m} = a^{n_1 + n_2 + n_3 + \ldots + n_m}$

A definição de que $a^0 = 1$ mantém a validade da propriedade 1:

$a^n \cdot a^0 = a^{n+0} = a^n = a^n \cdot 1$

■ Potência de expoente inteiro negativo

A potência de expoente inteiro negativo é definida de modo que a propriedade 1 continue válida. Assim, pode-se afirmar:

> Sendo a um número real e n um número natural, ambos não nulos, define-se a **potência** a^{-n} por:
> $$a^{-n} = \dfrac{1}{a^n}$$

De fato, pela propriedade 1, tem-se: $a^{-n} \cdot a^n = a^{-n+n} = a^0 = 1 \Rightarrow a^{-n} = \dfrac{1}{a^n}$

Exemplos

- $9^{-2} = \dfrac{1}{9^2} = \dfrac{1}{81}$
- $\left(\dfrac{1}{2}\right)^{-1} = 2^1 = 2$

Saiba mais

A propriedade 1 também é válida para expoentes reais.

Para refletir

Definiu-se a potência de um número real com expoente inteiro negativo, ambos não nulos, como $a^{-n} = \dfrac{1}{a^n}$.

Por que a base da potência a^{-n} não pode ser nula?

123

■ Potência de expoente racional

Define-se:

> Sendo a um número real positivo e $\frac{m}{n}$ um número racional, m e n inteiros e $n > 1$, a **potência** $a^{\frac{m}{n}}$ é definida por:
> $$a^{\frac{m}{n}} = \sqrt[n]{a^m}$$

Essa definição mantém a validade da extensão da propriedade 1. De fato:
- utilizando a propriedade 1:

$$\left(a^{\frac{m}{n}}\right)^n = \overbrace{a^{\frac{m}{n}} \cdot a^{\frac{m}{n}} \cdot a^{\frac{m}{n}} \cdot \ldots \cdot a^{\frac{m}{n}}}^{n \text{ fatores}} = a^{\overbrace{\frac{m}{n} + \frac{m}{n} + \frac{m}{n} + \ldots + \frac{m}{n}}^{n \text{ parcelas}}} = a^{n \cdot \frac{m}{n}} = a^m$$

- utilizando a definição de potência de expoente racional: $\left(a^{\frac{m}{n}}\right)^n = \left(\sqrt[n]{a^m}\right)^n = a^m$

Exemplos

- $8^{\frac{2}{3}} = \sqrt[3]{8^2} = \sqrt[3]{64} = 4$

- $2^{\frac{7}{5}} = \sqrt[5]{2^7} = \sqrt[5]{2^5 \cdot 2^2} = 2\sqrt[5]{2^2} = 2\sqrt[5]{4}$

■ Potência de expoente irracional

O valor de uma potência a^k, sendo a um número real positivo e k um número irracional, é calculado por meio de **aproximações** de k por números racionais. O uso de uma calculadora pode facilitar os cálculos.

Exemplo

Para calcular o valor de $5^{\sqrt{6}}$, utilizam-se valores aproximados para o expoente. O número $\sqrt{6}$ é irracional, então vamos usar 2,44948 como aproximação. Vejamos os resultados de acordo com o número de casas decimais:

- $5^{2,4} = 47{,}5913\ldots$
- $5^{2,44} = 50{,}7559\ldots$
- $5^{2,449} = 51{,}4964\ldots$
- $5^{2,4494} = 51{,}5296\ldots$

Quanto maior o número de casas decimais consideradas na aproximação de $\sqrt{6}$, mais próximo do valor real de $5^{\sqrt{6}}$ será o valor obtido.

Como o cálculo de uma potência com expoente irracional é feito por meio de uma aproximação de uma potência com expoente racional, a propriedade 1 mantém-se válida.

Calculamos potências de expoentes racionais e de expoentes irracionais. Portanto, é possível calcular uma potência de expoente real.

> **Calculadora**
>
> Em uma calculadora científica, determina-se o valor aproximado de uma potência com **expoente irracional** utilizando as teclas $\boxed{\sqrt{}}$ e $\boxed{y^x}$. A ordem dos comandos pode variar de acordo com o modelo da calculadora. Por exemplo, para calcular $3^{\sqrt{2}}$, podem-se utilizar as teclas na seguinte ordem:
>
> $\boxed{3}$ $\boxed{y^x}$ $\boxed{2}$ $\boxed{\sqrt{}}$ $\boxed{=}$
>
> ou $\boxed{3}$ $\boxed{\text{ENTER}}$ $\boxed{2}$ $\boxed{\sqrt{}}$ $\boxed{y^x}$
>
> Com uma calculadora científica, determine o valor aproximado de $3^{\sqrt{2}}$.

■ Outras propriedades

Verificadas as condições de existência das potências, é possível demonstrar as seguintes propriedades, válidas para potências de expoentes reais.

Propriedade	Representação algébrica	Exemplo
2. Divisão de potências de mesma base	$\dfrac{a^m}{a^n} = a^{m-n}$	$\dfrac{4^5}{4^2} = 4^{5-2} = 4^3 = 64$
3. Potência de potência	$(a^m)^n = a^{m \cdot n}$	$(2^4)^2 = 2^{4 \cdot 2} = 2^8 = 256$
4. Potência de um produto	$(a \cdot b)^n = a^n \cdot b^n$	$\left(\dfrac{1}{2} \cdot \dfrac{1}{3}\right)^2 = \left(\dfrac{1}{2}\right)^2 \cdot \left(\dfrac{1}{3}\right)^2 = \dfrac{1}{4} \cdot \dfrac{1}{9} = \dfrac{1}{36}$
5. Potência de um quociente	$\left(\dfrac{a}{b}\right)^n = \dfrac{a^n}{b^n}$	$\left(\dfrac{2}{5}\right)^3 = \dfrac{2^3}{5^3} = \dfrac{8}{125}$

Exercícios resolvidos

1. Calcule o valor das seguintes expressões:

a) $(-2)^4 - 2^2 + \left(-\dfrac{1}{2}\right)^{-3}$ b) $\dfrac{5^{x+3} - 5 \cdot 5^x}{5 \cdot 5^{x+2}}$

Resolução

a) Utilizando a definição em cada potência, obtemos:

$(-2)^4 - 2^2 + \left(-\dfrac{1}{2}\right)^{-3} = 16 - 4 + (-2)^3 =$

$= 16 - 4 - 8 = 4$

b) Utilizando as propriedades da potência, obtemos:

$\dfrac{5^{x+3} - 5 \cdot 5^x}{5 \cdot 5^{x+2}} = \dfrac{5^{x+3} - 5^{x+1}}{5^{x+3}} = \dfrac{5^{x+3}}{5^{x+3}} - \dfrac{5^{x+1}}{5^{x+3}} =$

$= 1 - 5^{x+1-(x+3)} = 1 - 5^{-2} = 1 - \dfrac{1}{25} = \dfrac{24}{25}$

2. Usando as propriedades de potenciação, determine o valor de:

a) $\left[\left(\dfrac{2}{5}\right)^2\right]^3 \cdot \left(\dfrac{2}{5}\right)^9 : \left(\dfrac{5}{2}\right)^{-13}$ b) $\sqrt[5]{5^2} : \left(\dfrac{1}{5}\right)^{0,6} - 5^0$

Resolução

a) $\left[\left(\dfrac{2}{5}\right)^2\right]^3 \cdot \left(\dfrac{2}{5}\right)^9 : \left(\dfrac{5}{2}\right)^{-13} = \left(\dfrac{2}{5}\right)^{2 \cdot 3} \cdot \left(\dfrac{2}{5}\right)^9 : \left(\dfrac{5}{2}\right)^{-13} =$

$= \left(\dfrac{2}{5}\right)^6 \cdot \left(\dfrac{2}{5}\right)^9 : \left(\dfrac{2}{5}\right)^{13} = \left(\dfrac{2}{5}\right)^{6+9-13} = \left(\dfrac{2}{5}\right)^2 = \dfrac{4}{25}$

b) $\sqrt[5]{5^2} : \left(\dfrac{1}{5}\right)^{0,6} - 5^0 = 5^{\frac{2}{5}} : 5^{-0,6} - 1 =$

$= 5^{0,4} : 5^{-0,6} - 1 = 5^{0,4-(-0,6)} - 1 = 5^1 - 1 = 4$

3. Escreva os seguintes números na forma decimal.

a) A distância média entre o planeta Terra e o Sol é $1,5 \cdot 10^{11}$ metro.

b) Uma unidade de massa atômica é aproximadamente $1,66 \cdot 10^{-18}$ micrograma.

Resolução

Para escrever os números na forma decimal, podemos desenvolver as operações indicadas.

a) $1,5 \cdot 10^{11} = 1,5 \cdot 100\,000\,000\,000 =$

$= 150\,000\,000\,000$

b) $1,66 \cdot 10^{-18} = 1,66 \cdot 0,000\,000\,000\,000\,000\,001 =$

$= 0,000\,000\,000\,000\,000\,001\,66$

Desses resultados, podemos observar uma relação entre o expoente da potência e quantidade de algarismos na representação decimal:

$$\overbrace{1,5 \cdot 10^{11} = 150\,000\,000\,000}^{11\ \text{algarismos}}$$

$$\overbrace{1,66 \cdot 10^{-18} = 0,000\,000\,000\,000\,000\,001\,66}^{18\ \text{algarismos}}$$

4. Escreva os seguintes números em notação científica.

a) A distância aproximada entre o planeta Marte e o Sol é $228\,000\,000$ km.

b) A espessura de um papel é $0,00011$ m.

Resolução

Números em notação científica são da forma $a \cdot 10^n$, em que a é um número real maior do que ou igual a 1 e menor do que 10 ($1 \leqslant a < 10$) e n é um número inteiro ($n \in \mathbb{Z}$).

a) $228\,000\,000 = 2,28 \cdot 100\,000\,000 = 2,28 \cdot 10^8$

b) $0,00011 = 1,1 \cdot 0,0001 = 1,1 \cdot 10^{-4}$

Exercícios propostos

5. Calcule o valor de cada potência:

a) 5^2

b) $(-4)^3$

c) $(0,6)^2$

d) $(-1,5)^0$

e) -10^4

f) $\left(-\dfrac{2}{7}\right)^4$

6. Usando as propriedades, reduza mentalmente as expressões abaixo a uma só potência. Registre as potências obtidas.

a) $4^3 \cdot 4^5$

b) $[(-7)^4]^8$

c) 15^{2^3}

d) $\dfrac{8^{-3}}{8^{-5}}$

7. Calcule o valor numérico dos números a, b, c e d abaixo e escreva-os em ordem crescente.

$a = 2^{-2}$

$b = \left(-\dfrac{3}{4}\right)^{-1}$

$c = 0,25^{\frac{1}{2}}$

$d = \left(\dfrac{256}{1\,296}\right)^{-\frac{1}{4}}$

8. Determine o valor de:

a) $3^{0,25} \cdot 3^{0,75}$

b) $4^{\frac{1}{3}} \cdot 4^{\frac{1}{2}} : 4^{\frac{5}{6}}$

c) $\left(\dfrac{1}{9}\right)^{0,75} : \left(\dfrac{1}{9}\right)^{1,75} \cdot \left(\dfrac{1}{9}\right)^{1,5}$

d) $\sqrt{6} \cdot \sqrt[4]{6^2}$

9. Escreva as expressões usando uma só potência:

a) $\dfrac{4^{x+4} \cdot 2^{x+3}}{2^{2x} \cdot 8^{x-5}}$

b) $\dfrac{27^{2x-1} \cdot \left(\sqrt[3]{9}\right)^{x+7}}{3^x}$

10. Represente na forma decimal todos os números citados em notação científica no texto a seguir.

O diâmetro da maioria das bactérias varia entre $0,2 \cdot 10^{-3}$ e $2 \cdot 10^{-3}$ milímetros, e o comprimento varia entre $2 \cdot 10^{-6}$ e $8 \cdot 10^{-6}$ metros. Os vírus, geralmente, são menores; seu comprimento varia entre $20 \cdot 10^{-9}$ e $1\,000 \cdot 10^{-9}$ metros.

Fonte de pesquisa: <http://revistaescola.abril.com.br/ciencias/fundamentos/quais-principais-diferencas-virus-bacteria-428542.shtml>. Acesso em: 26 jan. 2015.

11. Represente os seguintes números em notação científica:

a) $30\,000$

b) $500\,000$

c) $0,0006$

d) $0,0000007$

e) $365\,000\,000$

125

2. Função exponencial

Suponha que determinada população de bactérias iniciou-se com 10 bactérias e que, sob certas condições de reprodução, a cada hora a quantidade de bactérias passa a ser o dobro da quantidade da hora anterior.

A tabela abaixo mostra o crescimento dessa população durante algumas horas.

Tempo (x)	Expressão associada	Total de bactérias (y)
0	$10 = 10 \cdot 2^0$	10
1 hora	$10 \cdot 2^0 \cdot \mathbf{2} = 10 \cdot 2^1$	20
2 horas	$10 \cdot 2^1 \cdot \mathbf{2} = 10 \cdot 2^2$	40
3 horas	$10 \cdot 2^2 \cdot \mathbf{2} = 10 \cdot 2^3$	80
x horas	$10 \cdot 2^x$	$y = 10 \cdot 2^x$

A quantidade de bactérias y está em função do tempo x, pois, para cada valor assumido por x, há um único valor correspondente y. A lei de correspondência dessa função é $f(x) = 10 \cdot 2^x$. Essa função é obtida por meio de uma **função exponencial**, definida a seguir.

> **Função exponencial** é toda função $f\colon \mathbb{R} \to \mathbb{R}_+^*$, da forma $f(x) = a^x$, em que a é uma constante real positiva e diferente de 1.

O número representado por a é a **base** da função exponencial.

Exemplos

- Em $f(x) = 3^x$, a base é 3.
- Em $f(x) = \left(\dfrac{7}{9}\right)^x$, a base é $\dfrac{7}{9}$.

Característica fundamental da função exponencial

Dada uma função exponencial $f(x) = a^x$ e um número real h, tem-se $f(x + h) = a^x \cdot a^h$. Adota-se $a^h = k$ e substitui-se a^x por $f(x)$.

$f(x + h) = a^{x+h} = a^x \cdot a^h = f(x) \cdot k$

$f(x + 2h) = f(x + h + h) = a^{x+h+h} = a^x \cdot a^h \cdot a^h = f(x) \cdot k \cdot k = f(x) \cdot k^2$

$f(x + 3h) = f(x + h + h + h) = a^{x+h+h+h} = a^x \cdot a^h \cdot a^h \cdot a^h = f(x) \cdot k^2 \cdot k = f(x) \cdot k^3$

E assim sucessivamente.

O valor da constante k depende apenas do valor de h. A cada novo acréscimo de uma unidade h em x, o valor de $f(x)$ é multiplicado pela constante k. Uma característica fundamental da função exponencial é que ela transforma uma soma em um produto.

■ Calculadora

Calcule a quantidade total de bactérias de acordo com o tempo dado em cada item.

- 6 horas
- 24 horas
- 12 horas
- 48 horas

■ Para refletir

Explique o que aconteceria com a função exponencial caso não houvesse a restrição $a \neq 1$.

Ação e cidadania

Educação financeira

O uso inteligente do dinheiro deve ser feito todos os dias. Quem deseja ser um consumidor consciente pode seguir as dicas abaixo.

I. Sempre pesquisar preços antes de fazer uma compra (a internet pode ser útil para isso).

II. Ao desejar comprar algo, analisar se realmente precisa daquilo.

III. Se a mesada está acabando, optar por diversões cujos gastos possam ser divididos com os amigos – a locação de um filme, por exemplo.

IV. Não ir ao supermercado com o estômago vazio, para não ceder à tentação de comprar alimentos em excesso.

- Cite mais três dicas de consumo consciente.
- Para o pagamento de um produto no valor de R$ 560,00, há duas opções: à vista, com 10% de desconto, ou a prazo, em 3 vezes, de modo que o valor total M pago é calculado por $M = 560 \cdot 1,05^t$, em que t é o prazo para o pagamento em meses. Calcule o preço do produto à vista e a prazo, e a diferença entre os dois valores.

Gráfico de uma função exponencial
Tabela de pontos

O gráfico de uma função exponencial, $f(x) = a^x$, pode ser construído com o auxílio de uma tabela. A seguir têm-se dois exemplos.

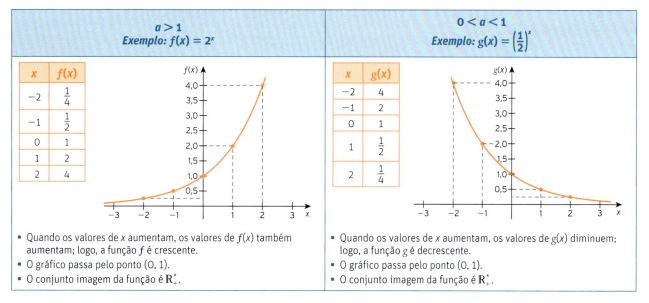

- Quando os valores de x aumentam, os valores de $f(x)$ também aumentam; logo, a função f é crescente.
- O gráfico passa pelo ponto (0, 1).
- O conjunto imagem da função é $\mathbb{R}_+^*$.

- Quando os valores de x aumentam, os valores de $g(x)$ diminuem; logo, a função g é decrescente.
- O gráfico passa pelo ponto (0, 1).
- O conjunto imagem da função é $\mathbb{R}_+^*$.

Características de uma função exponencial

Uma função exponencial $f(x) = a^x$ tem as seguintes características.

- Se $a > 1$, então a função é **crescente**. Nesse caso, dados os números reais m e n do domínio da função, têm-se as seguintes relações:

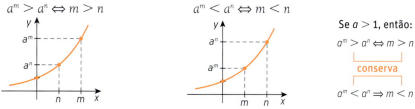

Se $0 < a < 1$, então a função é **decrescente**. Nesse caso, dados os números reais m e n do domínio da função, têm-se as seguintes relações:

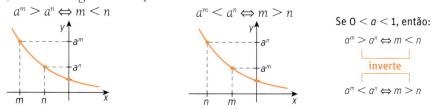

- A função não assume valores negativos ou nulos.
- Quando $a > 1$, ao passo que o valor de x diminui indefinidamente, o valor de $f(x)$ também diminui, aproximando-se muito de zero.
  Quando $0 < a < 1$, o valor de $f(x)$ se aproxima muito de zero ao aumentar indefinidamente o valor de x.
- O gráfico da função não toca o eixo Ox, e diz-se que o eixo Ox é uma **assíntota** do gráfico.
- O formato do gráfico é denominado **curva exponencial**.
- O domínio, o contradomínio e o conjunto imagem da função são $\mathbb{R}$, $\mathbb{R}_+^*$ e $\mathbb{R}_+^*$.
- Para quaisquer números reais m e n, tem-se: $f(m + n) = f(m) \cdot f(n)$.
- A função exponencial é injetora ($x_1 \neq x_2 \Rightarrow a^{x_1} \neq a^{x_2}$) e sobrejetora ($Im(f) = CD(f) = \mathbb{R}_+^*$). Portanto, é bijetora e admite uma função inversa. Assim, dados os números reais m e n do domínio da função, tem-se a seguinte relação: $a^m = a^n \Leftrightarrow m = n$.

Reflexão e translação

Da composição de funções com uma função exponencial $f(x) = a^x$, é possível obter uma nova função, dada por $g(x) = b \cdot a^x + c$, com $b \in \mathbb{R}^*$ e $c \in \mathbb{R}$.

Exemplos

- $f(x) = 3^x$
- $g(x) = -3^x$
- $h(x) = 3^{-x}$
- $j(x) = -3^{-x} + 1$

Os gráficos das funções g, h e j podem ser obtidos pela **reflexão** e/ou **translação** do gráfico da função exponencial f.

Gráfico de g	Gráfico de h	Gráfico de j
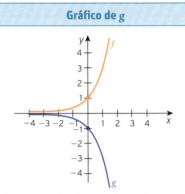	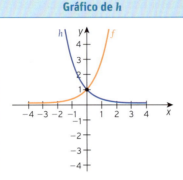	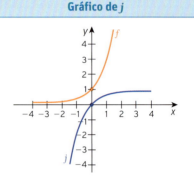
O gráfico da função g é obtido refletindo-se o gráfico da função f em relação ao eixo Ox.	O gráfico da função h é obtido refletindo-se o gráfico da função f em relação ao eixo Oy.	O gráfico da função j é obtido refletindo-se o gráfico da função f em relação ao eixo Ox, em seguida em relação ao eixo Oy e, por último, transladando-se esse gráfico uma unidade para cima.

Exercício resolvido

12. Determine o valor de $f\left(-\dfrac{1}{2}\right)$ quando a lei de correspondência é de uma função exponencial ou de uma composição com a função exponencial.

a) $f(x) = 0{,}16^x$

b) $f(x) = -4^x$

c) $f(x) = 9^x$

Resolução

a) $f\left(-\dfrac{1}{2}\right) = 0{,}16^{-\frac{1}{2}} = \left(\dfrac{16}{100}\right)^{-\frac{1}{2}} = \left(\dfrac{100}{16}\right)^{\frac{1}{2}} = \sqrt{\dfrac{100}{16}} =$
$= \dfrac{10}{4} = \dfrac{5}{2}$

b) $f\left(-\dfrac{1}{2}\right) = -4^{-\frac{1}{2}} = -\left(\dfrac{1}{4}\right)^{\frac{1}{2}} = -\sqrt{\dfrac{1}{4}} = -\dfrac{1}{2}$

c) $f\left(-\dfrac{1}{2}\right) = 9^{-\frac{1}{2}} = \left(\dfrac{1}{9}\right)^{\frac{1}{2}} = \sqrt{\dfrac{1}{9}} = \dfrac{1}{3}$

Exercícios propostos

13. Determine os valores de $f(x)$ a seguir.

a) $f(x) = 3^x$, para $x = 3$ e $x = -3$

b) $f(x) = \left(\dfrac{2}{3}\right)^x$, para $x = 2$ e $x = -2$

c) $f(x) = |-16|^x$, para $x = \dfrac{1}{2}$ e $x = -\dfrac{1}{2}$

14. Considere a expressão matemática $y = \left(\dfrac{3}{5}\right)^x$.

a) Explique por que essa expressão pode ser a lei de correspondência de uma função exponencial.

b) Qual é o domínio e o conjunto imagem?

c) Qual é o valor real de x tal que $y = 1$?

15. Considere a função f tal que $f(x) = \left(\dfrac{1}{5}\right)^x$.

a) Essa função é crescente ou decrescente? Justifique.

b) Há algum valor real que pode ser assumido pela variável x para que se tenha $f(x) = 0$?

16. O gráfico ao lado representa a função g, em que:

$g(x) = \left(\dfrac{1}{2}\right)^{x+1}$

Esboce os gráficos de:

$h(x) = -\left(\dfrac{1}{2}\right)^{x+1}$ e de

$f(x) = \left(\dfrac{1}{2}\right)^{-x+1}$

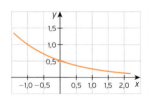

17. Escreva a lei de correspondência da função exponencial representada abaixo.

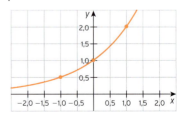

3. Equação exponencial e inequação exponencial

Equações em que a incógnita é expoente de uma potência são denominadas **equações exponenciais**.

Para resolver uma equação exponencial, aplicam-se os seguintes procedimentos.

I. Trabalha-se a equação de modo que os dois membros da igualdade fiquem na forma de potências de mesma base. Para isso, quando necessário, são aplicadas as propriedades da potência.

II. Utiliza-se a característica injetora da função exponencial:
$$a^{x_1} = a^{x_2} \Leftrightarrow x_1 = x_2 \ (a > 0 \text{ e } a \neq 1)$$

Exemplos

- A seguir tem-se a resolução da equação $9^x = 27$ utilizando esses procedimentos.

I. Manipulam-se os membros da equação	$9^x = 27 \Rightarrow (3^2)^x = 3^3 \Rightarrow 3^{2x} = 3^3$
II. Utiliza-se a característica injetora da função exponencial	$3^{2x} = 3^3 \Rightarrow 2x = 3 \Rightarrow x = \dfrac{3}{2}$ Logo, o conjunto solução da equação dada é: $S = \left\{\dfrac{3}{2}\right\}$

Inequações em que a incógnita é expoente de uma potência são denominadas **inequações exponenciais**.

Para resolver inequações exponenciais, seguem-se estes procedimentos.

I. Trabalha-se a inequação de modo que os dois membros da desigualdade fiquem na forma de potências de mesma base. Para isso, quando necessário, são aplicadas as propriedades da potência.

II. Comparam-se os dois membros da desigualdade de acordo com o crescimento ou o decrescimento da função exponencial associada a eles.

- A seguir tem-se a resolução das inequações $7^x < 49$ e $\left(\dfrac{1}{3}\right)^{2x} > \dfrac{1}{3^3}$ utilizando esses procedimentos.

I. Manipulam-se os membros da inequação	$7^x < 49 \Rightarrow \underbrace{7^x}_{f(x)} < 7^2$	$\left(\dfrac{1}{3}\right)^{2x} > \dfrac{1}{3^3} \Rightarrow \underbrace{\left(\dfrac{1}{3}\right)^{2x}}_{g(x)} > \left(\dfrac{1}{3}\right)^3$
II. Comparam-se os dois membros da desigualdade	Em $f(x) = 7^x$, a base é $a = 7 \ (a > 1)$. Assim: $7^x < 7^2 \Rightarrow x < 2$ Logo: $S = \{x \in \mathbb{R} \mid x < 2\}$	Em $g(x) = \left(\dfrac{1}{3}\right)^{2x}$, a base é $a = \dfrac{1}{3} \ (a < 1)$. Assim: $\left(\dfrac{1}{3}\right)^{2x} > \left(\dfrac{1}{3}\right)^3 \Rightarrow 2x < 3 \Rightarrow x < \dfrac{3}{2}$ Logo: $S = \left\{x \in \mathbb{R} \mid x < \dfrac{3}{2}\right\}$

Exercícios resolvidos

18. A função definida por $f(x) = 9,6 \cdot \left(\dfrac{1}{2}\right)^x$ relaciona a taxa anual de inflação e períodos de x anos. Determine após quanto tempo a taxa de inflação será de 7,5% ao ano.

Resolução

Pela lei de correspondência da função, temos:
$$7,5\% = 9,6 \cdot \left(\frac{1}{2}\right)^x \Rightarrow 0,075 = 9,6 \cdot \left(\frac{1}{2}\right)^x \Rightarrow \frac{0,075}{9,6} = \left(\frac{1}{2}\right)^x \Rightarrow \frac{\frac{75}{1000}}{\frac{96}{10}} = \left(\frac{1}{2}\right)^x \Rightarrow \frac{1}{128} = \left(\frac{1}{2}\right)^x \Rightarrow \left(\frac{1}{2}\right)^7 = \left(\frac{1}{2}\right)^x \Rightarrow x = 7$$

Portanto, o período é 7 anos.

19. Resolva em ℝ as equações exponenciais a seguir.
 a) $2^{x+3} + 2^{x-2} = 66$
 b) $4^{2x} - 12 \cdot 4^x + 32 = 0$

Resolução

a) Aplicando as propriedades de multiplicação e de divisão de potências de mesma base, escrevemos todos os termos do primeiro membro da igualdade como potências de base 2.

$2^{x+3} + 2^{x-2} = 66 \Rightarrow 2^x \cdot 2^3 + 2^x \cdot 2^{-2} = 66$

Colocamos o termo comum 2^x em evidência e resolvemos a equação obtida:

$2^x \cdot 2^3 + 2^x \cdot 2^{-2} = 66 \Rightarrow 2^x \cdot (2^3 + 2^{-2}) = 66 \Rightarrow$

$\Rightarrow 2^x \cdot \left(8 + \dfrac{1}{4}\right) = 66 \Rightarrow 2^x \cdot \dfrac{33}{4} = 66 \Rightarrow$

$\Rightarrow 2^x = 8 \Rightarrow 2^x = 2^3 \Rightarrow x = 3$

Logo, a solução da equação dada é: $S = \{3\}$

b) A equação $4^{2x} - 12 \cdot 4^x + 32 = 0$ pode ser escrita na forma $(4^x)^2 - 12 \cdot 4^x + 32 = 0$. Fazendo $4^x = y$, obtemos uma equação do 2º grau com incógnita y.

$(4^x)^2 - 12 \cdot 4^x + 32 = 0 \Rightarrow y^2 - 12y + 32 = 0 \Rightarrow$
$\Rightarrow (y - 8) \cdot (y - 4) = 0 \Rightarrow y = 4$ ou $y = 8$

Substituímos os valores de y na equação $4^x = y$.

- $4^x = 8 \Rightarrow 2^{2x} = 2^3 \Rightarrow 2x = 3 \Rightarrow x = \dfrac{3}{2}$
- $4^x = 4 \Rightarrow 4^x = 4^1 \Rightarrow x = 1$

Logo, a solução da equação dada é: $S = \left\{\dfrac{3}{2}, 1\right\}$

20. Resolva as inequações exponenciais abaixo.
 a) $(0,2)^{-x} > 125$
 b) $\left(\dfrac{1}{2}\right)^{x^2} - \dfrac{1}{16} \geqslant 0$

Resolução

a) $(0,2)^{-x} > 125 \Rightarrow \left(\dfrac{2}{10}\right)^{-x} > 5^3 \Rightarrow \left(\dfrac{10}{2}\right)^x > 5^3 \Rightarrow$

$\Rightarrow 5^x > 5^3 \Rightarrow x > 3$

Logo, a solução da inequação dada é:
$S = \{x \in \mathbb{R} \mid x > 3\}$

b) $\left(\dfrac{1}{2}\right)^{x^2} - \dfrac{1}{16} \geqslant 0 \Rightarrow \left(\dfrac{1}{2}\right)^{x^2} \geqslant \dfrac{1}{16} \Rightarrow \left(\dfrac{1}{2}\right)^{x^2} \geqslant \left(\dfrac{1}{2}\right)^4 \Rightarrow$

$\Rightarrow x^2 \leqslant 4 \Rightarrow x^2 - 4 \leqslant 0$

Estudamos o sinal de $f(x) = x^2 - 4$, que é a lei de correspondência da função associada ao 1º membro da inequação.

$x^2 - 4 = 0 \Rightarrow x = 2$ ou $x = -2$

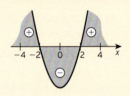

A função assume valores negativos ou nulos para $-2 \leqslant x \leqslant 2$.

Então, a solução da inequação dada é:
$S = \{x \in \mathbb{R} \mid -2 \leqslant x \leqslant 2\}$

Exercícios propostos

21. Resolva as inequações a seguir.
 a) $\left(\dfrac{1}{3}\right)^{x+2} - \left(\dfrac{1}{9}\right)^{x-1} \leqslant 0$
 b) $5^{x+1} \cdot 5^{x-2} < 25$
 c) $\left(\dfrac{2}{3}\right)^x : \left(\dfrac{4}{9}\right)^{2x+5} \geqslant \dfrac{8}{27}$
 d) $(0,6)^{x+2} + (0,6)^{x+1} \geqslant 0,3456$
 e) $2^{2x+1} + 2^{2x+2} > 2^{1+2x} + 128$

22. A quantidade $f(x)$ de espécies de besouros catalogadas em um projeto é dada por $f(x) = 2^x + 16$, em que x representa o total de meses desse projeto. Seguindo esse ritmo, após quantos meses a quantidade de espécies catalogadas será maior do que 80?

23. Uma espécie de tulipa se reproduz de acordo com a lei de correspondência $p(t) = 40^t$, em que t representa o tempo, em ano, e $p(t)$ a quantidade total de pés dessa flor.

 a) Se para preencher uma área de 800 m² serão necessários 2 560 000 pés, quantos anos essa espécie de tulipa levará para preencher todo esse espaço?
 b) Determine em quantos anos as tulipas ocuparão uma área de 32 000 m².

24. Um grupo de 5 amigos fundou uma organização não governamental (ONG) para cuidar de crianças menores de 6 anos. O regulamento da ONG estabelece que cada integrante deve apresentar 2 novos integrantes ao final de cada semestre.

 a) Escreva a lei de correspondência da função f que relaciona a quantidade $f(x)$ de integrantes ao final de x semestres.
 b) Determine a quantidade de integrantes da ONG após o 4º semestre.
 c) Quanto tempo levará para que a ONG tenha 1 215 integrantes?

4. Situações modeladas por uma função exponencial

Funções exponenciais e as funções obtidas por composições dela são utilizadas para modelar situações tais como a quantidade ativa de remédio em certo organismo, crescimento populacional ou aplicações e dívidas financeiras.

Exercícios resolvidos

25. A bula de um medicamento informa que, após a ingestão de um comprimido, a cada hora, um sexto da substância ativa presente no organismo é eliminado. Considera-se que Reginaldo ingeriu um comprimido de 216 mg e, antes disso, não havia nenhuma quantidade de substância ativa desse medicamento em seu organismo.

a) Calcule a quantidade de substância ativa presente no organismo de Reginaldo 1, 2 e 3 horas após a ingestão do comprimido.

b) Expresse a quantidade $S(t)$ de substância ativa no organismo de Reginaldo t horas após a ingestão.

Resolução

a) Se a cada hora o organismo elimina $\frac{1}{6}$ da substância ativa do medicamento, então $\frac{5}{6}$ permanecem no organismo.

- Após 1 hora, há no organismo de Reginaldo $\frac{5}{6}$ de 216 mg, ou seja: $\frac{5}{6} \cdot 216$ mg = 180 mg

- Após 2 horas, há $\frac{5}{6}$ de 180 mg, ou seja:
$\frac{5}{6} \cdot 180$ mg = 150 mg

- Após 3 horas, há $\frac{5}{6}$ de 150 mg, ou seja:
$\frac{5}{6} \cdot 150$ mg = 125 mg

b) Para determinar quantos miligramas haverá no organismo 1 hora após a injeção do comprimido, multiplicamos a quantidade atual por $\frac{5}{6}$. O resultado obtido é a nova base de cálculo da substância ativa na próxima hora, e assim por diante. Então:

Tempo t (hora)	Quantidade $S(t)$ no organismo (miligrama)
1	$S(1) = 216 \cdot \frac{5}{6}$
2	$S(2) = 216 \cdot \frac{5}{6} \cdot \frac{5}{6} = 216 \cdot \left(\frac{5}{6}\right)^2$
3	$S(3) = 216 \cdot \left(\frac{5}{6}\right)^2 \cdot \frac{5}{6} = 216 \cdot \left(\frac{5}{6}\right)^3$

Portanto, a lei de correspondência que expressa $S(t)$ em função de t é:

$$S(t) = 216 \cdot \left(\frac{5}{6}\right)^t$$

26. Uma aplicação inicial de R$ 1 000,00 é corrigida por uma taxa de juro de 2% a cada período de três meses. Ao término de cada trimestre, o montante acumulado é a nova base de cálculo do período seguinte, ou seja, após o primeiro trimestre, o montante de R$ 1 020,00 (R$ 1 000,00 mais 2% de R$ 1 000,00) é a nova base de cálculo para o segundo período; ao término do segundo trimestre, o montante de R$ 1 040,40 (R$ 1 020,00 mais 2% de R$ 1 020,00) é a nova base de cálculo para o terceiro trimestre; e assim sucessivamente.

a) Expressar o montante $M(t)$ acumulado t trimestres após o início da aplicação.

b) Depois de quantos trimestres o montante acumulado é superior a R$ 1 100,00? Use: $1,02^5 = 1,1$.

Resolução

a) O novo montante gerado ao término de cada trimestre equivale a 102% (100% mais 2%) do montante anterior. Desse modo, atualizamos o valor da aplicação multiplicando-o pelo coeficiente $1,02$ $\left(102\% = \frac{102}{100} = 10,2\right)$. A tabela a seguir mostra o cálculo dos montantes nos 3 primeiros trimestres.

Tempo t (trimestre)	Cálculo	Montante $M(t)$ (real)
1	$M(1) = 1\,000 \cdot 1,02$	1 020,00
2	$M(2) = 1\,000 \cdot 1,02 \cdot 1,02 = 1\,000 \cdot 1,02^2$	1 040,40
3	$M(3) = 1\,000 \cdot 1,02^2 \cdot 1,02 = 1\,000 \cdot 1,02^3$	1 061,21

Logo, a lei de correspondência que expressa o montante $M(t)$ acumulado após t trimestres é:

$$M(t) = 1\,000 \cdot 1,02^t$$

b) Para determinar quando o montante acumulado é superior a R$ 1 100,00, resolvemos a inequação $M(t) > 1100$:

$M(t) > 1100 \Rightarrow 1\,000 \cdot 1,02^t > 1100 \Rightarrow$

$\Rightarrow 1,02^t > \frac{1\,100}{1\,000} \Rightarrow 1,02^t > 1,1 \Rightarrow$

$\Rightarrow 1,02^t > 1,02^5 \Rightarrow t > 5$

Logo, após 5 trimestres o montante acumulado é superior a R$ 1 100,00.

Exercícios propostos

27. Uma empresa de defensivos agrícolas constatou que a ação de um novo produto sobre determinada população de insetos em uma lavoura pode ser descrita por $P = P_0 \cdot 0{,}8^t$, sendo P_0 a população no início do tratamento e P a população após t dias de tratamento.

Considerando que em certa lavoura há, aproximadamente, 10 000 insetos, determine a população de insetos após 4 dias de tratamento.

28. Os microrganismos podem causar diversas doenças e até levar a óbito. Hábitos simples, como lavar as mãos e armazenar alimentos em locais apropriados, ajudam a evitar a contaminação humana pela alimentação.

Considere que uma espécie composta inicialmente de 20 microrganismos se prolifera rapidamente, triplicando sua população a cada hora.

a) Calcule a quantidade de indivíduos dessa população 1, 2 e 3 horas após o início da proliferação.

b) Descreva a população $P(t)$ do microrganismo t horas após o início da proliferação.

c) Quantas horas são necessárias para que essa população de 20 microrganismos atinja 43 740 indivíduos?

29. Mariana colocou 2 colheres de açúcar em um copo e, em seguida, despejou suco. A curva, que representa uma função exponencial, mostra quantos gramas de açúcar não são diluídos t minutos após o despejo do suco.

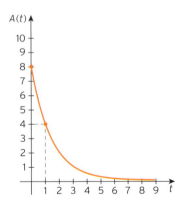

a) Quantos gramas de açúcar Mariana colocou no copo?

b) Qual é a quantidade de açúcar não diluído 1 minuto após Mariana despejar o suco?

c) Identifique abaixo qual é a lei de correspondência que expressa a quantidade $A(t)$ de açúcar não diluído t minutos após Mariana colocar o suco.

- $A(x) = 8 \cdot \left(\dfrac{1}{4}\right)^x$
- $A(x) = 2^{4-2x}$
- $A(x) = 16 \cdot 4^{-x}$
- $A(x) = 8 \cdot \left(\dfrac{1}{2}\right)^x$

d) Quantos minutos após Mariana despejar o suco a quantidade de açúcar não diluído é inferior a 1 grama?

30. Marta comprou um carro novo por R$ 30 000,00. Ela sabe que, a cada ano, o preço de tabela desse automóvel desvaloriza 10% em relação ao valor do ano anterior.

a) Calcule o valor desse automóvel 1, 2 e 3 anos após a compra.

b) Descreva o valor $V(t)$ desse veículo t anos após a compra.

c) Marta vendeu esse carro por R$ 17 714,70. Considerando que a desvalorização ocorreu apenas pelo tempo de uso, quantos anos ela ficou com o carro?

31. Resolva a situação apresentada a seguir. A função exponencial representada abaixo retrata a quantidade, em miligrama, de uma substância química presente na corrente sanguínea de João t horas após a ingestão de um medicamento.

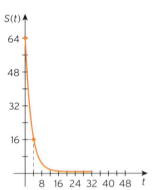

Sabe-se que, antes da ingestão do medicamento, não havia nenhuma quantidade dessa substância no organismo de João.

a) João ingeriu quantos miligramas da substância?

b) Quantas horas após a ingestão do medicamento a quantidade dessa substância química presente na corrente sanguínea de João é inferior a 16 miligramas?

c) A bula do medicamento diz que a meia-vida dessa substância é de t horas, o que significa que, a cada t horas, a quantidade de substância química no organismo é reduzida pela metade. Qual é o valor de t?

d) Determine a lei de correspondência que expressa a quantidade $S(t)$ dessa substância química presente na corrente sanguínea de João t horas após a ingestão do medicamento.

e) Quantas horas depois da ingestão do medicamento a quantidade de substância presente no organismo de João é 1 miligrama?

Exercícios complementares

32. Simplifique as expressões a seguir, escrevendo-as em uma só potência.

a) $9^8 \cdot 9^{10}$

b) $\left(\dfrac{5}{6}\right)^{20} : \left(\dfrac{5}{6}\right)^{5}$

c) $(7^6)^8$

d) $\dfrac{(a \cdot b)^n}{a^n}$

33. Nesta tabela, apresentam-se alguns valores para x e y.

x	y
0	1
1	2
2	4
4	16

Determine a lei de correspondência de uma função exponencial f tal que $y = f(x)$.

34. Em um lago, havia as espécies A e B de peixes. O desenvolvimento da população da espécie A está representado a seguir em azul, e o da população da espécie B, em laranja. Os valores de x representam a quantidade de semanas, e os valores de y, a quantidade de peixes presentes no lago.

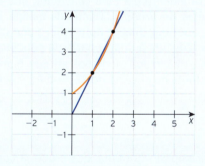

a) O crescimento populacional da espécie A pode ser expresso por uma função afim, e o da espécie B, por uma função exponencial. Determine a lei de correspondência dessas funções.

b) Em alguns momentos, a população da espécie A é maior do que a da espécie B. Represente essa situação por uma inequação e, em seguida, indique o conjunto solução de acordo com o gráfico.

35. O carbono 14 é um isótopo radioativo presente em todos os seres vivos, cuja meia-vida é por volta de 5 730 anos. O nível de carbono 14 se mantém constante nos seres vivos e, após sua morte, começa a decair. Verifica-se, portanto, que existe uma relação entre o decaimento e o tempo após a morte. Considere que essa relação seja a função dada por $f(t) = a \cdot \left(\dfrac{1}{2}\right)^{\frac{t}{5730}}$, em que a representa a quantidade de radiação emitida por um ser vivo, e $f(t)$ representa a quantidade de radiação após o tempo t de sua morte, em anos. Se um ser vivo emite 896 partículas beta de radiação por grama/hora, determine quanto tempo após sua morte estará emitindo 14 partículas beta de radiação por grama/hora.

36. Classifique cada função descrita abaixo em crescente ou decrescente.

a) $f(x) = -5^x$

b) $f(x) = (\sqrt{3})^x$

c) $f(x) = (0{,}1)^x$

d) $f(x) = \left(\dfrac{9}{4}\right)^x$

37. Na primeira observação de uma cultura de bactérias, verificou-se que havia 3 000 bactérias e, após 1 hora, a quantidade havia aumentado para 60 000. Sabe-se que essa cultura cresce de acordo com a função dada por $P(x) = P_0 \cdot a^x$, em que P_0 é a quantidade inicial de bactérias, a é uma constante e x é o tempo, em hora, transcorrido após o início da observação.

a) Determine o valor da constante a.

b) Calcule quantas bactérias havia após 3 horas de observação.

c) Determine quantas horas haviam transcorrido quando foram contabilizadas, nessa cultura, 192 000 000 000 de bactérias.

38. O uso humano de várias partes do corpo das baleias-francas promoveu a morte de milhares desses animais, o que quase dizimou sua população. Hoje, com sua pesca comercial proibida e os programas ambientais desenvolvidos, a população dessa espécie, que vive na região da Antártida e migra para áreas de invernagem próximas à Argentina, ao Brasil e ao sul da África, tem tido uma recuperação espetacular. A quantidade de indivíduos dessa população vem aumentando 7% ao ano.

Fonte de pesquisa: Revista *National Geographic Brasil*, n. 103, out. 2008.

Baleia-franca-austral.

a) Considerando que hoje existem na região da Antártida por volta de 10 000 baleias dessa espécie, escreva uma lei de correspondência que relacione a quantidade de indivíduos dessa população nos próximos anos.

b) Calcule quantas baleias haverá aproximadamente daqui a 10 anos se essa taxa de crescimento for mantida.

Exercícios complementares

39. Resolva as equações a seguir.

a) $8^{x^2+1} = 16^{\frac{15}{2}}$

b) $\sqrt[5]{2^x} = \frac{1}{32}$

c) $7^{|x|} = 49^3$

d) $(4^x)^x = 512$

e) $5^{x-5} = 125^{1-x}$

f) $0{,}25^x = 2$

g) $7^{4x-x^2} = 1$

h) $1 + \frac{3^x - 1}{3^x} = -1$

40. Verifique se as afirmações abaixo são verdadeiras ou falsas e justifique.

a) $5^{\sqrt{3}} > 5^{\sqrt{6}}$

b) $6^{\sqrt{2}} > 4^{\sqrt{12}}$

c) $-3^{\sqrt{2}} < -4^{\sqrt{8}}$

d) $2^{-\sqrt{5}} < 3^{-\sqrt{2}}$

41. A quantidade de computadores infectados por um vírus que se propaga automaticamente através do correio eletrônico cresce de acordo com a função dada por $f(t) = 100 \cdot 50^t$, em que t representa o tempo de propagação do vírus, em hora, e $f(t)$ representa a quantidade de computadores infectados. Quantos computadores estarão infectados após 2 horas de atuação desse vírus?

42. Resolva as equações e inequações a seguir.

a) $7^x = \frac{1}{49}$

b) $9^x \leq 729$

c) $\frac{8^x}{32} < 1$

d) $3^x \cdot 81 = \frac{1}{27}$

e) $2^{x+1} - 2^{x-2} = 14$

f) $4^x < -4^{x+1}$

43. Considere as seguintes condições.

I. f é uma função exponencial definida no conjunto dos números reais tal que $f(x) = a^x$.

II. $f(2) = 9$

a) Escreva a lei de correspondência da função f.

b) Calcule o valor de $f(7)$.

c) Construa o gráfico da função f.

d) Determine o domínio e o conjunto imagem dessa função.

44. No plano cartesiano a seguir foram representadas duas funções.

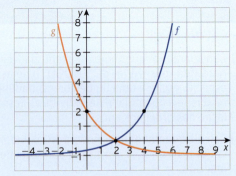

A curva laranja é a representação gráfica da função $g(x) = -1 + (\sqrt{3})^{-x+2}$, e a curva azul representa a função $f(x) = a + (\sqrt{3})^{x+b}$.

Determine os valores de a e b.

45. Construa, no mesmo plano cartesiano, o gráfico das funções f, g e h definidas pelas leis $f(x) = 2^x$, $g(x) = x^2$ e $h(x) = x$, $x \in \mathbb{R}_+$.

a) Pelo gráfico, compare os valores de $f(3)$, $g(3)$ e $h(3)$.

b) Compare os valores de $f(5)$, $g(5)$ e $h(5)$.

c) Compare os valores de $f(10)$, $g(10)$ e $h(10)$.

d) Qual função cresce mais rapidamente?

e) Algumas pessoas costumam usar uma expressão dizendo que algo "cresce exponencialmente". Qual é o sentido dessa expressão?

46. (EsPCEx-SP) Na pesquisa e desenvolvimento de uma nova linha de defensivos agrícolas, constatou-se que a ação do produto sobre a população de insetos em uma lavoura pode ser descrita pela expressão $N(t) = N_0 \cdot 2^{kt}$, sendo N_0 a população no início do tratamento, $N(t)$ a população após t dias de tratamento e k uma constante, que descreve a eficácia do produto. Dados de campo mostraram que, após dez dias de aplicação, a população havia sido reduzida à quarta parte da população inicial. Com estes dados, podemos afirmar que o valor da constante de eficácia deste produto é igual a:

a) 5^{-1}

b) -5^{-1}

c) 10

d) 10^{-1}

e) -10^{-1}

47. (Unicamp-SP) Em uma xícara que já contém certa quantidade de açúcar, despeja-se café. A curva a seguir representa a função exponencial $M(t)$, que fornece a quantidade de açúcar não dissolvido (em gramas), t minutos após o café ser despejado.

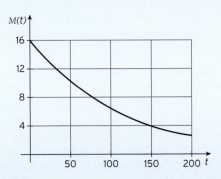

Pelo gráfico, podemos concluir que:

a) $M(t) = 2^{4-\frac{t}{75}}$

b) $M(t) = 2^{4-\frac{t}{50}}$

c) $M(t) = 2^{5-\frac{t}{50}}$

d) $M(t) = 2^{5-\frac{t}{150}}$

Logaritmo e função logarítmica

CAPÍTULO 8

TERREMOTO NA GUATEMALA — 7 nov. 2012

Fonte de pesquisa: G1. Disponível em: <http://g1.globo.com/mundo/noticia/2012/11/numero-de-mortos-em-terremoto-na-guatemala-passa-de-29.html>. Acesso em: 6 mar. 2015.

Módulos

1. Logaritmo
2. Propriedades operatórias dos logaritmos
3. A calculadora e os logaritmos
4. Função logarítmica
5. Equação logarítmica e inequação logarítmica

Para começar

Geralmente a magnitude de um terremoto é medida pela escala Richter. Os números dessa escala representam os expoentes de potências de base 10 (10^1, 10^2, 10^3, ...). Desse modo, a variação de uma unidade na magnitude significa que a amplitude da onda sísmica é dez vezes a anterior ou um décimo da posterior.

| Escala Richter || Possíveis efeitos associados ao terremoto |
Magnitude	Amplitude	
1	10^1	Não é sentido, mas pode ser registrado.
3	10^3	Lustres podem balançar. A vibração é igual à de um caminhão em movimento.
5	10^5	É percebido por todos. As pessoas caminham com dificuldade e alguns móveis podem virar.
7	10^7	Danos às fundações dos prédios, em represas e pontes.
9	10^9	Grandes pedaços de rocha são deslocados, causando destruição total.

Ainda que cada terremoto tenha magnitude única, os efeitos de cada abalo sísmico variam, dependendo da distância ao epicentro, das condições do terreno e das edificações, entre outros fatores.

Fonte de pesquisa: Portal São Francisco. Disponível em: <http://www.portalsaofrancisco.com.br/alfa/terremotos/terremotos-4.php>. Acesso em: 6 mar. 2015.

1. Qual foi a amplitude da onda sísmica do terremoto que ocorreu na Guatemala?
2. Se um sismógrafo registrar que a amplitude de uma onda sísmica é 100 000, quais seriam as possíveis consequências desse terremoto?
3. Nas ilhas Vanuatu, Pacífico Sul, no dia 2 de dezembro de 2012, foi registrado um terremoto de aproximadamente 6,4 graus na escala Richter. Quantas vezes a amplitude da onda sísmica foi maior na Guatemala, quando comparada com a das ilhas Vanuatu?

1. Logaritmo

O decibel (dB) é a unidade de medida de uma escala que indica o nível de intensidade da sensação sonora. A escala decibel apresenta características diferentes das características das escalas lineares.

O menor som audível pelo ser humano, próximo ao silêncio total, é de 0 dB (10^0). Um som 10 vezes mais intenso do que o próximo ao silêncio total tem 10 dB (10^1), um som 100 vezes mais intenso tem 20 dB (10^2) e, analogamente, um som 1 000 vezes mais intenso tem 30 dB (10^3).

Situações cotidianas e níveis de intensidade sonora (dB)							
Situação analisada	limiar de audição	falar sussurrando	conversa normal até 1 m de distância	rua muito movimentada	serra elétrica	limiar da dor	turbina de avião a jato
Nível de intensidade sonora (dB)	0	20	60	90	110	120	140

Ilustrações: AMj Studio/ID/BR

Isso acontece porque a intensidade do som é medida por uma **escala logarítmica**, isto é, que utiliza o **logaritmo** da grandeza em sua construção.

Há outras escalas logarítmicas, por exemplo, a Richter, apresentada na página anterior, que mede a intensidade dos terremotos, e a escala da magnitude estelar, que indica o brilho das estrelas.

■ Definição de logaritmo

Define-se:

> Dados os números reais positivos a e b, com $a \neq 1$, o **logaritmo** de b na base a é o número real x tal que $a^x = b$.

O logaritmo de b na base a é denotado por $\log_a b = x$, em que b é denominado **logaritmando** e a é a **base**. Assim:

$$\log_a b = x \Leftrightarrow a^x = b$$

Observa-se que há uma relação entre a potenciação e o logaritmo. Por exemplo, para calcular o logaritmo de 25 na base 5, $\log_5 25$, determina-se o número x tal que $5^x = 25$. Logo: $\log_5 25 = 2$

Do mesmo modo, como $\log_5 25 = 2$, então: $5^2 = 25$

Exemplos

- $\log_{\frac{1}{2}} 8 = -3$, pois $\left(\dfrac{1}{2}\right)^{-3} = 8$ • $\log_7 \sqrt{7} = \dfrac{1}{2}$, pois $7^{\frac{1}{2}} = \sqrt{7}$

■ Restrições para a existência do logaritmo

As restrições para a base e para o logaritmando do logaritmo $\log_a b$ garantem que ele exista e seja único. Em outras palavras, essas são as condições para a existência do logaritmo:
- a base tem de ser um número real positivo e diferente de 1;
- o logaritmando tem de ser um número real positivo.

Observação

Logaritmos de base 10 são denominados **logaritmos decimais**. Nesses logaritmos, pode-se omitir a base; por exemplo, $\log_{10} 5$ pode ser representado por $\log 5$.

$\overbrace{\log_a}^{\text{logaritmando}} b = x$ ——— logaritmo de b na base a
base

■ Cálculo mental

Calcule os valores dos seguintes logaritmos:
- $\log_2 8$
- $\log_7 49$

■ Para refletir

Utilizando a definição de logaritmo, explique por que não são definidos os seguintes logaritmos:
- $\log_1 8$
- $\log_{(-4)} 8$
- $\log_4 (-16)$

Capítulo 8 ■ Logaritmo e função logarítmica

136

Consequências da definição de logaritmo

1ª consequência: $\log_a 1 = 0$
O logaritmo de 1 em qualquer base é 0, pois $a^0 = 1$.

2ª consequência: $\log_a a = 1$
O logaritmo cuja base e logaritmando são iguais é 1, pois $a^1 = a$.

3ª consequência: $\log_a (a^n) = n$
O logaritmo cujo logaritmando é uma potência da base é igual ao expoente, pois $a^n = a^n$, para todo n.

4ª consequência: $a^{\log_a b} = b$
a elevado ao logaritmo de b na base a é b, pois:
$\log_a b = x \Rightarrow a^x = b \Rightarrow a^{\log_a b} = b$

5ª consequência: $\log_a x = \log_a y \Rightarrow x = y$
Se dois logaritmos de bases iguais são iguais, então seus logaritmandos são iguais, pois, pela definição, $\log_a x = \log_a y \Rightarrow a^{\log_a y} = x$ e, pela 4ª consequência, conclui-se que $y = x$.

Exemplos

- $\log_5 1 = 0$
- $\log_9 9 = 1$
- $\log_8 8^5 = 5$
- $11^{\log_{11} 7} = 7$
- $\log_a b = \log_a 15 \Rightarrow b = 15$

Exercícios resolvidos

1. Calcule os valores dos logaritmos a seguir.
a) $\log_2 128$
b) $\log_4 \left(\dfrac{1}{64}\right)$
c) $\log_{25} 125$
d) $\log_{\frac{1}{27}} 81$

Resolução
a) $\log_2 128 = x \Rightarrow 2^x = 128 \Rightarrow 2^x = 2^7 \Rightarrow x = 7$
Assim: $\log_2 128 = 7$

b) $\log_4 \left(\dfrac{1}{64}\right) = x \Rightarrow 4^x = \dfrac{1}{64} \Rightarrow 4^x = 4^{-3} \Rightarrow x = -3$
Assim: $\log_4 \dfrac{1}{64} = -3$

c) $\log_{25} 125 = x \Rightarrow 25^x = 125 \Rightarrow 5^{2x} = 5^3 \Rightarrow$
$\Rightarrow 2x = 3 \Rightarrow x = \dfrac{3}{2}$
Assim: $\log_{25} 125 = \dfrac{3}{2}$

d) $\log_{\frac{1}{27}} 81 = x \Rightarrow \left(\dfrac{1}{27}\right)^x = 81 \Rightarrow 3^{-3x} = 3^4 \Rightarrow$
$\Rightarrow -3x = 4 \Rightarrow x = -\dfrac{4}{3}$
Assim: $\log_{\frac{1}{27}} 81 = -\dfrac{4}{3}$

2. Determine o número real x tal que:
$x = \log_{0,01} 10 + \log_3 \dfrac{1}{27}$

Resolução
Pela definição de logaritmo, obtemos:
- $\log_{0,01} 10 = a \Rightarrow (0,01)^a = 10 \Rightarrow (10^{-2})^a = 10 \Rightarrow$
$\Rightarrow 10^{-2a} = 10 \Rightarrow -2a = 1 \Rightarrow a = -\dfrac{1}{2}$
- $\log_3 \dfrac{1}{27} = b \Rightarrow 3^b = \dfrac{1}{27} \Rightarrow 3^b = 3^{-3} \Rightarrow b = -3$

Então:
$x = \log_{0,01} 10 + \log_3 \dfrac{1}{27} = a + b = -\dfrac{1}{2} - 3 = -\dfrac{7}{2}$

3. Elabore uma escala logarítmica para representar em uma reta a quantidade de pessoas em cada um dos ambientes citados abaixo.

Ambiente	Quantidade de pessoas
reunião	10
festa	100
empresa	1 000
show	10 000
cidade	100 000
estado	1 000 000

Resolução
Escrevemos a quantidade de pessoas em cada ambiente como potência de base 10:
10^1, 10^2, 10^3, 10^4, 10^5 e 10^6.
Utilizando o logaritmo decimal dessas potências, elaboramos uma escala com expoentes 1, 2, 3, 4, 5 e 6.

Ambiente	Quantidade de pessoas
reunião	$\log 10^1 = 1$
festa	$\log 10^2 = 2$
empresa	$\log 10^3 = 3$
show	$\log 10^4 = 4$
cidade	$\log 10^5 = 5$
estado	$\log 10^6 = 6$

Desse modo, o acréscimo de 1 unidade nessa escala indica que a quantidade de pessoas é 10 vezes maior do que a quantidade anterior. A representação em uma reta é dada a seguir:

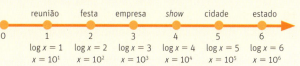

137

4. Considere que a população de uma cidade é de 500 000 pessoas e que essa população dobre a cada década. Se for mantido esse crescimento, em quantas décadas essa população atingirá 3 000 000 pessoas? (Adote: $\log_2 6 \cong 2,6$)

Resolução

Podemos representar a população dessa cidade por $500\,000 \cdot 2^t$, em que t é a quantidade de décadas.

Assim, essa população atingirá 3 000 000 pessoas quando $500\,000 \cdot 2^t = 3\,000\,000$. Resolvemos essa equação exponencial:

$$500\,000 \cdot 2^t = 3\,000\,000 \Rightarrow 2^t = \frac{3\,000\,000}{500\,000} \Rightarrow$$

$$\Rightarrow 2^t = 6 \Rightarrow t = \log_2 6 \cong 2,6$$

Logo, a população atingirá 3 000 000 pessoas em aproximadamente 2,6 décadas.

Exercícios propostos

5. Transforme as igualdades a seguir em equações exponenciais.

a) $\log_4 16 = x$

b) $\log_{\frac{1}{2}} 0,25 = x$

c) $\log_4 1 = x$

d) $\log_2 \left(\dfrac{1}{5} \right) = x$

6. Determine o valor de x em cada item e utilize a notação de logaritmos para indicar a resposta.

a) $5^x = 25$

b) $\left(\sqrt{6} \right)^x = 216$

c) $8^x = 512$

d) $\left(\dfrac{2}{3} \right)^x = \dfrac{4}{9}$

7. Determine o valor de cada logaritmo a seguir.

a) $\log_6 36$

b) $\log_2 64$

c) $\log_{0,3} 0,0081$

d) $\log_8 8$

e) $\log_{49} 7$

f) $\log_{\frac{3}{5}} \left(\dfrac{27}{125} \right)$

g) $\log_{16} (4^5)$

h) $\log_9 1$

i) $20^{\log_{20} 3}$

j) $\log_3 (3^2)$

k) $\log_2 0,0625$

l) $\log_2 0,125$

8. A massa de certo elemento químico é reduzida pela metade a cada século. Considerando uma massa inicial de 500 g, após quantos anos esse elemento terá 40 g? (Adote: $\log_{0,5} 0,08 \cong 3,64$)

9. Elabore uma escala logarítmica para representar, sobre uma reta, as seguintes distâncias entre dois elementos:

Elementos	Distância (m)
pessoas	1
carros	5
casas	25
ruas	125
bairros	625
cidades	3 125
países	15 625

Dados fictícios

10. Um grupo de pesquisadores observou que a quantidade P de indivíduos da população de determinada espécie de insetos em uma floresta, após t anos, pode ser expressa por $P = 1000 \cdot 3^t$.

a) Calcule a quantidade de indivíduos dessa população após 1 ano.

b) Quantos anos após esse estudo a população de insetos terá 20 500 indivíduos?
(Adote: $\log_3 20,5 \cong 2,75$)

11. Determine o valor de cada expressão a seguir.

a) $\log_3 27 + \log_2 16$

b) $\log_{25} 125 + \log_6 36 - \log_2 \left(\dfrac{1}{4} \right)$

c) $3^{\log_3 36}$

d) $\dfrac{\log_{\sqrt{2}} 8 + \log_{10} 0,0001}{\log_{10} 100}$

e) $\dfrac{\log_{\frac{7}{4}} \left(\dfrac{49}{16} \right) \cdot \log_{\frac{4}{7}} \left(\dfrac{64}{343} \right)}{\log_{1,75} \left(\dfrac{2\,401}{256} \right)}$

f) $\dfrac{(-2)^2 + \sqrt[3]{-8}}{\left(\dfrac{7}{2} + \log_2 32 \right)^0 - \log_2 32}$

12. Considerando $\log 2 = 0,301$, $\log 3 = 0,477$, $\log 5 = 0,698$ e $\log 7 = 0,845$, determine o valor de x em cada item a seguir.

a) $\dfrac{10^x}{10^3} = 5$

b) $\dfrac{10^x \cdot 10}{10^{-2}} = 2$

c) $\dfrac{10^{\frac{1}{2}} \cdot 10^{3x}}{10^5} = 7$

d) $\dfrac{100^x \cdot (10^3)^2}{10^{3x}} = 3$

13. O gelo-seco é composto de CO_2 (dióxido de carbono) solidificado à temperatura aproximada de -79 °C. O simples contato com o ar ou com a água, em temperatura ambiente, faz o CO_2 passar direto para o estado gasoso. Supondo que uma barra de 40 g de gelo-seco solidificado perca 20% da massa a cada 10 min, quanto tempo, aproximadamente, levará para essa barra ter metade de sua massa? $\left(\text{Use: } \log_{\frac{4}{5}} \left(\dfrac{1}{2} \right) = 3,106. \right)$

14. Determine o valor de $\dfrac{a}{b}$, com $b > 0$, sabendo que $a = \log_{\sqrt{2}} \left(\dfrac{1}{128} \right)$ e $b = \log_{\sqrt{3}} 81$.

2. Propriedades operatórias dos logaritmos

O logaritmo surgiu há anos como mecanismo operacional, por causa da utilização de propriedades operatórias que facilitam a resolução de algumas situações-problema. A seguir são apresentadas essas propriedades, que são válidas sempre que atenderem às condições de existência dos logaritmos envolvidos.

1ª propriedade: logaritmo de um produto

O logaritmo do produto de dois números reais positivos em determinada base é igual à soma dos logaritmos de cada um deles, mantendo-se a mesma base.

$$\log_a (x \cdot y) = \log_a x + \log_a y$$

Demonstração

Consideram-se os seguintes logaritmos:
$\log_a x = m \Rightarrow a^m = x$ (I)
$\log_a y = n \Rightarrow a^n = y$ (II)
$\log_a (x \cdot y) = p \Rightarrow a^p = x \cdot y$ (III)

Substituem-se (I) e (II) em (III): $a^p = a^m \cdot a^n \Rightarrow a^p = a^{m+n} \Rightarrow p = m + n$
Como $p = \log_a (x \cdot y)$, $m = \log_a x$, $n = \log_a y$ e $p = m + n$, então:
$\log_a x + \log_a y = \log_a (x \cdot y)$

Exemplos

- $\log_3 (27 \cdot 81) = \log_3 27 + \log_3 81 = 3 + 4 = 7$
- $\log 4\,000 = \log (4 \cdot 1000) = \log 4 + \log 1000 = (\log 4) + 3$

2ª propriedade: logaritmo de um quociente

O logaritmo do quociente de dois números reais positivos em determinada base é igual à diferença dos logaritmos de cada um deles, mantendo-se a mesma base.

$$\log_a \left(\frac{x}{y}\right) = \log_a x - \log_a y$$

Demonstração

Consideram-se os seguintes logaritmos:
$\log_a x = m \Rightarrow a^m = x$ (I)
$\log_a y = n \Rightarrow a^n = y$ (II)
$\log_a \left(\frac{x}{y}\right) = p \Rightarrow a^p = \left(\frac{x}{y}\right)$ (III)

Substituem-se (I) e (II) em (III): $a^p = \frac{a^m}{a^n} \Rightarrow a^p = a^{m-n} \Rightarrow p = m - n$

Como $p = \log_a \left(\frac{x}{y}\right)$, $m = \log_a x$, $n = \log_a y$ e $p = m - n$, então:
$\log_a x - \log_a y = \log_a \left(\frac{x}{y}\right)$

Exemplos

- $\log_4 \left(\frac{256}{64}\right) = \log_4 256 - \log_4 64 = 4 - 3 = 1$
- $\log \left(\frac{4 \cdot 3}{5}\right) = \log (4 \cdot 3) - \log 5 = \log 4 + \log 3 - \log 5$
- $\log_{11} \left(\frac{1}{121}\right) = \log_{11} 1 - \log_{11} 121 = 0 - 2 = -2$

Caso particular

Fazendo $x = 1$ na 2ª propriedade, obtém-se:
$\log_a \left(\frac{1}{y}\right) = \log_a 1 - \log_a y = 0 - \log_a y = -\log_a y$

Exemplos

- $\log_5 \left(\frac{1}{125}\right) = -\log_5 125 = -3$
- $\log \left(\frac{1}{100}\right) = -\log 100 = -2$

Um pouco de história

Repercussão dos logaritmos

A maravilhosa invenção de Napier [1550-1617] foi entusiasticamente adotada por toda [a] Europa. Na astronomia, em particular, já estava passando da hora para essa descoberta; pois como afirmou Laplace [1749-1827], a invenção dos logaritmos "ao diminuir o trabalho, dobrou a vida dos astrônomos". [...]

Em 1971, a Nicarágua lançou uma série de selos postais para homenagear as "dez fórmulas matemáticas mais importantes do mundo". Cada selo estampa uma fórmula particular acompanhada de uma ilustração e traz também um comentário breve em espanhol sobre a importância da fórmula. Um dos selos é dedicado aos logaritmos de Napier.

Eves, H. *Introdução à história da Matemática*. Trad. Hygino H. Domingues. Campinas: Ed. da Unicamp, 2004. p. 346-7.

Selo *Lei de Napier sobre os logaritmos*.

Para recordar

Propriedades da potência

Dados os números reais a, m e n ($a \neq 0$), tem-se:
- $a^m \cdot a^n = a^{m+n}$
- $\frac{a^m}{a^n} = a^{m-n}$
- $(a^m)^n = a^{m \cdot n}$

Exercícios resolvidos

15. Dados os valores aproximados $\log 2 \cong 0,3$ e $\log 3 \cong 0,5$, calcular o valor de cada logaritmo:

a) $\log 6$ c) $\log 12$

b) $\log 1,5$ d) $\log 5$

Resolução

a) $\log 6 \cong \log (2 \cdot 3) = \log 2 + \log 3 \cong$
$\cong 0,3 + 0,5 = 0,8$

b) $\log 1,5 \cong \log (3 : 2) = \log 3 - \log 2 \cong$
$\cong 0,5 - 0,3 = 0,2$

c) $\log 12 \cong \log (2 \cdot 2 \cdot 3) = \log 2 + \log 2 + \log 3 \cong$
$\cong 0,3 + 0,3 + 0,5 = 1,1$

d) $\log 5 \cong \log (10 : 2) = \log 10 - \log 2 \cong$
$\cong 1 - 0,3 = 0,7$

16. Determinar o valor de $\log_7 \left(\dfrac{7}{a^2 \cdot b} \right)$ conhecendo os seguintes valores:

$$\log_7 a = -4 \text{ e } \log_7 b = 5$$

Resolução

$\log_7 \left(\dfrac{7}{a^2 \cdot b} \right) = \log_7 7 - \log_7 (a \cdot a \cdot b) =$

$= 1 - (\log_7 a + \log_7 a + \log_7 b) =$

$= 1 - (-4 - 4 + 5) = 1 - (-3) = 4$

Exercícios propostos

17. Considerando $\log_2 2 = a$ e $\log_2 3 = b$, classifique cada igualdade a seguir em verdadeira ou falsa.

a) $\log_2 6 = a + b$

b) $\log_2 12 = 2a + b$

c) $\log_2 \left(\dfrac{3}{2} \right) = a - b$

d) $\log_2 \left(\dfrac{4}{9} \right) = \dfrac{a}{b}$

e) $\dfrac{\log_2 2}{\log_2 3} = \log_2 a - \log_2 b$

f) $\log_2 \left(\dfrac{2}{3} \right) = 1 - b$

18. Considerando $\log a = 0,699$, $\log b = 0,903$ e $\log c = 0,778$, determine o valor de cada logaritmo abaixo:

a) $\log (a \cdot b)$ d) $\log \left(\dfrac{a}{b} \right)$

b) $\log (a \cdot b \cdot c)$ e) $\log \left(\dfrac{a}{b} \right) + \log \left(\dfrac{b}{c} \right)$

c) $\log (a^2)$ f) $\log \left(\dfrac{1}{a \cdot b} \right)$

19. Determine o valor de cada logaritmo a seguir, adotando $\log_3 2 = 0,6$ e $\log_3 5 = 1,4$.

a) $\log_3 10$ e) $\log_3 50 + \log_3 10$

b) $\log_3 20$ f) $\log_3 2 \cdot \log_3 5$

c) $\log_3 \left(\dfrac{2}{5} \right)$ g) $\log_3 \left(\dfrac{2}{5} \right) - \log_3 \left(\dfrac{5}{2} \right)$

d) $\log_3 \left(\dfrac{25}{4} \right)$ h) $\log_3 \sqrt{\dfrac{25}{16}}$

20. Determine o valor de cada expressão a seguir.

a) $\log \left(\dfrac{1}{3} \right) + \log 4 - \log \left(\dfrac{4}{3} \right)$

b) $\log 5 - \log \left(\dfrac{1}{5} \right)$

c) $\log \left(\dfrac{1}{2} \right) + \log \left(\dfrac{1}{2} \right)$

21. Sabendo que $\log a + \log b = x$, determine os valores das expressões abaixo em função de x.

a) $\log \left(\dfrac{1}{a} \right) + \log \left(\dfrac{1}{b} \right)$

b) $\log \left(\dfrac{10}{a} \right) + \log \left(\dfrac{100}{b} \right)$

22. Considerando $\log 3 = 0,477$ e $\log 2 = 0,301$, acompanhe a resolução de uma expressão feita por um grupo de alunos:

$\dfrac{1}{2} \cdot \left[\dfrac{\log \left(\dfrac{27}{8} \right)}{\log (6)} \right] + 1 = \dfrac{1}{2} \cdot \left[\dfrac{\log \left(\dfrac{3}{2} \cdot \dfrac{3}{2} \cdot \dfrac{3}{2} \right)}{\log (2 \cdot 3)} \right] + 1 =$

$= \dfrac{1}{2} \cdot \left[\dfrac{\log \left(\dfrac{3}{2} \right) + \log \left(\dfrac{3}{2} \right) + \log \left(\dfrac{3}{2} \right)}{\log 2 + \log 3} \right] + 1 =$

$= \dfrac{1}{2} \cdot \left[\dfrac{3 \cdot \log \left(\dfrac{3}{2} \right)}{\log 2 + \log 3} \right] + 1 = \dfrac{1}{2} \cdot \left[\dfrac{3 \cdot (\log 3 + \log 2)}{\log 2 + \log 3} \right] + 1 =$

$= \dfrac{1}{2} \cdot \left[\dfrac{3 \cdot (0,301 + 0,477)}{0,301 + 0,477} \right] + 1 = \dfrac{1}{2} \cdot \left(\dfrac{3 \cdot 0,778}{0,778} \right) + 1 =$

$= \dfrac{1}{2} \cdot 3 + 1 = \dfrac{5}{2}$

Verifique se eles resolveram a expressão corretamente. Caso contrário, indique em qual passagem os alunos erraram e resolva a expressão corretamente.

3ª propriedade: logaritmo de uma potência

O logaritmo de uma potência de base positiva é igual ao produto do expoente pelo logaritmo da base da potência mantendo-se a base do logaritmo.

$$\log_a (x^y) = y \cdot \log_a x$$

Demonstração

Consideram-se os seguintes logaritmos:

$\log_a (x^y) = m \Rightarrow a^m = x^y$ (I) $\qquad \log_a x = p \Rightarrow a^p = x$ (II)

Substitui-se (II) em (I): $a^m = (a^p)^y \Rightarrow a^m = a^{py} \Rightarrow m = p \cdot y$

Como $m = \log_a (x^y)$ e $p = \log_a x$, tem-se:

$\log_a (x^y) = p \cdot y \Rightarrow \log_a (x^y) = (\log_a x) \cdot y \Rightarrow \log_a (x^y) = y \cdot \log_a x$

Exemplos

- $\log_6 (216^5) = 5 \cdot \log_6 216 = 5 \cdot 3 = 15$
- $\log (100^3) = 3 \cdot \log 100 = 3 \cdot 2 = 6$

Caso particular

Para facilitar alguns cálculos, pode-se utilizar essa propriedade quando o logaritmando for uma raiz definida em $\mathbb{R}$: $\log_a \sqrt[y]{x} = \log_a \left(x^{\frac{1}{y}}\right) = \frac{1}{y} \cdot \log_a x$

Exemplos

- $\log_2 \sqrt[3]{512} = \log_2 \left(512^{\frac{1}{3}}\right) = \frac{1}{3} \cdot \log_2 512 = \frac{1}{3} \cdot 9 = 3$
- $\log \sqrt{10} = \log \left(10^{\frac{1}{2}}\right) = \frac{1}{2} \cdot \log 10 = \frac{1}{2} \cdot 1 = \frac{1}{2}$

4ª propriedade: mudança de base

Pode-se mudar a base de um logaritmo para outra base do seguinte modo:

$$\log_a b = \frac{\log_c b}{\log_c a}$$

Demonstração

Consideram-se os seguintes logaritmos:

$\log_c b = m \Rightarrow c^m = b$ (I) $\quad \log_c a = n \Rightarrow c^n = a$ (II) $\quad \log_a b = p \Rightarrow a^p = b$ (III)

Substitui-se (I) em (III): $a^p = c^m$ (IV)

Substitui-se (II) em (IV): $(c^n)^p = c^m \Rightarrow c^{n \cdot p} = c^m \Rightarrow n \cdot p = m \Rightarrow p = \frac{m}{n}$

Então: $\log_a b = \dfrac{\log_c b}{\log_c a}$

Exemplos

- $\log_{100} 1000 = \dfrac{\log_{10} 1000}{\log_{10} 100} = \dfrac{3}{2}$

- $\log_{1000} 4 = \dfrac{\log_{10} 4}{\log_{10} 1000} = \dfrac{\log_{10} 4}{3} = \dfrac{1}{3} \cdot \log_{10} 4$

Caso particular

Escolhendo o valor da nova base igual ao valor do logaritmando, obtém-se

$\log_a b = \dfrac{\log_b b}{\log_b a} = \dfrac{1}{\log_b a}$. Portanto: $\log_a b \cdot \log_b a = 1$

Exemplos

- $\log_{343} 7 = \dfrac{1}{\log_7 343} = \dfrac{1}{3}$ $\qquad$ • $\log_{25} 5 = \dfrac{1}{\log_5 25} = \dfrac{1}{2}$

Ação e cidadania

Poluição sonora

De acordo com a Organização Mundial da Saúde, [a orelha humana] tem limite de 65 decibéis (dB) e após este valor o organismo sofre estresse. Ruídos acima de 85 dB aumentam o risco de comprometimento auditivo. É interessante saber que sons acima de 130 dB chegam a provocar dor.

[...] Os efeitos da poluição sonora no organismo são muitos e dependem do tempo de exposição, da intensidade sonora e da suscetibilidade de cada indivíduo. Pode ocorrer perda auditiva temporária ou permanente, zumbido, intolerância a sons, estresse, ansiedade, dores de cabeça, problemas circulatórios, tonturas, taquicardia, alterações do sono e apetite, liberação de hormônios, insônia. Por isso, é bom evitar ouvir sons muito altos, pois nossos ouvidos necessitam de repouso e descanso.

LAY-ANG, G. Poluição sonora!
Disponível em: <http://www.brasilescola.com/biologia/poluicao-sonora.htm>.
Acesso em: 17 mar. 2015.

- Com um grupo de colegas, pesquise sobre situações que causam poluição sonora na região onde vocês estudam.
- Se algum problema foi identificado, proponha uma solução.

Resumo das propriedades operatórias dos logaritmos			
Logaritmo de um produto	**Logaritmo de um quociente**	**Logaritmo de uma potência**	**Mudança de base**
$\log_a (x \cdot y) = \log_a x + \log_a y$	$\log_a \left(\dfrac{x}{y}\right) = \log_a x - \log_a y$	$\log_a x^y = y \cdot \log_a x$	$\log_a b = \dfrac{\log_c b}{\log_c a}$

Exercícios resolvidos

23. Considerando os valores aproximados $\log 2 \cong 0,30$; $\log 3 \cong 0,48$ e $\log 7 \cong 0,85$, calcule os valores aproximados dos seguintes logaritmos:

a) $\log (6^2)$
b) $\log_2 3$
c) $\log_7 10$
d) $\log_6 49$

Resolução

a) $\log (6^2) = 2 \cdot \log 6 = 2 \cdot \log (2 \cdot 3)$
Pela 2ª propriedade de logaritmo, temos:
$2 \cdot \log (2 \cdot 3) = 2 \cdot (\log 2 + \log 3)$
Substituímos os valores dos logaritmos dados:
$2 \cdot (\log 2 + \log 3) \cong 2 \cdot (0,30 + 0,48) =$
$= 2 \cdot 0,78 = 1,56$
Portanto: $\log (6^2) \cong 1,56$

b) Mudamos a base do logaritmo para base 10:
$\log_2 3 = \dfrac{\log 3}{\log 2}$
Substituímos os valores aproximados dos logaritmos decimais: $\dfrac{\log 3}{\log 2} \cong \dfrac{0,48}{0,30} = 1,6$
Portanto: $\log_2 3 \cong 1,6$

c) Pelo caso particular da 4ª propriedade, temos:
$\log_7 10 = \dfrac{1}{\log 7}$
Substituímos os valores dos logaritmos dados:
$\dfrac{1}{\log 7} \cong \dfrac{1}{0,85} = \dfrac{20}{17}$
Portanto: $\log_7 10 \cong \dfrac{20}{17}$

d) Mudamos a base do logaritmo para base 10:
$\log_6 49 = \dfrac{\log 49}{\log 6} = \dfrac{\log (7^2)}{\log (2 \cdot 3)} = \dfrac{2 \cdot \log 7}{\log 2 + \log 3}$
Substituímos os valores dos logaritmos dados:
$\dfrac{2 \cdot \log 7}{\log 2 + \log 3} \cong \dfrac{2 \cdot 0,85}{0,30 + 0,48} \cong 2,18$
Portanto: $\log_6 49 \cong 2,18$

24. Calcule o valor da expressão $\log_4 7 \cdot \log_{49} 64$.

Resolução

$\log_4 7 \cdot \log_{49} 64 = \log_4 7 \cdot \dfrac{\log_4 64}{\log_4 49} =$

$= \log_4 7 \cdot \dfrac{3}{\log_4 (7^2)} = \log_4 7 \cdot \dfrac{3}{2 \cdot \log_4 7} = \dfrac{3}{2}$

Exercícios propostos

25. Considerando os valores aproximados $\log_5 2 \cong 0,4$; $\log_5 3 \cong 0,7$ e $\log_5 7 \cong 1,2$, calcule:

a) $\log_5 9$
b) $\log_5 \sqrt{7}$
c) $\log_5 \left(\dfrac{7}{2}\right)$
d) $\log_5 \left(\dfrac{7}{3}\right)^3$
e) $\log_3 5$
f) $\log_2 \sqrt[3]{3}$

26. Considerando $\log x = 0,5$ e $\log y = 0,7$, determine o valor de cada logaritmo a seguir.

a) $\log (x^2)$
b) $\log (y^3)$
c) $\log [(x \cdot y)^2]$
d) $\log \left[\left(\dfrac{x}{y}\right)^3\right]$
e) $\dfrac{\log_3 x}{\log_3 10}$
f) $\dfrac{\log_2 y}{\log_2 10} + \log \left(\dfrac{y}{x}\right)$

27. Determine o valor de cada expressão a seguir, considerando $\log_3 4 = 1,3$; $\log_3 5 = 1,5$ e $\log_3 6 = 1,6$.

a) $\log_3 16 + \log_3 \left(\dfrac{1}{5}\right)$
b) $\dfrac{\log_3 25}{\log_3 36} - \log_3 2$
c) $\log_{\sqrt{30}} 4$
d) $\log_4 25 + 1$
e) $\log_{\sqrt{6}} 20 - 2$
f) $\log_{\sqrt[5]{4}} 20 + \log_3 2$

28. Resolva usando as propriedades dos logaritmos:

a) $\log_2 5 \cdot \log_{25} 4$
b) $(\log_5 3)^2 \cdot \log_{27} 25 \cdot \log_3 5$

29. Determine o valor de:

a) $\log [(0,03)^4 \cdot 0,00005]$, considerando $\log 3 = 0,48$ e $\log 5 = 0,7$;
b) $\log_6 b$, considerando $\log_4 b = 1,4$ e $\log_6 4 = 0,77$.

30. Observe a seguinte resolução:

$\log_{\sqrt{5}} 27 + 3 - \log 2 = \log_{\sqrt{5}} (3^3) + 3 - \log 2 =$

$= \log_{\sqrt{5}} 1 + 3 - \log 2 = \left(\dfrac{\log_2 1}{\log_2 \sqrt{5}}\right) + 3 - \left(\dfrac{\log_2 2}{\log_{10} 2}\right) =$

$= \left(\dfrac{\log_2 1}{\log_2 (5^{\frac{1}{2}})}\right) + 3 - \left(\dfrac{\log_2 2}{\log_{10} 2}\right) = \left(\dfrac{\log_2 1}{\left(\dfrac{1}{2}\right) \cdot \log_2 5}\right) +$

$+ 3 - \left(\dfrac{\log_2 2}{\log_{10} 2}\right) =$

$= \left(\dfrac{0}{\dfrac{1}{2} \cdot \log_2 5}\right) + 3 - \left(\dfrac{0}{\log_{10} 2}\right) = 0 + 3 - 0 = 3$

Corrija o erro que há nessa resolução.
(Dados: $\log_2 3 \cong 1,6$ e $\log_2 5 \cong 2,3$)

3. A calculadora e os logaritmos

Por muito tempo as tábuas de logaritmos (tabela com mantissas, isto é, a parte decimal de logaritmos) foram uma importante ferramenta para os cálculos numéricos. Mas já há algum tempo, com uma calculadora científica, é possível determinar o valor do logaritmo de um número positivo em qualquer base positiva e diferente de 1. A quantidade de casas decimais do resultado depende de como a calculadora está programada para trabalhar as aproximações.

■ Logaritmos decimais na calculadora

Dependendo do modelo da calculadora científica, a ordem dos procedimentos a seguir pode ser um pouco diferente.

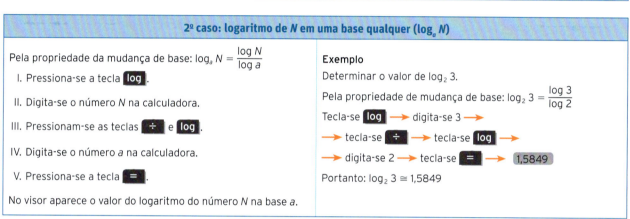

Observação

Algumas calculadoras têm teclas com dois recursos, como destaca a fotografia no alto da página. Em geral, para ativar esse segundo recurso, pressiona-se antes a tecla shift. Por exemplo, é possível determinar o valor de um número N, sabendo que $\log N = x$.

tecla-se shift → tecla-se log (10^x) → digita-se x → tecla-se =

Exemplo
Determinar o valor de b, sabendo que $\log b \cong 1{,}6989$.

tecla-se shift → tecla-se log (10^x) → digita-se 1,6989 → tecla-se = → 49,9919

Portanto: $b \cong 50$

Exercício resolvido

31. Determine o valor de x na equação $2{,}24^x = 3$.

Resolução
Pela definição de logaritmo, temos:
$2{,}24^x = 3 \Rightarrow \log_{2{,}24} 3 = x$
Portanto, para determinar o valor de x, calculamos o valor de $\log_{2{,}24} 3$. Sabemos que, pela propriedade da mudança de base, $\log_{2{,}24} 3 = \dfrac{\log 3}{\log 2{,}24}$. Assim, determinamos o valor de x com auxílio da calculadora:
$x \cong 1{,}3622$

■ Logaritmos naturais

Os logaritmos naturais têm como base o número e. Para representar o logaritmo do número x na base e, $\log_e x$ (lê-se: "logaritmo natural de x" ou "logaritmo neperiano de x"), é usual escrever $\ln x$.

Número e

O número e é um número irracional, e não se sabe exatamente quando foi descoberto. É possível que tenha sido reconhecido pela primeira vez em problemas sobre matemática financeira. O matemático Leonhard Euler (1707--1783) provou a irracionalidade desse número em 1737.

Pode-se obter e quando o valor de n na expressão $\left(1 + \frac{1}{n}\right)^n$ aumenta indefinidamente. Adotando-se valores cada vez maiores para n, o valor de $\left(1 + \frac{1}{n}\right)^n$ aproxima-se cada vez mais do número irracional e. Uma aproximação racional para e é $2{,}718281828$.

Valor de n	Valor de $\left(1 + \frac{1}{n}\right)^n$
$n = 1$	$\left(1 + \frac{1}{1}\right)^1 = (2)^1 = 2$
$n = 2$	$\left(1 + \frac{1}{2}\right)^2 = (1{,}5)^2 = 2{,}25$
$n = 10$	$\left(1 + \frac{1}{10}\right)^{10} = (1{,}1)^{10} \cong 2{,}59374246$
$n = 1000$	$\left(1 + \frac{1}{1000}\right)^{1000} = (1{,}001)^{1000} \cong 2{,}7169239322$
$n = 10\,000$	$\left(1 + \frac{1}{10\,000}\right)^{10\,000} = (1{,}0001)^{10\,000} \cong 2{,}7181459268$

Logaritmos naturais em uma calculadora

Nas calculadoras científicas, a tecla [ln] permite calcular o logaritmo natural de um número N. Para determinar $\ln x$ na calculadora, adotam-se os seguintes passos: tecla-se [ln] $\longrightarrow$ digita-se o número N $\longrightarrow$ tecla-se [=]

Exemplo

Determinar o valor de $\ln 100$:

tecla-se [ln] $\longrightarrow$ digita-se 100 $\longrightarrow$ tecla-se [=] $\longrightarrow$ $\boxed{4{,}6051}$

Portanto: $\ln 100 \cong 4{,}6051$

Observação

Também é possível calcular o valor de x sabendo que $\ln N = x$

tecla-se [shift] $\longrightarrow$ tecla-se $\overset{e^x}{[ln]}$ $\longrightarrow$ digita-se x $\longrightarrow$ tecla-se [=]

Exemplo

Determinar o valor de b em $\ln b \cong 0{,}6931$.

tecla-se [shift] $\longrightarrow$ tecla-se $\overset{e^x}{[ln]}$ $\longrightarrow$ digita-se $0{,}6931$ $\longrightarrow$ tecla-se [=] $\longrightarrow$

$\longrightarrow$ $\boxed{1{,}9999}$

Portanto: $b \cong 2$

Exercícios propostos

32. Usando uma calculadora científica, determine uma aproximação para os valores a seguir.

a) $\log 5$

b) $\log \frac{7}{2}$

c) $\log 3$

d) $\ln 0$

e) $\log 1$

f) $\ln \left(\frac{27}{2\,008}\right)^0$

g) $\log \frac{1}{100}$

h) $\ln e$

i) $\log_9 \left(\frac{2}{3}\right)$

j) $\log_7 0{,}1$

k) $\log (\ln 10)$

l) $\log_3 \sqrt{5}$

m) $\log \left(\frac{2}{9}\right)$

n) $\ln \left(\frac{2}{3}\right)$

33. Determine o valor de x em cada caso:

a) $\ln x = 1{,}7917$

b) $\log x = 0{,}9542$

c) $\log (3x) = 1{,}3802$

d) $\ln \left(\frac{x}{2}\right) = 1{,}09861$

e) $\ln \left(\frac{x}{5}\right) = 1{,}2809$

34. Determine o valor de x em cada item a seguir.

a) $\log_2 x = 2{,}3219$

b) $\log_{\frac{2}{3}} x = -3{,}4190$

4. Função logarítmica

Define-se:

> **Função logarítmica** de base a é toda função $f: \mathbb{R}_+^* \to \mathbb{R}$ da forma $f(x) = \log_a x$ em que a é uma constante real positiva e diferente de 1.

A constante a é a **base** da função logarítmica.

Exemplos

- $f(x) = \log_2 x$
- $g(x) = \log x$
- $h(x) = \ln x$

Assim como as funções exponenciais, as **funções logarítmicas** exercem papel importante em diversas áreas além da Matemática, como na Química, na Física e na Biologia. A seguir têm-se exemplos na Física e na Química, em que as funções logarítmicas são utilizadas.

- A intensidade sonora β de um som, denominada também de nível sonoro, é medida em decibéis (dB) e é definida por $\beta = 10 \cdot \log \dfrac{I}{I_0}$, em que

  I é a intensidade do som que se quer medir e I_0 é a menor intensidade do som que a orelha humana pode distinguir, cujo valor geralmente adotado é $I_0 = 10^{-12}$ W/m². Assim, se o sistema auditivo de uma pessoa é exposto a uma intensidade sonora $I = 10^{-7}$ W/m², ela se expõe a um nível sonoro $\beta = 50$ dB, pois:

$$\beta = 10 \cdot \log \frac{I}{I_0} = 10 \cdot \log \frac{10^{-7}}{10^{-12}} = 10 \cdot \log 10^5 = 50$$

- O pH é a escala que indica o grau de acidez, neutralidade ou basicidade de uma solução aquosa, calculado a partir da concentração de íons de hidrogênio [H^+], e essa escala é definida por pH $= -\log$ [H^+]. Assim, o sumo do limão, cuja concentração de íons de hidrogênio [H^+] é aproximadamente 10^{-2} mol/L, tem índice de pH 2:

$$\text{pH} = -\log [H^+] = -\log 10^{-2} = 2 \cdot \log 10 = 2$$

■ Gráfico de uma função logarítmica

Tabela de pontos

É possível construir o gráfico de uma função logarítmica $f(x) = \log_a x$ com o auxílio de uma tabela de pontos.

$a > 1$ — Exemplo: $f(x) = \log_2 x$	$0 < a < 1$ — Exemplo: $g(x) = \log_{\frac{1}{2}} x$
• Quando os valores de x aumentam, os valores de $f(x)$ também aumentam; logo, a função f é crescente.	• Quando os valores de x aumentam, os valores de $g(x)$ diminuem; logo, a função g é decrescente.
• O gráfico passa pelo ponto de coordenadas $(1, 0)$ e não corta nem toca o eixo Oy.	• O gráfico passa pelo ponto $(1, 0)$ e não corta nem toca o eixo Oy.
• O conjunto imagem da função é $\mathbb{R}$.	• O conjunto imagem da função é $\mathbb{R}$.

Um pouco de história

Logaritmos

O poder dos logaritmos como instrumentos de cálculo repousa no fato de que eles reduzem multiplicações e divisões a simples operações de adição e subtração. [...] John Napier [1550-1617] dedicou pelo menos vinte anos a essa teoria, tendo finalmente explanado os princípios de seu trabalho em termos geométricos [...].

[...] Napier publicou sua abordagem dos logaritmos em 1614 num texto intitulado *Mirifici logarithmorum canoinis descriptio* (Descrição da maravilhosa lei dos logaritmos).

EVES, H. *Introdução à história da Matemática*. Trad. Hygino H. Domingues. Campinas: Ed. da Unicamp, 2004. p. 342, 345, 346.

Características de uma função logarítmica

- A função logarítmica está definida apenas para os números reais positivos.
- A função logarítmica é bijetora. De fato, ela é injetora, pois para $x_1 \neq x_2$, tem-se $\log_a (x_1) \neq \log_a (x_2)$. E é sobrejetora, pois $Im(f) = CD(f) = \mathbb{R}$.
- A função logarítmica tem a propriedade $\log_a (x_1 \cdot x_2) = \log_a (x_1) + \log_a (x_2)$, para quaisquer x_1 e x_2 pertencentes ao domínio de f. É possível demonstrar que as funções logarítmicas têm a propriedade de transformar produtos em somas, e essa propriedade é uma de suas principais características.
- A função logarítmica é a **inversa** da função exponencial, e vice-versa. Então, para todo número real a positivo e diferente de 1, tem-se:

$$y = \log_a x \Rightarrow x = a^y \text{ e } x = a^y \Rightarrow y = \log_a x$$

- Os gráficos dessas funções são simétricos em relação ao gráfico da função identidade, $i(x) = x$.

Como consequência, dado um ponto de coordenadas (x, y) pertencente ao gráfico da função exponencial f, o seu simétrico em relação à função identidade é o ponto de coordenadas (y, x), que pertence ao gráfico da função f^{-1}.

Por exemplo, no gráfico ao lado, o simétrico do ponto de coordenadas $(2, 4)$, pertencente ao gráfico de $f(x) = 2^x$, em relação à função identidade é o ponto de coordenadas $(4, 2)$, pertencente ao gráfico de $g(x) = \log_2 x$.

- Se $a > 1$, então a função é **crescente**. Nesse caso, dados os números reais m e n do domínio da função, tem-se a seguinte relação:

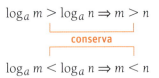

- Para $x > 1$, aumentando o valor de x indefinidamente, o valor de $\log_a x$ também cresce indefinidamente.
- Para $0 < x < 1$, aproximando o valor de x ao zero, o valor de $\log_a x$ decresce indefinidamente.
- A função logarítmica cresce bem devagar em relação a sua função inversa exponencial, que cresce rapidamente.

- Se $0 < a < 1$, então a função é **decrescente**. Nesse caso, dados os números reais m e n do domínio da função, tem-se a seguinte relação:

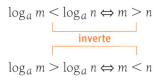

- Para $x > 1$, aumentando o valor de x indefinidamente, o valor de $\log_a x$ decresce indefinidamente.
- Para $0 < x < 1$, aproximando o valor de x ao zero, o valor de $\log_a x$ cresce indefinidamente.
- A função logarítmica decresce bem devagar em relação a sua função inversa exponencial, que decresce rapidamente.

Para refletir

- Por que a função logarítmica tem domínio restrito aos números reais positivos?
- E a base de uma função logarítmica, por que deve ser uma constante real positiva e diferente de 1?

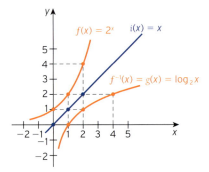

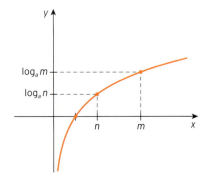

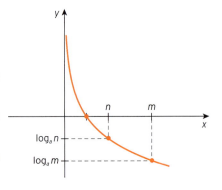

Reflexão e translação

A partir da composição de funções com uma função logarítmica, $f(x) = \log_a x$, é possível obter uma nova função, dada por $g(x) = m \cdot \log_a x + n$, sendo m e $n \in \mathbb{R}$, e $m \neq 0$. Por exemplo:

$f(x) = \log_3 x$ $\qquad$ $g(x) = -\log_3 x$ $\qquad$ $h(x) = \log_3 (x + 2)$ $\qquad$ $j(x) = \log_3 (x + 2) + 1$

Os gráficos das funções g, h e j podem ser obtidos pela reflexão e/ou translação do gráfico da função logarítmica f.

Gráfico de g	Gráfico de h	Gráfico de j
O gráfico da função g é obtido refletindo-se o gráfico da função f em relação ao eixo Ox.	O gráfico da função h é obtido transladando-se o gráfico da função f em duas unidades para a esquerda.	O gráfico da função j é obtido transladando-se o gráfico da função f em duas unidades para a esquerda e uma unidade para cima.

Exercícios resolvidos

35. Dada a função f tal que $f(x) = \log_3 (x^2 - 4)$, determine para quais valores de x a função está definida.

Resolução

Os valores de x para os quais a função está definida devem satisfazer as condições de existência do logaritmo.
Como $x^2 - 4$ é o logaritmando, temos: $x^2 - 4 > 0$.
Resolvendo a inequação, obtemos $x < -2$ ou $x > 2$.
Portanto, a função está definida para:
$\{x \in \mathbb{R} \mid x < -2 \text{ ou } x > 2\}$

36. Sejam f e g funções logarítmicas determinadas por $f(x) = \log_4 x$ e $g(x) = \log_5 x$. Calcule os valores dos itens a seguir.

a) $f(16)$

b) $g(125)$

c) $\dfrac{g(25)}{f(256)}$

d) $(f(64))^2$

Resolução

a) $f(16) = \log_4 16 = 2$

b) $g(125) = \log_5 125 = 3$

c) $\dfrac{g(25)}{f(256)} = \dfrac{\log_5 25}{\log_4 256} = \dfrac{2}{4} = \dfrac{1}{2}$

d) $(f(64))^2 = (\log_4 64)^2 = 3^2 = 9$

37. Observe os seguintes gráficos:

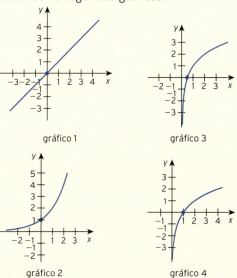

gráfico 1 $\qquad$ gráfico 3

gráfico 2 $\qquad$ gráfico 4

Considerando as funções f, g, h e i dadas por $f(x) = 2^x$; $g(x) = \log_2 x$; $h(x) = g(x) + 1$ e $i(x) = f(g(x))$, determine qual função corresponde a cada gráfico.

Resolução

- A função $i(x) = f(g(x)) = 2^{\log_2 x} = x$ está representada pelo gráfico 1.
- A função $f(x) = 2^x$ está representada pelo gráfico 2.
- A função $h(x) = g(x) + 1 = \log_2 x + 1$ está representada pelo gráfico 3.
- A função $g(x) = \log_2 x$ está representada pelo gráfico 4.

38. Em determinado banco, uma aplicação financeira de longo prazo tem uma taxa de reajuste de 10% ao ano. Um *software* usado nesse banco, ao receber a informação da quantia aplicada e do valor *x* que o cliente gostaria de receber ao término da aplicação, calcula a quantidade *y* de anos que o dinheiro deve ficar aplicado, sem que sejam efetuados resgates parciais ou novas aplicações.

a) Determine a expressão matemática que o *software* usa para fazer esse cálculo, supondo uma aplicação de 100 reais.

b) Durante qual período os 100 reais investidos devem ficar aplicados nesse banco para que se recebam 150 reais ao término da aplicação? (Dado: $\log_{1,10} 1,5 \cong 4,25$)

Resolução

a) Organizamos uma tabela com alguns valores para *y* e determinamos os respectivos valores de *x*.

1 ano	2 anos	3 anos
$x = 100 + 0,10 \cdot 100 =$ $= 100 \cdot (1 + 0,10) = 100 \cdot 1,10$	$x = 100 \cdot 1,10 + 100 \cdot 1,10 \cdot (0,10) =$ $= (100 \cdot 1,10) \cdot (1 + 0,10) =$ $= (100 \cdot 1,10) \cdot (1,10) = 100 \cdot 1,10^2$	$x = 100 \cdot 1,10^2 + 100 \cdot 1,10^2 \cdot (0,10) =$ $= (100 \cdot 1,10^2) \cdot (1 + 0,10) =$ $= 100 \cdot (1,10)^2 \cdot (1,10) = 100 \cdot 1,10^3$

Para determinar o valor reajustado a cada ano, multiplicamos o valor do ano anterior pelo coeficiente 1,10. Então, após *y* anos, o valor será $x = 100 \cdot 1,10^y$. O resultado para o qual o *software* foi programado, porém, é retornar o valor de *y*; então, isolamos *y* na equação:

$x = 100 \cdot 1,10^y \Rightarrow \dfrac{x}{100} = 1,10^y \Rightarrow y = \log_{1,10}\left(\dfrac{x}{100}\right)$

b) Para $x = 150$, temos: $y = \log_{1,10}\left(\dfrac{150}{100}\right) = \log_{1,10}(1,5) \cong 4,25$

Logo, o dinheiro deve ficar aplicado por aproximadamente 4 anos e 3 meses.

39. A seguir tem-se o gráfico da função *f* definida por $f(x) = \log_a(x + n)$.

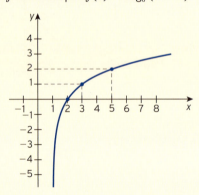

Determine os valores de *a* e *n*.

Resolução

Pelo gráfico, temos os seguintes valores:

$f(3) = 1 \Rightarrow \log_a(3 + n) = 1 \Rightarrow a^1 = 3 + n \Rightarrow a = 3 + n$ (I)

$f(5) = 2 \Rightarrow \log_a(5 + n) = 2 \Rightarrow a^2 = 5 + n$ (II)

Substituindo (I) em (II), obtemos: $(3 + n)^2 = 5 + n \Rightarrow n^2 + 5n + 4 = 0$

Resolvendo a equação, obtemos: $n = -1$ ou $n = -4$

Para $n = -1$, temos: $a = 3 - 1 = 2$

Para $n = -4$, temos: $a = 3 - 4 = -1$

Como a função é crescente: $a > 1$. Logo, $a = 2$ e $n = -1$, e a função representada pelo gráfico é definida por $f(x) = \log_2(x - 1)$.

Exercícios propostos

40. Dada a função $g(x) = \log_4 x$, calcule o valor de $g(x)$ para cada valor a seguir.
a) $x = 1$
b) $x = 16$
c) $x = \dfrac{1}{2}$
d) $x = \sqrt[3]{\dfrac{1}{256}}$
e) $x = \dfrac{25}{100}$
f) $x = \dfrac{1}{16}$

41. Determine para quais valores de x cada função abaixo está definida.
a) $f(x) = \log_4 (x + 1)$
b) $f(x) = \ln (2x + 9)$
c) $f(x) = \log_3 (x^2 - 16)$
d) $f(x) = \log_x (x^2 - 4)$
e) $f(x) = \log \left(\dfrac{4x + 6}{x - 2} \right)$
f) $f(x) = \ln (-x^2 + 6x - 8)$

42. A intensidade I de um terremoto, medida na escala Richter, é dada por $I = \dfrac{2}{3} \cdot \log_{10} \left(\dfrac{E}{0{,}007} \right)$, em que E é a energia liberada no terremoto em kWh.
a) Determine a energia liberada em um terremoto de intensidade 7 na escala Richter.
b) Quantas vezes a energia liberada em um terremoto de intensidade 8 na escala Richter é maior do que a liberada em um terremoto de intensidade 7?

43. Uma empresa de produtos descartáveis tem seu lucro diminuído em 40% a cada ano.
a) Sabendo que hoje seu lucro é 2 000 reais, escreva uma expressão matemática que representa o lucro dessa empresa nos próximos anos.
b) Se a tendência se mantiver, em quanto tempo, aproximadamente, o lucro dessa empresa será de 400 reais? (Use: log 5 = 0,698 e log 6 = 0,778)

44. Na área verde de um parque, foi plantada uma espécie de gramínea que cresce e produz uma quantidade muito grande de sementes. A cada semestre, a área ocupada pela gramínea é dobrada.
Considere que, inicialmente, uma área de 500 m² foi coberta por essa gramínea.
a) Escreva a lei de correspondência da função que relaciona o tempo $t(x)$ e a área x coberta por essa gramínea.
b) Quanto tempo é necessário para que essa gramínea ocupe os 4 500 m² de área verde desse parque? (Use: log 2 = 0,3010 e log 3 = 0,4771)

45. Os gráficos a seguir representam funções cujas leis de correspondência são dadas por $f(x) = \log_a (x + n)$. Determine os valores de a e n para cada item.

a)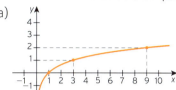

b)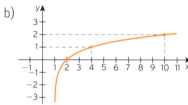

46. Construa o gráfico de cada função dada abaixo.
a) $\log_4 x$
b) $\log_4 (x + 1)$
c) $\log_4 (x - 1)$
d) $-\log_4 x$
e) $\log_2 x$
f) $\log_2 (x + 2)$
g) $-\log_2 (x + 2)$
h) $-\log_2 (x + 2) + 3$

47. Considere a função f definida por $f(x) = \ln (x + 1)$. Determine a lei de correspondência da função inversa de f.

48. O gráfico de uma função está representado no plano cartesiano abaixo.

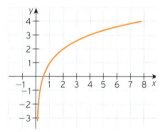

Faça o esboço do gráfico da inversa dessa função.

49. No plano cartesiano a seguir, a curva azul representa a função exponencial dada por $f(x) = a^x$, a curva laranja representa a função logarítmica dada por $g(x) = \log_b x$, e a verde, a função identidade.

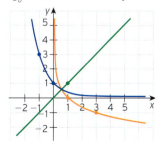

a) Classifique as funções f e g em crescente ou decrescente. Justifique.
b) Determine as leis de correspondência das funções f e g.

5. Equação logarítmica e inequação logarítmica

Equações logarítmicas

Equações em que a incógnita se apresenta no logaritmando ou na base de um logaritmo são denominadas **equações logarítmicas**.

Uma vez satisfeitas as condições de existência do logaritmo, as equações logarítmicas são resolvidas pela definição de logaritmo ou pelo fato de a função logarítmica ser injetora.

- $\log_a b = x \Rightarrow a^x = b$
- $\log_a (x_1) = \log_a (x_2) \Rightarrow x_1 = x_2$

Quando necessário, também são utilizadas as propriedades dos logaritmos na manipulação das equações.

Exemplos

- $\log_x 81 = 2$

  Condição de existência: $x > 0$ e $x \neq 1$

  Pela definição de logaritmo, obtém-se:
  $\log_x 81 = 2 \Rightarrow x^2 = 81 \Rightarrow x = -9$ ou $x = 9$
  O número -9 não satisfaz a condição de existência $x > 0$ e $x \neq 1$.
  Logo, a solução da equação dada é: $S = \{9\}$

- $\log_5 x + \log_5 2 = \log_5 10$

  Condição de existência: $x > 0$

  Pela 1ª propriedade de logaritmo e pelo fato de a função logarítmica ser injetora, obtém-se:
  $\log_5 x + \log_5 2 = \log_5 10 \Rightarrow \log_5 (2x) = \log_5 10 \Rightarrow 2x = 10 \Rightarrow x = 5$

  O número 5 satisfaz a condição de existência $x > 0$.

  Logo, a solução da equação dada é: $S = \{5\}$

Inequações logarítmicas

São desigualdades que apresentam a incógnita no logaritmando.

A resolução de inequações logarítmicas é feita analisando o crescimento ou decrescimento da função logarítmica associada a ela.

Exemplos

- $\log_5 x > \log_5 1$

  Condição de existência: $x > 0$

  Assim: $\underbrace{\log_5 x}_{f(x)} > \log_5 1$

  Em $f(x) = \log_5 x$, a base é $a = 5$ $(a > 1)$, ou seja, a função f é crescente.

  Então: $\log_5 x > \log_5 1 \Rightarrow x > 1$
  A intersecção entre os intervalos $x > 0$ (condição de existência) e $x > 1$ é $x > 1$. Portanto, a solução da inequação dada é: $S = \{x \in \mathbb{R} \mid x > 1\}$

- $\log_{\frac{1}{2}} x < \log_{\frac{1}{2}} 8$

  Condição de existência: $x > 0$

  Assim: $\underbrace{\log_{\frac{1}{2}} x}_{g(x)} < \log_{\frac{1}{2}} 8$

  Em $g(x) = \log_{\frac{1}{2}} x$, a base é $a = \dfrac{1}{2}$ $(0 < a < 1)$, ou seja, a função g é decrescente.

  Então: $\log_{\frac{1}{2}} x < \log_{\frac{1}{2}} 8 \Rightarrow x > 8$

  A intersecção entre os intervalos $x > 0$ (condição de existência) e $x > 8$ é $x > 8$. Portanto, a solução da inequação dada é: $S = \{x \in \mathbb{R} \mid x > 8\}$.

Exercícios resolvidos

50. Resolva em $\mathbb{R}$ as seguintes equações:

a) $\log_x (x^2 - 10) = \log_x (3x)$

b) $\log_2 (\log_4 x) = 0$

c) $(\log_5 x)^2 + \log_5 x - 2 = 0$

Resolução

a) Condições de existência:
- para a base: $x > 0$ e $x \neq 1$
- para o logaritmando: $x^2 - 10 > 0 \Rightarrow x > \sqrt{10}$ ou $x < -\sqrt{10}$ e $3x > 0 \Rightarrow x > 0$

A intersecção desses intervalos é $x > \sqrt{10}$.

Pelo fato de a função logarítmica ser injetora, temos:

$\log_x (x^2 - 10) = \log_x (3x) \Rightarrow x^2 - 10 = 3x \Rightarrow$
$\Rightarrow x^2 - 3x - 10 = 0 \Rightarrow (x - 5) \cdot (x + 2) = 0 \Rightarrow$
$\Rightarrow x = 5$ ou $x = -2$

O número 5 satisfaz as condições de existência, pois $5 > \sqrt{10}$ e $5 > 0$.

O número -2 não satisfaz as condições de existência, pois $-2 < \sqrt{10}$.

Portanto, a solução da equação dada é: $S = \{5\}$

b) Condições de existência: $\log_4 x > 0$ e $x > 0$

Pela definição de logaritmo, temos:
$\log_2 (\log_4 x) = 0 \Rightarrow 2^0 = \log_4 x \Rightarrow 1 = \log_4 x \Rightarrow$
$\Rightarrow x = 4^1 = 4$

O número 4 satisfaz as condições de existência, pois $\log_4 4 = 1 > 0$ e $4 > 0$.

Portanto, a solução da equação dada é: $S = \{4\}$

c) Condição de existência: $x > 0$

Substituindo y por $\log_5 x$ na equação dada, obtemos:

$(\log_5 x)^2 + \log_5 x - 2 = 0 \Rightarrow y^2 + y - 2 = 0 \Rightarrow$
$\Rightarrow (y - 1) \cdot (y + 2) = 0 \Rightarrow y = 1$ ou $y = -2$

Para $y = 1$, temos: $\log_5 x = 1 \Rightarrow x = 5$

Para $y = -2$, temos: $\log_5 x = -2 \Rightarrow x = \dfrac{1}{25}$

O número 5 satisfaz as condições de existência, pois $5 > 0$.

O número $\dfrac{1}{25}$ satisfaz a condição de existência, pois $\dfrac{1}{25} > 0$.

Portanto, a solução da equação dada é: $S = \left\{ \dfrac{1}{25}, 5 \right\}$

51. Resolva o seguinte sistema: $\begin{cases} x - y = 12 \\ \log_2 (x + y) = 4 \end{cases}$

Resolução

Condição de existência: $x + y > 0$

Pela definição de logaritmo, temos:

$\begin{cases} x - y = 12 \\ \log_2 (x + y) = 4 \end{cases} \Rightarrow \begin{cases} x - y = 12 \text{ (I)} \\ x + y = 16 \text{ (II)} \end{cases}$

Resolvemos o sistema pelo método da adição:

$\begin{cases} x - y = 12 \\ x + y = 16 \end{cases} +$
$\overline{2x + = 28} \Rightarrow x = 14$

Substituímos x por 14 em (II): $14 + y = 16 \Rightarrow y = 2$

Os números $x = 14$ e $y = 2$ satisfazem a condição de existência, pois $14 + 2 = 16 > 0$

Portanto, a solução do sistema dado é: $S = \{(14, 2)\}$

52. Determine o conjunto solução da seguinte inequação: $\log_{\sqrt{32}} x - 2 \cdot \log_{\sqrt{32}} 2 < 2$

Resolução

Condição de existência: $x > 0$

Para resolver a inequação dada, vamos escrevê-la como uma desigualdade de dois logaritmos. Como $\log_{\sqrt{32}} \left(\sqrt{32} \right)^2 = 2$, a inequação pode ser escrita da seguinte maneira:

$\log_{\sqrt{32}} x - 2 \cdot \log_{\sqrt{32}} 2 < \log_{\sqrt{32}} \left(\sqrt{32} \right)^2 \Rightarrow$
$\Rightarrow \log_{\sqrt{32}} x - \log_{\sqrt{32}} (2^2) < \log_{\sqrt{32}} \left(\sqrt{32} \right)^2 \Rightarrow$
$\Rightarrow \log_{\sqrt{32}} \left(\dfrac{x}{4} \right) < \log_{\sqrt{32}} 32$

Como a base desses logaritmos é $\sqrt{32} > 1$, temos:
$\log_{\sqrt{32}} \left(\dfrac{x}{4} \right) < \log_{\sqrt{32}} 32 \Rightarrow \dfrac{x}{4} < 32 \Rightarrow x < 128$

A intersecção dos intervalos $x > 0$ (condição de existência) e $x < 128$ é $0 < x < 128$. Portanto, a solução da inequação dada é: $S = \{x \in \mathbb{R} \mid 0 < x < 128\}$

53. Determine para quais valores de x a função f, tal que $f(x) = \sqrt{\ln x}$, está definida.

Resolução

Essa função está definida para $\ln x \geqslant 0$. Então, resolvemos essa inequação.

Condição de existência: $x > 0$

Como $\ln 1 = 0$, podemos escrever a inequação como:
$\ln x \geqslant 0 \Rightarrow \ln x \geqslant \ln 1$

A base do logaritmo natural é o número $e > 1$; desse modo, a função f associada a essa inequação, $f(x) = \ln x$, é crescente. Então:
$\ln x \geqslant \ln 1 \Rightarrow x \geqslant 1$

A intersecção dos intervalos $x > 0$ (condição de existência) e $x \geqslant 1$ é $x \geqslant 1$. Portanto, a função f está definida no intervalo $\{x \in \mathbb{R} \mid x \geqslant 1\}$.

151

Exercícios propostos

54. Resolva as equações dadas a seguir.
   a) $\log_5 x = 2$
   b) $\log_{0,3} y = 3$
   c) $\log_4 a = \dfrac{1}{2}$
   d) $\log_{(x+2)} 5 = 1$
   e) $\log_{\frac{2}{3}}(x - 4) = -2$
   f) $\log_3 (t^2 - 8t + 24) = 2$

55. Determine o conjunto solução de cada equação a seguir, no conjunto dos números reais.
   a) $\log_{(x+5)} 3 = 2$
   b) $\log_{10} [3 \cdot (x - 2)] = 0$
   c) $\log_{25} [4 \cdot (x^2 - 1)] = 0,5$
   d) $\log_{20} [(x + 3) \cdot (x + 2)] = 1$
   e) $\log_{(x+3)} (x^2 + 7x + 10) = 2$

56. Determine o valor de x que torna cada sentença a seguir verdadeira.
   a) $9^{\log_9 x} = 8$
   b) $4^{\log_4 (x+3)} = 7$
   c) $\log_x (2x + 8) = 2$
   d) $\log_3 \left(\dfrac{x^2 - 5x + 6}{x - 2}\right) = 2$, com $x \neq 2$

57. Determine o valor de x em cada equação.
   a) $\log_3 [2 + 3 \cdot \log_3 (x + 5)] = 0$
   b) $\log_2 x + \log_2 (x + 1) = 3$
   c) $\log_3 (x + 5) + \log_3 (x - 5) + \log_3 12 = 1$
   d) $\log_4 (x + 2) - \log_4 (x - 1) = 2$

58. Dada a equação $\log_7 (-x^2 - 3x + 5) = 0$, verifique se cada afirmação é verdadeira ou falsa, corrigindo as falsas.
   a) A equação não admite soluções reais.
   b) Os números reais -4 e 1 são raízes dessa equação.
   c) A condição para a existência desse logaritmo é $1 < x < 5$.

59. Resolva os seguintes sistemas.
   a) $\begin{cases} \log_3 x - \log_3 y = \log_3 6 \\ x + y = 12 \end{cases}$
   b) $\begin{cases} \log_2 (x + 2) + \log_2 (y - 2) = \log_2 4 \\ \dfrac{x}{y} = 2 \end{cases}$
   c) $\begin{cases} \log_6 (x + 1) + \log_6 y = 1 \\ \log (x - 1) - \log y = 0 \end{cases}$
   d) $\begin{cases} \log_5 (x + 1) + \log_5 25 = \log_5 y \\ \log x - \log y = 0 \end{cases}$

60. Considere os números reais x e y e o sistema abaixo.
$$\begin{cases} 6^{\log_6 (x - 30)} = y \\ \log_4 x - \log_4 y = 2 \end{cases}$$
Calcule o valor de $x^2 - 2y$.

61. A cada ano, cresce a quantidade de veículos que circulam nas cidades.
Suponha que seja possível calcular a quantidade $v(x)$ de veículos novos produzidos em determinado período pela relação $v(x) = 10\,000^{\log_{10000} (10\,000 + 5000x)}$, em que x é a quantidade de anos desse período. Calcule quantos anos são necessários para que a quantidade de veículos novos produzidos seja 25 000.

62. A quantidade de bactérias de determinada população duplica a cada 10 minutos. Sabendo que a população inicial era 900 bactérias e que $n(x)$ é a quantidade de bactérias após x intervalos de 10 minutos, determine:
   a) a lei de correspondência da função n;
   b) o valor de x para que a quantidade de bactérias seja 9 000. (Use: $\log 2 = 0,3$)

63. Considerando o gráfico a seguir, classifique cada item como verdadeiro ou falso, corrigindo os falsos.

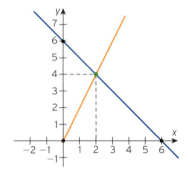

   a) A reta em azul é o gráfico de $\log y - \log x = \log 2$.
   b) A reta em laranja é o gráfico de $x + y = 6$.
   c) O sistema $\begin{cases} \log y - \log x = \log 2 \\ x + y = 6 \end{cases}$ tem como solução o ponto em verde.

64. O tempo necessário para que a massa de determinada substância se reduza à metade é a meia-vida dessa substância. Considere 24 gramas de uma substância cuja meia-vida é 8 anos.
   a) Qual é a massa dessa substância após 8 anos? E após 16 anos?
   b) Quantos anos são necessários para que a massa dessa substância se reduza a 0,125 grama?

65. Resolva as inequações no conjunto dos números reais.
a) $\log_7 x > \log_7 10$
b) $\log_4 (x + 2) < \log_4 3$
c) $\log_{\frac{1}{3}} (x - 5) \leq 0$
d) $\log_5 3 \geq \log_5 (x^2 - 1)$
e) $\log_{0,12} \left(x + \frac{2}{3}\right) < 1$
f) $\log_2 (x^2 + x + 2) > 2$

66. Determine o conjunto solução de cada inequação no conjunto dos números reais.
a) $\log_2 x + \log_2 3 > \log_2 (4 - x)$
b) $\log_{\frac{3}{2}} 5 - \log_{\frac{3}{2}} (2x + 7) < \log_{\frac{3}{2}} (x + 2)$
c) $\log_{0,7} (x^2 - 15) \leq \log_{0,7} x + \log_{0,7} 2$
d) $\log_4 (x^2) - \log_4 9 \geq 0$
e) $\log_{\frac{1}{2}} \left(x - \frac{4}{7}\right) + \log_{\frac{1}{2}} \left(x + \frac{4}{7}\right) \geq 1$
f) $\log_5 (x - 3) + \log_5 (8 - x) > 2$

67. Resolva as inequações abaixo.
a) $3^{\log_3 (x + 5)} > 0$
b) $5^{\log_5 (x - 4)} > 1$
c) $\left(\frac{1}{8}\right)^{\log_2 (x + 9)} > 1$
d) $\log_{\frac{1}{4}} (x^2 + 4x + 3) \geq -1$
e) $\log_{\frac{1}{5}} (x^2 - 6x) \geq -2$
f) $|\log_4 x| < 3$

68. Verifique para quais valores reais de x cada função dada a seguir está definida.
a) $f(x) = \sqrt{\log_6 (10 - x)}$
b) $f(x) = \dfrac{1}{\log_2 (x^2 + 8x + 16)}$
c) $f(x) = \dfrac{1}{\sqrt{\log_4 (x^2 - 5)}}$
d) $f(x) = \log_9 [\log_5 (-x^2 + 8x)]$

69. Resolva os sistemas a seguir.
a) $\begin{cases} \log_3 (x - 2) > \log_3 (3x) \\ \log_{10} (2x + 3) < \log_{10} (3x) \end{cases}$
b) $\begin{cases} \log_4 (x - 10) \geq 1 \\ \log_3 (x + 5) < 0 \end{cases}$

70. O preço de determinada motocicleta zero-quilômetro sofre uma desvalorização anual de 20% a partir do momento em que é vendida. Adote v como o preço inicial e $v(t)$ o valor após t anos.
a) Determine a lei de correspondência da função que representa essa situação.
b) Determine o número inteiro de anos para que o preço dessa motocicleta passe a ser menos de 10% de seu preço inicial.
(Use: $\log 2 = 0,301$)

71. Verifique para quais valores reais de x as desigualdades a seguir são verdadeiras.
(Dados: $\log 5 = 0,7$; $\log 2 = 0,3$ e $\log 3 = 0,5$)
a) $5 < 2^x$
b) $\left(\dfrac{4}{15}\right)^x \geq 9$
c) $6 > 25^x$
d) $\sqrt{5} \leq 6^x$

72. O valor de determinada dívida triplica a cada 6 meses.
a) Considerando o valor inicial d da dívida e o valor $d(x)$ após x semestres, escreva a lei de correspondência da função que relaciona essas informações.
b) Determine quantos semestres são necessários para que essa dívida seja maior do que 800% de seu valor inicial.
(Use: $\log 2 = 0,301$ e $\log 3 = 0,477$)

73. Em certa cidade, após uma campanha sobre a importância nutricional das frutas, a quantidade de pessoas que consomem frutas cresceu a uma taxa de 3% ao mês. Considere a quantidade inicial p_0 de consumidores e a quantidade de pessoas $p(m)$ que passaram a consumir frutas após m meses.
a) Qual é a lei de correspondência da função que representa essa situação?
b) Mantendo essa taxa de crescimento, em quantos meses teremos um aumento de 400% na quantidade de consumidores com essa campanha?
(Use: $\log 1,03 = 0,01$ e $\log 5 = 0,7$)

74. No plano cartesiano a seguir, a função f está representada em azul, e a função g, em laranja.

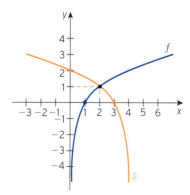

- Analisando as representações das funções, determine os valores de x que satisfazem as condições descritas em cada item abaixo.
a) $f(x) = g(x)$
b) $f(x) > g(x)$
c) $f(x) < g(x)$
d) $f(x) = 0$
e) $g(x) = 0$
f) $g(x) < 2$

Exercícios complementares

75. O volume de um som, medido em decibéis (dB), está relacionado a sua intensidade, medida em W/m², de acordo com a expressão $A = 10 \cdot \log\left(\dfrac{I}{10^{-12}}\right)$, em que A representa a altura do som e I a intensidade sonora.

   a) Determine o valor de I para que a altura do som seja 89 dB.

   b) Calcule a altura do som, em dB, que equivale a uma intensidade sonora de 10^{-2} W/m².

76. Determine o valor de $\dfrac{a}{b}$, em que a e b são números reais positivos, considerando a seguinte equação:
$$8 \cdot (\log_2 a - \log_2 b) = -64$$

77. No plano cartesiano abaixo, estão representados os gráficos da função f, definida por $f(x) = \log_2(x + 1)$, e da função g, definida por $g(x) = \dfrac{2x}{3}$.

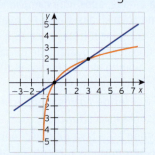

   a) Relacione cada função com seu gráfico.

   b) Resolva a equação $\log_2(x + 1) = \dfrac{2x}{3}$, para $x \in \mathbb{R}$.

   c) Determine o conjunto solução da inequação $\log_2(x + 1) > \dfrac{2x}{3}$.

78. A quantia de R$ 30 000,00 foi aplicada à taxa de rendimento de 20% ao ano.

   a) Escreva a lei de correspondência da função que relaciona a quantia, em real, acumulada ao longo do tempo, em ano.

   b) Determine em quantos anos essa quantia acumulada será três vezes a quantia inicial aplicada.
   (Use: log 3 = 0,48 e log 2 = 0,3)

79. Determine o valor das seguintes expressões:

   a) $\dfrac{\log_{125} 1 + \log_5 0{,}2 - \log_3 81}{\log_{12} 144}$

   b) $\log 2000 + \log 1 - \log\left(\dfrac{10}{100}\right)$

   c) $\dfrac{\log\left(\dfrac{2}{3}\right) - \log 0{,}6}{\log_5 42 + \log_2 1{,}2}$

80. Em 2007, o PIB da Índia cresceu 8% em relação ao PIB do ano anterior, atingindo 800 bilhões de dólares. Considerando que essa taxa de crescimento seja mantida, após quantos anos, aproximadamente, em números inteiros, o PIB desse país alcançará 1,6 trilhão de dólares?

81. Leia o texto a seguir.

O Bioma Cerrado [...] ocupa 24% do território nacional, pouco mais de dois milhões de quilômetros quadrados. [...] É a segunda maior formação vegetal brasileira depois da Amazônia, e [é a] savana tropical mais rica do mundo em biodiversidade, [detendo] 5% da flora e da fauna mundiais.

Disponível em: <http://www.agencia.cnptia.embrapa.br/Agencia16/AG01/Abertura.html>. Acesso em: 17 mar. 2015.

Essa biodiversidade está ameaçada, pois 1,1% desse bioma é destruído por ano.

   a) Escreva uma expressão que represente a área existente de Cerrado, em milhões de quilômetros quadrados, em função do tempo t, em ano.

   b) Mantendo esse ritmo de desmatamento, calcule em quantos anos, aproximadamente, a área ocupada pelo Cerrado cairá pela metade.

82. (Unicamp-SP) Uma barra cilíndrica é aquecida a uma temperatura de 740 °C. Em seguida, é exposta a uma corrente de ar a 40 °C. Sabe-se que a temperatura no centro do cilindro varia de acordo com a função $T(t) = (T_0 - T_{AR}) \cdot 10^{-\frac{t}{12}} + T_{AR}$, sendo t o tempo em minuto, T_0 a temperatura inicial e T_{AR} a temperatura do ar.

Com essa função, concluímos que o tempo requerido para que a temperatura no centro atinja 140 °C é dado pela seguinte expressão, com log na base 10:

   a) $12 \cdot [\log 7 - 1]$ minutos

   b) $12 \cdot [1 - \log 7]$ minutos

   c) $12 \cdot \log 7$ minutos

   d) $\dfrac{1 - \log 7}{12}$ minutos

83. (UFPR) Para determinar a rapidez com que se esquece de uma informação, foi efetuado um teste em que listas de palavras eram lidas a um grupo de pessoas e, num momento posterior, verificava-se quantas dessas palavras eram lembradas. Uma análise mostrou que, de maneira aproximada, o percentual S de palavras lembradas, em função do tempo t, em minutos, após o teste ter sido aplicado, era dado pela expressão

$$S = -18 \cdot \log(t + 1) + 86$$

   a) Após 9 minutos, que percentual da informação inicial era lembrado?

   b) Depois de quanto tempo o percentual S alcançou 50%?

Sequência e progressões

CAPÍTULO 9

Módulos

1. Sequência
2. Progressão aritmética
3. Progressão geométrica
4. Representações gráficas e problemas

Para começar

O cinema surgiu da ideia de projetar uma sucessão de imagens denominadas fotogramas. A sucessão de fotogramas forma uma sequência de imagens que, projetadas com rapidez, causam a impressão de tratar-se de uma única imagem em movimento.

1. Analise a sequência de imagens acima. Que mudanças é possível notar da primeira imagem para a última?

2. Quanto tempo transcorreu da primeira imagem para a segunda? E da segunda para a terceira? Pode-se afirmar que, nesse caso, o intervalo de tempo de uma imagem para outra é constante? Justifique suas respostas.

3. No instante de tempo $t = 0$ s, há quantas imagens? E no intervalo [0; 0,5]? E nos intervalos [0,5; 1,0] e [1,0; 1,5]?

4. A ideia de progressão está presente na sequência de uma película cinematográfica. Você acha que, para ser uma progressão, é necessário que cada elemento da sequência seja diferente do anterior? É necessário que exista uma regra? Discuta essas ideias com os colegas.

1. Sequência

Em muitas situações cotidianas, é possível perceber a ideia de sequência. Por exemplo, a sequência dos dias da semana (domingo, segunda-feira, terça-feira, ..., sábado), a dos meses do ano (janeiro, fevereiro, março, ..., dezembro) e a dos números naturais (0, 1, 2, 3, 4, 5, ...).

Em uma **sequência**, os elementos aparecem em determinada ordem e são denominados **termos**. Cada termo é representado por uma letra (a) e um índice (n) que determina a ordem ou a posição do termo na sequência, por meio de um número natural não nulo. Pode-se escrever a_1 como o primeiro termo da sequência, a_2 como o segundo, e assim por diante, até a_n, que será o n-ésimo termo.

Na sequência $(a_1, a_2, ..., a_{n-1}, a_n)$, os termos a_1 e a_n também são denominados **extremos** da sequência, e os termos $a_2, ..., a_{n-1}$, **meios**.

No exemplo dos dias da semana, é possível relacionar cada dia a um termo de uma sequência.

Dom.	Seg.	Ter.	Qua.	Qui.	Sex.	Sáb.	→ dias da semana
a_1	a_2	a_3	a_4	a_5	a_6	a_7	→ termos da sequência

extremo — meios — extremo

Quanto ao número de termos, as sequências podem ser finitas ou infinitas:

> Uma **sequência finita** é uma função cujo domínio é o conjunto numérico $X = \{1, 2, 3, ..., n\}$, com $X \subset \mathbb{N}^*$.
>
> Uma **sequência infinita** é uma função cujo domínio é o conjunto dos números naturais positivos.

Uma sequência finita de n termos é indicada por $(a_1, a_2, a_3, ..., a_n)$, e uma sequência infinita é indicada por $(a_1, a_2, a_3, ..., a_n, ...)$.

■ Sequência numérica

Uma sequência numérica pode ser determinada por uma regra ou expressão matemática denominada **lei de formação** da sequência. Essa lei de formação associa cada número natural diferente de zero a um **termo geral** $a_n = f(n)$.

Exemplos

- Em uma sequência infinita dada pela lei de formação $f(n) = 3n + 1$, tal que $n \in \mathbb{N}^*$, os termos são determinados como a seguir:

$$1^\text{o}\text{ termo:} \quad a_1 = f(1) = 3 \cdot 1 + 1 = 4$$

$$2^\text{o}\text{ termo:} \quad a_2 = f(2) = 3 \cdot 2 + 1 = 7$$

$$\vdots \qquad \vdots$$

antecessor do termo geral: $\quad a_{n-1} = f(n-1) = 3 \cdot (n-1) + 1$

n-ésimo termo ou termo geral: $\quad a_n = f(n) = 3 \cdot n + 1$

sucessor do termo geral: $\quad a_{n+1} = f(n+1) = 3 \cdot (n+1) + 1$

- Na sequência dos números naturais pares, $(2, 4, 6, 8, ...)$, a lei de formação é $f(n) = 2n$, com $n \in \mathbb{N}^*$. O termo geral é $a_n = 2n$.

- A lei de formação da sequência dos números naturais ímpares, $(1, 3, 5, 7, ...)$, é $f(n) = 2n - 1$, com $n \in \mathbb{N}^*$. O termo geral é $a_n = 2n - 1$.

Um pouco de história

A sequência dos números primos: ordem ou caos?

Há muitos séculos, matemáticos de todo o mundo são fascinados pela sequência dos números primos. Na escola pitagórica*, por exemplo, a esses números eram atribuídas faculdades místicas. Eratóstenes, em 200 a.C., apresentou um algoritmo para calcular os números primos, processo que, mais tarde, ficou conhecido como "Crivo de Eratóstenes". [...] Mas, por que os números primos causam tanta inquietação entre os matemáticos? Esses números são os próprios "átomos" da aritmética. São os números indivisíveis, que não podem ser representados como o produto de dois números menores.

A importância matemática dos primos se deve a sua capacidade de gerar todos os demais números. Apesar de sua aparente simplicidade e de seu caráter essencial, os primos são considerados os objetos mais misteriosos já estudados na Matemática. Em uma área reconhecidamente dedicada a encontrar padrões e ordem, os primos representam o maior desafio de todos, pois parecem contradizer qualquer regularidade pretendida. Basta observar uma lista de números primos para verificarmos um aparente caos e aleatoriedade. Não somos capazes de encontrar qualquer pista sobre como determinar o próximo número primo: 2, 3, 5, 7, 11, 13, 17, 19, 23, 29, 31, 37, 41, 43, 47, 53, 59, 61, 67, 71, 73, 79, 83, 89, 97, ...

Du Sautoy, M. *A música dos números primos*: a história de um problema não resolvido na Matemática. Rio de Janeiro: Jorge Zahar, 2007. p. 13-14.

*Escola pitagórica: É assim chamado o conjunto de ideias filosóficas instaurado pelo matemático grego Pitágoras de Samos e também uma sociedade formada pelos seus seguidores, os pitagóricos, no século VI a.C. [Nota da edição.]

Exercícios resolvidos

1. Determine os cinco primeiros termos da sequência definida pela seguinte lei de formação:
$$f(n) = 2^n + 1$$

Resolução

Como são pedidos os cinco primeiros termos da sequência, devemos calcular os valores de $f(1)$, $f(2)$, $f(3)$, $f(4)$ e $f(5)$.

$a_1 = f(1) = 2^1 + 1 = 2 + 1 = 3$

$a_2 = f(2) = 2^2 + 1 = 4 + 1 = 5$

$a_3 = f(3) = 2^3 + 1 = 8 + 1 = 9$

$a_4 = f(4) = 2^4 + 1 = 16 + 1 = 17$

$a_5 = f(5) = 2^5 + 1 = 32 + 1 = 33$

Logo, os cinco primeiros termos da sequência são $(3, 5, 9, 17, 33)$.

2. Calcule o 6º termo de uma sequência, sabendo que $a_1 = 4$ e que a seguinte relação é válida:
$$\frac{a_n}{a_{n-1}} = 4$$

Resolução

Nesse caso, recorremos a um termo conhecido para obter os termos seguintes. Do enunciado, podemos deduzir que, para $n = 2$, temos:

$$\frac{a_2}{a_1} = 4 \Rightarrow \frac{a_2}{4} = 4 \Rightarrow a_2 = 16$$

Então, calculamos os outros termos até $n = 6$.

Para $n = 3$: $\dfrac{a_3}{a_2} = 4 \Rightarrow \dfrac{a_3}{16} = 4 \Rightarrow a_3 = 64$

Para $n = 4$: $\dfrac{a_4}{a_3} = 4 \Rightarrow \dfrac{a_4}{64} = 4 \Rightarrow a_4 = 256$

Para $n = 5$: $\dfrac{a_5}{a_4} = 4 \Rightarrow \dfrac{a_5}{256} = 4 \Rightarrow a_5 = 1\,024$

Para $n = 6$: $\dfrac{a_6}{a_5} = 4 \Rightarrow \dfrac{a_6}{1\,024} = 4 \Rightarrow a_6 = 4\,096$

Portanto, o 6º termo da sequência é $4\,096$.

Exercícios propostos

3. Determine os quatro primeiros termos das sequências determinadas pelas leis de formação a seguir.

a) $a_n = 5 - 2n$

b) $a_n = 3^{n-1}$

c) $a_n = -n + 3$

d) $a_n = \dfrac{3n + 2}{n}$

4. Na sequência $a_n = (-1)^{n-1} \cdot \dfrac{n^2 - 1}{n + 1}$, determine:

a) Os cinco primeiros termos.

b) Qual é o valor do 32º termo? E do 101º?

c) O que se pode afirmar sobre os termos dessa sequência?

5. Em uma sequência em que o primeiro termo é igual a 3 e os demais são dados pela lei de formação $a_n = a_{n-1} \cdot 9$, determine:

a) Os quatro primeiros termos.

b) O 15º termo.

6. Considere a sequência $(5, 10, ...)$.

a) Escreva essa sequência até o 7º termo.

b) Existe apenas uma maneira de continuar a sequência? Converse com seu colega sobre as maneiras de essa sequência continuar.

7. Considere as seguintes afirmações.

- Hoje é quinta-feira.
- Márcio faz aniversário exatamente daqui a 34 dias.

Em que dia da semana será o aniversário de Márcio?

8. Raquel e Bruno são irmãos e moram na mesma casa. Eles costumam telefonar para seus avós que moram em outro estado, seguindo uma regra: Raquel telefona a cada 4 dias, e Bruno, a cada 6 dias.

Hoje, 22/1/2015, quinta-feira, ambos falaram com seus avós em uma mesma chamada telefônica. Determine:

a) Em que dia da semana Raquel fará seu 1º telefonema de abril de 2015?

b) Quantos telefonemas Bruno fará em fevereiro de 2015 para seus avós? Em quais dias?

c) A cada quantos dias os dois irmãos falam com seus avós no mesmo dia?

9. Um corpo percorre em linha reta as seguintes distâncias nos tempos descritos:

- 3 metros no 1º segundo;
- 11 metros no 2º segundo;
- 19 metros no 3º segundo;

e assim sucessivamente.

Considerando que a distância percorrida a cada segundo é descrita pela sequência numérica cuja lei de formação é $a_n = a_{n-1} + 8$, qual é a distância percorrida no 9º segundo?

10. Na sequência de figuras com palitos de fósforo abaixo, cada nova figura é formada pelo agrupamento da figura anterior e de uma figura idêntica à 1ª figura.

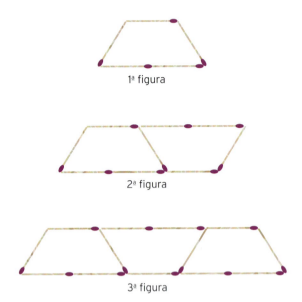

Pela lei de formação dessa sequência, quantos palitos de fósforo são necessários para formar a 15ª figura?

11. Os números quadrados perfeitos são assim denominados por serem resultados de potências quadradas de números naturais. São exemplos de números quadrados perfeitos: 1, 4, 9, 25, 36, etc. Tais números também são chamados de quadrados perfeitos porque podem ser representados como resultados das áreas de quadrados cujos lados correspondem aos números naturais que os originam. A figura a seguir mostra uma representação dos três primeiros quadrados perfeitos (não nulos) com a utilização de palitos de fósforos.

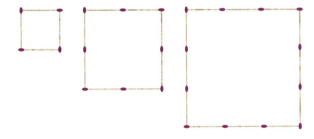

Pode-se notar na figura que cada quadrado perfeito foi formado com certa quantidade de palitos de fósforos. Isto é, para a composição da figura 1, utilizaram-se 4 palitos; para a figura 2, foram utilizados 8 palitos; e para a figura 3, foram utilizados 12 palitos.

a) Se continuássemos a representar a sequência de formação dos números quadrados perfeitos, a partir da figura 3, conforme a formação acima:
- a figura de número 10 desta sequência teria quantos palitos?
- qual seria o quadrado perfeito representado pela figura formada por 60 palitos?
- qual seria o número da figura que representa o quadrado perfeito 625?

b) Indicando-se o número da figura por F, a quantidade de palitos por P e o valor numérico do quadrado perfeito de uma figura por Q, escreva a expressão numérica que representa a relação entre a quantidade de palitos em função do número da figura.

c) Escreva a relação entre o valor numérico do quadrado perfeito e o número da figura que o representa.

d) Qual expressão representa o valor numérico do quadrado perfeito em função do número de palitos utilizados para representá-lo?

12. Considere a sequência abaixo, formada pelos números 1 e −1 alternadamente.

$$(1, -1, 1, -1, 1, -1, 1, ...)$$

Determine o 39º e o 214º termos dessa sequência.

13. Os três termos de uma sequência são:

$$(x + 5, 3x, 4x - 1)$$

a) Determine o valor de x, sabendo que $a_n - a_{n-1} = 3$.
b) Determine os três termos da sequência.

14. (Enem) Uma professora realizou uma atividade com seus alunos utilizando canudos de refrigerante para montar figuras nas quais cada lado foi representado por um canudo. A quantidade de canudos (C) de cada figura depende da quantidade de quadrados (Q) que formam cada figura. A estrutura de formação de cada figura está representada a seguir:

Que expressão fornece a quantidade de canudos em função da quantidade de quadrados de cada figura?

a) $C = 4Q$
b) $C = 3Q + 1$
c) $C = 4Q + 1$
d) $C = Q + 3$
e) $C = 4Q - 2$

2. Progressão aritmética

Faturas ou boletos devem ser pagos até certa data. Se ocorrer atraso no pagamento, o valor original pode sofrer acréscimos conforme o número de dias atrasados. Por exemplo, o valor a ser pago por uma fatura até a data do vencimento é R$ 40,07. Caso seja paga com atraso, a cada dia serão acrescidos R$ 0,02 ao valor correspondente ao dia anterior. A tabela a seguir apresenta alguns dos valores a pagar de acordo com o número de dias de atraso.

Número de dias de atraso	Valor a ser pago (em R$)
1	$V_1 = 40{,}07 + 0{,}02 = 40{,}09$
2	$V_2 = 40{,}09 + 0{,}02 = 40{,}11$
3	$V_3 = 40{,}11 + 0{,}02 = 40{,}13$
⋮	⋮
n	$V_n = V_{(n-1)} + 0{,}02$

Esses valores formam uma sequência numérica: para obter o valor a ser pago, basta acrescentar a constante R$ 0,02 ao valor do dia anterior.

Sequências numéricas com essa característica são chamadas **progressões aritméticas** e são assim definidas:

> **Progressão aritmética (P.A.)** é uma sequência numérica em que cada termo, a partir do 2º, obtém-se adicionando ao termo anterior um valor constante, denominado **razão** da P.A.

Uma P.A. de razão r é tal que: $a_n = a_{n-1} + r$

A razão da P.A. pode ser determinada pela diferença entre quaisquer dois termos consecutivos da sequência:

$$r = a_2 - a_1 = a_3 - a_2 = \ldots = a_n - a_{n-1}$$

De acordo com sua razão, uma P.A. pode ser assim classificada:

Saiba mais

Uma propriedade da P.A.

Para quaisquer três termos consecutivos de uma P.A., verifica-se que o termo do meio é igual à média aritmética dos termos extremos.

$$a_n = \frac{a_{n-1} + a_{n+1}}{2}$$

Demonstração

Dada uma P.A. de razão r, pela definição de P.A. tem-se:

$$r = a_2 - a_1 = a_3 - a_2 = \ldots =$$
$$= a_n - a_{n-1} = a_{n+1} - a_n$$

Isto é:

$$r = a_n - a_{n-1} = a_{n+1} - a_n$$

Assim:

$$a_n - a_{n-1} = a_{n+1} - a_n \Rightarrow$$
$$\Rightarrow a_n + a_n = a_{n-1} + a_{n+1} \Rightarrow$$
$$\Rightarrow 2 \cdot a_n = a_{n-1} + a_{n+1} \Rightarrow$$
$$\Rightarrow a_n = \frac{a_{n-1} + a_{n+1}}{2}$$

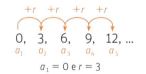

$a_1 = 0$ e $r = 3$

Se $r > 0$, então a sequência é crescente e os termos formam uma **P.A. crescente**.

$a_1 = 4$ e $r = -3$

Se $r < 0$, então a sequência é decrescente e os termos formam uma **P.A. decrescente**.

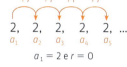

$a_1 = 2$ e $r = 0$

Se $r = 0$, então todos os termos da sequência são iguais e formam uma **P.A. constante**.

Exercícios resolvidos

15. A sequência $(14, 3, -8, \ldots)$ é uma P.A. Escreva o próximo termo dessa sequência.

Resolução

Determinamos a razão da P.A. pela diferença entre dois termos consecutivos:

$$r = a_2 - a_1 = 3 - 14 = -11$$

O próximo termo da P.A. é: $a_4 = -8 - 11 = -19$

16. Obtenha a P.A. de três termos cuja soma dos termos seja 18 e a soma de seus quadrados seja 126.

Resolução

Podemos escrever os três termos consecutivos da P.A. assim: $(\underbrace{x - r}_{a_1}, \underbrace{x}_{a_2}, \underbrace{x + r}_{a_3})$

Das condições apresentadas no enunciado, temos:

$$\begin{cases} (x - r) + x + (x + r) = 18 & \text{(I)} \\ (x - r)^2 + x^2 + (x + r)^2 = 126 & \text{(II)} \end{cases}$$

Calculamos o valor de x na equação (I):

$$(x - r) + x + (x + r) = 18 \Rightarrow 3x = 18 \Rightarrow x = 6$$

Substituindo x por 6 na equação (II), determinamos o valor de r:

$$(6 - r)^2 + 6^2 + (6 + r)^2 = 126 \Rightarrow 2r^2 + 108 = 126 \Rightarrow$$
$$\Rightarrow r^2 = 9 \Rightarrow r = -3 \text{ ou } r = 3$$

Há duas sequências que atendem às condições: para $r = 3$, a P.A. é $(3, 6, 9)$, e para $r = -3$, a P.A. é $(9, 6, 3)$.

Termo geral de uma P.A.

Dada a P.A. $(a_1, a_2, a_3, ..., a_{n-1}, a_n, ...)$ de razão r, pela definição pode-se escrever cada termo a partir do termo anterior e da razão:

$a_2 = a_1 + r$
$a_3 = a_2 + r = (a_1 + r) + r = a_1 + 2r$
$a_4 = a_3 + r = (a_1 + 2r) + r = a_1 + 3r$
$\vdots$
$a_n = a_{n-1} + r = a_1 + (n-2) \cdot r + r = a_1 + (n-1)r$

Logo, o termo geral de uma P.A. é:

$$a_n = a_1 + (n-1)r$$

em que o 1º termo é a_1, a razão é r, e a_n é o n-ésimo termo.

Interpolação aritmética

Considera-se a progressão aritmética finita $(a_1, a_2, a_3, ..., a_{n-1}, a_n)$. Como uma P.A. é uma sequência, os termos a_1 e a_n são os **extremos** da P.A., e os demais termos são os **meios**.

Interpolar, ou inserir, k **meios aritméticos** entre dois números x e y conhecidos é determinar uma progressão aritmética finita de $k + 2$ elementos tal que $a_1 = x$ e $a_n = y$.

Exemplo

Em determinado trecho de uma rodovia, serão instaladas 7 cabines telefônicas, igualmente espaçadas, para emergências. A primeira cabine deverá ser colocada no quilômetro 12, e a última, no quilômetro 30.

Para determinar a posição das demais cabines nesse trecho da rodovia, mantendo a mesma distância entre elas, utiliza-se a ideia de **interpolação aritmética**, fazendo as seguintes considerações.

- Cada posição é um termo de uma P.A. com extremos 12 e 30.
- A distância entre as posições é a razão dessa P.A., já que as cabines estão igualmente espaçadas.

```
    extremo          meios            extremo
   (12,  ___, ___, ___, ___, ___,  30)
    a₁   a₂   a₃   a₄   a₅   a₆    a₇
```

Para determinar a razão r da P.A., escreve-se o 7º termo utilizando a expressão do termo geral de uma P.A.:

$a_7 = a_1 + (7-1)r$

Substituindo a_7 por 30 e a_1 por 12, obtém-se o valor de r:

$30 = 12 + 6r \Rightarrow 6r = 30 - 12 \Rightarrow r = \dfrac{18}{6} = 3$

Logo, a razão dessa progressão é 3.
Determina-se, então, a posição de cada cabine:

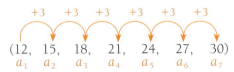

Portanto, as 7 cabines telefônicas deverão ser instaladas nos quilômetros 12, 15, 18, 21, 24, 27 e 30 da rodovia.

Um pouco de história

A sequência de Fibonacci

No limiar do século XIII despontou a figura de Leonardo Fibonacci ("Leonardo filho de Bonaccio", c. 1175-1250), o matemático mais talentoso da Idade Média. [...] Leonardo nasceu em Pisa, centro comercial importante, onde seu pai era ligado aos negócios mercantis. [...] As atividades do pai logo despertaram no garoto um interesse pela aritmética que se canalizou, posteriormente, para extensas viagens ao Egito, à Sicília, à Grécia e Síria, onde pôde entrar em contato direto com os procedimentos matemáticos orientais e árabes. Inteiramente convencido da superioridade prática dos métodos indo-arábicos de cálculo, Fibonacci, em 1202, logo depois de retornar a sua terra natal, publicou sua obra famosa intitulada *Liber abaci*.

[...] O trabalho se ocupa de aritmética e álgebra elementares [...].

Eves, H. *Introdução à história da Matemática*. Campinas: Ed. da Unicamp, 1997. p. 292-3.

Sem dúvida o problema de *Liber abaci* que mais inspirou os futuros matemáticos foi o seguinte: Quantos pares de coelhos serão produzidos num ano, começando com um só par, se em cada mês, cada par gera um novo par que se torna produtivo a partir do segundo mês?

Esse problema célebre dá origem à sequência de Fibonacci: 1, 1, 2, 3, 5, 8, 13, 21, ..., u_n, ..., onde $u_n = u_{n-1} + u_{n-2}$, isto é, [...] cada termo após os dois primeiros é a soma dos dois imediatamente precedentes.

Boyer, C. B. *História da Matemática*. 2. ed., 3. reimp. São Paulo: Edgard Blücher, 2001. p. 174.

A sequência de Fibonacci não é uma P.A., pois seus termos não podem ser determinados pela adição de um valor constante ao termo anterior.

Exercícios resolvidos

17. Determine o 1° termo e a razão de uma P.A. em que $a_{12} = 27$ e $a_{18} = 39$.

Resolução

Escrevemos os termos a_{12} e a_{18} em função de a_1 e de r:

$$\begin{cases} a_{12} = a_1 + (12 - 1)r \\ a_{18} = a_1 + (18 - 1)r \end{cases} \Rightarrow \begin{cases} 27 = a_1 + 11r \text{ (I)} \\ 39 = a_1 + 17r \text{ (II)} \end{cases}$$

Multiplicando a equação (I) por -1 e adicionando a equação resultante à equação (II), obtemos o valor de r:

$$\begin{cases} 27 = a_1 + 11r \\ 39 = a_1 + 17r \end{cases} \Rightarrow \begin{cases} -27 = -a_1 - 11r \\ \underline{39 = a_1 + 17r} \\ 12 = 6r \end{cases} + \Rightarrow r = 2$$

Substituindo r por 2 em uma das equações, determinamos o valor de a_1:

$$39 = a_1 + 17 \cdot 2 \Rightarrow a_1 = 39 - 34 = 5$$

Logo, o 1° termo da P.A. é 5 e a razão é 2.

18. Verifique quantos termos devem ser inseridos entre 8 e -52 de modo que seja formada uma P.A. de razão -6.

Resolução

Devemos determinar uma P.A. $(8, ..., -52)$ em que $r = -6$, $a_1 = 8$ e $a_n = -52$. Assim, devemos inserir $n - 2$ termos nessa P.A.:

$$(8, \underbrace{\_, \_, ..., \_, \_}_{(n - 2)\text{ termos}}, -52)$$

Escrevemos o n-ésimo termo pela expressão do termo geral da P.A. em função de $a_1 = 8$ e de $r = -6$:

$$a_n = a_1 + (n - 1)r \Rightarrow -52 = 8 + (n - 1) \cdot (-6) \Rightarrow$$

$$\Rightarrow -52 = 8 - 6n + 6 \Rightarrow 6n = 66 \Rightarrow n = \frac{66}{6} = 11$$

Portanto, devem ser inseridos $(11 - 2 = 9)$ 9 termos para que se tenha a P.A. solicitada.

Exercícios propostos

19. Classifique cada P.A. a seguir em crescente, decrescente ou constante. Justifique suas respostas.

a) $(7, 12, 17, ...)$

b) $(-8, -13, -18, ...)$

c) $(-4, -4, -4, ...)$

d) $\left(-\dfrac{3}{2}, -2, -\dfrac{5}{2}, -3, ...\right)$

20. Quantos termos tem a P.A. $(-6, -9, -12, ..., -69)$?

21. Quantos termos tem uma P.A. em que $a_1 = 1$, a razão é $r = -11$ e o último termo é $a_n = -186$?

22. A Copa do Mundo de Futebol e os Jogos Olímpicos ocorrem, alternadamente, de dois em dois anos. Cada um desses eventos ocorre de quatro em quatro anos. Assim, por exemplo, em 2012 foram realizados os Jogos Olímpicos de Londres e, em 2014, foram realizados os jogos da Copa do Mundo no Brasil.

a) Qual evento esportivo será realizado no ano de 2038? Justifique.

b) Qual evento esportivo foi realizado em 1932? Justifique.

23. Obtenha uma P.A. de três termos em que a soma dos extremos é 20 e a soma dos quadrados dos três termos é 318.

24. Reúna-se a um colega para responder às seguintes questões.

a) Qual é o 50° número par positivo?

b) Quantos são os múltiplos de 11 compreendidos entre 110 e 999?

c) Quantos números inteiros existem entre 100 e 500 que são divisíveis por 3?

25. Uma P.A. crescente de cinco termos tem a soma de seus termos igual a zero e o produto do 1° pelo 5° termo igual a -16. Determine essa sequência.

26. Deseja-se uma P.A. de seis termos em que o 1° termo seja 11, e o último, 26. Determine a soma dos quatro termos que devem ser inseridos entre 11 e 26.

27. Os organizadores de uma maratona desejam colocar pontos de entrega de água para os atletas, distribuídos a cada 4 km ao longo de um percurso de 42,195 km. O 1° ponto será fixado no quilômetro 3.

a) Determine quantos pontos de água devem ser colocados para a prova.

b) Indique em qual posição os pontos de água serão colocados no percurso da maratona.

28. Contratou-se uma empresa para instalar telefones de emergência a cada 42 quilômetros ao longo da rodovia de 2 184 quilômetros que liga Maceió ao Rio de Janeiro. O primeiro desses telefones será instalado no quilômetro 42, e o último, no quilômetro 2 142. Quantos telefones serão instalados?

161

Soma dos termos equidistantes de uma P.A.

Conta-se que Carl Friedrich Gauss (1777-1855), quando tinha apenas 10 anos, determinou, em questão de minutos, a soma de 1 a 100 sem apresentar a seu professor nenhum cálculo.

Quando questionado pelo professor sobre o procedimento que usara, Gauss desenvolveu o raciocínio a seguir.

Na soma dos 100 primeiros números naturais não nulos, tem-se a seguinte relação entre eles:

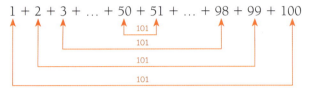

A soma dos termos equidistantes dos extremos da sequência é constante, isto é, todas as somas de termos equidistantes dos extremos são iguais a 101. Assim, na soma dos termos de 1 a 100, o resultado procurado corresponde à soma de 50 parcelas iguais a 101, ou seja, $50 \cdot 101 = 5050$.

Carl Friedrich Gauss foi matemático, astrônomo e físico e deu importantes contribuições à Matemática. Pintura de Christian Albrecht Jensen, c. 1850.

Em qualquer P.A., é possível verificar que a soma dos termos equidistantes dos extremos é constante.

Demonstração

Considera-se uma P.A. finita $(a_1, a_2, a_3, ..., a_{n-2}, a_{n-1}, a_n)$ de razão r. A soma dos termos equidistantes dessa P.A. pode ser assim escrita:

$$a_1 + a_1 + (n-1)r$$

$$a_1 + r + a_1 + (n-2)r = a_1 + a_1 + r + nr - 2r = a_1 + a_1 + (n-1)r$$

a_1	a_2	...	a_{k+1}	...	a_{n-k}	...	a_{n-1}	a_n
a_1	$a_1 + r$	...	$a_1 + kr$	...	$a_1 + (n-k-1)r$	...	$a_1 + (n-2)r$	$a_1 + (n-1)r$

$$a_1 + kr + a_1 + (n-k-1)r = a_1 + a_1 + kr + nr - kr - r = a_1 + a_1 + (n-1)r$$

Cada soma obtida entre termos equidistantes equivale a: $a_1 + a_1 + (n-1)r = a_1 + a_n$

Soma dos termos de uma P.A. finita

Demonstra-se que a soma dos n termos de uma P.A. finita é: $S_n = \dfrac{n(a_1 + a_n)}{2}$

Demonstração

Escreve-se a soma dos n primeiros termos de uma P.A. finita de dois modos:

$S_n = a_1 + a_2 + ... + a_{n-1} + a_n$ (I)
$S_n = a_n + a_{n-1} + ... + a_2 + a_1$ (II)

Adicionando membro a membro as equações (I) e (II), obtém-se a soma dos termos equidistantes:

$2S_n = (a_1 + a_n) + (a_2 + a_{n-1}) + ... + (a_{n-1} + a_2) + (a_n + a_1) =$

$= \underbrace{(a_1 + a_n) + (a_1 + a_n) + ... + (a_1 + a_n) + (a_1 + a_n)}_{n \text{ parcelas iguais}} = n(a_1 + a_n) \Rightarrow S_n = \dfrac{n(a_1 + a_n)}{2}$

Observação

A soma dos n primeiros termos de uma P.A. infinita $(a_1, a_2, a_3, ..., a_{n-1}, a_n, ...)$ equivale a $a_1 + a_2 + a_3 + ... + a_n$, ou seja, à soma dos n termos de uma P.A. finita $(a_1, a_2, a_3, ..., a_{n-1}, a_n)$.

Assim, a soma dos n primeiros termos de uma P.A. infinita também é: $S_n = \dfrac{n(a_1 + a_n)}{2}$

Exercícios resolvidos

29. Calcule a soma dos termos da seguinte P.A. finita:
$$(-2, -8, ..., -50)$$

Resolução

Sabendo que $a_1 = -2$, $r = -8 + 2 = -6$ e $a_n = -50$, primeiro determinamos a quantidade n de termos utilizando a expressão do termo geral de uma P.A.:

$a_n = a_1 + (n-1) \cdot r \Rightarrow$

$\Rightarrow -50 = -2 + (n-1) \cdot (-6) \Rightarrow$

$\Rightarrow -50 = -2 - 6n + 6 \Rightarrow 6n = 54 \Rightarrow n = \dfrac{54}{6} = 9$

Calculamos a soma dos termos da P.A. de 9 termos:

$S_9 = \dfrac{9(a_1 + a_9)}{2} = \dfrac{9(-2-50)}{2} = \dfrac{-468}{2} = -234$

Portanto, a soma dos termos dessa P.A. é -234.

30. A soma dos termos da P.A. finita $(7, 12, 17, ..., a_n)$ é 414. Quantos termos tem essa P.A.?

Resolução

Escrevemos a expressão da soma dos n termos da P.A.:

$S_n = \dfrac{n(a_1 + a_n)}{2} \Rightarrow 414 = \dfrac{n(7 + a_n)}{2}$ (I)

Temos também:

$a_n = a_1 + (n-1)r = 7 + (n-1) \cdot 5 = 2 + 5n$ (II)

Substituindo (II) em (I) e desenvolvendo a equação do 2º grau obtida, determinamos o valor de n:

$414 = \dfrac{n[7 + (2 + 5n)]}{2} \Rightarrow 414 = \dfrac{n(9 + 5n)}{2} \Rightarrow$

$\Rightarrow 828 = 9n + 5n^2 \Rightarrow 5n^2 + 9n - 828 = 0 \Rightarrow$

$\Rightarrow n = \dfrac{-9 \pm \sqrt{9^2 - 4 \cdot 5 \cdot (-828)}}{10} =$

$= \dfrac{-9 \pm \sqrt{16\,641}}{10} = \dfrac{-9 \pm 129}{10} \Rightarrow n = 12 \text{ ou } n = -13{,}8$

Como n é a quantidade de termos da P.A., $n > 0$. Logo, essa P.A. tem 12 termos.

Exercícios propostos

31. Calcular a soma dos 25 primeiros termos da P.A.:
$$(-3, -1, 1, ...)$$

32. Os três primeiros termos de uma P.A. finita são 30, 28 e 26. Calcule o número de termos dessa P.A., sabendo que a soma dos seus n termos é 240.

33. Dada a P.A. infinita $(-90, -86, -82, ...)$, determine a quantidade mínima de termos a ser adicionados para que sua soma seja um número positivo.

34. A soma dos quatro primeiros termos de uma P.A. é 8, e a soma dos quadrados desses quatro termos é 36. Qual é o 4º termo dessa P.A.?

35. Uma escada foi construída de acordo com o esquema abaixo, que mostra a lateral dos três primeiros degraus.

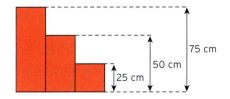

Determine a soma das alturas de todos os degraus da escada, sabendo que o último degrau tem 300 cm de altura.

36. Uma progressão aritmética formada por números naturais é tal que a soma de seus n primeiros termos é $2n^2$.
Determine a expressão do termo geral dessa P.A.

37. Calcule a soma dos 60 primeiros termos de uma P.A., sabendo que $a_{21} + a_{40} = 80$.

38. Números triangulares podem ser representados por pontos organizados no formato de triângulos equiláteros. Observe a representação da sequência dos quatro primeiros números triangulares:

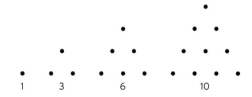

Considere T_n como sendo o n-ésimo termo de uma sequência de números triangulares. Escreva a lei de formação dessa sequência. Calcule, em seguida, o 150º termo dela.

39. Nas redes sociais, surgiu um desafio sobre como poupar dinheiro ao longo de um ano. O desafio é chamado de "Desafio das 52 semanas" e consiste em poupar certa quantia na primeira semana e, a cada semana, poupar R$ 1,00 a mais do que na semana anterior, durante um ano.

Suponha que uma pessoa aceitou esse desafio e iniciou sua poupança com R$ 5,00 na primeira semana do ano.

a) Que valor terá sido poupado por essa pessoa ao final do ano?

b) Se a mesma pessoa decide recriar o desafio poupando R$ 3,00 a mais a cada semana, iniciando a poupança com R$ 4,00, ao final do ano, será possível adquirir um televisor que custa R$ 2 240,00?

40. A produção anual de uma fábrica aumentou, no último ano, em progressão aritmética. Sabendo que a produção em janeiro foi 1 500 unidades e, em junho, 2 250 unidades, calcule quantas unidades foram produzidas durante o ano todo.

41. As medidas dos lados de um triângulo retângulo formam uma P.A. de razão 3. Qual é o perímetro desse triângulo?

42. Durante cinco dias da semana, Mariana deixa seu veículo em determinado estacionamento, sempre das 7 h 30 min às 12 h 10 min. Nesse estacionamento, são cobrados os seguintes valores:
- R$ 3,50 pela primeira hora, ou parte dela;
- R$ 3,20 por hora adicional, ou parte dela.

Quanto Mariana gasta por semana, em real, com esse estacionamento?

43. Em um estádio de futebol, a arquibancada amarela é formada por cadeiras dispostas de tal modo que na 1ª fileira há 120 cadeiras, na 2ª fileira há 124 cadeiras, na 3ª fileira, 128 cadeiras, e assim por diante, até a 12ª fileira. Nessas condições, determine:

a) Quantas cadeiras existem na 12ª fileira?

b) Supondo que as cadeiras sejam numeradas e que essa numeração, para a arquibancada amarela, se inicie em 784, em que fileira estará localizada a cadeira de número 1 876?

44. (Enem) Jogar baralho é uma atividade que estimula o raciocínio. Um jogo tradicional é a Paciência, que utiliza 52 cartas. Inicialmente são formadas 7 colunas com as cartas. A primeira coluna tem uma carta, a segunda tem duas cartas, a terceira tem três cartas, a quarta tem quatro cartas, e assim sucessivamente até a sétima coluna, a qual tem sete cartas, e o que sobra forma o monte, que são as cartas não utilizadas nas colunas. A quantidade de cartas que forma o monte é:

a) 21
b) 24
c) 26
d) 28
e) 32

45. (Unicamp-SP) Dizemos que uma sequência de números reais não nulos $(a_1, a_2, a_3, a_4, \ldots)$ é uma progressão harmônica se a sequência de números $\left(\dfrac{1}{a_1}, \dfrac{1}{a_2}, \dfrac{1}{a_3}, \dfrac{1}{a_4}, \ldots\right)$ é uma progressão aritmética (PA).

a) Dada a progressão harmônica $\left(\dfrac{2}{5}, \dfrac{4}{9}, \dfrac{1}{2}\right), \ldots$ encontre seu sexto termo.

b) Sejam a, b, e c termos de uma progressão harmônica. Verifique que $b = \dfrac{2ac}{(a+c)}$.

46. Uma rede de restaurantes de estrada pretende instalar uma nova loja na rodovia que liga as cidades A e B, distantes 510 km uma da outra. A referida rede sabe que uma de suas concorrentes possui uma loja estrategicamente localizada no ponto C desse trajeto. Por isso, a equipe de estratégia da empresa decidiu que o melhor local para instalação da nova loja seria num ponto D, localizado na rodovia de tal maneira que entre A e D há 20 km a mais do que entre C e D. Além disso, sabe-se que entre C e D há 20 km a mais do que entre C e B. Nessas condições, faça o que se pede:

a) Faça um esboço da situação descrita acima.

b) Determine as distâncias entre cada um dos restaurantes e as cidades.

3. Progressão geométrica

Uma pessoa envia uma mensagem para duas pessoas, que deverão reenviar a mensagem para outras duas, e assim por diante, de modo que cada pessoa receba a mensagem uma única vez. A quantidade de pessoas que enviarão a mensagem pode ser acompanhada no esquema abaixo.

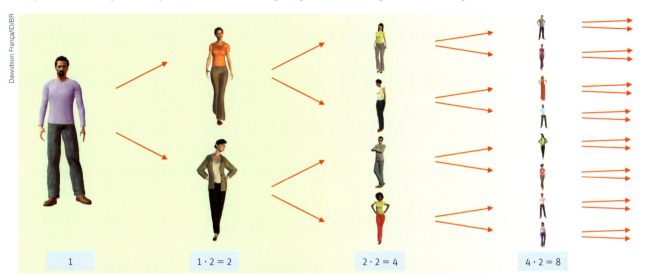

A quantidade de pessoas que enviarão a mensagem pode ser expressa pela sequência (1, 2, 4, 8, 16, 32, ...), na qual, a partir do 2º termo, cada termo pode ser obtido pela multiplicação do termo anterior por uma constante igual a 2. Sequências numéricas com essa característica são denominadas **progressões geométricas** e são assim definidas:

> **Progressão geométrica (P.G.)** é uma sequência numérica em que cada termo, a partir do 2º, é dado pela multiplicação do termo anterior por um valor constante, denominado **razão** da P.G.

Uma P.G. de razão q pode ser finita ou infinita, e é tal que: $a_n = a_{n-1} \cdot q$

A razão da P.G. pode ser determinada pelo quociente entre qualquer termo e seu antecessor na sequência: $q = \dfrac{a_2}{a_1} = \dfrac{a_3}{a_2} = \dfrac{a_4}{a_3} = ... = \dfrac{a_n}{a_{n-1}}$

Conforme o valor do 1º termo e sua razão, uma P.G. pode ser assim classificada:
- Se $a_1 > 0$ e $q > 1$ ou $a_1 < 0$ e $0 < q < 1$, então a P.G. é **crescente**.
  Exemplos: (3, 6, 12, 24, ...), em que $a_1 = 3$ e $q = 2$; (−90, −30, −10, ...), em que $a_1 = -90$ e $q = \dfrac{1}{3}$.
- Se $a_1 > 0$ e $0 < q < 1$ ou $a_1 < 0$ e $q > 1$, então a P.G. é **decrescente**.
  Exemplos: (45, 15, 5,...), em que $a_1 = 45$ e $q = \dfrac{1}{3}$; (−5, −30, −180, ...), em que $a_1 = -5$ e $q = 6$.
- Se $q = 1$, então a P.G. é **constante**.
  Exemplos: (17, 17, 17, ...), em que $q = 1$; (−8, −8, −8, ...), em que $q = 1$.
- Se $a_1 \neq 0$ e $q < 0$, então a P.G. é **alternada**.
  Exemplos: (1, −7, 49, −343, ...), em que $q = -7$; (−61, 244, −976, ...), em que $q = -4$.
- Se $a_1 \neq 0$ e $q = 0$, então a P.G. é **estacionária**.
  Exemplos: (17, 0, 0, ...), em que $q = 0$.

Cálculo mental

Calcule o próximo termo de cada P.G.:
- (23, 46, ...)
- (11, 55, ...)
- $\left(\dfrac{1}{3}, \dfrac{1}{9}, ...\right)$

Saiba mais

Uma propriedade da P.G.

Para quaisquer três termos consecutivos de uma P.G., verifica-se que o quadrado do termo do meio é igual ao produto dos termos extremos.

$$(a_n)^2 = a_{n-1} \cdot a_{n+1}$$

Demonstração

Dada uma P.G. de razão q, pela definição de P.G., tem-se:
$$q = \dfrac{a_2}{a_1} = \dfrac{a_3}{a_2} = ... = \dfrac{a_n}{a_{n-1}} = = \dfrac{a_{n+1}}{a_n}$$

Isto é:
$$q = \dfrac{a_n}{a_{n-1}} = \dfrac{a_{n+1}}{a_n}$$

Assim:
$$\dfrac{a_n}{a_{n-1}} = \dfrac{a_{n+1}}{a_n} \Rightarrow$$
$$\Rightarrow a_n \cdot a_n = a_{n-1} \cdot a_{n+1} \Rightarrow$$
$$\Rightarrow (a_n)^2 = a_{n-1} \cdot a_{n+1}$$

Exercícios resolvidos

47. Verifique se as sequências abaixo são progressões geométricas.

a) $(1, 6, 9)$

b) $\left(\dfrac{1}{2}, \dfrac{1}{4}, \dfrac{1}{8}, ..., \dfrac{1}{2^n}, ...\right)$

Resolução

a) Se a sequência for uma P.G., então, pela definição, verificamos a seguinte relação:

$$q = \frac{a_2}{a_1} = \frac{a_3}{a_2} = \frac{a_4}{a_3} = ... = \frac{a_n}{a_{n-1}}$$

Substituindo os valores dos termos da sequência dada, obtemos: $\dfrac{6}{1} \neq \dfrac{9}{6}$

Logo, a sequência não é uma P.G.

b) Analogamente, utilizando a definição de P.G., obtemos a seguinte relação:

$$\frac{\frac{1}{4}}{\frac{1}{2}} = \frac{\frac{1}{8}}{\frac{1}{4}} = ... = \frac{\frac{1}{2^n}}{\frac{1}{2^{n-1}}} = ... = \frac{1}{2}$$

$$\left(\text{pois } \frac{\frac{1}{2^n}}{\frac{1}{2^{n-1}}} = \frac{1}{2^n} \cdot \frac{2^{n-1}}{1} = 2^{n-1-n} = 2^{-1} = \frac{1}{2}\right)$$

Logo, a sequência é uma P.G.

48. A soma de três termos consecutivos de uma P.G. é 49 e o produto desses termos é 2 744. Determine esses termos.

Resolução

Podemos expressar os três termos consecutivos de uma P.G. de razão q, com $q \neq 0$, do seguinte modo:

$$\left(\underbrace{\frac{x}{q}}_{a_1}, \underbrace{x}_{a_2}, \underbrace{x \cdot q}_{a_3}\right)$$

Das condições apresentadas no enunciado, temos:

$$\begin{cases} \dfrac{x}{q} + x + xq = 49 \\ \dfrac{x}{q} \cdot x \cdot xq = 2\,744 \end{cases} \Rightarrow \begin{cases} \dfrac{x + xq + xq^2}{q} = 49 & \text{(I)} \\ x^3 = 2\,744 & \text{(II)} \end{cases}$$

Da equação (II), obtemos:

$$x^3 = 2\,744 \Rightarrow x = \sqrt[3]{2\,744} = 14$$

Substituindo x por 14 em (I), obtemos uma equação do 2º grau:

$$\frac{14 + 14q + 14q^2}{q} = 49 \Rightarrow 14 + 14q + 14q^2 = 49q \Rightarrow$$

$$\Rightarrow 14q^2 - 35q + 14 = 0 \Rightarrow q = \frac{1}{2} \text{ ou } q = 2$$

Há duas sequências que atendem às condições dadas:

- Para $q = \dfrac{1}{2}$ e $x = 14$, temos: $a_1 = \dfrac{14}{\frac{1}{2}} = 28$, $a_2 = 14$

  e $a_3 = 14 \cdot \dfrac{1}{2} = 7$

- Para $q = 2$ e $x = 14$, temos: $a_1 = \dfrac{14}{2} = 7$, $a_2 = 14$ e $a_3 = 14 \cdot 2 = 28$

Logo, a P.G. pode ser $(7, 14, 28)$ ou $(28, 14, 7)$.

Exercícios propostos

49. Determine a razão de cada P.G. abaixo.

a) $(9, 9, 9, ...)$

b) $(2\sqrt{5}, -10, 10\sqrt{5}, ...)$

c) $(xy, x^2y, x^3y, ...)$, com $x \neq 0$ e $y \neq 0$

d) $\left(\dfrac{2}{3}, -\dfrac{1}{3}, \dfrac{1}{6}, ...\right)$

e) $(-1, -\sqrt{7}, -7, ...)$

50. Determine os quatro primeiros termos da P.G. de cada item.

a) $a_1 = -2$ e $q = 4$

b) $a_3 = 1$ e $q = -3$

c) $a_4 = \dfrac{1}{4}$ e $q = 4$

d) $a_1 = 1$ e $q = -1$

e) $a_1 = \sqrt{2}$ e $q = \sqrt{3}$

f) $a_1 = -\dfrac{3}{5}$ e $q = \dfrac{1}{3}$

51. Determine uma P.G. de três termos, de modo que a soma deles seja 63 e que o produto seja $-3\,375$.

52. Escreva os termos da sequência definida por $f(n) = 1 \cdot 2^{n-1}$, sabendo que $D(f) = \{1, 2, 3, 4, 5\}$. Essa sequência representa uma P.G.? Justifique sua resposta.

53. Escreva uma P.G. de sete termos em que o 1º termo é o oposto do dobro da razão dessa progressão.

54. Verifique se a situação de cada item pode ser descrita por uma P.G. e, em caso afirmativo, escreva os três primeiros termos da sequência.

a) Uma dívida é paga de modo a diminuir pela metade a cada ano.

b) A distância percorrida por um automóvel é 100 km a cada hora.

c) Uma pessoa caminha por dia o triplo do que caminhou no dia anterior.

d) Uma população cresce 2% ao ano.

Termo geral de uma P.G.

Dada a P.G. $(a_1, a_2, a_3, ..., a_{n-1}, a_n, ...)$, cuja razão é q, por definição pode-se escrever cada termo a partir do termo anterior e da razão:

$a_2 = a_1 \cdot q$

$a_3 = a_2 \cdot q = (a_1 \cdot q) \cdot q = a_1 \cdot q^2$

$a_4 = a_3 \cdot q = (a_1 \cdot q^2) \cdot q = a_1 \cdot q^3$

$\vdots$

$a_n = a_{n-1} \cdot q = a_1 \cdot q^{n-2} \cdot q = a_1 \cdot q^{n-1}$

Logo, o termo geral de uma P.G. é: $\boxed{a_n = a_1 \cdot q^{n-1}}$

em que o 1º termo é a_1, a razão é q, e a_n é o n-ésimo termo.

Interpolação geométrica

De maneira similar à que foi exposta para uma P.A., também é possível interpolar termos em uma P.G.

Interpolar, ou inserir, k **meios geométricos** entre dois números x e y conhecidos é determinar uma progressão geométrica de $k + 2$ elementos tal que $a_1 = x$ e $a_n = y$.

Exemplo

Ao longo de uma rodovia, entre os quilômetros 2 e 2 048, serão construídos seis postos de abastecimento de combustível, de modo que a posição deles na rodovia forme uma P.G.

O primeiro posto será construído no quilômetro 2, e o último posto, no quilômetro 2 048.

Em quais quilômetros da rodovia serão construídos os outros quatro postos?

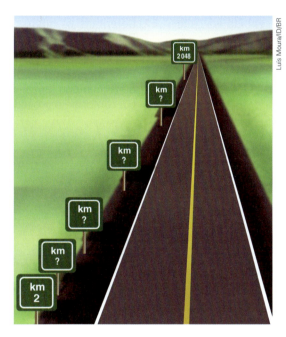

Para determinar a localização desses pontos, utiliza-se a ideia de interpolação geométrica:

$$(2, \underbrace{\rule{0.5cm}{0.15mm}}_{a_1}, \underbrace{\rule{0.5cm}{0.15mm}}_{a_2}, \underbrace{\rule{0.5cm}{0.15mm}}_{a_3}, \underbrace{\rule{0.5cm}{0.15mm}}_{a_4}, \underbrace{\rule{0.5cm}{0.15mm}}_{a_5}, \underbrace{2\,048}_{a_6})$$

É possível determinar a razão q da P.G. escrevendo o 6º termo na expressão do termo geral de uma P.G.:

$a_6 = a_1 \cdot q^5 \Rightarrow 2\,048 = 2 \cdot q^5 \Rightarrow q = \sqrt[5]{1\,024} = 4$

Sendo 4 a razão dessa P.G., a interpolação geométrica determina a sequência (2, 8, 32, 128, 512, 2 048).

Portanto, os postos de abastecimento deverão ser construídos nos quilômetros 2, 8, 32, 128, 512 e 2 048 da rodovia.

Saiba mais

Produto de termos equidistantes de uma P.G.

O produto de termos equidistantes dos extremos de uma P.G. é igual ao produto dos extremos:
$a_1 \cdot a_n = a_2 \cdot a_{n-1} = a_3 \cdot a_{n-2} = ...$

Demonstração

Considerando os termos de uma P.G. de razão q, pela definição de P.G., tem-se:

$q = \dfrac{a_2}{a_1} = \dfrac{a_3}{a_2} = ... = \dfrac{a_n}{a_{n-1}}$

Assim:

$\dfrac{a_2}{a_1} = \dfrac{a_n}{a_{n-1}} \Rightarrow a_1 \cdot a_n = a_2 \cdot a_{n-1}$

Para qualquer das igualdades anteriores, tem-se:

$a_1 \cdot a_n = a_2 \cdot a_{n-1} = a_3 \cdot a_{n-2} = ...$

Exercícios resolvidos

55. Em uma P.G. alternada, o 4º termo é 54 e o 7º termo é $-1\,458$. Determine a razão da P.G. e o 10º termo.

Resolução

Trata-se de uma P.G. de razão $q < 0$ e termos $a_4 = 54$ e $a_7 = -1\,458$.

Podemos, então, escrever $a_7 = a_4 \cdot q^3$, pois, do 4º termo para o 7º, avançam-se três termos.

$a_7 = a_4 \cdot q^3 \Rightarrow -1\,458 = 54q^3 \Rightarrow q = \sqrt[3]{-27} = -3$

O 10º termo pode ser escrito como $a_{10} = a_7 \cdot q^3$, pois, do 7º para o 10º termo, avançam-se três termos.

$a_{10} = a_7 \cdot q^3 = -1\,458 \cdot (-3)^3 = 39\,366$

Portanto, a razão da P.G. é -3 e o 10º termo é $39\,366$.

56. Calcule quantos termos devem ser inseridos entre 3 e 6144 de modo que seja formada uma P.G. de razão 2.

Resolução

Devemos determinar uma P.G. (3, ..., 6144) em que:
$a_1 = 3$, $a_n = 6\,144$ e $q = 2$

Utilizamos a expressão do termo geral para o último termo da P.G.:

$a_n = a_1 \cdot q^{n-1} \Rightarrow 6\,144 = 3 \cdot 2^{n-1} \Rightarrow$

$\Rightarrow 2^{n-1} = \dfrac{6\,144}{3} \Rightarrow 2^{n-1} = 2\,048 \Rightarrow 2^{n-1} = 2^{11} \Rightarrow$

$\Rightarrow n - 1 = 11 \Rightarrow n = 12$

Logo, a P.G. tem 12 termos e, então, serão inseridos 10 termos.

Exercícios propostos

57. Determine o termo a_n da P.G. apresentada em cada item:
a) $(2, 4, 8, \ldots)$, com $n = 10$
b) $\left(\dfrac{1}{3}, -1, 3, \ldots\right)$, com $n = 12$
c) $\left(-\dfrac{1}{4}, -\dfrac{3}{4}, -\dfrac{9}{4}, \ldots\right)$, com $n = 15$
d) $(-\sqrt{3}, 3, -3\sqrt{3}, \ldots)$, com $n = 16$

58. Uma sequência de números reais $(a_1, a_2, a_3, \ldots)$ satisfaz a seguinte lei de formação:

$$a_{n+1} = \begin{cases} 6 \cdot a_n, \text{ se } n \text{ é ímpar} \\ \dfrac{1}{3} \cdot a_n, \text{ se } n \text{ é par} \end{cases}$$

Sabe-se que $a_1 = \sqrt{2}$.
a) Escreva os oito primeiros termos dessa sequência.
b) Determine os valores de a_{37} e a_{38}.

59. Em certo momento, um criador tinha 3 645 coelhos. Uma infecção afetou essa criação, de modo que, no fim do 1º dia, havia 5 coelhos infectados e, a cada 5 dias, a quantidade total de coelhos infectados triplicava. Determine a quantidade de coelhos infectados no 21º dia.

60. O salário de uma pessoa é reajustado anualmente em 3%. Se em 2016 o salário dessa pessoa era R$ 1 300,00, então qual será seu salário em 2022?

61. Sabendo que a soma dos três primeiros termos de uma P.G. crescente é 31 e que o produto desses termos é 125, determine:
a) a razão dessa P.G.;
b) o 6º termo da P.G.

62. Determine os quatro termos consecutivos de uma P.G., sabendo que a soma dos dois primeiros é 12 e que a soma dos dois últimos é 300.

63. Para combater uma praga na plantação, um fazendeiro mandou lançar certa quantidade de agrotóxico, conforme o procedimento descrito a seguir.

Aplicação de agrotóxico em plantação.

- No 1º dia, ele recomendou a aplicação de 200 mL do produto.
- No 2º dia, o dobro do 1º dia, ou seja, 400 mL.
- No 3º dia, o dobro do 2º dia, ou seja, 800 mL.

E assim sucessivamente.

Se o tratamento foi interrompido no 5º dia, então quantos litros de agrotóxico foram aplicados?

64. Quantos termos tem uma P.G. em que o 1º termo é $\dfrac{1}{2}$, a razão é 2 e o último termo é 128?

65. Insira cinco termos entre 16 e $\dfrac{1}{4}$ de modo que se forme uma P.G.

66. Quantos termos devem ser inseridos entre 246 875 e 79 para se obter uma P.G. de razão $\dfrac{1}{5}$?

■ Soma dos termos de uma P.G. finita

Assim como para os termos de uma P.A. finita, também é possível calcular a soma dos termos de uma P.G. finita.

Demonstra-se que a soma dos n termos de uma P.G. finita é:

$$S_n = \frac{a_1(q^n - 1)}{(q - 1)}\text{, com } q \neq 1$$

Demonstração

Escreve-se soma dos n termos de uma P.G. finita de razão $q \neq 1$ assim:

$S_n = a_1 + a_2 + a_3 + a_4 + \ldots + a_{n-2} + a_{n-1} + a_n$ (I)

Multiplicando os dois membros da equação (I) pela razão da P.G., obtém-se:

$q \cdot S_n = \underbrace{a_1 \cdot q}_{a_2} + \underbrace{a_2 \cdot q}_{a_3} + \underbrace{a_3 \cdot q}_{a_4} + \underbrace{a_4 \cdot q}_{a_5} + \ldots + \underbrace{a_{n-2} \cdot q}_{a_{n-1}} + \underbrace{a_{n-1} \cdot q}_{a_n} + a_n \cdot q$ (II)

E efetuando (II) − (I), obtém-se:

$q \cdot S_n - S_n = (a_2 + a_3 + a_4 + \ldots + a_{n-1} + a_n) +$

$+ a_n \cdot q - a_1 - (a_2 + a_3 + a_4 + \ldots + a_{n-2} + a_{n-1} + a_n) =$

$= a_n \cdot q - a_1 \Rightarrow S_n(q - 1) = a_n \cdot q - a_1$

Como $a_n = a_1 \cdot q^{n-1}$, tem-se: $S_n(q - 1) = a_1 \cdot q^{n-1} \cdot q - a_1 = a_1 \cdot q^n - a_1$

Logo: $S_n = \dfrac{a_1(q^n - 1)}{q - 1}, q \neq 1$

Observações

1. A P.G. de razão 1 é constante, ou seja, todos os seus termos são iguais. Assim, a soma dos n termos de uma P.G. constante é: $\boxed{S_n = n \cdot a_1}$

2. Em uma P.G. infinita $(a_1, a_2, a_3, \ldots, a_{n-1}, a_n, \ldots)$ de razão q, a soma de seus n primeiros termos, $a_1 + a_2 + a_3 + \ldots + a_n$, equivale à soma dos n termos de uma P.G. finita $(a_1, a_2, a_3, \ldots, a_{n-1}, a_n)$. Assim, a soma dos n primeiros termos de uma P.G. infinita é:

$$S_n = \frac{a_1(q^n - 1)}{(q - 1)}$$

Ação e cidadania

O pesadelo do *spam*

Na internet, *spam* é o envio de mensagens não solicitadas ou não desejadas pelo destinatário, cujo conteúdo pode ser boatos, propagandas, correntes, etc. Quem envia *spam* é chamado de *spammer*.

Também na internet existem normas de etiqueta (conjunto de regras de conduta social que devem ser seguidas em certas situações). Uma dessas normas é não enviar *spam*.

Fonte de pesquisa: Teixeira, R. C. O pesadelo do *spam*. Disponível em: <http://memoria.rnp.br/newsgen/0101/spam.html>. Acesso em: 17 abr. 2015.

- Converse com os colegas sobre a inconveniência de receber *spams* e avalie se vocês têm o hábito de enviar mensagens não solicitadas.

- Considere que o envio de *spam* seja feito de acordo com a seguinte sequência: uma pessoa envia um *spam* para três outras, e cada uma destas o reenvia para mais três. Essa sequência de pessoas que enviam um *spam* é uma P.A. ou uma P.G.? Faça um esquema para ilustrar a resposta.

Exercícios resolvidos

67. Determine a soma dos dez termos da P.G. abaixo.

$$(1, 3, 9, \ldots, 19\,683)$$

Resolução

Trata-se de uma P.G. de razão $q = \dfrac{3}{1} = 3$, $a_1 = 1$ e $n = 10$. Então:

$S_n = \dfrac{a_1(q^n - 1)}{q - 1} = \dfrac{1 \cdot (3^{10} - 1)}{3 - 1} =$

$= \dfrac{1 \cdot (59\,049 - 1)}{2} = \dfrac{59\,048}{2} = 29\,524$

Assim, a soma dos dez termos da P.G. é 29 524.

68. Determine o último termo da P.G. $(-3, 6, \ldots, a_n)$, sabendo que a soma dos seus n termos é 255.

Resolução

Trata-se de uma P.G. de razão $q = \dfrac{6}{-3} = -2$, $a_1 = -3$ e $S_n = 255$. Então:

$S_n = \dfrac{a_1(q^n - 1)}{q - 1} \Rightarrow 255 = \dfrac{-3\,[(-2)^n - 1]}{-2 - 1} \Rightarrow$

$\Rightarrow 255 = (-2)^n - 1 \Rightarrow (-2)^n = 256 \Rightarrow$

$\Rightarrow (-2)^n = (-2)^8 \Rightarrow n = 8$

Assim, o último termo dessa P.G. é a_8.

$a_8 = a_1 \cdot q^{8-1} = (-3) \cdot (-2)^7 = 384$

Logo, o último termo da P.G. é 384.

169

Exercícios propostos

69. Considere uma P.G. com os seguintes termos:
$$a_3 = 16;\ a_6 = 1024$$
a) Determine a razão da P.G.
b) Determine o 1º termo da P.G.
c) Calcule a soma dos seis primeiros termos da P.G.

70. Do alto de um prédio de 40 m de altura, Pedro solta uma bola que cai verticalmente e, a cada choque com o solo, volta a subir metade da altura anterior. Considerando que não houve deslocamento horizontal e que a bola para após o 10º choque com o solo, qual é, aproximadamente, a distância total, em metro, percorrida por ela até parar?

71. Considere a figura a seguir:

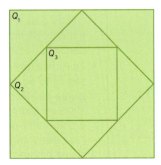

Dessa figura, sabe-se que:
- Q_1 é um quadrado de lado de medida 1;
- Q_2 é um quadrado com vértices nos pontos médios dos lados de Q_1;
- Q_n é um quadrado com vértices nos pontos médios dos lados de Q_{n-1}.

Seja S_n a soma das áreas dos n primeiros quadrados obtidos da maneira descrita acima. Qual é o valor de S_6?

72. Uma pessoa começa a guardar dinheiro da seguinte maneira:
- no primeiro mês guarda R$ 2,00;
- a partir do segundo mês, sempre no primeiro dia de cada mês, guarda o dobro do que guardou no mês anterior.

Sabendo que a pessoa começou a juntar dinheiro no dia 1º de janeiro, calcule a data a partir da qual ela terá guardado R$ 2 046,00.

73. Resolva a equação abaixo, sabendo que as parcelas do primeiro membro são os termos de uma P.G.
$$3x + 9x + 27x + \ldots + 729x = 12\,012$$

74. Uma mensagem que formará uma corrente é enviada por *e-mail* segundo o padrão:
- a mensagem é escrita, assinada e enviada por uma pessoa para quatro endereços distintos;
- cada um dos destinatários, após ler a mensagem, assina embaixo da assinatura anterior e a envia para mais quatro endereços distintos;
- os novos destinatários seguem a mesma regra, e assim sucessivamente.

Suponha que os destinatários não quebrem a corrente nem enviem a mensagem para alguém que já a tenha recebido. Quantas pessoas terão recebido essa mensagem, quando ela tiver 10 assinaturas?

75. Na compra de um imóvel, o Banco Dim-Dim concede empréstimos a juros inferiores aos juros cobrados sobre empréstimos destinados a outros fins.

O plano de pagamento do empréstimo para a compra de um imóvel pode ser feito do seguinte modo:
- a primeira parcela no valor de R$ 505,00;
- as parcelas seguintes são pagas mensalmente, e seu valor é calculado multiplicando-se o valor da parcela anterior pela constante 1,01.

a) Qual é o valor da prestação no 2º mês?
b) Após 5 anos, quanto terá sido pago ao todo?
c) Se, em vez de multiplicar o valor da parcela anterior pela constante 1,01 para calcular o valor da nova parcela, o cálculo fosse feito adicionando ao valor da última parcela paga a diferença entre as duas primeiras parcelas, o valor total pago em 5 anos seria menor ou maior do que o valor calculado no item **b**?
d) Independentemente do tempo de duração das parcelas, a comparação entre os valores, feita no item **c**, permaneceria válida? Justifique.

76. A soma dos n primeiros termos de uma P.G. é dada pela seguinte relação:
$$S_n = \frac{3^n - 1}{6},\ n \in \mathbb{N} - \{0\}$$

a) Quais são os dois primeiros termos dessa P.G.?
b) Qual é a razão da P.G.?
c) Qual é o termo geral da P.G.?

■ Soma dos termos de uma P.G. infinita

Nos casos particulares de progressões geométricas em que a sequência é infinita e de razão maior do que -1 e menor do que 1 ($-1 < q < 1$), também é possível calcular a soma de seus termos.

Exemplo

Considere a P.G. infinita $\left(1, \frac{1}{2}, \frac{1}{4}, \frac{1}{8}, \ldots\right)$, de razão $\frac{1}{2}$. Tomando quaisquer n primeiros termos dessa P.G., é possível calcular sua soma.

Para $n = 5$: $S_5 = \dfrac{1\left(\left(\frac{1}{2}\right)^5 - 1\right)}{\left(\frac{1}{2} - 1\right)} = 1{,}9375$

Para $n = 10$: $S_{10} = \dfrac{1\left(\left(\frac{1}{2}\right)^{10} - 1\right)}{\left(\frac{1}{2} - 1\right)} = 1{,}998046875$

Para $n = 15$: $S_{15} = \dfrac{1\left(\left(\frac{1}{2}\right)^{15} - 1\right)}{\left(\frac{1}{2} - 1\right)} = 1{,}99993896484375$

Quanto maior o valor de n, mais os termos $\left(\frac{1}{2}\right)^n$ da P.G. se aproximam de 0 e mais próxima de 2 é a soma dos termos desta P.G. Então, pode-se afirmar que, quando $-1 < q < 1$ e a quantidade n de termos a serem adicionados na P.G. aumenta indefinidamente, o valor de q^n na soma dos n termos da P.G. infinita, dada por $S_n = \dfrac{a_1(q^n - 1)}{(q - 1)}$, é cada vez mais próximo de zero, ou seja, quando a quantidade n aumenta indefinidamente, podemos escrever $q^n = 0$:

$$S = \frac{a_1(0 - 1)}{(q - 1)} = \frac{-a_1}{(q - 1)} = \frac{a_1}{1 - q}$$

Assim, a soma dos termos de uma P.G. infinita em que a razão satisfaz a condição $-1 < q < 1$ é: $\boxed{S = \dfrac{a_1}{1 - q}}$

> **Para refletir**
>
> Considere a função $f: \mathbb{N}^* \to \mathbb{N}$ definida por $f(x) = \frac{1}{x}$.
>
> O que ocorre com $f(x)$ quando os valores de x aumentam indefinidamente?

Exercício resolvido

77. Determine a soma dos termos da P.G. infinita abaixo:

$$\left(\frac{1}{3}, \frac{1}{6}, \frac{1}{12}, \ldots\right)$$

Resolução

Do enunciado, temos: $a_1 = \frac{1}{3}$ e $q = \dfrac{\frac{1}{6}}{\frac{1}{3}} = \frac{1}{2}$

Utilizando a expressão da soma dos infinitos termos de uma P.G., obtemos:

$$S = \frac{a_1}{1 - q} = \frac{\frac{1}{3}}{\left(1 - \frac{1}{2}\right)} = \frac{\frac{1}{3}}{\frac{1}{2}} = \frac{2}{3}$$

Assim, a soma dos infinitos termos dessa P.G. é $\frac{2}{3}$.

Exercícios propostos

78. Determine a soma dos termos de cada progressão geométrica infinita dada abaixo.

a) $\left(\frac{1}{9}, \frac{1}{81}, \frac{1}{729}, \ldots\right)$

b) $\left(1, \frac{1}{7}, \frac{1}{49}, \frac{1}{343}, \ldots\right)$

79. Em uma P.G. infinita de razão $\frac{1}{2}$, a soma dos termos é 0,4. Qual é o 5° termo dessa P.G.?

80. Qual é o conjunto solução da equação abaixo?

$$4^x + 4^{x-1} + 4^{x-2} + \ldots = \frac{16384}{3}$$

171

81. A espiral abaixo foi formada pela união de semicírculos cujos centros pertencem ao eixo das abscissas.

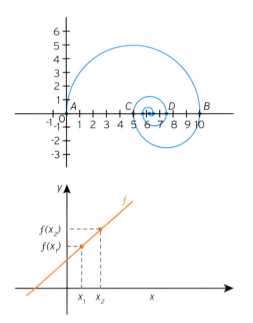

Sabe-se que cada semicírculo, a partir do maior, possui raio correspondente à metade do raio do semicírculo anterior. Nessas condições, determine:
a) o comprimento da espiral formada na figura;
b) o comprimento da espiral formada caso o padrão de construção fosse repetido infinitamente;
c) a expressão algébrica que representa o comprimento da espiral em função da quantidade (n) de semicírculos que a formam.

82. Um profissional recebeu duas propostas de emprego e precisa decidir por uma delas.
1ª proposta: Salário inicial de R$ 5 400,00 e aumentos anuais de 10% em relação ao ano anterior.
2ª proposta: Salário inicial de R$ 5 800,00 e aumentos anuais de 6% em relação ao ano anterior.
Considerando apenas a avaliação em relação ao valor do salário, esse profissional deverá optar por qual das duas propostas? Justifique sua resposta.

83. Uma gincana interescolar, dividida em 3 fases, foi disputada por 27 equipes de diferentes escolas. De uma fase para outra, o número de equipes se reduzia de tal forma que, para a última fase, foram classificadas 3 equipes para disputarem o 1º, o 2º e o 3º lugar.
a) Determine a quantidade de times em cada uma das fases da competição.
b) Para que outra gincana fosse organizada com os mesmos critérios, quantas fases ela deveria ter, caso fossem inscritas 729 equipes?

84. (Fuvest-SP) Dadas as sequências $a_n = n^2 + 4n + 4$, $b_n = 2^{n^2}$, $c_n = a_{n-1} - a_n$ e $d_n = \dfrac{b_{n+1}}{b_n}$, definidas para valores inteiros positivos de n, considere as seguintes afirmações:
I) a_n é uma progressão geométrica.
II) b_n é uma progressão geométrica.
III) c_n é uma progressão aritmética.
IV) d_n é uma progressão geométrica.
São verdadeiras apenas:
a) I, II e III.
b) I, II e IV.
c) I e III.
d) II e IV.
e) III e IV.

85. (UFRGS-RS) Considere o padrão de construção representado pelos desenhos abaixo:

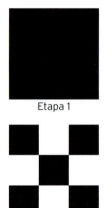
Etapa 1

Etapa 2

Etapa 3

Na etapa 1, há um único quadrado com lado 1. Na etapa 2, esse quadrado foi dividido em nove quadrados congruentes, sendo quatro deles retirados, como indica a figura. Na etapa 3 e nas seguintes, o mesmo processo é repetido em cada um dos quadrados da etapa anterior. Nessas condições, a área restante, na etapa 5, é:

a) $\dfrac{125}{729}$

b) $\dfrac{125}{2187}$

c) $\dfrac{625}{729}$

d) $\dfrac{625}{2187}$

e) $\dfrac{625}{6561}$

4. Representações gráficas e problemas

Por definição, uma sequência é uma função que associa cada número natural positivo n ao valor a_n. Assim, as progressões podem ser representadas em um plano cartesiano por pontos do gráfico de uma função afim, no caso da progressão aritmética, ou de uma função exponencial, no caso da progressão geométrica. Para isso, é preciso fazer algumas restrições.

■ Representação gráfica de uma P.A.

Uma P.A. cujo termo geral é $a_n = a_1 + (n-1)r$ é uma **função afim** com domínio restrito aos naturais não nulos: $f: \mathbb{N}^* \to \mathbb{R}$, tal que $f(n) = a_n = a_1 + (n-1)r$

Assim, o gráfico de uma P.A. é o conjunto dos pontos de coordenadas $(1, a_1)$, $(2, a_2)$, ..., (n, a_n) que pertencem ao gráfico da função afim.

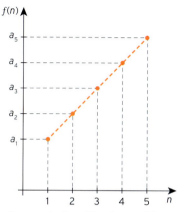
Representação gráfica de uma P.A.

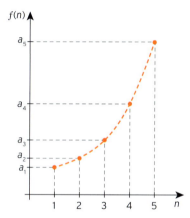
Representação gráfica de uma P.G.

■ Representação gráfica de uma P.G.

Uma P.G. de razão positiva e diferente de 1, cujo termo geral é $a_n = a_1 \cdot q^{n-1}$, $q > 0$ e $q \neq 1$, é uma **função exponencial** com domínio restrito aos naturais não nulos: $f: \mathbb{N}^* \to \mathbb{R}$, tal que $f(n) = a_n = a_1 \cdot q^{n-1}$.

Assim, o gráfico de uma P.G. é o conjunto formado pelos pontos de coordenadas $(1, a_1)$, $(2, a_2)$, ..., (n, a_n) que pertencem ao gráfico da função exponencial.

■ Problemas que envolvem P.A. e P.G.

Alguns problemas envolvem, simultaneamente, conceitos de progressão aritmética e de progressão geométrica.

No mercado financeiro, os empréstimos são geralmente pagos com juro, que pode ser de dois tipos: simples ou composto. O **juro simples** corresponde a um valor constante, acrescido a cada período (que pode ser diário, mensal, anual, etc.) e calculado a partir do valor inicial do empréstimo. Já o **juro composto** corresponde a valores não constantes, acrescidos a cada período e calculados a partir do valor do empréstimo ao final do período anterior.

É possível interpretar as situações de empréstimos a juro simples ou a juro composto como problemas que envolvem progressões aritméticas e geométricas.

Exemplo

Vamos analisar, em dois casos, um empréstimo de R$ 1200,00 que deve ser pago de uma só vez após 10 meses:

1º caso: sob o regime de juro simples com taxa de 5% ao mês;

2º caso: sob o regime de juro composto com taxa de 5% ao mês.

Ao final dos 10 meses, qual será o valor devido em cada caso?

Resolução

1º caso: O juro simples é calculado sobre o valor inicial do empréstimo:
$$0,05 \cdot 1200 = 60$$

Assim, ao final de cada período (mês), são acrescidos R$ 60,00 ao valor devido. Pode-se organizar em uma tabela, como esta ao lado, a evolução da dívida.

Mês	Juro (em real)	Valor devido (em real)
0	0	1200
1	60	1200 + 60 = 1260
2	60	1260 + 60 = 1320
3	60	1320 + 60 = 1380
4	60	1380 + 60 = 1440
5	60	1440 + 60 = 1500
6	60	1500 + 60 = 1560
7	60	1560 + 60 = 1620
8	60	1620 + 60 = 1680
9	60	1680 + 60 = 1740
10	60	1740 + 60 = 1800

Dados fictícios.

Interpretando graficamente os dados da tabela, obtém-se o gráfico ao lado, cujos pontos pertencem ao gráfico de uma função afim. Algebricamente, a situação pode ser interpretada como uma P.A., admitindo-se como 1º termo o valor da dívida após o primeiro período (mês 1) e, como razão, o juro que é acrescido mensalmente, ou seja, $r = 0,05 \cdot 1200 = 60$. Assim, o termo geral a_n dessa P.A. é o valor devido após n períodos:

$a_n = a_1 + (n - 1) \cdot r = 1260 + (10 - 1) \cdot 60 =$
$= 1260 + 540 = 1800$

Logo, ao final dos 10 meses, sob o regime de juro simples, a dívida é R$ 1 800,00.

2º caso: O juro composto é calculado sobre o valor da dívida ao final do período anterior:

mês 1: $0,05 \cdot 1\,200 = 60$
mês 2: $0,05 \cdot 1\,260 = 63$
⋮

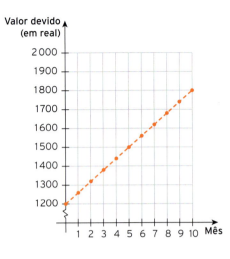

Pode-se organizar em uma tabela a evolução da dívida:

Mês	Juro (em real)	Valor devido (em real)
0	0	1 200
1	0,05 · 1200 = 60	1200 + 60 = 1260
2	0,05 · 1260 = 63	1260 + 63 = 1323
3	0,05 · 1323 = 66,15	1323 + 66,15 = 1389,15
4	0,05 · 1389,15 = 69,46	1389,15 + 69,46 = 1458,61
5	0,05 · 1458,61 = 72,93	1458,61 + 72,93 = 1531,54
6	0,05 · 1531,54 = 76,58	1531,54 + 76,58 = 1608,11
7	0,05 · 1608,11 = 80,41	1608,11 + 88,41 = 1688,52
8	0,05 · 1688,52 = 84,43	1688,53 + 84,43 = 1772,95
9	0,05 · 1772,95 = 88,65	1772,95 + 88,65 = 1861,59
10	0,05 · 1861,59 = 93,08	1861,59 + 93,08 = 1954,67

Dados fictícios.

Interpretando graficamente os dados da tabela, obtém-se o seguinte gráfico, cujos pontos pertencem ao gráfico de uma função exponencial:

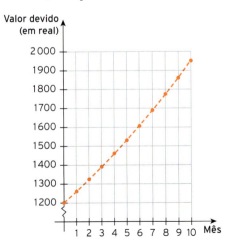

Algebricamente, a situação pode ser interpretada como uma P.G., admitindo-se como 1º termo o valor a ser pago ao final do primeiro período (mês 1) e, como razão, o fator multiplicativo que gera a atualização do valor devido.

Se uma quantia sofre um acréscimo de 5%, ela passa a valer 105% do valor original. Assim, o valor da dívida ao final do período anterior deve ser multiplicado por $105\% = \frac{105}{100} = 1{,}05$, para que se obtenha o novo valor devido. Logo, a razão dessa P.G. é $q = 1{,}05$.

De modo geral, quando se deseja determinar o valor após um acréscimo de $x\%$, multiplica-se o valor original por $\left(1 + \frac{x}{100}\right)$.

Então, o termo geral a_n dessa P.G. é o valor devido após n períodos:

$a_n = a_1 \cdot q^{n-1} = 1260 \cdot 1{,}05^{(10-1)} \cong 1260 \cdot 1{,}551328 \cong 1954{,}67$

Em problemas como este, é útil o uso de calculadora.

Portanto, ao final dos 10 meses, sob o regime de juro composto, o valor da dívida é aproximadamente R$ 1954,67.

Exercícios resolvidos

86. Represente graficamente a P.A. e a P.G. de razão 2 e primeiro termo $a_1 = 1$.

Resolução

O termo geral da P.A. é $a_n = 1 + (n-1) \cdot 2 = 2n - 1$, e o termo geral da P.G. é $b_n = 1 \cdot 2^{n-1} = 2^{n-1}$. Logo, a P.A. é (1, 3, 5, 7, 9, ...) e a P.G. é (1, 2, 4, 8, 16, ...).

Sabendo-se que a P.A. e que a P.G. são, respectivamente, uma função afim e uma função exponencial, com domínio restrito aos naturais não nulos, tem-se que as progressões são representadas, respectivamente, pelas funções $f: \mathbb{N}^* \to \mathbb{R}$, tal que $f(n) = 2n - 1$, e $g: \mathbb{N}^* \to \mathbb{R}^*_+$, com $g(n) = 2^{n-1}$.

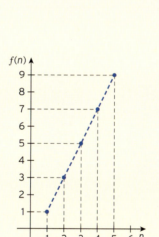
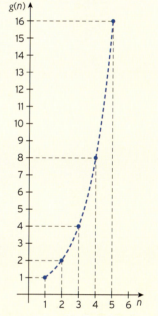

87. Uma P.A. e uma P.G. têm como 1º termo o número 2, e o 5º termo da P.A. é igual ao 5º termo da P.G. Sabendo que a razão da P.G. é 5, determine a razão da P.A.

Resolução

Inicialmente, vamos considerar os termos da P.A. $(a_1, a_2, a_3, ..., a_n)$, com razão r, e os termos da P.G. $(b_1, b_2, b_3, ..., b_n)$, com razão q.

Do enunciado temos: $a_1 = b_1 = 2$, $a_5 = b_5$ e $q = 5$

Calculamos então o 5º termo da P.G.: $b_5 = b_1 \cdot q^4 = 2 \cdot 5^4 = 1250$

Como $a_5 = b_5$, temos: $a_5 = 1250$

Então, calculamos a razão da P.A.:

$a_5 = a_1 + (5-1)r \Rightarrow 1250 = 2 + 4r \Rightarrow 1248 = 4r \Rightarrow r = \frac{1248}{4} = 312$

Logo, a razão da P.A. é 312.

Exercícios propostos

88. Em uma P.A. de oito termos, o $4^{\underline{o}}$ termo é 6 e o $6^{\underline{o}}$ termo é 14.
a) Determine todos os termos da P.A.
b) Represente essa P.A. graficamente.

89. Em uma P.G. de cinco termos, o $2^{\underline{o}}$ termo é 3 e o $5^{\underline{o}}$ termo é 24.
a) Determine todos os termos da P.G.
b) Represente essa P.G. graficamente.

90. Observando os pontos dos gráficos a seguir, que representam progressões, determine: se eles são gráficos de uma P.A. ou de uma P.G.; a razão da progressão; os sete primeiros termos.

a)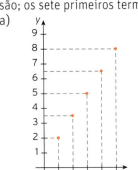

c)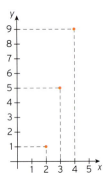

b)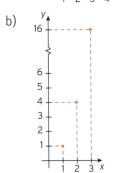

d)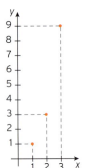

91. São dadas uma P.G. de termo geral a_n e uma P.A. de termo geral b_n, cuja razão é $\frac{3}{10}$ da razão da P.G. Sabendo que $a_1 = b_1 = 2$ e que $a_2 = b_7$, calcule o valor de $b_1 + b_2 + ... + b_7$.

92. Sejam a e b números reais que satisfaçam as seguintes condições:
- a, b e $(a + b)$ formam, nessa ordem, uma P.A.
- 2^a, 16 e 2^b formam, nessa ordem, uma P.G.

Qual é o valor de a? E o valor de b?

93. São dadas as seguintes informações sobre uma P.A. e sobre uma P.G.
- O $5^{\underline{o}}$ termo da P.A. é igual ao $3^{\underline{o}}$ termo da P.G.
- A razão r da P.A. é 5 e seu $2^{\underline{o}}$ termo é 1.
- O $6^{\underline{o}}$ termo da P.G. é 128.

Determine o $1^{\underline{o}}$ termo e a razão q da P.G.

94. Se a sequência $\left(2, \frac{1}{2}, 4, \frac{1}{4}, 6, \frac{1}{8}, ...\right)$ é formada por termos de uma P.A. alternados com termos de uma P.G., então qual é o produto do $20^{\underline{o}}$ termo pelo $31^{\underline{o}}$ termo dessa sequência?

95. Para uma P.A. não constante de sete termos, valem as seguintes condições: o termo médio é 6; o $2^{\underline{o}}$, o $4^{\underline{o}}$ e o $7^{\underline{o}}$ termos, nessa ordem, formam uma P.G. Determine todos os termos dessa P.A.

96. Verifique se cada afirmação a seguir é verdadeira ou falsa. Justifique.
a) O $20^{\underline{o}}$ termo da P.A. $(x, x + 10, x^2, ...)$, com $x < 0$, é o número 186.
b) A soma dos n primeiros números naturais ímpares é $n^2 + 1$.
c) O número $\frac{1}{1024}$ é o $12^{\underline{o}}$ termo da P.G. $\left(2, 1, \frac{1}{2}, ...\right)$.
d) Se a sequência $(x, y, 10)$ é uma P.A. crescente e a sequência $(x, y, 18)$ é uma P.G. crescente, então $x \cdot y = 12$.
e) O valor de x é 10 na equação $x + \frac{x}{3} + \frac{x}{9} + ... = 12$, cujo primeiro membro é a soma dos termos de uma P.G. infinita.

97. Dois jornais são distribuídos gratuitamente em uma cidade, todos os dias úteis. A tabela abaixo mostra a quantidade de jornais distribuídos nos três primeiros dias de uma semana.

	Segunda-feira	Terça-feira	Quarta-feira
Jornal A	105 000	110 000	115 000
Jornal B	20 000	40 000	80 000

Dados fictícios.

Considere que as quantidades de jornais distribuídos aumentem até sexta-feira nas mesmas razões que nesses dias.
a) Construa um gráfico que represente a quantidade de jornais distribuídos de segunda a sexta-feira.
b) Que jornal é distribuído em maior quantidade na sexta-feira? Quantos exemplares?

98. A quantia de R$ 7 250,00 foi aplicada em dois tipos de fundo de investimento, da seguinte maneira:
- R$ 4 300,00 foram aplicados à taxa de juro simples de 0,3% ao mês, durante 8 meses;
- o restante foi aplicado à taxa de juro composto de 4% ao mês, durante 12 meses.

Qual é o valor resgatado ao final de cada período?

99. Represente graficamente a P.A. e a P.G. de razão 3 e $1^{\underline{o}}$ termo igual a 2. Em seguida, compare o crescimento dos termos das duas progressões.

O texto abaixo refere-se às questões 100 e 101:

O conceito de meia vida de um fármaco é muito importante para os profissionais da saúde, como médicos e enfermeiros, pois se trata de analisar o tempo decorrido para que a concentração plasmática do medicamento no organismo de um paciente se reduza à metade. Isso significa que o tempo de administração de novas doses do medicamento também depende do conceito de meia vida para ser calculado.

Suponha que, para um fármaco X, as seguintes informações, dentre outras, constam da bula:

Composição
- Cada comprimido de 5 mg contém 5 mg de X
- Solução injetável: cada 2 mL contém 10 mg de X

Características de X

X é rapida e completamente absorvido após a administração oral, atingindo a concentração plasmática máxima após 90 minutos.

A concentração plasmática máxima na forma injetável se dá após 30 minutos.

A curva de eliminação de X apresenta-se com uma única fase com meia vida de 6 horas.

Um médico deseja receitar a seu paciente um tratamento medicamentoso com o uso do fármaco X. Para isso, ele prescreve na receita:

Tomar 2 cp. a cada 12 horas.

100. Se o paciente ingeriu a primeira dose desse medicamento às 6 h de um determinado dia, a concentração do fármaco em seu organismo no momento em que a concentração plasmática máxima da 4ª dose for atingida, será:
a) exatamente 10 mg.
b) exatamente 13,125 mg.
c) aproximadamente 13,281 mg.
d) aproximadamente 13,320 mg.
e) aproximadamente 13,330 mg.

101. Para a prescrição indicada pelo médico ao paciente, é possível verificar que a concentração do medicamento no organismo passa a ser aproximadamente constante após a:
a) 2ª dose.   c) 4ª dose.   e) 6ª dose.
b) 3ª dose.   d) 5ª dose.

102. Junte-se a um colega para resolver o problema seguinte.

Na página do Instituto Brasileiro de Geografia e Estatística (IBGE) na internet é possível encontrar informações acerca da progressão da população do Brasil e de todas as unidades da Federação. Uma das informações que se pode obter é sobre o tempo médio de aumento da população. Veja a seguir dois exemplos disso:

Fonte de pesquisa: <http://www.ibge.gov.br/apps/populacao/projecao/>.
Acesso em: 14 abr. 2015.

A partir das informações das imagens acima, desconsiderando as aproximações a serem realizadas pela diferença entre os minutos e segundos presentes em cada imagem, faça o que se pede:

a) Qual será o número de habitantes em SP após uma semana, a contar da data fornecida na imagem?

b) Considere, como hipótese, que a taxa de aumento da população brasileira continue constante pelos 20 anos seguintes. Nessas condições, qual será o número de habitantes no Brasil em 2034?

c) Alguns estudos revelam que a taxa de crescimento populacional é negativa, o que fará com que o número de habitantes diminua ao longo dos próximos anos. Observe os gráficos que comparam as taxas do Brasil e de São Paulo até o ano de 2030.

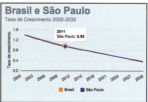

Suponha que a taxa do Brasil diminua, de maneira constante, 0,04 de um ano para outro, e que a taxa de São Paulo diminua 0,03 por ano. Contando desde 2011, em que ano as duas taxas serão iguais?

Exercícios complementares

103. Considere uma P.A. em que o 1º termo é 5 e o 16º é 110.
a) Qual é a razão dessa P.A.?
b) Qual é o 26º termo dessa P.A.?

104. Determine a soma dos termos da P.G. dada a seguir.

$$\left(\frac{3}{5}, -\frac{1}{5}, \frac{1}{15}, ... \right)$$

105. A sequência (a_1, a_2, a_3, a_4) é uma P.A. de razão 4, e a sequência (b_1, b_2, b_3, b_4) é uma P.G. de razão 2. Sabendo que $b_1 = 2a_1$ e que $b_4 = a_4$, determine todos os termos das duas sequências.

106. Considere as sequências cujos termos gerais são $a_n = -1 + 3n$ e $b_n = 2n - 1$.
a) Determine os dez primeiros termos de cada sequência.
b) Sendo A o conjunto formado pelos dez primeiros termos da sequência cujo termo geral é a_n e B o conjunto formado pelos dez primeiros termos da sequência cujo termo geral é b_n, determine $A \cup B$ e $B \cap A$.

107. Determine o 25º termo da seguinte sequência:

$$(-5, 2, 9, ...)$$

108. Interpole 6 meios geométricos entre -3 e 384.

109. Uma administração deseja instalar, na principal rodovia que atravessa o estado, dois tipos de posto aos usuários da rodovia: um de socorro e outro de atendimento.
Os postos de socorro serão instalados a cada 30 km, e os de atendimento, a cada 35 km. A rodovia tem 500 km, e os primeiros postos de socorro e de atendimento serão instalados nos quilômetros 15 e 20 respectivamente.
a) Que tipo de posto será instalado no quilômetro 475?
b) Quantos postos de socorro serão instalados?
c) Quantos postos de atendimento haverá?
d) Discuta com seus colegas a importância de existirem esses tipos de posto em rodovias.
e) Faça uma relação das principais rodovias que passam por seu estado, quais desses serviços elas apresentam e se existem outros tipos de serviço.

110. A sequência $(10, y, 2x)$ é uma P.A. e a sequência $(25, x - 6, y - 15)$ é uma P.G. Determine os valores de x e y.

111. Em um estacionamento, são cobrados 10 reais para a primeira hora e 2 reais a mais para cada hora adicional, a partir do término da segunda hora. Qual é o valor cobrado por esse estacionamento por um período de 8 horas?

112. Considere a função f dada por $f(x) = \log_2 x$.
a) Construa o gráfico de f, com $D(f) \in \mathbb{N}^*$.
b) Os valores de f representam uma P.A., uma P.G. ou nenhum dos dois tipos de progressão? Justifique.
c) Determine a função f^{-1} inversa de f.
d) A sequência formada pelos valores de f^{-1} representa uma progressão? Justifique.

113. Determine os seis primeiros termos das sequências que têm como termos gerais $a_n = 3 - 5n$ e $a_n = 2n + 3$.

114. Uma pessoa decide fazer caminhada todos os dias, pela manhã, inclusive nos fins de semana.
- No 1º dia, ela caminha 300 m.
- A cada dia subsequente, caminha 50 m a mais do que no dia anterior.

No fim de quatro semanas de caminhada, quantos quilômetros essa pessoa percorreu?

115. Calcule o valor da soma infinita a seguir:

$$\frac{3}{4} - \frac{4}{9} + \frac{9}{16} - \frac{8}{27} + \frac{27}{64} - \frac{16}{81} + ...$$

116. Considere a sequência $(10^x, 10^{x+1}, 10^{x+2}, ...)$.
a) Essa sequência é uma P.A. ou uma P.G.? Justifique.
b) Qual é a razão dessa progressão?

117. Considere as informações a seguir, sobre uma P.A. e uma P.G.
- A P.A. tem sete termos, sua razão é 6 e o 5º termo é 21.
- A P.G. tem quatro termos, sua razão é 3 e o 2º termo é 7.

Represente essas progressões graficamente em um mesmo plano cartesiano.

118. Seja 0,666... uma dízima periódica, que pode ser representada por:

$$0,666 = 0,6 + 0,06 + 0,006 + ...$$

a) Verifique se as parcelas dessa igualdade podem ser, nessa ordem, os termos de uma P.G. infinita.
b) Qual é o valor esperado para a soma dos termos dessa P.G.? Justifique sua resposta.

119. Os números a, b e c formam, nessa ordem, uma P.A. de razão 4. Os números $a - 2$, $b + 2$ e $2c - 4$ formam, nessa ordem, uma P.G. de razão 2. Determine todos os termos dessas duas sequências.

120. Considere uma sequência cujo termo geral é $a_n = 5 + (-1)^n$.
a) Quais são os dez primeiros termos da sequência?
b) Qual é o 110º termo da sequência?

121. Qual é o primeiro termo positivo da progressão aritmética $(-85, -82, -79, ...)$?

122. Calcule a soma dos doze primeiros termos da P.G. $(3m, 3m^2, 3m^3, 3m^4, ...)$ para cada valor de m indicado a seguir.
a) $m = 1$
b) $m = -2$
c) $m = 3$
d) $m = 0,5$

123. No desenho ao lado, o raio do semicírculo mede 4, os lados indicados do triângulo medem 6, a base menor do trapézio mede 5, e a altura do trapézio mede 3.

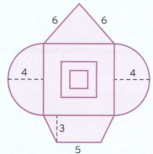

Suponha que o quadrado central tenha infinitos quadrados em seu interior, cujos perímetros são sempre metade do perímetro do quadrado imediatamente externo a ele. Calcule a soma dos perímetros de cada uma das figuras que compõem esse desenho.

124. Considere uma função $f: \mathbb{N}^* \to \mathbb{R}$ definida por $f(n) = -0,7^n$.
a) Represente em uma tabela alguns valores para n e seus respectivos valores de $f(n)$.
b) Construa o gráfico dessa função.
c) A lei de correspondência dessa função pode ser considerada como a lei de formação dos termos de uma P.G.?
d) Obtenha os cinco primeiros termos dessa P.G. e determine sua razão.
e) Calcule a soma desses cinco primeiros termos.

125. Entre os quilômetros 35 e 41 de certa rodovia, foram colocadas placas educativas a cada 300 metros.
Se a primeira placa foi colocada exatamente a 50 metros após o quilômetro 35, então qual é a distância, em metro, entre a 13ª placa e o quilômetro 41?

126. (PUC-RJ) Se a soma dos quatro primeiros termos de uma progressão aritmética é 42, e a razão é 5, então o primeiro termo é:
a) 1
b) 2
c) 3
d) 4
e) 5

127. (UERJ) Na figura, está representada uma torre de quatro andares construída com cubos congruentes empilhados, sendo sua base formada por dez cubos.

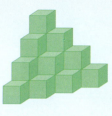

Calcule o número de cubos que formam a base de outra torre, com 100 andares, construída com cubos iguais e procedimento idêntico.

128. (Unesp) Uma cervejaria artesanal, com sede em Belém, pretende exportar seus produtos já no início de 2013. A intenção é surpreender o mercado internacional com uma mistura de malte e frutas típicas da região. Para tanto, elaborou uma previsão na qual as quantidades de litros que serão exportados a cada mês estão em progressão aritmética (PA) crescente. Sabe-se que a soma do primeiro (janeiro) e quarto (abril) termos dessa PA é igual a 53 200 litros.
Se a razão da PA é igual a 60% do primeiro termo, então a quantidade de litros prevista para ser exportada em março é:
a) 24 200
b) 34 200
c) 32 600
d) 30 800
e) 22 400

129. (Unesp) A soma dos n primeiros termos de uma progressão aritmética é dada por $3n^2 - 2n$, onde n é um número natural. Para essa progressão, o primeiro termo e a razão são, respectivamente,
a) 7 e 1
b) 1 e 6
c) 6 e 1
d) 1 e 7
e) 6 e 7

130. (UFRGS-RS) Nas malhas de pontos da figura abaixo, dois pontos adjacentes, na horizontal ou na vertical, encontram-se à distância de 1 cm.

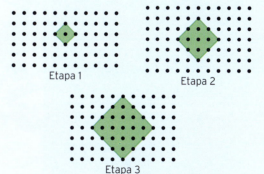

Considerando-se a sucessão de quadriláteros desenhados em cada etapa da figura, a área do quadrilátero da vigésima etapa, em cm², é:
a) 100
b) 200
c) 400
d) 800
e) 1 600

UNIDADE 4
Semelhança e trigonometria

Capítulos

10 Semelhança

11 Trigonometria em um triângulo

Maurits Cornelis Escher (1898-1972) foi um artista gráfico holandês reconhecido sobretudo por suas obras associadas a regularidade, simetria e reprodução em três dimensões, do período conhecido como Metamorfoses (1937-1945), em que utilizava conceitos da Geometria das transformações.

Dia e noite (1938) está entre os seus trabalhos mais conhecidos. Nessa xilogravura – técnica em que o artista entalha a imagem na madeira e, depois, a usa como uma espécie de carimbo –, os campos lavrados representados por quadriláteros no solo (formas bidimensionais) se elevam e se transformam em aves brancas e negras (tridimensionais). As brancas voam para a direita, em direção à noite, e as negras sobrevoam os campos para a esquerda, em direção à parte iluminada. São imagens refletidas que transmitem a ideia da passagem do dia.

CAPÍTULO 10 Semelhança

Módulos

1. Semelhança
2. Semelhança de triângulos
3. Perímetro e área de polígonos semelhantes
4. Relações métricas em um triângulo retângulo

O *origami* é uma arte tradicional japonesa que consiste em dobrar pedaços de papel formando diversas figuras, sem que haja corte ou colagem. A sequência de *origamis* da fotografia representa a mesma figura, mas em tamanhos diferentes

Para começar

A forma de cada figura mostrada acima pode ser representada pela composição de dois trapézios congruentes e de um triângulo retângulo, obtidos a partir de um quadrado.

1. Utilizando um quadrado cujo lado mede 20 cm, tem-se $x = y = 10$ cm e $z = 10\sqrt{2}$ cm. Determine a área de cada trapézio e a área do triângulo.
2. Para um quadrado com 40 cm de lado, quais são os valores de x, y e z?
3. Calcule as razões entre as medidas x, y e z obtidas nos exercícios 1 e 2, nessa ordem, e descreva a relação entre elas.

1. Semelhança

O conceito de **semelhança** está presente no dia a dia. Você conhece a boneca russa Matryoshka? Ela é formada por uma série de bonecas semelhantes, que se apresentam em tamanho cada vez menor, colocadas uma dentro da outra.

■ Noção de semelhança em Matemática

Figuras semelhantes são as que têm exatamente o mesmo formato, podendo diferir no tamanho e na posição.

Figuras semelhantes: mesma forma e variação de tamanho (as medidas aumentam ou diminuem proporcionalmente).

Figuras semelhantes: mesma forma e variação de tamanho e posição.

Figuras não semelhantes: variação na forma.

■ Polígonos semelhantes

Dois polígonos podem ou não ser semelhantes. Utilizando a noção de figuras semelhantes, definem-se as condições para que polígonos sejam semelhantes:

> Dois polígonos são **semelhantes** se seus ângulos internos correspondentes são congruentes e se as medidas dos lados correspondentes são proporcionais.

A razão entre as medidas de quaisquer dois lados correspondentes é um número k, denominado **razão de semelhança** dos polígonos.

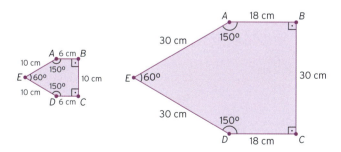

Os pentágonos acima são semelhantes, pois seus ângulos são congruentes e os lados correspondentes são proporcionais. Observe que, para obter o pentágono maior, os lados do menor foram multiplicados por 3. Logo, $k = 3$.

Exemplo

Os polígonos ABCD e EFGH representados ao lado são semelhantes.

Os pares de ângulos $\hat{A}$ e $\hat{F}$, $\hat{B}$ e $\hat{G}$, $\hat{C}$ e $\hat{H}$, $\hat{D}$ e $\hat{E}$ têm medidas iguais e são, portanto, congruentes.

As medidas dos lados correspondentes são proporcionais:

$$\frac{AB}{FG} = \frac{BC}{GH} = \frac{CD}{HE} = \frac{DA}{EF} \Rightarrow \frac{\sqrt{21}}{2\sqrt{21}} = \frac{2 \text{ cm}}{4 \text{ cm}} = \frac{3 \text{ cm}}{6 \text{ cm}} = \frac{4 \text{ cm}}{8 \text{ cm}} = \frac{1}{2}$$

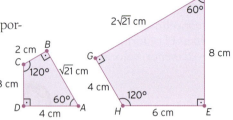

Nesse caso, a razão de semelhança é $k = \frac{1}{2}$. Isso significa que as medidas dos lados do polígono ABCD são metade das medidas dos lados do polígono EFGH.

Observações

- Quando $k = 1$, os polígonos são **congruentes**, ou seja, possuem a mesma forma e o mesmo tamanho. Utilizamos o símbolo $\equiv$ para indicar congruência.
- O símbolo $\sim$ é utilizado para indicar a semelhança das figuras.
  No exemplo: ABCD $\sim$ EFGH

Exercícios resolvidos

1. Verifique se os polígonos a seguir são semelhantes. Justifique sua resposta.

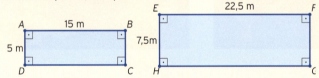

Resolução

Pela figura, verificamos que $\hat{A} \equiv \hat{E}$; $\hat{B} \equiv \hat{F}$; $\hat{C} \equiv \hat{G}$; $\hat{D} \equiv \hat{H}$; e que $\frac{AB}{EF} = \frac{AD}{EH}$, pois $\frac{15 \text{ m}}{22,5 \text{ m}} = \frac{5 \text{ m}}{7,5 \text{ m}} = \frac{2}{3}$.

Portanto, os polígonos ABCD e EFGH são semelhantes, e a razão de semelhança é $\frac{2}{3}$.

2. Abaixo estão representados um quadrado e um losango. Verifique se os polígonos são semelhantes. Justifique.

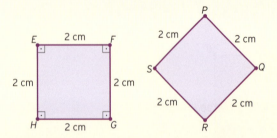

Resolução

Pela figura, verificamos que $\frac{EF}{SP} = \frac{FG}{PQ} = \frac{GH}{QR} = \frac{HE}{RS}$; porém, não há ângulos internos correspondentes congruentes. Portanto, os polígonos EFGH e PQRS não são semelhantes.

3. As quadras de vôlei e de basquete podem ser representadas por retângulos. Sabendo que as dimensões oficiais de uma quadra de vôlei são 9 m e 18 m e de uma quadra de basquete são 15 m e 28 m, verifique se as representações das quadras são polígonos semelhantes.

Quadra de vôlei

Quadra de basquete

Resolução

Como as duas quadras são representadas por retângulos, todos os ângulos internos são congruentes. Entretanto, as medidas dos lados correspondentes não são proporcionais: $\frac{9}{15} \neq \frac{18}{28}$ e $\frac{9}{28} \neq \frac{18}{15}$.

Logo, os retângulos não são semelhantes.

Exercícios propostos

4. No triângulo △ABC abaixo, os segmentos $\overline{AC}$ e $\overline{DE}$ são paralelos, o segmento $\overline{AC}$ tem o dobro da medida do segmento $\overline{DE}$, o ponto D é ponto médio do segmento $\overline{BA}$ e o ponto E é ponto médio do segmento $\overline{BC}$.

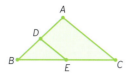

Mostre que os triângulos △BAC e △BDE são semelhantes.

5. Justifique por que os polígonos representados abaixo não são semelhantes.

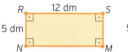 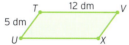

6. Explique por que as seguintes afirmações são verdadeiras.
a) Dois quadrados quaisquer são semelhantes.
b) Dois triângulos equiláteros quaisquer são semelhantes.

7. Deseja-se distribuir 12 fotos sobre uma folha de papel tamanho A4 (21 cm × 29,7 cm). Para isso, as fotos devem ser reduzidas. No quadro, estão indicadas as quantidades de fotos e suas dimensões antes de serem reduzidas.

Quantidade	Dimensões (cm)
3	30 × 40
5	25 × 35
4	10 × 15

Converse com um colega e proponha uma maneira de dispor as fotografias, de modo que mais da metade da folha seja coberta e que as fotos não fiquem deformadas.

8. Os polígonos ABCDE e FGHIJ são semelhantes. Determine as medidas dos segmentos $\overline{AB}$, $\overline{BC}$ e $\overline{CD}$.

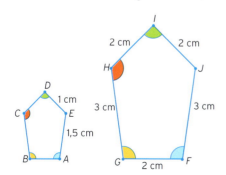

9. Com relação à semelhança de polígonos, analise as afirmações abaixo e determine a alternativa verdadeira.
a) Dois quadrados quaisquer são semelhantes.
b) Dois triângulos quaisquer são semelhantes.
c) Dois retângulos quaisquer são semelhantes.
d) Dois trapézios quaisquer são semelhantes.
e) Dois losangos quaisquer são semelhantes.

10. Os blocos retangulares abaixo são semelhantes.

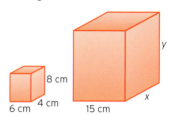

Determine as dimensões x e y e calcule o valor de x · y.
a) 150
b) 180
c) 200
d) 220
e) 280

11. Uma determinada máquina de impressão de fotos imprime fotos em 4 modelos de tamanhos: A, B, C e D. As imagens abaixo mostram dimensões das fotos de cada modelo.

Os modelos de fotos semelhantes são:
a) A e B
b) A e C
c) B e C
d) B e D
e) C e D

12. Os quadriláteros abaixo são semelhantes, em que x e y correspondem às medidas dos lados $\overline{EF}$ e $\overline{FG}$, respectivamente.

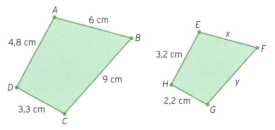

Nessas condições, o valor de x + y é:
a) 5,4 cm
b) 8,2 cm
c) 10 cm
d) 12 cm
e) 21 cm

2. Semelhança de triângulos

Dois triângulos são semelhantes se obedecem aos dois critérios de semelhança de polígonos:
- Os ângulos correspondentes são congruentes.
- As medidas dos lados correspondentes são proporcionais.

Para os triângulos há uma particularidade: basta satisfazer uma dessas condições para que dois triângulos sejam semelhantes. Ou seja, se uma das condições está satisfeita, a outra é consequência. Veja o exemplo:

Considere os triângulos ABC e DEF.

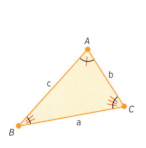
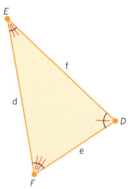

Como $\hat{A} \equiv \hat{D}, \hat{B} \equiv \hat{E}$ e $\hat{C} \equiv \hat{F}$, então $\frac{a}{d} = \frac{b}{e} = \frac{c}{f}$. Logo $\triangle ABC \sim \triangle DEF$.

■ Casos de semelhança

Para determinar a semelhança entre dois triângulos, pode-se recorrer a um dos casos de semelhança a seguir.

Caso LLL

> Se dois triângulos possuem os lados respectivos proporcionais, então eles são semelhantes.

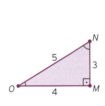
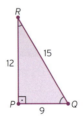

Demonstração

Como $\frac{MN}{PQ} = \frac{NO}{QR} = \frac{OM}{RP}$, então $\hat{M} \equiv \hat{P}, \hat{N} \equiv \hat{Q}$ e $\hat{O} \equiv \hat{R}$.

Logo: $\triangle MNO \sim \triangle PQR$.

Caso AA

> Se dois triângulos têm dois pares de ângulos internos correspondentes congruentes, então esses triângulos são semelhantes.

Demonstração

Admitindo-se que haja congruência, por exemplo, dos ângulos $\hat{A}$ e $\hat{D}$ e dos ângulos $\hat{B}$ e $\hat{E}$ nos triângulos representados ao lado e sabendo que a soma das medidas dos ângulos internos de um triângulo é 180°, então os ângulos $\hat{C}$ e $\hat{F}$ têm medidas iguais, ou seja, são congruentes.

Ação e cidadania

Desenho e aprendizagem

Alguns pesquisadores em Educação defendem que a produção de imagens durante o estudo de um tema facilita e amplia a aprendizagem.
- Você concorda com a opinião desses pesquisadores? Justifique.
- Demonstre seu aprendizado sobre noção de semelhança em Geometria, produzindo um desenho com polígonos semelhantes. Use, por exemplo, triângulos equiláteros e quadrados. Capriche no desenho e, depois, peça a opinião de um colega sobre o resultado.

Para recordar

Teorema de Tales

O teorema de Tales afirma que um feixe de retas paralelas r, s e m determina sobre duas transversais t_1 e t_2 segmentos com medidas proporcionais.

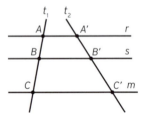

$$\frac{AB}{A'B'} = \frac{AC}{A'C'} = \frac{BC}{B'C'}$$

Caso LAL

Há também o teorema a seguir, que é o terceiro caso de semelhança: **caso LAL (lado-ângulo-lado)**.

> Se dois triângulos têm dois pares de lados correspondentes proporcionais e os ângulos internos formados por esses lados são congruentes, então os triângulos são semelhantes.

Demonstração

Consideram-se os triângulos $\triangle ABC$ e $\triangle A'B'C'$ representados ao lado, em que as medidas dos lados $\overline{AC}$ e $\overline{AB}$ são proporcionais às medidas dos lados $\overline{A'C'}$ e $\overline{A'B'}$, e $B\hat{A}C \equiv B'\hat{A}'C'$.

Admite-se que o lado $\overline{BC}$ é maior do que o lado $\overline{B'C'}$ (se $\overline{BC}$ for menor do que $\overline{B'C'}$, o raciocínio é análogo). No triângulo $\triangle ABC$, constrói-se o segmento $\overline{DE}$ (D pertence ao segmento $\overline{AB}$, e E pertence ao segmento $\overline{AC}$) paralelo a $\overline{BC}$, de modo que $\overline{AD}$ e $\overline{A'B'}$ sejam congruentes.

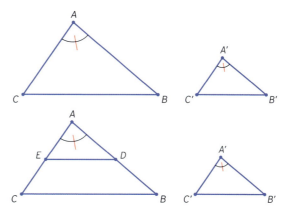

Os triângulos $\triangle ABC$ e $\triangle ADE$ são semelhantes. Assim, pelo teorema de Tales, tem-se $\frac{AD}{AB} = \frac{AE}{AC}$. Mas, por construção, $\overline{AD}$ e $\overline{A'B'}$ são congruentes; então, $\frac{A'B'}{AB} = \frac{AE}{AC}$ (I). Também se sabe que os lados $\overline{AC}$ e $\overline{AB}$ são proporcionais aos lados $\overline{A'C'}$ e $\overline{A'B'}$; então, $\frac{A'C'}{AC} = \frac{A'B'}{AB}$ (II).

Das equações (I) e (II), tem-se $\frac{AE}{AC} = \frac{A'C'}{AC}$. Portanto, $A'C'$ e AE são congruentes. Logo, os triângulos $A'B'C'$ e ADE são congruentes e, portanto, $\triangle ABC$ e $\triangle A'B'C'$ são semelhantes.

Exercícios resolvidos

13. Determine os valores de x e y, sabendo que os segmentos $\overline{GH}$ e $\overline{EF}$ são paralelos.

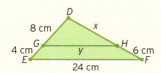

Resolução

Como $\overline{GH}$ e $\overline{EF}$ são segmentos paralelos, $D\hat{G}H \equiv D\hat{E}F$ e $D\hat{H}G \equiv D\hat{F}E$ e o ângulo $\hat{D}$ é comum aos triângulos $\triangle DEF$ e $\triangle DGH$, temos que os triângulos $\triangle DEF$ e $\triangle DGH$ são semelhantes e, portanto, as medidas dos lados correspondentes são proporcionais.
Separando os triângulos, temos:

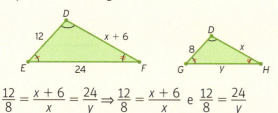

$\frac{12}{8} = \frac{x+6}{x} = \frac{24}{y} \Rightarrow \frac{12}{8} = \frac{x+6}{x}$ e $\frac{12}{8} = \frac{24}{y}$

Resolvendo as equações, obtemos:
$x = 12$ cm e $y = 16$ cm

14. A altura do triângulo $\triangle MNP$ representado a seguir é 25 cm e $MP = 27$ cm. O lado $\overline{RS}$ é paralelo ao lado $\overline{NP}$ e está a 10 cm dele.

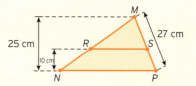

Determine a medida do segmento $\overline{MS}$.

Resolução

A altura do triângulo $\triangle MNP$ determina os pontos U e T sobre os segmentos $\overline{RS}$ e $\overline{NP}$. Como $\overline{RS}$ e $\overline{NP}$ são segmentos paralelos, os triângulos $\triangle MTP$ e $\triangle MUS$ são semelhantes.

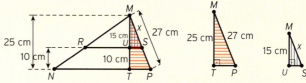

$\frac{15}{25} = \frac{x}{27} \Rightarrow x = 16{,}2$. Portanto: $MS = 16{,}2$ cm.

Exercícios propostos

15. No triângulo representado abaixo, determine a medida do segmento $\overline{GH}$, sabendo que os segmentos $\overline{GH}$ e $\overline{DF}$ são paralelos.

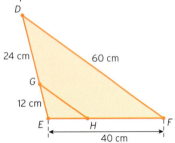

16. Na figura abaixo, têm-se os triângulos △PRS e △PTM.

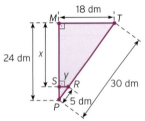

Determine os valores de x e y e calcule as áreas desses triângulos.

17. Sabendo que o segmento $\overline{RS}$ é paralelo ao segmento $\overline{NP}$ e MPN é um triângulo, determine o valor de x.

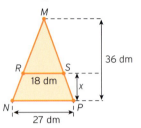

18. Na figura abaixo, os pontos T, P e K são vértices de um triângulo, e os pontos B, M, V e Q são os vértices de um retângulo.

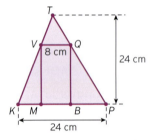

Determine a medida do segmento $\overline{QB}$.

■ Aplicações práticas da semelhança de triângulos

A noção de semelhança de triângulos costuma ser empregada para obter alturas ou distâncias, geralmente quando não é possível medi-las com instrumentos de medida, como no caso de distâncias entre as margens de um rio, alturas de prédios, de postes e de árvores. Veja o exemplo a seguir:

Saiba mais

Razão de semelhança e escalas

A razão de semelhança k é frequentemente usada quando se quer fazer uma representação em escala. Ela estabelece uma relação entre determinada dimensão representada e seu correspondente no ambiente real. Por exemplo, se um mapa apresenta escala 1:100 ou $k = \frac{1}{100}$, isso significa que cada unidade desse mapa representa 100 unidades no ambiente real.

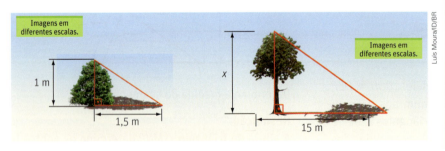

Em um mesmo instante, mede-se o tamanho da sombra do arbusto e da sombra da árvore, ambas projetadas no solo. Como os raios solares chegam à superfície da Terra praticamente paralelos entre si, podemos representar o seguinte modelo matemático ao lado.

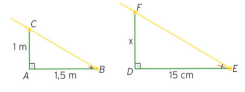

Visto que $\hat{A} \equiv \hat{D}$ e $\hat{B} \equiv \hat{E}$, conclui-se que os triângulos △ABC e △DEF são semelhantes pelo caso LAL e, portanto, as medidas dos lados correspondentes são proporcionais.

$$\frac{1}{x} = \frac{1,5}{15} \Rightarrow 1,5x = 15 \Rightarrow x = 10$$

Logo, a altura da árvore é 10 m.

Exercício resolvido

19. Carlos quer determinar a altura do prédio em que mora. No momento em que a medida da sombra do prédio era igual à largura da calçada, 2 m, a sombra de Carlos media 15 cm.
Sabendo que Carlos tem 1,80 m de altura, determine a medida da altura desse prédio.

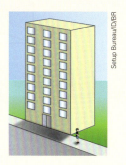

Resolução

Considerando que tanto o prédio como Carlos estão na posição vertical em relação à superfície da Terra, pode-se representar a situação descrita pelos triângulos a seguir.
Na figura, as bases dos triângulos representam a sombra do prédio e a sombra de Carlos.

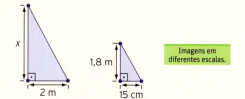

Primeiro, escrevemos a medida da sombra de Carlos em metro: 15 cm = 0,15 m
Como os raios solares chegam à superfície da Terra paralelos entre si, e as sombras foram medidas no mesmo instante, os ângulos correspondentes das bases são congruentes, e concluímos que os dois triângulos são semelhantes. Então:

$$\frac{x}{1,8} = \frac{2}{0,15} \Rightarrow 0,15x = 2 \cdot 1,8 \Rightarrow x = \frac{2 \cdot 1,8}{0,15} = 24$$

Portanto, a medida da altura desse prédio é 24 m.

Exercícios propostos

20. Em certo horário, uma torre de internet apresenta uma sombra de 15 m. No mesmo instante, a sombra de um garoto de 1,5 m de altura, que passa ao lado da torre, tem 1,0 m. Determine a altura da torre.

21. Determine o perímetro do triângulo $\triangle GHI$ representado abaixo.

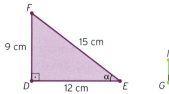

22. Em uma prova de motociclismo, cujo percurso está representado a seguir, os participantes devem partir do ponto C, seguir em linha reta até o ponto A, depois até B e, por fim, retornar ao ponto C.

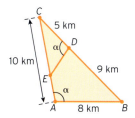

Entretanto, uma equipe foi desclassificada porque partiu do ponto C, seguiu em linha reta até E, depois até D e retornou até C. Determine quantos quilômetros a menos essa equipe percorreu em relação ao percurso correto da prova.

23. Na figura ao lado, calcule a razão da área do triângulo $\triangle ABC$ e da área do triângulo $\triangle MHC$.

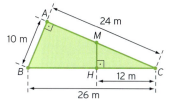

24. Lucas é dono de um terreno de forma triangular, representado a seguir pelo triângulo $\triangle ABC$. O terreno precisa ser dividido e cercado para a construção de um galinheiro. A parte reservada para o galinheiro está representada pelo polígono $ABED$.

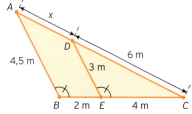

Determine quantos metros de arame serão necessários para que todo o galinheiro seja cercado.

25. Na figura abaixo, determine a medida do segmento CD, sabendo que $AC > CD$ e que as medidas estão em centímetros.

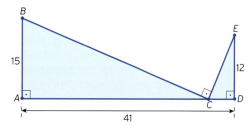

26. Determine o perímetro do quadrado PQSR, sabendo que o triângulo △ABC é isósceles, de base BC.

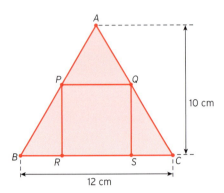

27. João precisou calcular a largura L de um rio. Para tal, em uma das margens, esquematizou e verificou algumas medidas, como indicado na figura a seguir.

 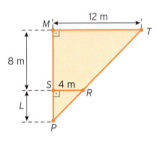

Determine a largura L do rio no ponto indicado.

28. Na figura a seguir estão representados dois quadrados, um com lado medindo 4 cm e o outro com lado medindo 6 cm.

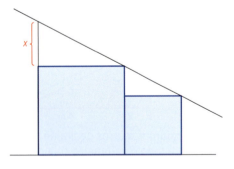

Determine a medida x indicada.

29. (Enem) O dono de um sítio pretende colocar uma haste de sustentação para melhor firmar dois postes de comprimentos iguais a 6 m e 4 m. A figura representa a situação real na qual os postes são descritos pelos segmentos $\overline{AC}$ e $\overline{BD}$ e a haste é representada pelo $\overleftrightarrow{EF}$, todos perpendiculares ao solo, que é indicado pelo segmento de reta $\overline{AB}$. Os segmentos $\overline{AD}$ e $\overline{BC}$ representam cabos de aço que serão instalados.

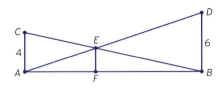

Qual deve ser o valor do comprimento da haste EF?
a) 1 m
b) 2 m
c) 2,4 m
d) 3 m
e) $2\sqrt{6}$ m

30. (Fuvest-SP) Na figura os ângulos assinalados são retos. Temos necessariamente:

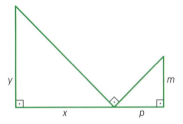

a) $\dfrac{x}{y} = \dfrac{p}{m}$
b) $\dfrac{x}{y} = \dfrac{m}{p}$
c) $xy = pm$
d) $x^2 + y^2 = p^2 + m^2$
e) $\dfrac{1}{x} + \dfrac{1}{y} = \dfrac{1}{m} + \dfrac{1}{p}$

31. (Fuvest-SP) Um banco de altura regulável, cujo assento tem forma retangular, de comprimento 40 cm, apoia-se sobre duas barras iguais, de comprimento 60 cm (ver figura 1). Cada barra tem três furos, e o ajuste da altura do banco é feito colocando-se o parafuso nos primeiros, ou nos segundos, ou nos terceiros furos das barras (ver visão lateral do banco, na figura 2).

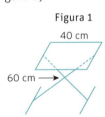 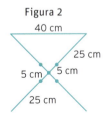

A menor altura que pode ser obtida é:
a) 36 cm
b) 38 cm
c) 40 cm
d) 42 cm
e) 44 cm

32. (Fuvest-SP) Na figura abaixo, os triângulos ABC e DCE são equiláteros de lado ℓ, com B, C e E colineares. Seja F a intersecção de $\overline{BD}$ com $\overline{AC}$. Então, a área do triângulo BCF é:

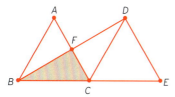

a) $\dfrac{\sqrt{3}}{8}\ell^2$

b) $\dfrac{\sqrt{3}}{6}\ell^2$

c) $\dfrac{\sqrt{3}}{3}\ell^2$

d) $\dfrac{5\sqrt{3}}{6}\ell^2$

e) $\dfrac{2\sqrt{3}}{3}\ell^2$

33. (Fuvest-SP) No triângulo acutângulo ABC a base $\overline{AB}$ mede 4 cm e a altura relativa a essa base também mede 4 cm. MNPQ é um retângulo cujos vértices M e N pertencem ao lado $\overline{AB}$, P pertence ao lado $\overline{BC}$ e Q ao lado $\overline{AC}$. O perímetro deste retângulo, em cm, é

a) 4
b) 8
c) 12
d) 14
e) 16

34. (Fuvest-SP) O imposto de renda devido por uma pessoa física à Receita Federal é função da chamada base de cálculo, que se calcula subtraindo o valor das deduções do valor dos rendimentos tributáveis. O gráfico dessa função, representado na figura, é a união dos segmentos de reta $\overline{OA}, \overline{AB}, \overline{BC}, \overline{CD}$ e da semirreta $\overrightarrow{DE}$. João preparou sua declaração tendo apurado como base de cálculo o valor de R$ 43 800,00. Pouco antes de enviar a declaração, ele encontrou um documento esquecido numa gaveta que comprovava uma renda tributável adicional de R$ 1 000,00. Ao corrigir a declaração, informando essa renda adicional, o valor do imposto devido será acrescido de

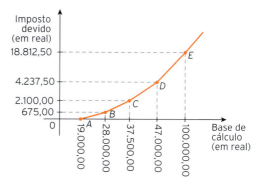

a) R$ 100,00
b) R$ 200,00
c) R$ 225,00
d) R$ 450,00
e) R$ 600,00

35. (Unicamp-SP) Segundo o IBGE, nos próximos anos, a participação das gerações mais velhas na população do Brasil aumentará. O gráfico abaixo mostra uma estimativa da população brasileira por faixa etária, entre os anos de 2010 e 2050. Os números apresentados no gráfico indicam a população estimada, em milhões de habitantes, no início de cada ano. Considere que a população varia linearmente ao longo de cada década.

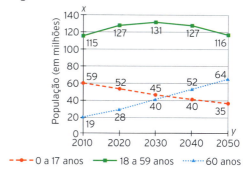

a) Com base nos valores fornecidos no gráfico, calcule exatamente em que ano o número de habitantes com 60 anos ou mais irá ultrapassar o número de habitantes com até 17 anos. (Atenção: não basta encontrar um número aproximado a partir do gráfico. É preciso mostrar as contas.)
b) Determine qual será, em termos percentuais, a variação da população total do país entre 2040 e 2050.

36. (Enem) A rampa de um hospital tem na sua parte mais elevada uma altura de 2,2 metros. Um paciente ao caminhar sobre a rampa percebe que se deslocou 3,2 metros e alcançou uma altura de 0,8 metro. A distância em metros que o paciente ainda deve caminhar para atingir o ponto mais alto da rampa é
a) 1,16 metros.
b) 3,0 metros.
c) 5,4 metros.
d) 5,6 metros.
e) 7,04 metros.

3. Perímetro e área de polígonos semelhantes

Em polígonos semelhantes, além da razão de semelhança, é possível estabelecer razões entre seus perímetros e entre suas áreas.

■ Razão de semelhança entre perímetros de polígonos semelhantes

Consideram-se os quadriláteros semelhantes ABCD e MNOP representados abaixo, em que k é a razão de semelhança entre os quadriláteros.

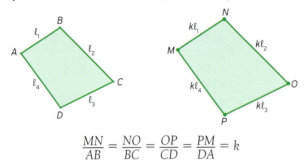

$$\frac{MN}{AB} = \frac{NO}{BC} = \frac{OP}{CD} = \frac{PM}{DA} = k$$

Calculando os perímetros, obtêm-se:

$P_{ABCD} = \ell_1 + \ell_2 + \ell_3 + \ell_4$

$P_{MNOP} = k\ell_1 + k\ell_2 + k\ell_3 + k\ell_4 = k(\ell_1 + \ell_2 + \ell_3 + \ell_4)$

A razão de semelhança entre os perímetros é: $\dfrac{P_{MNOP}}{P_{ABCD}} = \dfrac{k(\ell_1 + \ell_2 + \ell_3 + \ell_4)}{\ell_1 + \ell_2 + \ell_3 + \ell_4} = k$

Portanto, a razão de semelhança entre os perímetros dos quadriláteros é igual à razão de semelhança entre os quadriláteros.

Demonstra-se que essa relação é válida para dois polígonos semelhantes quaisquer. Assim, se dois polígonos são semelhantes, com razão de semelhança k, então a razão de semelhança entre seus perímetros também é k.

■ Razão de semelhança entre as áreas de polígonos semelhantes

Consideram-se dois triângulos semelhantes, cuja razão de semelhança é k.

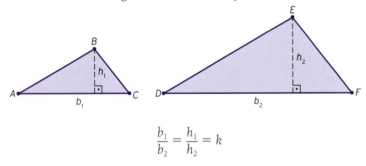

$$\frac{b_1}{b_2} = \frac{h_1}{h_2} = k$$

A razão de semelhança entre as áreas dos triângulos $\triangle ABC$ e $\triangle DEF$ é:

$$\frac{\dfrac{b_1 \cdot h_1}{2}}{\dfrac{b_2 \cdot h_2}{2}} = \frac{b_1}{b_2} \cdot \frac{h_1}{h_2} = k \cdot k = k^2$$

Portanto, a razão de semelhança entre as áreas de dois triângulos semelhantes é igual ao quadrado da razão de semelhança entre os triângulos.

Utilizando processo análogo, demonstra-se que essa relação é válida para dois polígonos semelhantes quaisquer. Assim, se dois polígonos são semelhantes, com razão de semelhança k, então a razão de semelhança entre suas áreas é k^2.

Saiba mais

Um caso interessante de semelhança

As dimensões das folhas de papel A0, A1, A2, A3, A4, etc, utilizadas no dia a dia, são padronizadas por um sistema internacional chamado ISO 216.

A folha definida como A0 tem 1 m² de área. Dividindo-a ao meio, determina-se a folha A1. Analogamente, determina-se A2 dividindo-se A1 ao meio, e assim sucessivamente, até a folha A10.

Esse processo fornece folhas retangulares semelhantes, com razão de semelhança $\sqrt{2}$ entre seus lados.

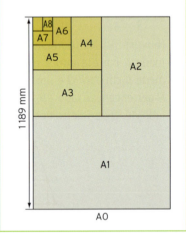

Exercícios resolvidos

37. Ao lado, têm-se a representação de um pentágono regular (1), cujo lado mede 3 cm, e sua ampliação (2). Determine o perímetro do pentágono (2), sabendo que a razão de semelhança entre esses dois polígonos é $k = \frac{1}{4}$.

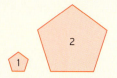

Resolução

O pentágono (1) tem perímetro: $P_1 = 5 \cdot 3 = 15$
Como a razão de semelhança dos perímetros é $k = \frac{1}{4}$, temos:

$\frac{P_1}{P_2} = \frac{1}{4} \Rightarrow \frac{15}{P_2} = \frac{1}{4} \Rightarrow P_2 = 4 \cdot 15 = 60$

Logo, o perímetro do pentágono (2) é 60 cm.

38. Uma artesã corta um pedaço de EVA. e o divide em quadrados cujos lados medem 1 cm, compondo um desenho (figura A, parte em verde).

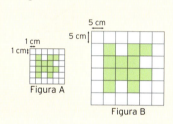

Figura A   Figura B

Ela decide ampliar o desenho e divide o material em quadrados cujos lados medem 5 cm (figura B).
a) Determine a razão de semelhança entre A e B.
b) Calcule a razão de semelhança entre os perímetros das figuras e compare com a razão do item **a**.
c) Calcule a razão de semelhança entre as áreas das figuras e compare com a razão do item **a**.

Resolução

a) Como são formadas pelas mesmas quantidades de quadrados na mesma disposição, as figuras são semelhantes. Logo: $k = \frac{1}{5}$

b) $\frac{P_{\text{figura A}}}{P_{\text{figura B}}} = \frac{22}{110} = \frac{1}{5}$

A razão de semelhança entre os perímetros e entre as figuras são iguais. Logo, o perímetro da figura B é o quíntuplo do perímetro da figura A.

c) $\frac{A_{\text{figura A}}}{A_{\text{figura B}}} = \frac{12 \text{ cm}^2}{300 \text{ cm}^2} = \frac{1}{25} = \left(\frac{1}{5}\right)^2$

A razão de semelhança entre as áreas é igual a k^2. Logo, a área da figura B é 25 vezes a área da figura A.

Exercícios propostos

39. Observe as figuras em verde representadas ao lado.
a) Qual é a razão de semelhança entre elas?
b) Qual é a razão de semelhança entre seus perímetros?
c) Qual é a razão de semelhança entre suas áreas?

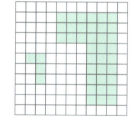

40. Desenhe dois quadrados de modo que a razão de semelhança entre suas áreas seja $\frac{1}{4}$.

41. Dois trapézios T_1 e T_2 são semelhantes, e a razão de semelhança entre seus lados é $\frac{T_1}{T_2} = \frac{2}{5}$.
a) Qual é a razão de semelhança entre os perímetros dos trapézios?
b) Qual é a razão de semelhança entre suas áreas?

42. Um azulejista precisa revestir uma parede de 4,5 m de comprimento por 3 m de altura.
a) Quantos azulejos de 15 cm × 15 cm são necessários para fazer o revestimento?
b) Quantos azulejos de 30 cm × 30 cm são necessários para fazer o revestimento?

43. O perímetro de um triângulo equilátero é 37,5 cm. Ampliando esse triângulo, obtém-se um triângulo semelhante de perímetro 150 cm. Determine as medidas dos lados de cada triângulo e a razão de semelhança entre as áreas desses triângulos.

44. As máquinas copiadoras permitem fazer ampliações ou reduções de imagens com rapidez. Basta fornecer a razão de semelhança na forma percentual.

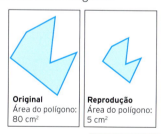

Original
Área do polígono: 80 cm²

Reprodução
Área do polígono: 5 cm²

Imagens em diferentes escalas.

a) O que faz uma copiadora, quando solicitamos uma reprodução com razão 50%?
b) Qual percentual deve ser solicitado para obter a reprodução indicada acima?

45. Determine a medida h', em função de h, para que a área do triângulo ANM, representado ao lado, seja $\frac{1}{4}$ da área do triângulo ACB.

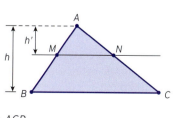

46. Considere os triângulos △ABC e △ADE representados em um papel quadriculado.

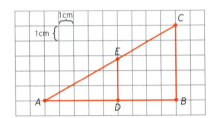

A razão entre as áreas dos triângulos ABC e ADE, nessa ordem, vale, aproximadamente:
a) 1,3
c) 3,2
e) 7,6
b) 2,5
d) 4,7

47. (Fuvest-SP) No papel quadriculado da figura abaixo, adota-se como unidade de comprimento o lado do quadrado hachurado. $\overline{DE}$ é paralelo a $\overline{BC}$. Para que a área do triângulo ADE seja a metade da área do triângulo ABC, a medida de $\overline{AD}$, na unidade adotada, é:

a) $4\sqrt{2}$
b) 4
c) $3\sqrt{3}$
d) $\dfrac{8\sqrt{3}}{3}$
e) $\dfrac{7\sqrt{3}}{2}$

48. Os retângulos das figuras abaixo são semelhantes. Se a razão de semelhança, do menor (ABCD) para o maior (EFGH), é $\dfrac{2}{5}$, então o perímetro do retângulo maior vale:

a) 12 cm
b) 22,5 cm
c) 37,5 cm
d) 45 cm
e) 75 cm

49. Qual a maior medida do lado de um quadrilátero com perímetro 74 cm, semelhante ao quadrilátero da figura abaixo?
a) 8 cm
b) 11 cm
c) 22 cm
d) 26 cm
e) 38 cm

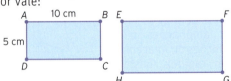

50. Qual o perímetro de um hexágono (GHIJKL) semelhante ao hexágono da figura abaixo com razão de semelhança $\dfrac{3}{2}$?

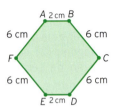

a) 28 cm
c) 36 cm
e) 45 cm
b) 32 cm
d) 42 cm

51. Na figura abaixo, os triângulos △ABC e △DEF são semelhantes. Qual a área do triângulo DEF?

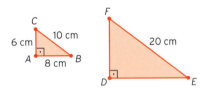

a) 24 cm²
c) 42 cm²
e) 96 cm²
b) 36 cm²
d) 58 cm²

52. Os perímetros de dois triângulos semelhantes são 24,8 cm e 74,4 cm. A área do triângulo maior, sabendo que a área do triângulo menor é 28,8 cm², vale:
a) 112,1 cm²
c) 198 cm²
e) 259,2 cm²
b) 154,5 cm²
d) 226,3 cm²

53. Os hexágonos ABCDEF e GHIJKL são semelhantes. Se a área do hexágono ABCDEF vale 12 cm², a área do hexágono GHIJKL vale:

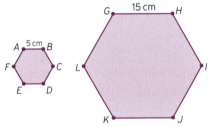

a) 79 cm²
c) 156 cm²
e) 219 cm²
b) 108 cm²
d) 195 cm²

54. Na figura ao lado, a área do triângulo △ABC vale 126 cm² e a área do triângulo △AED vale 14 cm². Se $\overline{CB}//\overline{ED}$, a medida do segmento $\overline{ED}$ é:
a) 2 cm
d) 8 cm
b) 4 cm
e) 10 cm
c) 6 cm

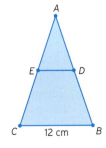

4. Relações métricas em um triângulo retângulo

Seja △ABC um triângulo retângulo em A (figura 1), em que $\overline{AC}$ e $\overline{AB}$ são catetos de medidas b e c e BC é a hipotenusa de medida a. Determinam-se alguns segmentos nesse triângulo (figura 2):

- Traça-se por A um segmento perpendicular à hipotenusa $\overline{BC}$. A intersecção dessa perpendicular com a hipotenusa $\overline{BC}$ determina o ponto H, que é a projeção ortogonal do ponto A sobre $\overline{BC}$.
- O segmento $\overline{AH}$, de medida h, representa a altura relativa à hipotenusa.
- O segmento $\overline{BH}$, de medida m, é a projeção ortogonal do segmento $\overline{AB}$ sobre a hipotenusa.
- O segmento $\overline{CH}$, de medida n, é a projeção ortogonal do segmento $\overline{AC}$ sobre o segmento $\overline{BC}$.

O segmento $\overline{AH}$ divide o triângulo △ABC em dois triângulos retângulos, △ABH e △ACH, como mostrado abaixo.

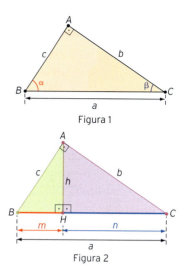

Figura 1

Figura 2

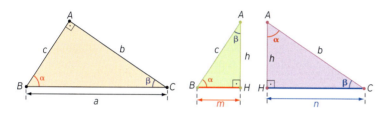

No triângulo △ABC, α e β são as medidas de ângulos complementares, pois α + β + 90° = 180° ⇒ α + β = 90°. Portanto, no triângulo △ABH, a medida do ângulo $B\hat{A}H$ é β e, no triângulo △ACH, a medida do ângulo $H\hat{A}C$ é α.

Os três triângulos têm ângulos internos correspondentes congruentes. Logo, são triângulos semelhantes pelo caso AA.

As seguintes relações métricas são deduzidas da semelhança dos triângulos ABC, HBA e HAC:

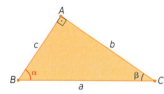

△ABC ~ △HAC

$\dfrac{AB}{HA} = \dfrac{BC}{AC} = \dfrac{AC}{HC} \Rightarrow \dfrac{c}{h} = \dfrac{a}{b} = \dfrac{b}{n} \Rightarrow$ $a \cdot h = b \cdot c$ e $b^2 = a \cdot n$

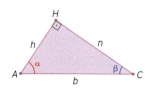

△ABC ~ △HBA

$\dfrac{AB}{HB} = \dfrac{BC}{BA} = \dfrac{AC}{HA} \Rightarrow \dfrac{c}{m} = \dfrac{a}{c} = \dfrac{b}{h} \Rightarrow$ $c^2 = a \cdot m$

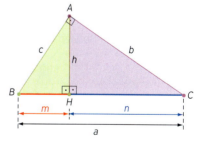

△HBA ~ △HAC

$\dfrac{HB}{HA} = \dfrac{HA}{HC} = \dfrac{BA}{AC} \Rightarrow \dfrac{m}{h} = \dfrac{h}{n} = \dfrac{c}{b} \Rightarrow$ $h^2 = m \cdot n$

Utilizando as relações métricas no triângulo retângulo estudado acima, demonstra-se o **teorema de Pitágoras**.

Adicionando as equações $b^2 = a \cdot n$ e $c^2 = a \cdot m$, verifica-se que:

$$\begin{array}{r} b^2 = a \cdot n \\ c^2 = a \cdot m \end{array} +$$

$\overline{b^2 + c^2 = a \cdot n + a \cdot m} \Rightarrow b^2 + c^2 = a\underbrace{(n + m)}_{a} \Rightarrow b^2 + c^2 = a^2 \Rightarrow$ $a^2 = b^2 + c^2$ **teorema de Pitágoras**

Exercícios resolvidos

55. Determine os valores de x, y, t e z no triângulo $\triangle MNP$ representado abaixo.

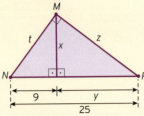

Resolução
Identificando as incógnitas, temos:

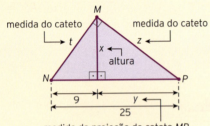

Temos que $9 + y = 25$, ou seja, $y = 16$. Então, calculamos os valores de x, t e z pelas relações métricas:
$x^2 = 9 \cdot y \Rightarrow x^2 = 9 \cdot 16 \Rightarrow x = \sqrt{9 \cdot 16} = 12$
$z^2 = y \cdot 25 \Rightarrow z^2 = 16 \cdot 25 \Rightarrow z = \sqrt{16 \cdot 25} = 20$
$t^2 = 9 \cdot 25 \Rightarrow t = \sqrt{9 \cdot 25} = 15$
Logo: $x = 12$, $y = 16$, $t = 15$ e $z = 20$
Observação: de $x^2 = 9 \cdot 16$ obtemos apenas $x = 12$ e não $x = -12$, pois x representa a medida de um segmento, ou seja, é um número positivo. O mesmo vale para os resultados obtidos para z e t.

56. Uma lâmpada L está suspensa por dois fios perpendiculares entre si, presos ao teto nos pontos A e B.

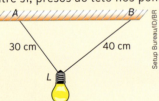

Determine a distância da lâmpada ao teto.

Resolução
Por L, traçamos uma perpendicular ao lado $\overline{AB}$, obtendo o segmento que representa a altura h do triângulo ABL.

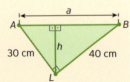

Como o triângulo $\triangle ABL$ é retângulo, pelo teorema de Pitágoras obtemos: $a^2 = 30^2 + 40^2 \Rightarrow a = 50$

A distância da lâmpada ao teto é a altura h do triângulo retângulo:
$a \cdot h = 30 \cdot 40 \Rightarrow 50h = 1\,200 \Rightarrow h = \dfrac{1\,200}{50} = 24$
Logo, a distância da lâmpada ao teto é 24 cm.

57. Sabendo que M, N e P são pontos de tangência e que A e B são os centros das circunferências a seguir, determine o valor de x.

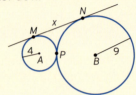

Resolução
Traçamos os segmentos $\overline{AM}$ e $\overline{BN}$. Como M e N são pontos de tangência de uma única reta, o segmento $\overline{MN}$ é perpendicular aos segmentos $\overline{AM}$ e $\overline{BN}$ e, portanto, os ângulos $A\hat{M}N$ e $B\hat{N}M$ são retos. O segmento $\overline{AB}$ passa pelo ponto de tangência P e tem comprimento igual à soma das medidas dos raios. Representando o segmento $\overline{AD}$ paralelo a $\overline{MN}$ e definindo um triângulo retângulo ADB, em que o segmento de medida x é um cateto, temos a seguinte figura:

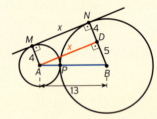

Pelo teorema de Pitágoras:
$13^2 = 5^2 + x^2$
$169 = 25 + x^2$
$x^2 = 144$
$x = \sqrt{144} = 12$
Logo: $x = 12$

58. Considere uma circunferência de 5 cm de raio. Uma corda de $2\sqrt{3}$ cm de comprimento é traçada a partir da extremidade de um diâmetro. Determinar a medida da projeção dessa corda sobre o diâmetro.

Resolução
Das informações do enunciado, temos:

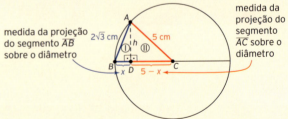

Pelo teorema de Pitágoras nos triângulos ABD e ACD:
$\begin{cases} (2\sqrt{3})^2 = h^2 + x^2 \text{ (I)} \\ 5^2 = h^2 + (5-x)^2 \text{ (II)} \end{cases}$
Subtraímos as equações (I) e (II):
$(2\sqrt{3})^2 - 5^2 = x^2 - (5-x)^2 \Rightarrow$
$\Rightarrow 12 - 25 = x^2 - 25 + 10x - x^2 \Rightarrow 10x = 12 \Rightarrow x = 1{,}2$
Logo, a projeção dessa corda mede 1,2 cm.

Exercícios propostos

59. Patrícia está ajudando os professores de sua escola na decoração para a festa de encerramento do ano letivo. Usando papel colorido para compor mosaicos, ela precisa desenhar e depois recortar as figuras abaixo. Determinar os valores de x e y em cada caso (medidas em centímetro).

a)
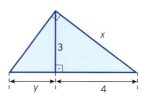

b)
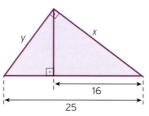

c)
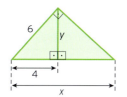

d)
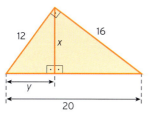

60. Calcule o valor de x em cada caso.

a)
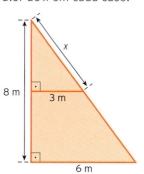

b)
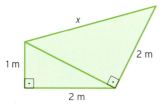

61. Determine a medida da diagonal de um quadrado em função da medida a de seu lado.

62. Um quadrado tem 24 cm de perímetro. Determine a medida da sua diagonal.

63. Dado um triângulo equilátero com lado medindo a, calcule sua altura em função de a.

64. Um triângulo equilátero tem $12\sqrt{3}$ cm de perímetro. Determine sua altura.

65. O lado de um losango mede 13 cm, e uma de suas diagonais mede 10 cm. Determine a medida da outra diagonal.

66. No losango representado abaixo, $RS = 12$ cm e $PQ = 16$ cm.

Determine a medida do lado $\overline{PR}$.

67. A figura ao lado representa um trapézio retângulo em que $BR = 10$ cm, $RS = 8$ cm e $CS = 16$ cm.

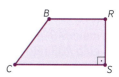

Determine o perímetro desse trapézio.

68. Determine a medida do segmento $\overline{AB}$ a seguir, sabendo que a distância entre os pontos C e D é 120 cm e que a reta $\overleftrightarrow{AB}$ é tangente às circunferências nos pontos A e B.

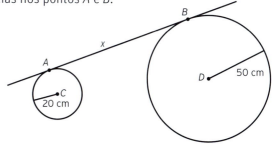

69. Considere a figura a seguir, com medidas em dm.

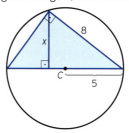

Determine o valor de x.

Exercícios propostos

70. (Enem) Em exposições de artes plásticas, é usual que estátuas sejam expostas sobre plataformas giratórias. Uma medida de segurança é que a base da escultura esteja integralmente apoiada sobre a plataforma. Para que se providencie o equipamento adequado, no caso de uma base quadrada que será fixada sobre uma plataforma circular, o auxiliar técnico do evento deve estimar a medida R do raio adequado para a plataforma em termos da medida L do lado da base da estátua.

Qual relação entre R e L o auxiliar técnico deverá apresentar de modo que a exigência de segurança seja cumprida?

a) $R \geq \dfrac{L}{\sqrt{2}}$ d) $R \geq \dfrac{L}{2}$

b) $R \geq \dfrac{2L}{\pi}$ e) $R \geq \dfrac{L}{2}\sqrt{2}$

c) $R \geq \dfrac{L}{\sqrt{\pi}}$

71. (Fuvest-SP) Uma circunferência de raio 3 cm está inscrita no triângulo isósceles ABC, no qual AB = AC. A altura relativa ao lado BC mede 8 cm. O comprimento de BC é, portanto, igual a

a) 24 cm   c) 12 cm   e) 7 cm
b) 13 cm   d) 9 cm

72. (ITA-SP) Seja ABCD um trapézio isósceles com base maior $\overline{AB}$ medindo 15, o lado $\overline{AD}$ medindo 9 e o ângulo $A\hat{D}B$ reto. A distância entre o lado $\overline{AB}$ e o ponto E em que as diagonais se cortam é

a) $\dfrac{21}{8}$ d) $\dfrac{37}{8}$

b) $\dfrac{27}{8}$ e) $\dfrac{45}{8}$

c) $\dfrac{35}{8}$

73. (ITA-SP) Considere o triângulo ABC retângulo em A. Sejam $\overline{AE}$ e $\overline{AD}$ a altura e a mediana relativa à hipotenusa $\overline{BC}$, respectivamente. Se a medida $\overline{BE}$ é $(\sqrt{2}-1)$ cm e a medida de $\overline{AD}$ é 1 cm, então $\overline{AC}$ mede, em cm,

a) $4\sqrt{2} - 5$ d) $3(\sqrt{2} - 1)$
b) $3 - \sqrt{2}$ e) $3\sqrt{4\sqrt{2} - 5}$
c) $\sqrt{6 - 2\sqrt{2}}$

74. (ITA-SP) Seja ABC um triângulo retângulo cujos catetos $\overline{AB}$ e $\overline{BC}$ medem 8 cm e 6 cm, respectivamente. Se D é um ponto sobre $\overline{AB}$ e o triângulo ADC é isósceles, a medida do segmento $\overline{AD}$, em cm, é igual a

a) $\dfrac{3}{4}$ d) $\dfrac{25}{4}$

b) $\dfrac{15}{6}$ e) $\dfrac{25}{2}$

c) $\dfrac{15}{4}$

75. (Fuvest-SP) Em um triângulo retângulo OAB, retângulo em O, com AO = a e OB = b, são dados os pontos P em $\overline{AO}$ e Q em $\overline{OB}$ de tal maneira que AP = PQ = QB = x. Nestas condições o valor de x é:

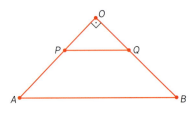

a) $\sqrt{ab} - a - b$ d) $a + b + \sqrt{2ab}$
b) $a + b - \sqrt{2ab}$ e) $\sqrt{ab} + a + b$
c) $\sqrt{a^2 + b^2}$

76. (Fuvest-SP) No jogo de bocha, disputado num terreno plano, o objetivo é conseguir lançar uma bola de raio 8 o mais próximo possível de uma bola menor, de raio 4. Num lançamento, um jogador conseguiu fazer com que as duas bolas ficassem encostadas, conforme ilustra a figura abaixo. A distância entre os pontos A e B, em que as bolas tocam o chão, é:

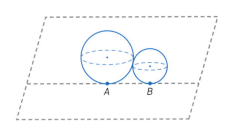

a) 8   d) $4\sqrt{3}$
b) $6\sqrt{2}$ e) $6\sqrt{3}$
c) $8\sqrt{2}$

77. (Fuvest-SP) Um lenhador empilhou 3 troncos de madeira num caminhão de largura 2,5 m, conforme a figura abaixo. Cada tronco é um cilindro reto, cujo raio da base mede 0,5 m. Logo, a altura h, em metros, é:

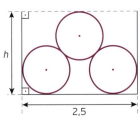

a) $\dfrac{1 + \sqrt{7}}{2}$ d) $1 + \dfrac{\sqrt{7}}{3}$

b) $1 + \sqrt{7}/3$ e) $1 + \dfrac{\sqrt{7}}{4}$

c) $\dfrac{1 + \sqrt{7}}{4}$

Exercícios complementares

78. Organize as figuras a seguir de acordo com os critérios de semelhança de polígonos.

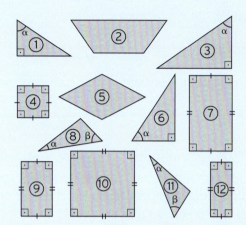

79. Considere um quadro circular, de centro C, pendurado em um prego na parede por um barbante, representado por PA e PB, como mostra a figura abaixo.

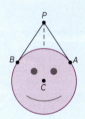

Sabe-se que:
- A e B são pontos de tangência;
- a distância do prego ao quadro é 8 cm;
- o raio do quadro mede 12 cm.

Determine o comprimento do barbante necessário para segurar o quadro.

80. Considere os polígonos semelhantes YZXW e TVMU representados abaixo.

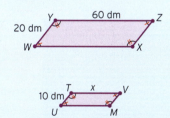

a) Determine o valor de x.
b) Calcule a razão entre o perímetro do polígono YZXW e o perímetro do polígono TVMU.

81. Considere a figura a seguir.

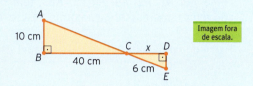

a) Explique por que os triângulos ABC e EDC são semelhantes.
b) Determine a razão de semelhança k entre esses triângulos.
c) Calcule o valor de x.

82. A figura a seguir é composta de três quadrados.

Determine o valor de x.

83. Sejam ABC e EFG dois triângulos equiláteros tais que:
- o triângulo EFG é maior do que o triângulo ABC;
- $AB = 3$ cm;
- a razão de semelhança desses triângulos é 7,5.

Calcule:
a) o perímetro do triângulo EFG;
b) a área do triângulo EFG.

84. Em dupla, resolva a seguinte situação.

O triângulo ABC abaixo representa um terreno dividido em duas partes por uma cerca. A cerca está representada pelo segmento DE.

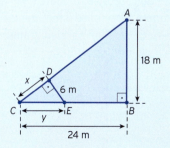

Determine os valores de x e y.

199

Exercícios complementares

85. (UEG-GO) O formato dos papéis que utilizamos, tais como A0, A1, A2, A3, A4, ..., A10, tem uma relação muito interessante, conforme descreveremos a seguir.

Partindo do papel A0, obtém-se o papel A1 do seguinte modo:

- o menor lado do papel A1 é a metade do maior lado do papel A0, e o maior lado do papel A1 é igual ao menor lado do A0;
- do mesmo modo, a folha do papel A2 é obtida da folha A1, a folha do papel A3 é obtida da folha de papel A2, e assim sucessivamente.

Considerando que as folhas de papel descritas acima são retangulares e que os papéis como A0, A1, A2, A3, A4, ..., A10 são semelhantes, então a razão entre o maior e o menor lado do papel A4 é igual a:

a) $\sqrt{2}$

b) 2

c) $\frac{1}{2}$

d) $\frac{\sqrt{2}}{2}$

86. A figura abaixo representa o empilhamento de dez toras de madeira.

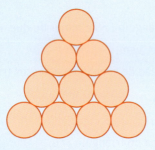

Sabendo que o raio de cada tora mede 1 cm, determine a altura do empilhamento.

87. (Fuvest-SP) Na figura, o triângulo ABC é retângulo com catetos $BC = 3$ e $AB = 4$. Além disso, o ponto D pertence ao cateto $\overline{AB}$, o ponto E pertence ao cateto $\overline{BC}$ e o ponto F pertence à hipotenusa $\overline{AC}$, de tal forma que $DECF$ seja um paralelogramo.

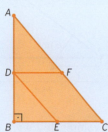

Se $DE = \frac{3}{2}$, então a área do paralelogramo $DECF$ vale:

a) $\frac{63}{25}$

b) $\frac{12}{5}$

c) $\frac{58}{25}$

d) $\frac{56}{25}$

e) $\frac{11}{5}$

88. Dois ciclistas partem de um mesmo ponto em linha reta. O primeiro segue em direção ao norte, à velocidade de 35 km/h, e o segundo vai em direção ao oeste, à velocidade de 40 km/h.

Depois de duas horas, qual é a distância entre os dois ciclistas?

89. Um terreno com formato quadrado tem 80 metros de perímetro. Esse terreno será dividido em dois, com a construção de um muro na sua diagonal.

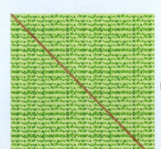

Perímetro: 80 metros

Determine o comprimento desse muro.

CAPÍTULO 11

Trigonometria em um triângulo

Vista lateral da montanha-russa Mamba. Parque Worlds of Fun, Kansas City, Missouri, EUA.

Módulos

1. Razões trigonométricas em um triângulo retângulo
2. Razões trigonométricas em um triângulo qualquer

Para começar

A fotografia acima mostra parte de uma rampa de montanha-russa, vista de lado. Sobre sua estrutura, foi aplicado um esquema gráfico com indicação de algumas medidas.

1. Podemos dizer que os segmentos de reta $\overline{HI}$, $\overline{FG}$, $\overline{DE}$ e $\overline{BC}$ estão contidos em retas paralelas? Justifique sua resposta com propriedades da geometria.
2. Determine os comprimentos dos segmentos de reta $\overline{DE}$, $\overline{FG}$ e $\overline{HI}$ e o comprimento da rampa representada por AI.
3. A semelhança de triângulos é útil na determinação de comprimentos e/ou distâncias que não se poderiam obter com instrumentos de medidas.
   Registre alguns exemplos de situações como essa.

1. Razões trigonométricas em um triângulo retângulo

A **trigonometria** (do latim *trigon(o)-*, "triângulo", e *-metria*, "medida") é o ramo da Matemática que trata das relações entre as medidas dos lados e as medidas dos ângulos de um triângulo.

Os conhecimentos relacionados com as propriedades e as aplicações da trigonometria nos triângulos retângulos são utilizados em diversos ramos de atividade, como a arquitetura, a astronomia, a engenharia e a navegação, e estão diretamente associados à **semelhança de triângulos**.

Na figura a seguir, tem-se a representação do ângulo $\hat{A}$, de medida α e vértice A.

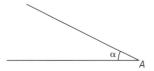

Traçando retas perpendiculares a um dos lados do ângulo $\hat{A}$, determinam-se os pontos B, B_1, B_2, ... e C, C_1, C_2, ... tais que cada par desses pontos juntamente com o ponto A determinam um triângulo retângulo.

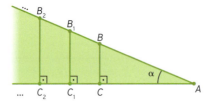

O ângulo $\hat{A}$ é comum a todos os triângulos, e cada triângulo tem um ângulo reto. Essas condições são suficientes para concluir que todos esses triângulos são **semelhantes** pelo caso de semelhança AA.

Calculando para cada triângulo a razão entre as medidas de dois de seus lados, obtêm-se as seguintes relações:

$$\frac{BC}{AB} = \frac{B_1C_1}{AB_1} = \frac{B_2C_2}{AB_2} = \ldots = k_1$$

$$\frac{AC}{AB} = \frac{AC_1}{AB_1} = \frac{AC_2}{AB_2} = \ldots = k_2$$

$$\frac{BC}{AC} = \frac{B_1C_1}{AC_1} = \frac{B_2C_2}{AC_2} = \ldots = k_3$$

As constantes k_1, k_2 e k_3 são denominadas **razões trigonométricas** e dependem diretamente da medida α.

Exemplo

É possível determinar a altura de uma árvore conhecendo o comprimento de sua sombra e a razão entre a altura e o comprimento da sombra de uma vareta posicionada próximo a ela, como mostra a imagem ao lado.

Supondo que o comprimento da sombra da árvore é 3 m, que o comprimento da sombra da vareta é 0,5 m e que sua altura é 1 m, têm-se as seguintes razões trigonométricas:

- para a vareta: $k_3 = \dfrac{\text{altura}}{\text{sombra}} = \dfrac{1}{0,5}$

- para a árvore: $k_3 = \dfrac{\text{altura}}{\text{sombra}} = \dfrac{h}{3}$

Assim: $\dfrac{1}{0,5} = \dfrac{h}{3} \Rightarrow h = 6$

Portanto, a árvore tem 6 m de altura.

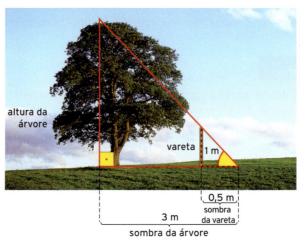

Medição indireta da altura de uma árvore por meio da altura de uma vareta e por meio dos comprimentos das sombras da árvore e da vareta.

Imagem fora de escala.

Seno, cosseno e tangente de ângulos agudos

As razões trigonométricas k_1, k_2 e k_3 apresentadas na página anterior também podem ser escritas denominando-se os lados dos triângulos retângulos.

Considere a figura representada ao lado. No triângulo ABC, têm-se:

- o lado $\overline{BC}$, destacado em azul, é o **cateto oposto ao ângulo** $\hat{A}$, ou **cateto oposto a** α;
- o lado $\overline{AC}$, destacado em vermelho, é o **cateto adjacente ao ângulo** $\hat{A}$, ou **cateto adjacente a** α;
- o lado $\overline{AB}$, destacado em verde, é a **hipotenusa**.

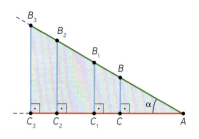

Considerando os demais triângulos AB_1C_1, AB_2C_2, AB_3C_3, ..., tem-se: $\overline{B_1C_1}$, $\overline{B_2C_2}$, $\overline{B_3C_3}$, ..., em azul, são catetos opostos a α; $\overline{AC_1}$, $\overline{AC_2}$, $\overline{AC_3}$, ..., em vermelho, são catetos adjacentes a α; $\overline{AB_1}$, $\overline{AB_2}$, $\overline{AB_3}$, ..., em verde, são hipotenusas.

Para simplificar a linguagem, a hipotenusa e os catetos de um triângulo retângulo podem se referir ao segmento ou a sua medida.

Assim, têm-se as razões trigonométricas k_1, k_2 e k_3, que representam as razões entre as medidas dos segmentos a que se referem. Veja a seguir.

Seno

> O **seno** de um ângulo agudo de um triângulo retângulo é a razão entre a medida do cateto oposto a esse ângulo e a medida da hipotenusa.

Considerando o ângulo agudo $\hat{A}$ da figura acima, tem-se:

$$k_1 = \frac{BC}{AB} = \frac{B_1C_1}{AB_1} = \frac{B_2C_2}{AB_2} = \cdots = \frac{\text{med (cateto oposto a } \alpha)}{\text{med (hipotenusa)}}$$

O seno de um ângulo de medida α é denotado por sen α. Assim:

$$\text{sen}\,\alpha = \frac{\text{med (cateto oposto a } \alpha)}{\text{med (hipotenusa)}}$$

Cosseno

> O **cosseno** de um ângulo agudo de um triângulo retângulo é a razão entre a medida do cateto adjacente a esse ângulo e a medida da hipotenusa.

Considerando o ângulo agudo $\hat{A}$ da figura acima, tem-se:

$$k_2 = \frac{AC}{AB} = \frac{AC_1}{AB_1} = \frac{AC_2}{AB_2} = \cdots = \frac{\text{med (cateto adjacente a } \alpha)}{\text{med (hipotenusa)}}$$

O cosseno de um ângulo de medida α é denotado por cos α. Assim:

$$\cos \alpha = \frac{\text{med (cateto adjacente a } \alpha)}{\text{med (hipotenusa)}}$$

Tangente

> A **tangente** de um ângulo agudo de um triângulo retângulo é a razão entre a medida do cateto oposto e a medida do cateto adjacente a esse ângulo.

Considerando o ângulo agudo $\hat{A}$ da figura acima, tem-se:

$$k_3 = \frac{BC}{AC} = \frac{B_1C_1}{AC_1} = \frac{B_2C_2}{AC_2} = \cdots = \frac{\text{med (cateto oposto a } \alpha)}{\text{med (cateto adjacente a } \alpha)}$$

A tangente de um ângulo de medida α é denotada por tg α. Assim:

$$\text{tg}\,\alpha = \frac{\text{med (cateto oposto)}}{\text{med (cateto adjacente)}}$$

Saiba mais

Projeção ortogonal

Considere o segmento $\overline{AB}$, de comprimento c, e o ângulo de medida α formado entre $\overline{AB}$ e sua **projeção ortogonal** sobre a reta r.

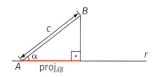

Tomando o triângulo retângulo formado pela projeção de $\overline{AB}$ sobre a reta r, tem-se a relação:

$$\cos \alpha = \frac{\text{proj}_{\overline{AB}}}{c} \Rightarrow$$
$$\Rightarrow \text{proj}_{\overline{AB}} = c \cdot \cos \alpha$$

A medida da projeção ortogonal é dada por $c \cdot \cos \alpha$.

■ Relações entre seno, cosseno e tangente de ângulos complementares

Considerando um triângulo ABC retângulo em C, tem-se:

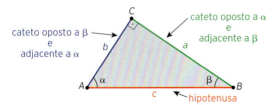

	Cateto oposto	Cateto adjacente	Hipotenusa	Seno	Cosseno	Tangente
α	a	b	c	$\frac{a}{c}$	$\frac{b}{c}$	$\frac{a}{b}$
β	b	a	c	$\frac{b}{c}$	$\frac{a}{c}$	$\frac{b}{a}$

Os ângulos $\hat{A}$ e $\hat{B}$ desse triângulo são complementares: $\alpha + \beta = 90°$. Assim, é possível observar as seguintes relações:

α	β
$\operatorname{sen} \alpha = \frac{a}{c}$	$\operatorname{sen} \beta = \frac{b}{c}$
$\cos \alpha = \frac{b}{c}$	$\cos \beta = \frac{a}{c}$
$\operatorname{tg} \alpha = \frac{a}{b}$	$\operatorname{tg} \beta = \frac{b}{a}$
$\frac{\operatorname{sen} \alpha}{\cos \alpha} = \frac{\frac{a}{c}}{\frac{b}{c}} = \frac{a}{b} = \operatorname{tg} \alpha$	$\frac{\operatorname{sen} \beta}{\cos \beta} = \frac{\frac{b}{c}}{\frac{a}{c}} = \frac{b}{a} = \operatorname{tg} \beta$

Essas relações permitem as seguintes conclusões para **ângulos complementares**.

- O seno de um ângulo é igual ao cosseno de seu ângulo complementar:

$$\operatorname{sen} \alpha = \cos \beta \quad \text{e} \quad \operatorname{sen} \beta = \cos \alpha$$

- A tangente de um ângulo é igual ao inverso da tangente do seu ângulo complementar:

$$\operatorname{tg} \alpha = \frac{a}{b} = \left(\frac{b}{a}\right)^{-1} = \frac{1}{\frac{b}{a}} = \frac{1}{\operatorname{tg} \beta} \Rightarrow \operatorname{tg} \alpha = \frac{1}{\operatorname{tg} \beta} \quad \text{e} \quad \operatorname{tg} \beta = \frac{1}{\operatorname{tg} \alpha}$$

- A tangente de um ângulo é igual à razão entre o seno e o cosseno do mesmo ângulo:

$$\operatorname{tg} \alpha = \frac{\operatorname{sen} \alpha}{\cos \alpha} \quad \text{e} \quad \operatorname{tg} \beta = \frac{\operatorname{sen} \beta}{\cos \beta}$$

Exemplo 1

No triângulo retângulo representado abaixo, têm-se as seguintes relações trigonométricas:

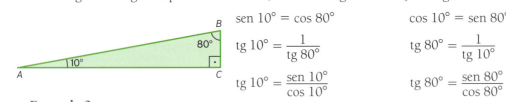

$\operatorname{sen} 10° = \cos 80°$ 　　　 $\cos 10° = \operatorname{sen} 80°$

$\operatorname{tg} 10° = \frac{1}{\operatorname{tg} 80°}$ 　　　 $\operatorname{tg} 80° = \frac{1}{\operatorname{tg} 10°}$

$\operatorname{tg} 10° = \frac{\operatorname{sen} 10°}{\cos 10°}$ 　　　 $\operatorname{tg} 80° = \frac{\operatorname{sen} 80°}{\cos 80°}$

Exemplo 2

No triângulo retângulo abaixo, com lados medindo 3, 4 e 5, têm-se os seguintes valores de seno, cosseno e tangente dos ângulos complementares:

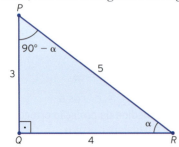

$\operatorname{sen} \alpha = \frac{3}{5}$ 　　　 $\cos(90° - \alpha) = \frac{3}{5}$

$\cos \alpha = \frac{4}{5}$ 　　　 $\operatorname{sen}(90° - \alpha) = \frac{4}{5}$

$\operatorname{tg} \alpha = \frac{3}{4}$ 　　　 $\operatorname{tg}(90° - \alpha) = \frac{4}{3}$

Exercícios resolvidos

1. Nos triângulos retângulos abaixo, o ângulo oposto ao menor cateto mede 42°, e a razão entre o menor e o maior cateto é $\frac{9}{10}$.

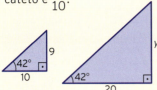

Determine o valor de y.

Resolução
Os triângulos são semelhantes pelo caso AA, pois têm ângulos internos congruentes. Então:
$\frac{9}{10} = \frac{y}{20} \Rightarrow 10 \cdot y = 9 \cdot 20 \Rightarrow y = 18$

2. Do triângulo ao lado, determine os valores de x, sen $\hat{R}$, cos $\hat{R}$, tg $\hat{R}$, sen $\hat{P}$, cos $\hat{P}$ e tg $\hat{P}$.

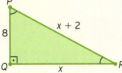

Resolução
Determinamos o valor de x pelo teorema de Pitágoras:
$(x + 2)^2 = 8^2 + x^2 \Rightarrow 4x + 4 = 64 \Rightarrow$
$\Rightarrow x = \frac{60}{4} = 15$

Logo, o triângulo PQR tem as seguintes medidas dos lados:

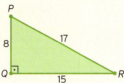

Pelas definições de seno, cosseno e tangente dos ângulos $\hat{R}$ e $\hat{P}$, determinamos os valores solicitados:

sen $\hat{R} = \frac{8}{17}$; cos $\hat{R} = \frac{15}{17}$; tg $\hat{R} = \frac{8}{15}$

sen $\hat{P} = \frac{15}{17}$; cos $\hat{P} = \frac{8}{17}$; tg $\hat{P} = \frac{15}{8}$

Exercícios propostos

3. Em cada triângulo retângulo abaixo, o ângulo oposto ao menor cateto mede α. Calcule o valor de x.

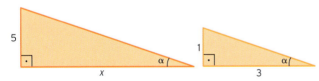

4. No plano cartesiano abaixo, está representado o segmento $\overline{BC}$. Determine:

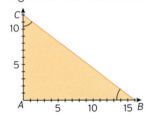

a) BC
b) sen $\hat{B}$
c) cos $\hat{B}$
d) tg $\hat{B}$
e) sen $\hat{C}$
f) cos $\hat{C}$

5. No trapézio isósceles a seguir, tem-se cos α = $\frac{1}{2}$.

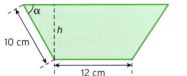

Determine o perímetro e a altura h do trapézio.

6. Uma escada, representada na figura a seguir por $\overline{VM}$, está apoiada em um muro vertical, formando um ângulo de medida α com o chão. Considere que o comprimento da escada é 25 dm e que cos α = $\frac{3}{5}$.

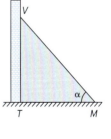

a) Determine as medidas dos segmentos $\overline{TV}$ e $\overline{TM}$.
b) Calcule os valores de sen α e tg α.
c) O que aconteceria com os valores calculados no item b se o ângulo de medida α tivesse uma abertura maior em relação ao chão?

7. No triângulo retângulo MNP abaixo, sen α = $\frac{\sqrt{3}}{2}$, cos α = $\frac{1}{2}$ e tg α = $\sqrt{3}$.

a) Determine o valor de α + β.
b) Determine os valores de sen β, cos β e tg β.
c) Considerando MP = 8 cm, determine as medidas dos lados $\overline{NP}$ e $\overline{NM}$.
d) Alterando o valor de α, os valores de sen α, cos α e tg α também se alteram. E o que acontece com o valor de α + β?

8. Sabendo que sen 20° ≅ 0,342, cos 20° ≅ 0,9397 e cos 74° ≅ 0,2756, calcule:
a) sen 16°
b) cos 70°
c) tg 20°
d) tg 70°

205

■ Seno, cosseno e tangente dos ângulos de 30°, 45° e 60°

Os valores de seno, cosseno e tangente dos ângulos de 30°, 45° e 60° podem ser obtidos das relações entre as medidas do lado e da diagonal de um quadrado ou do lado e da altura de um triângulo equilátero, como mostrado abaixo.

Razões trigonométricas do ângulo de 45°	Considera-se um quadrado de lado de medida a. A diagonal do quadrado mede $d = a\sqrt{2}$ e forma um ângulo de 45° com cada lado do quadrado.	Pelas definições das razões trigonométricas, considerando um dos ângulos de 45° do triângulo formado, obtêm-se os seguintes valores: $$\text{sen } 45° = \frac{CO}{hip} = \frac{a}{a\sqrt{2}} = \frac{1}{\sqrt{2}} \cdot \frac{\sqrt{2}}{\sqrt{2}} = \frac{\sqrt{2}}{2}$$ $$\cos 45° = \frac{CA}{hip} = \frac{a}{a\sqrt{2}} = \frac{1}{\sqrt{2}} \cdot \frac{\sqrt{2}}{\sqrt{2}} = \frac{\sqrt{2}}{2}$$ $$\text{tg } 45° = \frac{CO}{CA} = \frac{a}{a} = 1$$
Razões trigonométricas do ângulo de 30°	Considera-se um triângulo equilátero de lado de medida a. A altura do triângulo é $h = \frac{a\sqrt{3}}{2}$ e o segmento que representa a altura forma um ângulo reto com a base do triângulo e um ângulo de 30° com os outros dois lados.	Pelas definições das razões trigonométricas, considerando o ângulo de 30° do triângulo retângulo formado, obtêm-se os seguintes valores: $$\text{sen } 30° = \frac{CO}{hip} = \frac{\frac{a}{2}}{a} = \frac{1}{2}$$ $$\cos 30° = \frac{CA}{hip} = \frac{\frac{a\sqrt{3}}{2}}{a} = \frac{\sqrt{3}}{2}$$ $$\text{tg } 30° = \frac{CO}{CA} = \frac{\frac{a}{2}}{\frac{a\sqrt{3}}{2}} = \frac{1}{\sqrt{3}} \cdot \frac{\sqrt{3}}{\sqrt{3}} = \frac{\sqrt{3}}{3}$$
Razões trigonométricas do ângulo de 60°	Considera-se a mesma figura do caso anterior, o triângulo equilátero de lado de medida a, e o ângulo de 60° do triângulo retângulo formado.	Pelas definições das razões trigonométricas, considerando o ângulo de 60°, obtêm-se os seguintes valores: $$\text{sen } 60° = \frac{CO}{hip} = \frac{\frac{a\sqrt{3}}{2}}{a} = \frac{\sqrt{3}}{2}$$ $$\cos 60° = \frac{CA}{hip} = \frac{\frac{a}{2}}{a} = \frac{1}{2}$$ $$\text{tg } 60° = \frac{CO}{CA} = \frac{\frac{a\sqrt{3}}{2}}{\frac{a}{2}} = \sqrt{3}$$

Com os valores calculados acima, podemos organizar a seguinte tabela:

	α		
	30°	**45°**	**60°**
sen α	$\frac{1}{2} = 0{,}5$	$\frac{\sqrt{2}}{2} \cong 0{,}7071$	$\frac{\sqrt{3}}{2} \cong 0{,}8660$
cos α	$\frac{\sqrt{3}}{2} \cong 0{,}8660$	$\frac{\sqrt{2}}{2} \cong 0{,}7071$	$\frac{1}{2} = 0{,}5$
tg α	$\frac{\sqrt{3}}{3} \cong 0{,}5774$	1	$\sqrt{3} \cong 1{,}7321$

A consulta aos valores dessa tabela é útil na resolução de exercícios.

Para recordar

Racionalização

Para racionalizar o denominador de uma fração, multiplica-se a fração dada por uma fração correspondente ao número 1, de modo que o produto dos denominadores seja um número racional. Exemplos:

- $\frac{1}{\sqrt{2}} \cdot \frac{\sqrt{2}}{\sqrt{2}} = \frac{\sqrt{2}}{2}$

- $\frac{2}{\sqrt{3} - 1} \cdot \frac{\sqrt{3} + 1}{\sqrt{3} + 1} = \frac{2\sqrt{3} + 2}{3 - 1} =$

  $= \frac{2\sqrt{3} + 2}{2} = \frac{\sqrt{3} + 1}{1} = \sqrt{3} + 1$

Problemas envolvendo razões trigonométricas

Problemas que envolvem o cálculo de distâncias ou de alturas difíceis de determinar por medição direta podem ser resolvidos utilizando as razões trigonométricas em triângulos retângulos. Em casos desse tipo, é necessário identificar um ângulo em relação à horizontal. Por convenção, se for medido para cima em relação à horizontal, esse ângulo é denominado **ângulo de elevação**, e, se for medido para baixo em relação à horizontal, é denominado **ângulo de depressão**, como mostra o esquema ao lado.

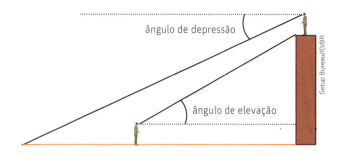

Exemplo 1

A torre Eiffel é um dos pontos turísticos mais visitados de Paris. Uma pessoa a 173,2 m de distância da torre observa o topo da torre através de uma luneta com ângulo de elevação de 60°, posicionada a uma altura de 1,75 m. Para determinar a altura da torre, pode-se imaginar um triângulo retângulo conforme esboçado ao lado.

Assim, $\text{tg } 60° = \dfrac{CO}{CA} \Rightarrow \sqrt{3} = \dfrac{h}{173,2} \Rightarrow$
$\Rightarrow h \cong 173,2 \cdot 1,73 \cong 300$

A esse resultado adicionamos a altura da luneta, onde se encontra a base do triângulo formado. Assim, $300 + 1,75 = 301,75$. Portanto, a torre Eiffel tem aproximadamente 301,75 m de altura.

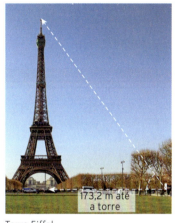

Torre Eiffel.

Exemplo 2

Em certa cidade, a companhia de saneamento básico construiu uma rede de esgotos subterrânea que se dirige à margem de um rio, nos pontos indicados por A e B na figura abaixo. A partir desses pontos, a rede converge para uma única tubulação na outra margem do rio, indicada por C.

Sabe-se que $BC = 100\sqrt{2}$ m e $AC = 200$ m. Para determinar a distância aproximada entre as tubulações nos pontos indicados por A e B e a largura do rio, podem-se utilizar as razões trigonométricas em triângulos retângulos.

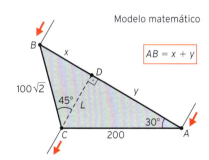

No triângulo BCD: $\cos 45° = \dfrac{CA}{\text{hip}} \Rightarrow \dfrac{\sqrt{2}}{2} = \dfrac{L}{100\sqrt{2}} \Rightarrow L = 100$

No triângulo BCD: $\text{sen } 45° = \dfrac{CO}{\text{hip}} \Rightarrow \dfrac{\sqrt{2}}{2} = \dfrac{x}{100\sqrt{2}} \Rightarrow x = 100$

No triângulo ACD: $\cos 30° = \dfrac{CA}{\text{hip}} \Rightarrow \dfrac{\sqrt{3}}{2} = \dfrac{y}{200} \Rightarrow y = 100\sqrt{3} \cong 173$

$\Rightarrow AB = x + y \cong 100 + 173 = 273$

Portanto, a distância entre as tubulações é aproximadamente 273 m, e a largura do rio é 100 m.

Exercício resolvido

9. No triângulo retângulo ABC abaixo, determine os valores de *a* e *b*.

Resolução
Pelas razões trigonométricas sen 50° e tg 50°, temos:

$$\text{sen } 50° = \frac{CO}{\text{hip}} = \frac{10}{b}$$

$$\text{tg } 50° = \frac{CO}{CA} = \frac{10}{a}$$

sen 50° ≅ 0,7660 e tg 50° ≅ 1,1918

Assim:

$$\text{sen } 50° = \frac{10}{b} \Rightarrow 0{,}7660 = \frac{10}{b} \Rightarrow$$

$$\Rightarrow b = \frac{10}{0{,}7660} \cong 13{,}05$$

$$\text{tg } 50° = \frac{10}{a} \Rightarrow 1{,}1918 = \frac{10}{a} \Rightarrow$$

$$\Rightarrow a = \frac{10}{1{,}1918} \cong 8{,}39$$

Logo: $a \cong 8{,}39$ e $b \cong 13{,}05$

Exercícios propostos

10. Para ir de casa à escola, Marcos faz o caminho esquematizado ao lado: anda $300\sqrt{3}$ m na direção sul pela rua **A**, depois segue na direção leste pela rua **B**. Se ele escolhesse ir direto pela rua **C**, quantos metros teria de caminhar?

11. Considere um triângulo ABC, retângulo em A, com AC = 18 cm e o ângulo AĈB medindo 30°. Considerando esse triângulo ampliado de modo que todos os lados do novo triângulo tenham o triplo das medidas dos lados do triângulo ABC, determine:
a) as medidas dos lados do novo triângulo, correspondentes aos lados $\overline{AB}$ e $\overline{BC}$;
b) a medida do ângulo do novo triângulo correspondente ao ângulo AĈB.

12. Determine a medida x em cada triângulo.
a)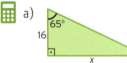
b)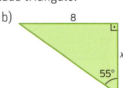

13. Dado o retângulo ABCD, representado ao lado, tal que tg $\alpha = \frac{1}{2}$ e AB = 2 dm, determine o perímetro de ABCD e o comprimento da diagonal $\overline{BD}$.

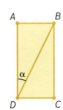

14. Uma pessoa avista o topo de um prédio por um ângulo de 30°, como mostra a figura ao lado. Ao caminhar 200 m em direção ao prédio, ela passa a avistar o topo por um ângulo de 60°.
Determine:
a) a distância do ponto B ao prédio;
b) a altura aproximada do prédio.

15. O paralelogramo RSTV a seguir corresponde à planta baixa da garagem de uma residência.

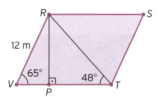

Quantas lajotas de 1,5 m² cada, no mínimo, serão necessárias para revestir o piso de toda a garagem?

16. Na circunferência de centro C representada ao lado, $\overline{AD}$ é o segmento que representa a altura relativa à hipotenusa $\overline{CB}$ do triângulo ABC.

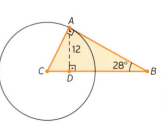

a) Determine a medida do raio da circunferência.
b) Calcule o perímetro do triângulo ABC.

Ação e cidadania
Arquitetura e inclusão

Para a inclusão social de cadeirantes, a Associação Brasileira de Normas Técnicas (ABNT) indica adaptações simples, para tornar os ambientes acessíveis.

As rampas são uma alternativa às escadas, quando se quer vencer um desnível e ao mesmo tempo assegurar o acesso de quem tem dificuldades de locomoção. Apesar de aparentemente simples, elas frequentemente complicam a elaboração dos projetos, por dificuldade em calcular sua inclinação ou desconhecimento das normas de acessibilidade.

Nas rampas, quanto maior o desnível a vencer, menor será a inclinação da rampa (relação, em porcentagem, entre a altura do desnível e o comprimento da rampa). Por exemplo, quando se tem um desnível de 16 cm vencido por uma rampa de 2 m de comprimento, tem-se uma rampa de 8% de inclinação, já que 0,16 corresponde a 8% de 2.

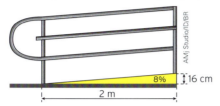

E, para que a inclinação de uma rampa seja menor, seu comprimento será maior e, assim, o espaço disponível para sua implantação também deverá ser maior.

A norma NBR 9050 da ABNT estabelece as seguintes relações entre altura do desnível e inclinação máxima da rampa.

Desnível	Inclinação máxima
mais de 1 m	5%
de 80 cm a 1 m	6,25%
até 80 cm	8,33%

Fonte de pesquisa: Arquitetônico. Disponível em: <http://portalarquitetonico.com.br/como-projetar-rampas/>. Acesso em: 14 abr. 2015.

- Em diversos países a inclusão social de cadeirantes é uma realidade. No Brasil caminhamos nesse sentido. Qual é a sua opinião sobre a inclusão social de cadeirantes?
- Qual é o ângulo de inclinação de uma rampa, em relação ao solo, que tem 8% de inclinação e um desnível de 10 cm?

2. Razões trigonométricas em um triângulo qualquer

■ Relações entre seno, cosseno e tangente de ângulos suplementares

Sabendo calcular o seno e o cosseno dos ângulos internos de um triângulo qualquer, podem-se utilizar essas razões trigonométricas para resolver problemas que envolvam qualquer tipo de triângulo, seja ele retângulo ou não. Isso porque é possível decompor qualquer triângulo em triângulos retângulos.

Toma-se como exemplo um triângulo obtusângulo, ou seja, um triângulo em que um dos ângulos internos tem medida maior do que 90°. O triângulo obtusângulo ABC abaixo tem ângulos internos de medidas α, β e γ.

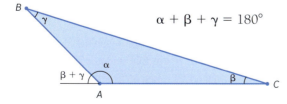

$$\alpha + \beta + \gamma = 180°$$

Como a soma das medidas dos ângulos internos de um triângulo é 180° e $\alpha > 90°$, tem-se que $\beta + \gamma < 90°$ e $\beta + \gamma$ é a medida do ângulo **suplementar** do ângulo de medida α. O ângulo de medida $\beta + \gamma$ é agudo.

Para recordar
Ângulos suplementares

Dois ângulos são suplementares quando a soma de suas medidas é 180°. Nesse caso, diz-se que um ângulo é o suplementar do outro.

Para calcular o seno, o cosseno e a tangente de um ângulo obtuso, utilizam-se as relações que envolvem o suplementar desse ângulo.

- O seno de um ângulo é igual ao seno de seu ângulo suplementar:

$$\text{sen } \alpha = \text{sen } (180° - \alpha)$$

- O cosseno de um ângulo é igual ao oposto do cosseno de seu ângulo suplementar:

$$\cos \alpha = -\cos (180° - \alpha)$$

- A tangente de um ângulo é igual ao oposto da tangente de seu ângulo suplementar:

$$\text{tg } \alpha = -\text{tg } (180° - \alpha)$$

Observações

- Não é possível calcular a tangente de um ângulo de 90°.
- Por ora, este livro trabalhará com as razões trigonométricas de ângulos obtusos relacionando-os com as razões trigonométricas de seus ângulos suplementares. As definições de seno, cosseno e tangente de ângulos maiores do que 90° serão feitas em outro momento desta coleção.

Exemplos

$$\text{sen } 120° = \text{sen } (180° - 120°) = \text{sen } 60° = \frac{\sqrt{3}}{2}$$

$$\text{sen } 109° = \text{sen } (180° - 71°) = \text{sen } 109 \cong 0,9455$$

$$\cos 135° = -\cos (180° - 135°) = -\cos 45° = -\frac{\sqrt{2}}{2}$$

$$\cos 147° = -\cos (180° - 33°) = -\cos 33° \cong 0,8387$$

$$\text{tg } 150° = -\text{tg } (180° - 150°) = -\text{tg } 30° = -\frac{\sqrt{3}}{3}$$

$$\text{tg } 127° = -\text{tg } (180° - 127°) = -\text{tg } 53° \cong -1,327$$

Ação e cidadania

Trabalho em equipe

O boxe *Ação e cidadania* integra este livro desde os primeiros capítulos. Os textos e as questões abordam, direta ou indiretamente, a cidadania em seu conceito amplo, ou seja: a ação do indivíduo que, além de cumprir seus deveres e exercer seus direitos, participa da organização da comunidade; o acesso ao conhecimento como meio de se alcançar a igualdade social.

Agora é sua vez. Forme um grupo para criar um quadro *Ação e cidadania*, elaborando um texto sobre o tema escolhido e finalizando com duas ou mais questões relacionadas a ele. Troquem ideias e façam leituras e pesquisas sobre o assunto. É conveniente já preparar as respostas, reservando-as para o fim da tarefa.

No dia combinado previamente, os grupos trocam os trabalhos entre si. Cada grupo responderá às questões elaboradas pelo grupo que criou o quadro, que, por sua vez, deverá avaliar as respostas.

Exercícios propostos

17. Utilizando a tabela de razões trigonométricas localizada no final do livro, determine os valores indicados a seguir.

a) sen 170°

b) cos 172°

c) tg 165°

d) cos 145°

e) sen 122°

f) tg 183°

18. Julgue cada sentença como verdadeira ou falsa e justifique as respostas.

a) sen 135° > sen 45°

b) sen 170° < sen 10°

c) sen 165° = sen 15°

d) tg 130° < tg 50°

e) cos 150° > cos 30°

f) cos 30° > sen 60°

19. Simplifique as expressões abaixo e, em seguida, determine o valor de cada uma.

a) $\dfrac{\text{sen } 20° + \text{sen } 160°}{\text{sen } 20°}$

b) $\dfrac{\text{tg } 50° + \text{tg } 130°}{\text{tg } 50°}$

c) sen 30° + sen 45° + sen 90° + sen 150° + sen 135°

d) cos 0° + cos 60° + cos 45° + cos 120° + cos 135°

e) $\dfrac{(\text{sen } 135° + \text{sen } 45°)^2 + \text{sen } 0° + (\text{sen } 150° + \text{sen } 30°)^2}{(\text{sen } 45°)^2 + (\text{sen } 45°)^4}$

f) $\dfrac{(\cos 0° + \cos 30°)^2 + \cos 135° + (\cos 160° + \cos 20°)^2}{(\text{sen } 45°)^2 + (\cos 45°)^2}$

■ Razões trigonométricas na calculadora

Além da consulta a uma tabela de razões trigonométricas, pode-se recorrer às calculadoras científicas para determinar os valores de seno (sin), cosseno (cos) e tangente (tan) de quaisquer ângulos internos de triângulos.

As calculadoras apresentam diferentes unidades de medida de ângulo: grau, radiano e grado. Para os cálculos apresentados a seguir, a calculadora deve estar configurada para entrada das medidas em grau.

Exemplos

Veja como calcular os seguintes valores:

- sen 73°
  tecla-se **sin** ⟶ digita-se 73 ⟶ tecla-se **=** ⟶ 0.956304756

- cos 126°
  tecla-se **cos** ⟶ digita-se 126 ⟶ tecla-se **=** ⟶ −0.587785252

- tg 14°
  tecla-se **tan** ⟶ digita-se 14 ⟶ tecla-se **=** ⟶ 0.249328002

Logo, com aproximação de quatro casas decimais: sen 73° ≅ 0,9563, cos 126° ≅ −0,5878 e tg 14° ≅ 0,2493.

Também é possível determinar a medida de um ângulo conhecendo-se uma de suas razões trigonométricas.

Exemplos

Veja como calcular as medidas α, β e γ de ângulos internos de um triângulo, dados os seguintes valores:

- sen α ≅ 0,9063
  tecla-se **shift** ⟶ tecla-se **sin** ⟶ digita-se 0,9063 ⟶ tecla-se **=** ⟶ 64.99894431

- cos β ≅ 0,225
  tecla-se **shift** ⟶ tecla-se **cos** ⟶ digita-se 0,225 ⟶ tecla-se **=** ⟶ 76.99712184

- tan γ ≅ 14,3
  tecla-se **shift** ⟶ tecla-se **tan** ⟶ digita-se 14,3 ⟶ tecla-se **=** ⟶ 85.99981424

Logo: $\alpha \cong 65°$, $\beta \cong 77°$ e $\gamma \cong 86°$

O que fizemos aqui é o processo inverso de determinar o seno (ou o cosseno, ou a tangente) de um ângulo. Observe que determinamos o ângulo, cujo seno (ou cosseno, ou tangente) tem valor conhecido. Determina-se, então, o **arco-seno**, o **arco-cosseno** e o **arco-tangente**.

Observação

Para sen $\alpha \cong 0,9063$, utilizando a calculadora, obtém-se $\alpha \cong 65°$. Porém, como sen $\alpha =$ sen $(180° - \alpha)$, há dois valores possíveis para α: $\alpha \cong 65°$ e $\alpha \cong 180° - 65° = 115°$

Isso ocorre porque o seno de um ângulo é igual ao seno do seu suplementar, e esses dois ângulos podem ser ângulos internos de um triângulo. Já para o cosseno e a tangente de um ângulo interno de um triângulo isso não ocorre, pois o cosseno e a tangente de seu suplementar são os opostos do cosseno e da tangente desse ângulo.

Exercícios propostos

20. Determine os seguintes valores com aproximação de três casas decimais.
- a) sen 19°
- b) cos 36°
- c) tg 64°
- d) cos 127°
- e) tg 132°
- f) sen 171°

21. Determine a medida α em cada item.
- a) sen α ≅ 0,8829
- b) cos α ≅ 0,7547
- c) tg α ≅ 0,4452
- d) tg α ≅ −1,3764
- e) cos α ≅ −0,9511
- f) sen α ≅ 0,9903

Lei dos senos e lei dos cossenos

Muitos problemas de geometria que envolvem triângulos estão relacionados com a determinação das medidas de seus lados e de seus ângulos.

Muitos deles podem ser resolvidos utilizando-se a **lei dos senos** e a **lei dos cossenos**, que serão apresentadas a seguir.

Lei dos senos

O seguinte teorema é conhecido como **lei dos senos**:

> Em qualquer triângulo, as medidas dos lados são proporcionais ao seno do ângulo oposto a esses lados, e a constante de proporcionalidade é igual ao diâmetro da circunferência circunscrita a esse triângulo, ou seja, igual a 2r.

Demonstração

Considera-se um triângulo ABC qualquer, com lados de medidas a, b e c e ângulos internos de medidas α, β e γ, inscrito em uma circunferência de centro O e raio de medida r.

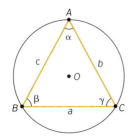
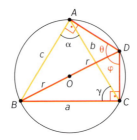

A partir do vértice B, constrói-se o segmento $\overline{BD}$, passando por O e determinando os triângulos retângulos ABD e BCD, para os quais podem ser feitas as afirmações:

- α = φ e γ = θ, pois os pares de ângulos α e φ, γ e θ são ângulos inscritos na circunferência e que têm o mesmo arco correspondente;
- BD = 2r, pois o segmento $\overline{BD}$ é diâmetro da circunferência.

Como α = φ, tem-se: sen φ = sen α

E como sen $\varphi = \dfrac{a}{2r}$, tem-se: sen $\alpha = \dfrac{a}{2r} \Rightarrow \dfrac{a}{\operatorname{sen} \alpha} = 2r$

Analogamente, como γ = θ, tem-se: sen γ = sen $\theta = \dfrac{c}{2r} \Rightarrow \dfrac{c}{\operatorname{sen} \gamma} = 2r$

Em seguida, constrói-se o segmento $\overline{AE}$, a partir do vértice A, passando por O e determinando o triângulo retângulo ACE, para o qual podem ser feitas as afirmações:

- β = δ, pois os ângulos β e δ são ângulos inscritos na circunferência e têm o mesmo arco correspondente;
- AE = 2r, pois o segmento $\overline{AE}$ representa um diâmetro da circunferência.

Portanto, como β = δ:

$$\operatorname{sen} \beta = \operatorname{sen} \delta = \dfrac{b}{2r} \Rightarrow \dfrac{b}{\operatorname{sen} \beta} = 2r$$

Assim, fica demonstrada a **lei dos senos**, que pode ser representada por:

$$\dfrac{a}{\operatorname{sen} \alpha} = \dfrac{b}{\operatorname{sen} \beta} = \dfrac{c}{\operatorname{sen} \gamma} = 2r$$

Para recordar

Ângulos inscritos

Se dois ângulos inscritos em uma mesma circunferência têm o mesmo arco correspondente, então esses ângulos são congruentes.

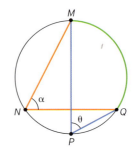

$\hat{N} \equiv \hat{P}$

Como esses ângulos são congruentes, eles têm medidas iguais: α = θ

Triângulos inscritos

Se um triângulo está inscrito em uma circunferência de tal modo que um de seus lados é um diâmetro, então esse triângulo é retângulo.

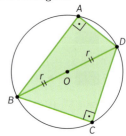

Na figura, os triângulos ABD e BCD são retângulos, pois um de seus lados (o lado $\overline{BD}$) é um diâmetro da circunferência.

Exercícios resolvidos

22. Considere o triângulo ABC inscrito na circunferência de centro O.

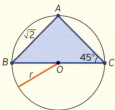

Determine a medida r do raio da circunferência.
Resolução
Pela lei dos senos, determinamos o valor de r:

$$\frac{AB}{\text{sen } 45°} = 2r \Rightarrow \frac{\sqrt{2}}{\frac{\sqrt{2}}{2}} = 2r \Rightarrow r = 1$$

Logo, o raio da circunferência mede 1.

23. No triângulo MNP representado abaixo, determine a medida x do lado $\overline{MP}$.

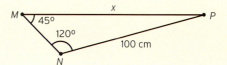

Resolução
Pela lei dos senos, determinamos o valor de x:

$$\frac{100}{\text{sen } 45°} = \frac{x}{\text{sen } 120°} \Rightarrow \frac{100}{\frac{\sqrt{2}}{2}} = \frac{x}{\frac{\sqrt{3}}{2}} \Rightarrow x = 50\sqrt{6}$$

Logo, o lado $\overline{MP}$ mede $50\sqrt{6}$ cm.

Exercícios propostos

24. O triângulo XYZ está inscrito em uma circunferência de centro O e raio de medida r.

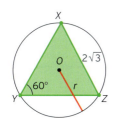

Determine a medida desse raio.

25. Um triângulo KLM está inscrito em uma circunferência de raio medindo 4 cm. Sabendo que o ângulo interno $\hat{K}$ mede 30°, determine a medida do lado $\overline{LM}$.

26. No triângulo representado abaixo, determine o valor de sen β.

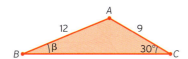

27. Considere o retângulo ABCD representado abaixo, em que o segmento $\overline{BD}$ mede 12 cm e β = 30°.

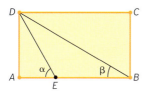

Sendo x a medida do segmento $\overline{BE}$, determine o valor de x quando α = 60°.

28. Um avião voa a 5 000 m de altura. Um passageiro avista o topo de dois prédios A e B à sua frente, sob ângulos de depressão de 30° e 75°, conforme mostra a figura.

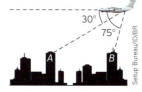

Sabendo que ambos os prédios têm 100 m de altura, determine a distância entre eles.

29. No triângulo RST representado abaixo, determine a medida x sabendo que sen 105° = $\frac{\sqrt{6}+\sqrt{2}}{4}$.

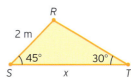

30. Junte-se a um colega para resolver este exercício. Cada um deve construir um triângulo com varetas medindo 20 cm, 24 cm e 30 cm. Depois, sem se comunicar com o colega, meça um dos ângulos com um transferidor e use essa medida na lei dos senos para calcular as medidas dos outros dois ângulos. Ao final, compare os resultados obtidos com os do colega e responda às questões.

a) Os resultados obtidos são exatamente iguais?

b) Discutam quais etapas do processo de cálculo devem ter contribuído para eventuais diferenças e discutam o que pode ser feito para minimizá-las.

Lei dos cossenos

Consideram-se, para a construção de um triângulo, os seguintes elementos.

- Duas varetas de comprimentos a e b, fixas por uma das extremidades no ponto C, de modo que seja possível a rotação das varetas apenas em torno desse ponto. Então, $\hat{C}$ é o ângulo entre as varetas de medidas a e b.
- Um barbante, de comprimento c, fixado entre as extremidades livres de cada vareta.

A seguir têm-se as situações possíveis para a construção desse triângulo.

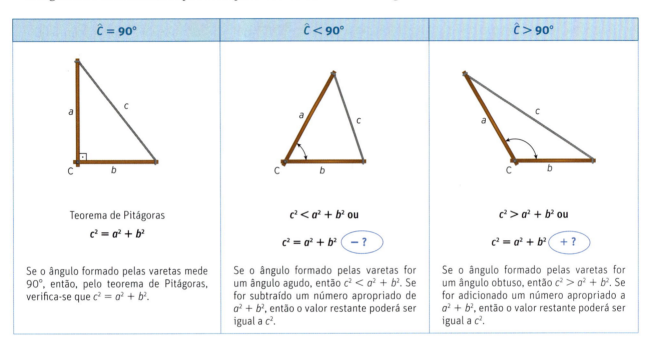

Para determinar o número a ser subtraído ou adicionado nos casos de triângulos não retângulos, vale o seguinte teorema, também conhecido como **lei dos cossenos**:

> Em qualquer triângulo, o quadrado da medida de um lado é igual à soma dos quadrados das medidas dos outros dois lados menos duas vezes o produto das medidas desses dois lados pelo cosseno do ângulo formado por eles.

Considera-se um triângulo com lados de medidas a, b e c e o ângulo interno de medida α.

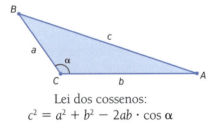

Lei dos cossenos:
$$c^2 = a^2 + b^2 - 2ab \cdot \cos \alpha$$

A seguir é apresentada a demonstração dessa lei, tanto para um triângulo acutângulo (todos os ângulos agudos) quanto para um triângulo obtusângulo (um dos ângulos obtuso).

Demonstração

Triângulo acutângulo	Triângulo obtusângulo em C
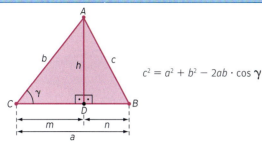	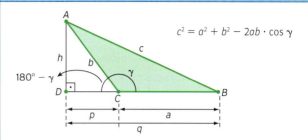

Triângulo acutângulo:

Traça-se o segmento que representa a altura do triângulo ABC em relação ao lado $\overline{BC}$. Assim, obtêm-se os triângulos retângulos ABD e ADC em que são válidas as seguintes relações:

$c^2 = n^2 + h^2$ (I)

$b^2 = m^2 + h^2 \Rightarrow h^2 = b^2 - m^2$ (II)

Substituindo (II) em (I), obtém-se:

$c^2 = n^2 + b^2 - m^2$ (III)

Da figura, sabe-se que $a = m + n$, então: $n = a - m$

Substituindo n por $a - m$ em (III), obtém-se:

$c^2 = (a - m)^2 + b^2 - m^2 =$
$= a^2 - 2am + \cancel{m^2} + b^2 - \cancel{m^2} =$
$= a^2 - 2am + b^2$ (IV)

Como $\cos \gamma = \dfrac{m}{b}$, tem-se: $m = b \cdot \cos \gamma$

Substituindo m por $b \cdot \cos \gamma$ em (IV), conclui-se:

$c^2 = a^2 - 2ab \cdot \cos \gamma + b^2 = a^2 + b^2 - \underbrace{2ab \cdot \cos \gamma}_{\text{número procurado}}$

Portanto: $\boxed{c^2 = a^2 + b^2 - 2ab \cdot \cos \gamma}$

Triângulo obtusângulo em C:

Traça-se o segmento que representa a altura do triângulo ABC em relação ao lado $\overline{BC}$. Assim, obtêm-se os triângulos retângulos ABD e ACD. No triângulo ABD são válidas as seguintes relações:

$\begin{cases} c^2 = h^2 + q^2 & \text{(I)} \\ q = p + a & \text{(II)} \end{cases}$

Substituindo (II) em (I), obtém-se:

$c^2 = h^2 + (p + a)^2 \Rightarrow c^2 = h^2 + p^2 + 2pa + a^2$ (III)

No triângulo ACD são válidas as relações:

$\begin{cases} b^2 = h^2 + p^2 & \text{(IV)} \\ \cos(180° - \gamma) = \dfrac{p}{b} \Rightarrow p = b \cdot \cos(180° - \gamma) & \text{(V)} \end{cases}$

Substituindo (IV) e depois (V) em (III), obtém-se:

$c^2 = b^2 + 2pa + a^2 = b^2 + 2ab \cdot \cos(180° - \gamma) + a^2$ (VI)

Como $\cos(180° - \gamma) = -\cos \gamma$, substituindo essa igualdade em (V), conclui-se:

$c^2 = b^2 + 2ab \cdot (-\cos \gamma) + a^2 = a^2 + b^2 \underbrace{- 2ab \cdot \cos \gamma}_{\substack{\text{oposto do número procurado} \\ \text{(pois } \cos \gamma < 0)}}$

Portanto: $\boxed{c^2 = a^2 + b^2 - 2ab \cdot \cos \gamma}$

Observação

Se fosse aplicada a lei dos cossenos sobre o ângulo reto de um triângulo retângulo, seria obtida a expressão do teorema de Pitágoras. Para isso, basta lembrar que o cosseno de um ângulo tem valor oposto ao cosseno de seu suplementar. Então, $\cos 90° = -\cos(180° - 90°) = -\cos 90°$. Para que essa igualdade seja verdadeira, tem-se $\cos 90° = 0$. Assim:

$c^2 = a^2 + b^2 - 2ab \cdot \underbrace{\cos 90°}_{=0} \Rightarrow c^2 = a^2 + b^2$

Portanto, no triângulo retângulo: $c^2 = a^2 + b^2$

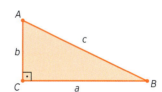

Exercício resolvido

31. Na figura abaixo, determine a medida do lado $\overline{BC}$.

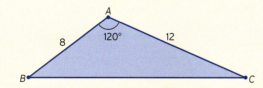

Resolução

Como são conhecidas as medidas dos lados $\overline{AB}$ e $\overline{AC}$ e a medida do ângulo entre eles, determinamos a medida do lado $\overline{BC}$ pela lei dos cossenos.

$(BC)^2 = (AB)^2 + (AC)^2 - 2 \cdot AB \cdot AC \cdot \cos 120° =$
$= 8^2 + 12^2 - 2 \cdot 8 \cdot 12 \cdot \cos 120°$ (I)

O cosseno de 120° é igual ao oposto do cosseno de seu suplementar:

$\cos 120° = -\cos(180° - 120°) = -\cos 60° = -\dfrac{1}{2}$

Substituímos $\cos 120°$ por $-\dfrac{1}{2}$ na expressão (I), obtendo a medida do lado $\overline{BC}$:

$(BC)^2 = 64 + 144 - 192 \cdot \left(-\dfrac{1}{2}\right) \Rightarrow (BC)^2 = 304 \Rightarrow$
$\Rightarrow BC = \sqrt{304} = 4\sqrt{19}$

Exercícios propostos

32. Em um triângulo ABC, sabe-se que AC = 8 cm, BC = 6 cm e o ângulo $\hat{C}$ mede 60°. Determine a medida do segmento $\overline{AB}$.

33. De acordo com a figura, determine o valor de cos α.

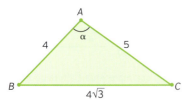

34. O triângulo a seguir corresponde à planta baixa de um canteiro delimitado pelas ruas representadas pelos segmentos $\overline{AB}$, $\overline{BC}$ e $\overline{AC}$.

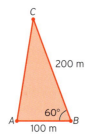

Qual é o comprimento da rua representada pelo segmento $\overline{AC}$?

35. Um fazendeiro dispõe de uma área de pastagem, representada pelo trapézio ABCD abaixo.

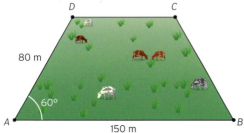

Ele deseja instalar uma cerca dividindo a área de pastagem na diagonal $\overline{BD}$ do terreno. Porém, ao comprar o material, ele se equivocou e comprou 50% a mais de cerca do que o necessário. Quantos metros a mais de cerca ele adquiriu?

36. O quadrilátero RSTV abaixo é um paralelogramo.

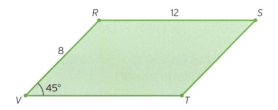

Determine a medida da diagonal $\overline{VS}$.

37. Considere o seguinte quadrilátero ABCD.

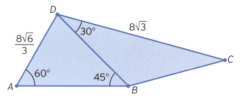

Determine a medida do lado $\overline{BC}$.

38. Com ajuda de um compasso, construa um triângulo com lados de medidas 3 cm, 4 cm e 5 cm.
a) Indique qual é o menor ângulo interno desse triângulo.
b) Calcule o valor do cosseno desse ângulo.

39. Em um triângulo ABC, sabe-se que os lados $\overline{AB}$ e $\overline{BC}$ medem 4 cm e 6 cm e que o ângulo entre esses dois segmentos mede 35°.
Determine a medida do lado $\overline{AC}$.

40. No mapa abaixo, está destacado o quarteirão ABCD.

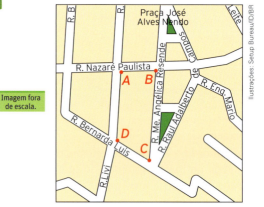

Deseja-se construir um calçadão retilíneo ligando os vértices A e C. Sabendo que AD = 400 m, DC = 300 m e a medida de $A\hat{D}C$ é 130°, determine o comprimento do calçadão.

41. João tem um terreno quadrangular cuja vista superior está representada abaixo. Ele deseja construir um jardim na região limitada pelos segmentos $\overline{MQ}$, $\overline{QN}$ e $\overline{MN}$, cujas medidas estão indicadas na figura, em metro.

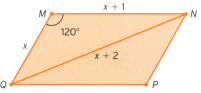

Para que seu cachorro não destrua as plantas, João irá instalar uma cerca em torno do jardim. Determine quantos metros de cerca ele deve comprar.

Exercícios complementares

42. Uma passarela de madeira será construída sobre um riacho, como mostra a figura a seguir.
A passarela consiste, basicamente, de duas rampas, uma em cada lado do rio, com inclinação de 20°, apoiadas sobre uma estrutura central. O ponto mais alto das rampas fica 5 m acima do nível do solo.

Supondo que cada metro de rampa tenha 10 kg, quantos quilogramas de madeira, aproximadamente, serão gastos na construção das rampas?

43. A Agência Espacial Norte-Americana (Nasa) utiliza braços mecânicos para realizar reparos externos em espaçonaves.
A figura a seguir esquematiza determinada posição de um braço mecânico.

a) Determine a distância entre os pontos A e D.
b) Mantendo fixas as posições dos pontos B, C e D, analise o que ocorre com a distância entre A e D quando se altera a medida do ângulo $A\hat{B}D$.

44. Um jogador de futebol dribla o goleiro do time adversário e chuta a bola em direção ao gol formando um ângulo de 8° em relação à horizontal. A trave tem 2,44 m de altura, e o jogador chuta a bola a 20 m da linha do gol.

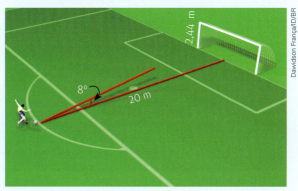

a) Supondo que não haja mais ninguém para impedir a entrada da bola e que ela se eleve a uma inclinação constante em relação à horizontal, verifique se o jogador fará o gol.
b) Mantidas as outras condições, a que distância máxima o jogador deve estar da trave para que consiga fazer o gol?
c) Caso o jogador mantenha a distância de 20 m da trave, ele deve aumentar ou diminuir o ângulo em relação à horizontal para fazer o gol? Justifique.

45. Guindaste, ou grua, é um equipamento utilizado para a elevação ou movimentação de cargas e materiais pesados. Na situação ilustrada abaixo, a retranca (o braço do guindaste) tem 15 m de comprimento e está inclinada em 75° em relação à horizontal, sendo que sua base está 3 m acima do nível do solo.
Pretende-se usar esse guindaste para erguer uma grande caixa a 20 m de altura.

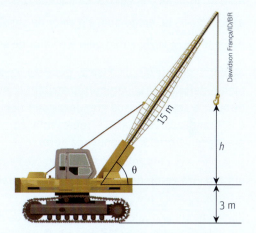

a) O guindaste conseguirá fazer o trabalho? Apresente duas diferentes justificativas para sua resposta.
b) Qual das duas justificativas exigiu conhecimentos que você julga mais simples? Justifique.

46. Classifique cada afirmação em verdadeira ou falsa e justifique suas respostas.
a) Sendo α e β as medidas de ângulos complementares, tem-se $\sen \alpha = \cos \beta$.
b) A tangente de um ângulo é igual ao inverso da tangente de seu ângulo complementar.
c) Existe um ângulo de medida α, com $0° < \alpha < 90°$, tal que $\sen \alpha = \cos \alpha$.

Exercícios complementares

47. Sabe-se que o perímetro do triângulo representado abaixo é 96 m e que $\cos \alpha = \dfrac{7}{25}$.

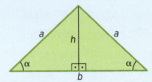

a) Calcule os valores de a e b.
b) Determine a área desse triângulo.
c) É possível determinar a medida α do ângulo? De que maneira?

48. Qual é o valor da expressão abaixo?

$$\dfrac{\operatorname{sen} 135° + \cos 120° - \operatorname{sen} 150° - \cos 135°}{\cos 60° + \cos 45° - \operatorname{sen} 30°}$$

49. De um triângulo ABC, são conhecidas as seguintes medidas dos lados: $AC = 3$ m e $BC = 4$ m. Os lados $\overline{AC}$ e $\overline{AB}$ formam o ângulo $\hat{A}$, de medida A, e os lados $\overline{AB}$ e $\overline{BC}$ formam o ângulo $\hat{B}$, de medida B.

a) Se $AB = 3$ m, então qual é o valor de $\cos A$?
b) Se $\operatorname{sen} B = 0{,}25$, então qual é o valor de $\operatorname{sen} A$?

50. Algumas grandezas da Física, para ser completamente definidas, requerem três atributos: módulo, direção e sentido. Essas grandezas são denominadas grandezas vetoriais. A representação de uma grandeza vetorial é denominada **vetor**.

Sejam $\vec{v}_1$ e $\vec{v}_2$ dois vetores. A soma desses vetores é um terceiro vetor, denominado vetor resultante $\vec{v}_R$, ou seja, $\vec{v}_R = \vec{v}_1 + \vec{v}_2$.

Para determinar o vetor resultante da soma de dois vetores de diferentes direções, é possível usar a regra do paralelogramo, que consiste em colocar as origens dos dois vetores em um mesmo ponto e construir um paralelogramo, com segmentos paralelos a esses vetores.

O vetor-soma (ou vetor resultante) será representado pela diagonal do paralelogramo, cuja origem também coincide com a origem dos dois vetores.

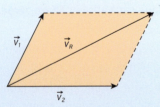

O módulo desse vetor corresponde a seu comprimento.

a) Desenhe o vetor resultante da soma dos vetores representados abaixo e determine seu módulo.

b) Forme um grupo com 4 colegas. Utilizando vetores de módulos 8 e 10, como no item anterior, cada um deverá representar em uma folha o vetor resultante para cada um dos seguintes ângulos entre eles: 50°, 40°, 30°, 20° e 10°. Comparem os resultados. O que acontece com o módulo dos vetores resultantes?

c) Determine os módulos dos vetores resultantes e verifique se os resultados obtidos são coerentes com as conclusões do item **b**.

51. As âncoras são presas aos navios por uma corrente, como mostra a figura abaixo.

Um navio está ancorado em uma região em que a profundidade é 150 m. Por causa da correnteza, o navio foi afastado do ponto em que foi lançada a âncora, de modo que a corrente passou a formar um ângulo de 60° em relação à vertical.

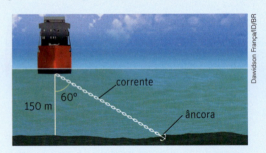

Sabe-se que uma tempestade vem em direção do navio e que deve chegar em 45 min. Assim que a âncora for recolhida, o navio poderá zarpar. Sabendo que a corrente é recolhida à velocidade de 5 m/min, o navio seguirá viagem antes ou depois de a tempestade chegar?

52. O triângulo abaixo foi construído em malha quadriculada em que cada quadrado mede 1 cm de lado.

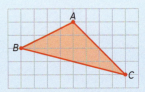

Determine o cosseno do ângulo $\hat{A}$.

53. No triângulo ABC representado ao lado, tem-se AB = 10, AD = x e CD = y.

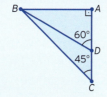

Calcule a razão $\frac{x}{y}$.

54. A construção da torre de Pisa (Itália) durou de 1174 até 1350. Com o tempo, ela começou a se inclinar. Em certo momento, sua inclinação esteve próxima de 5°.
Sabendo que a torre tem cerca de 55 m de altura, qual é o comprimento aproximado de sua sombra ao meio-dia do dia mais longo do ano, considerando que os raios solares incidem perpendicularmente nessa ocasião?

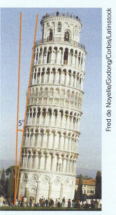

Torre de Pisa, na cidade de Pisa, Itália.

55. Calcule o comprimento do lado $\overline{AC}$ e o valor de sen γ do triângulo abaixo.

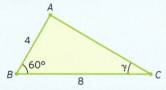

56. De um navio em alto-mar, uma pessoa observa, por um ângulo de elevação de 10°, um edifício à beira-mar de 100 m de altura.

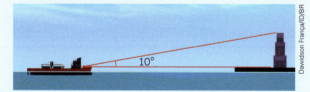

O capitão fará alguns reparos no navio e chegará em 30 min à beira-mar. Um dos tripulantes não quer esperar e irá nadando. Se ele nadar em direção ao edifício, com velocidade média de 0,3 m/s, chegará antes ou depois do navio?

57. Os triângulos ABC e DEF abaixo são semelhantes.

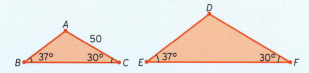

Determine a medida do lado $\overline{DE}$ sabendo que os lados do triângulo DEF medem o dobro dos lados do triângulo ABC.

58. Um triângulo equilátero está inscrito em uma circunferência de raio de medida 3 cm. Determine a medida do lado desse triângulo.

59. Na figura, o triângulo PQR está inscrito na circunferência de centro O e raio de medida 4 cm.

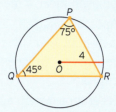

Determine a medida do lado $\overline{PQ}$.

60. (Unicamp-SP) Na figura abaixo, ABC e BDE são triângulos isósceles semelhantes de bases 2a e a, respectivamente, e o ângulo $C\hat{A}B = 30°$.

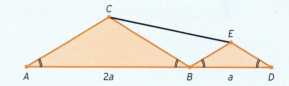

Portanto, o comprimento do segmento $\overline{CE}$ é:

a) $a\sqrt{\frac{5}{3}}$ c) $a\sqrt{\frac{7}{3}}$

b) $a\sqrt{\frac{8}{3}}$ d) $a\sqrt{2}$

61. (UFPR) Num projeto hidráulico, um cano com diâmetro externo de 6 cm será encaixado no vão triangular de uma superfície, como ilustra a figura [abaixo].

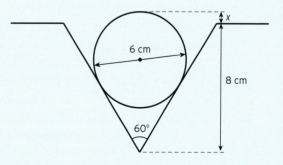

Que porção x da altura do cano permanecerá acima da superfície?

a) $\frac{1}{2}$ cm   d) $\frac{\pi}{2}$ cm

b) 1 cm   e) 2 cm

c) $\sqrt{\frac{3}{2}}$ cm

PROJETO 2

A comunidade do bairro

Uma análise das necessidades da população que vive nas proximidades da escola.

■ O que você vai fazer

Com seus colegas, divididos em grupos, você investigará alguns aspectos do bairro onde a escola está localizada. Essa investigação tem um objetivo básico: verificar se as mudanças no ambiente urbano se ajustaram às necessidades de conforto, segurança e saúde da população local, à medida que ela crescia.

Após a pesquisa, os dados serão discutidos em sala de aula. Além disso, cada grupo deve apresentar propostas de soluções para os problemas que forem encontrados.

Os grupos devem aproveitar o **estudo de funções** para determinar intervalos de crescimento e diminuição; calcular taxas de variação; valores máximos e mínimos; analisar relações de proporcionalidade entre grandezas; etc.

> **Estudo de funções**
>
> Alguns fenômenos sociais podem ser mais bem compreendidos com o auxílio das funções, permitindo ler, analisar, projetar e tomar decisões sobre alguns aspectos desses fenômenos. Por meio das funções pode-se, por exemplo, criar modelos matemáticos para se entender (e combater) a propagação de epidemias ou endemias em uma área urbana.

■ Investigação para a coleta de dados

A turma será dividida em cinco grupos. Cada grupo fica responsável pelo levantamento de dados e informações a respeito de um tema. A distribuição dos temas é definida pela própria turma, segundo suas afinidades e interesses. Se necessário, o professor pode realizar um sorteio. Os temas são os seguintes.

Grupo 1. **População**. Esse grupo coletará dados acerca do crescimento populacional[1] do bairro e descobrirá sua extensão territorial. Depois de analisar as informações obtidas, o grupo proporá relações entre a densidade demográfica e os problemas e necessidades existentes na localidade.

Grupo 2. **Epidemias ou endemias**. Esse grupo verificará a existência de epidemias ou endemias no bairro, ou se há risco de ele vir a ser afetado por um desses fenômenos. As informações podem ser obtidas em postos de saúde ou na secretaria de saúde[2]. Faz parte do trabalho investigar quais doenças existem, suas causas e a maneira de combatê-las.

Grupo 3. **Coleta de lixo**. Identificar a quantidade de lixo produzida no bairro será a tarefa principal. Se ainda não houver coleta seletiva, o grupo buscará informações suficientes para propor um projeto de criação desse serviço para o bairro.

Grupo 4. **Sistema de transporte**. O grupo analisará os meios de transporte utilizados no bairro, as condições da malha viária e sua estrutura: a disposição de ruas e avenidas, a organização das mãos de direção, a eficiência das sinalizações, etc. Os dados serão levantados por meio de observação direta ou de entrevistas com moradores.

Grupo 5. **Livre escolha**. A turma escolherá um tema que tenha significado para a localidade e que seja importante debater na sala de aula.

1. Esses dados podem ser obtidos diretamente na prefeitura ou subprefeitura ou em *sites* da prefeitura.
2. Caso seja possível, entrevistem profissionais da área de saúde.

■ Apresentação dos dados coletados

Alguns pontos devem ser observados no momento da apresentação dos resultados:

- Os dados devem ser apresentados em tabelas e, sempre que possível, em gráficos.

- Em todos os casos, o grupo verificará se o gráfico apresenta semelhança com alguma das funções estudadas.

- Devem ser realçados, durante as apresentações, eventuais intervalos de crescimento ou diminuição, os valores máximos ou mínimos e quais os significados desses elementos para o estudo em questão.

Ao preparar a apresentação, cada grupo deverá apontar os problemas identificados e sugerir propostas de melhorias.

Os grupos farão as apresentações em datas combinadas com o professor, expondo questões (previamente elaboradas pelos integrantes) e discutindo-as com auxílio da análise das tabelas e dos gráficos.

■ Comunicação dos resultados

Com a orientação do professor de Matemática e da coordenação pedagógica da escola, os grupos estabelecerão um calendário e o modo de apresentação dos resultados das pesquisas. Para a divulgação podem ser escolhidos os seguintes meios: computador e projetor multimídia, vídeo produzido pelo grupo, dramatização, painéis e outros.

Os resultados mais relevantes de todos os temas, a análise dos apontamentos e as reivindicações dos alunos serão reunidos em um documento a ser entregue à direção da escola. Seria interessante que esse documento fosse encaminhado aos órgãos competentes, como tentativa de implementar as ideias apresentadas.

■ Avaliação

Cada grupo avaliará os trabalhos de todos os outros grupos levando em consideração os seguintes aspectos:

- A pesquisa do grupo avaliado conseguiu reunir dados suficientes para que se pudesse entender o tema investigado?

- O modo de apresentação incluiu o estudo de funções? Os conceitos e os procedimentos relacionados às funções foram utilizados corretamente?

- O grupo conseguiu discutir questões relevantes para a comunidade do bairro?

- Como a Matemática e, em particular, o estudo de funções, pôde contribuir para o entendimento das questões estudadas e na busca pela solução dos problemas?

- O que cada grupo poderia ter feito melhor de modo a ser mais compreensível na apresentação dos problemas e nas propostas de soluções?

- O que cada integrante do grupo pode fazer para que as propostas de melhorias se concretizem?

Cada grupo deverá fazer também uma autoavaliação, considerando a participação de cada membro em todas as atividades.

Respostas dos exercícios

■ Capítulo 1 – Conjuntos

Página 14 – Para começar

1. Podemos separar as tulipas entre si diferenciando-as por sua cor e localização, uma vez que estão "agrupadas" em fileiras de cores diferentes.

2. Sim, o buquê representa um conjunto de tulipas acomodadas em um enfeite. As tulipas são os elementos que constituem esse conjunto.

3. Não, os elementos de um grupo que se repetem são considerados como um único elemento desse grupo. Portanto, se tivermos um buquê composto de 4 tulipas brancas, 4 vermelhas, 4 amarelas e 4 roxas, teremos 1 elemento de cada cor de tulipa, ou seja, apenas 4 elementos. Assim, os 2 buquês têm a mesma quantidade de elementos.

Página 15 – Ação e cidadania

- Resposta pessoal.
- O conjunto dos alunos da turma e da escola é o agrupamento de todos os alunos, inclusive os com deficiência; os alunos com deficiência física pertencem ao conjunto de alunos da turma e da escola.

Página 16 – Exercícios propostos

1. A palavra "ar" é formada pelas letras "a" e "r"; portanto, o conjunto das letras dessa palavra é {a, r}.

   Do mesmo modo, a palavra "arara" também é formada pelas letras "a" e "r"; portanto, o conjunto das letras dessa palavra é {a, r}.

   Como todo elemento do primeiro conjunto pertence ao segundo conjunto, e vice-versa, os dois conjuntos são iguais.

2. a) Resposta possível: $A = \{x \mid x$ é número inteiro e $0 < x < 2\}$
   b) Resposta possível: $B = \{x \mid x$ é número inteiro e não é positivo nem negativo$\}$
   c) Resposta possível: $C = \{2\}$

3. a) $A = \{2, 3, 5, 7, 11, 13, 17, ...\}$
   b) $B = \{-1, 1\}$
   c) $C = \left\{-\dfrac{2}{3}\right\}$
   d) $D = \{1, -1, 2, -2, 3, -3, 4, -4, 6, -6, 12, -12\}$

Página 17 – Exercícios propostos

4. a) $A = \{2\}$ é um conjunto unitário.
   b) $B = \{\ \}$ é o conjunto vazio.
   c) $C = \{-1\}$ é um conjunto unitário.
   d) $D = \{\ \}$ é o conjunto vazio.

5. a) $U = \{1, 2, 3, 4, 5, 6\}$
   b) $U = \{x \in \mathbb{R} \mid x \neq 8\}$
   c) $U = \mathbb{R}$

Página 19 – Cálculo mental

16 elementos

Página 19 – Exercícios propostos

8.

{5, 6, 7}	⊄	B
B	⊄	A
{1, 2}	⊂	A
{3}	⊂	B
1, 2	∈	A
0, 2	∈	A

{4, 5}	⊂	B
4, 5	∈	B
{∅}	⊂	A
2	∉	B
{0, 1, 2}	⊂	A
6	∉	A

9. a) $P(A) = \{\varnothing, \{a\}, \{b\}, \{c\}, \{d\}, \{a, b\}, \{a, c\}, \{a, d\}, \{b, c\}, \{b, d\}, \{c, d\}, \{a, b, c\}, \{a, b, d\}, \{a, c, d\}, \{b, c, d\}, \{a, b, c, d\}\}$
   b) $P(B) = \{\varnothing, \{2\}, \{4\}, \{6\}, \{8\}, \{10\}, \{2, 4\}, \{2, 6\}, \{2, 8\}, \{2, 10\}, \{4, 6\}, \{4, 8\}, \{4, 10\}, \{6, 8\}, \{6, 10\}, \{8, 10\}, \{2, 4, 6\}, \{2, 4, 8\}, \{2, 4, 10\}, \{2, 6, 8\}, \{2, 6, 10\}, \{2, 8, 10\}, \{4, 6, 8\}, \{4, 6, 10\}, \{4, 8, 10\}, \{6, 8, 10\}, \{2, 4, 6, 8\}, \{2, 4, 6, 10\}, \{2, 4, 8, 10\}, \{2, 6, 8, 10\}, \{4, 6, 8, 10\}, \{2, 4, 6, 8, 10\}\}$

10. a) 256 elementos
    b) 1 024 elementos

11. 7 elementos

12. a) Os argumentos são válidos, visto que o conjunto dos cachorros está contido no conjunto dos quadrúpedes e este conjunto está contido no conjunto dos animais.

    b) Os argumentos são válidos, pois João pertence ao conjunto dos homens, que está contido no conjunto dos vertebrados.

13. a) Verdadeira, pois todo quadrado tem pares de lados paralelos e, portanto, é também um paralelogramo.
    b) Verdadeira, pois nem todo paralelogramo é retângulo, já que nem todo paralelogramo tem ângulos internos de 90°.
    c) Falsa, pois nem todo retângulo é losango, já que nem todo retângulo tem lados adjacentes congruentes.
    d) Verdadeira, pois nem todo polígono é paralelogramo. Por exemplo, o pentágono é um polígono e não é um paralelogramo.

Página 20 – Exercícios propostos

14. a)

222

b)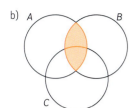

c)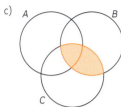

d)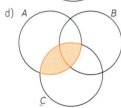

e)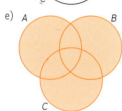

f)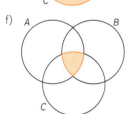

15. a) $A \cup B = \{1, 2, 3, 4, 5, 6, 7, 8\}$
b) $A \cup \varnothing = A = \{1, 2, 3, 4, 5, 8\}$
c) $A \cup A = A = \{1, 2, 3, 4, 5, 8\}$
d) $A \cap \varnothing = \varnothing = C$

16. a) $\mathbb{Z} \cup \mathbb{Q} = \mathbb{Q}$
b) $\mathbb{Z} \cap \mathbb{Q} = \mathbb{Z}$
c) $\mathbb{R} \cap \mathbb{N} = \mathbb{N}$

17. a) $I \cup P = \mathbb{N}$
b) $P \cup I = I \cup P = \mathbb{N}$
c) $M \cap I = \{5, 15, 25, 35, ...\}$
d) $M \cup I = \{x \in \mathbb{N} \mid x \text{ é ímpar ou múltiplo de } 5\}$
e) $I \cap P \cap M = \varnothing$

Página 23 – Exercícios propostos

22. a) $B \cup C = \{1, 2, 3, 4, 5, 6\}$
b) $B \cup D = \{1, 2, 3, 4, 5, 6, 7, 8\}$
c) $A \cap E = \{7, 8, 9\}$
d) $A \cap B = \{1, 2, 3, 4\}$

e) $A - B = \{0, 5, 6, 7, 8, 9\}$
f) $B - C = \{1, 2\}$

23. a) $A \cup C = \{3, 4, 5, 6, 7, 9, 11, 13\}$
b) $A \cap B = \{4, 6\}$
c) $B - A = \{2, 3, 5, 7, 8, 9\}$
d) $B - C = \{2, 4, 6, 8\}$

24. a) $C_A^B = \{7, 8, 9\}$
b) $C_A^D = \{5, 6, 7, 8, 9\}$
c) $C_A^E = \{3, 4, 5, 6, 7, 8, 9\}$
d) $C_B^D = \{5, 6\}$
e) $C_E^D = \{\ \}$

25. a) $A^C = \{x \in U \mid x \text{ é do sexo masculino}\}$
b) $B^C = \{y \in U \mid y \text{ têm no máximo 25 anos}\}$
c) $D^C = \{z \in U \mid z \text{ têm no mínimo 40 anos}\}$
d) $E^C = \{t \in U \mid t \text{ não nasceu na Região Nordeste}\}$

26. 155 mulheres

27. 40 alunos

28.

Preferência de atendimento	Número de pessoas
No balcão	18
Indiferente	15
Na mesa	27
Total	60

29. A é o conjunto dos alunos que leram o livro *O homem que calculava* e B é o conjunto dos alunos que leram o livro *O teorema do papagaio*.

a)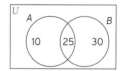

b) 35 alunos
c) 10 alunos
d) 30 alunos
e) 40% dos alunos

30. F é o conjunto dos alunos que gostam de futebol e V é o conjunto dos alunos que gostam de vôlei.

a)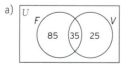

b) 145 alunos
c) Sim, se alteraria para 190 alunos.
d) Sim. Resposta pessoal.

Página 24 – Exercícios complementares

31. a) Resposta possível: $A = \{x \in \mathbb{N} \mid 1 \leq x \leq 6\}$
b) Resposta possível: $B = \{x \in \mathbb{N} \mid 1 \leq x \leq 19 \text{ e } x \text{ é ímpar}\}$

Respostas dos exercícios

32. a) Verdadeira.
b) Verdadeira, pois $n[P(A)] = 2^5 = 32$.
c) Falso, pois todos os elementos do conjunto $\{5, 6\}$ estão em B, ou seja, $\{5, 6\} \subset B$.
d) Verdadeira, pois $n[P(B)] = 2^3 = 8$.
e) Verdadeira.
f) Falso. O correto seria $\{5\} \subset B$ ou $5 \in B$.

33. a) $C_A^B = \{5, 6, 7, 8, 9\}$
b) $C_D^A = \{\ \}$
c) $C_D^B = \{5\}$

34. a) Verdadeira.
b) Falsa, pois $n[P(B)] = 2^6 = 64 = n[P(A)]$, ou seja, esses conjuntos têm o mesmo número de elementos.
c) Falsa, pois o elemento e não pertence ao conjunto B, e o elemento g não pertence ao conjunto A. Logo o conjunto $\{e, f, g\}$ não é subconjunto de A nem de B.
d) Verdadeira.
e) Verdadeira.

35. alternativa **b**

36. a) $S = \{\ \}$
b) $S = \{\ \}$
c) $S = \left\{-\dfrac{3}{2}\right\}$

37. a) $A \cap B \cap C = \{3, 6, 15, 30\}$
b) 4 elementos
c) $A \cup C = \{1, 2, 3, 4, 5, 6, 10, 12, 15, 20, 30, 60\}$
d) 256 elementos

38. a) $p \Rightarrow q$: Se os pacientes foram acometidos pela virose, então eles apresentam febre alta e dor de cabeça.
$q \Rightarrow p$: Se os pacientes apresentam febre alta e dor de cabeça, então eles foram acometidos pela virose.
b) $p \Rightarrow q$ é verdadeira segundo o enunciado, mas não podemos garantir que sua recíproca seja verdadeira, visto que tais sintomas podem indicar outras doenças.
c) Não podemos afirmar se André contraiu essa virose. Já Marcos não contraiu a virose.

39. a) Conjunto A: Albânia, Luxemburgo e Portugal.
Conjunto B: Etiópia, Madagascar, Marrocos, Tanzânia e Zâmbia.
Conjunto C: China, Índia, Israel, Japão e Líbano.
Conjunto D: Bolívia, Canadá, Cuba, Jamaica, México e Uruguai.
Conjunto E: Fiji, Micronésia e Nauru.
Nenhum dos países pertence ao conjunto F.
b) 8 elementos
c) conjunto F
d) F, A, E, B, C e D ou F, E, A, B, C e D ou F, A, E, C, B e D ou F, E, A, C, B e D
e) Sim, é o conjunto vazio.

40. Alternativa **d**

41. A é o conjunto das pessoas que comeram massa e B é o conjunto das pessoas que comeram massa com molho vermelho.

a)
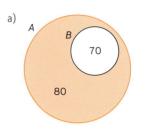

b) 150 pessoas

■ Capítulo 2 – Conjuntos numéricos

Página 25 – Para começar

1. Resposta possível: ordenar e criar códigos (como de números de telefone).

2. O raio do planeta Mercúrio.

3. Aproximadamente 3,7 vezes. O raio da Lua terrestre.

Página 26 – Cálculo mental

Resposta pessoal.

Página 28 – Exercícios propostos

2.

3,1	$\notin$	$\mathbb{N}$	$\mathbb{Z}_-^*$	$\not\subset$	$\mathbb{N}$
$\mathbb{N}^*$	$\subset$	$\mathbb{N}$	π	$\notin$	$\mathbb{N}$
$\mathbb{Z}^*$	$\not\subset$	$\mathbb{N}$	0	$\in$	$\mathbb{Z}$
0	$\notin$	$\mathbb{Z}^*$	57	$\in$	$\mathbb{N}$
$\mathbb{N}^*$	$\subset$	$\mathbb{Z}$	$\mathbb{Z}_+^*$	$\subset$	$\mathbb{N}$
$\sqrt{2}$	$\notin$	$\mathbb{Z}$	$\mathbb{Z}_-^*$	$\not\subset$	$\mathbb{Z}_+^*$

3. a) Falsa, pois, dado um número natural n qualquer, existe o número natural $n + 1$, que é maior do que n.
b) Verdadeira, pois sempre é possível determinar se dois números desse conjunto são iguais ou se um é maior ou menor do que o outro.

4. a) 2
b) $-5; -4; 2$
c) Todos os elementos de A são números racionais.
d) $-5; -4; -1,\overline{7}; 0,8; \dfrac{5}{3}; 2; 3,5678111$

5. Resposta possível: $-3,9; -3,8; -3,7; -3,6; -3,5$

6. a) Falsa, pois $\mathbb{N} \subset \mathbb{Z}$ e $\mathbb{N} \cup \mathbb{Z} = \mathbb{Z}$.
b) Verdadeiro, pois $\mathbb{Z} \subset \mathbb{Q}$.
c) Falsa, pois $\mathbb{Z}_+^* \cup \mathbb{Q}_-^*$ não contém todos os números racionais positivos nem o zero.
d) Falsa, pois $\mathbb{Z} - \mathbb{N}^* = \{\ldots -4, -3, -2, -1, 0\}$.

7. a) Todo número natural é também um número racional.
b) A divisão entre dois números naturais, com divisor diferente de zero, nem sempre é um número natural.

8. a) $2,\overline{4}$ é uma dízima periódica simples.
b) $-0,\overline{16}$ é uma dízima periódica simples.
c) $1,3\overline{8}$ é uma dízima periódica composta.
d) $-3,05$ é um decimal exato.

9. a) $\dfrac{25}{9}$
b) $\dfrac{78}{100}$ ou $\dfrac{39}{50}$
c) $-\dfrac{311}{99}$
d) $\dfrac{58}{45}$

Página 32 – Exercícios propostos

12. $\sqrt{10}$ e π

13. $\sqrt{-9}$

14. a) 4,38
b) 5,40

15.

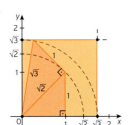

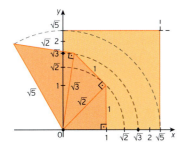

16. a) 36 cm
b) $6\sqrt{3}$ cm
c) $36\sqrt{3}$ cm²
d) A altura do triângulo ($6\sqrt{3}$ cm) e sua área ($36\sqrt{3}$ cm²) são números irracionais.

17. a) $-1-\sqrt{5}$ e $-1+\sqrt{5}$
b) -1
c) $\dfrac{2}{3}$

Página 33 – Ação e cidadania

- Resposta possível: $\{x \in \mathbb{R} \mid 0 \leqslant x \leqslant 1\}$
- Resposta pessoal.

Página 34 – Para refletir

Não. Se vale a igualdade $A \cap B = A$, é sempre verdade que $A \subset B$. Pode acontecer que A seja igual a B, mas isso é um caso particular.

Página 34 – Exercícios propostos

18. a) $]-2, 8]$
b) $[0, +\infty[$
c) $\left]-\infty, -\sqrt{3}\right] \cup \left[\sqrt{6}, +\infty\right[$
d) $]-1, 7[$
e) $\left[-\dfrac{2}{3}, 0\right[\cup \left]0, \dfrac{8}{5}\right]$
f) $[-1, 7]$

19. a) $\{x \in \mathbb{R} \mid -4 \leqslant x < 25\}$ e $[-4, 25[$
b) $\{x \in \mathbb{R} \mid x \geqslant \sqrt{8}\}$ e $\left[\sqrt{8}, +\infty\right[$
c) $\left\{x \in \mathbb{R} \mid -\dfrac{13}{7} < x < \dfrac{5}{6}\right\}$ e $\left]-\dfrac{13}{7}, \dfrac{5}{6}\right[$
d) $\{x \in \mathbb{R} \mid x < -9\}$ e $]-\infty, -9[$

20. a) ────●────────●──────▶ 16   17,75 $\mathbb{R}$
b) ────●──────────●──────▶ 16   25 $\mathbb{R}$
c) Não podemos representar na reta real, porque a quantidade de pessoas é um número natural.
d) ────●──────────●──────▶ 0   250 $\mathbb{R}$

21. a) ────●──────────●──────▶ 1   30 $\mathbb{R}$
b) ────○──────────●──────▶ $-\dfrac{15}{8}$ $-\dfrac{1}{3}$ $\mathbb{R}$
c) ────○──────────○──────▶ 3 $\dfrac{19}{4}$ $\mathbb{R}$
d) ────●──────────○──────▶ $\sqrt{5}$ $\sqrt{14}$ $\mathbb{R}$
e) ───────────────●──────▶ 5 $\mathbb{R}$
f) ────●─────────────────▶ -6 $\mathbb{R}$

22. a) $\{x \in \mathbb{R} \mid -6 < x < 9\}$ ou $]-6, 9[$
b) $\{x \in \mathbb{R} \mid -3,7 \leqslant x < 1,7\}$ ou $[3,7, 1,7[$
c) $\left\{x \in \mathbb{R} \mid -\sqrt{10} < x < \sqrt{3} \text{ ou } 2 < x < \sqrt{6}\right\}$ ou $\left]-\sqrt{10}, \sqrt{3}\right[\cup \left]2, \sqrt{6}\right[$
d) $\left\{x \in \mathbb{R} \mid -\dfrac{\sqrt{5}}{2} \leqslant x \leqslant \dfrac{\sqrt{5}}{2}\right\}$ ou $\left[-\dfrac{\sqrt{5}}{2}, \dfrac{\sqrt{5}}{2}\right]$

23. a) { }
b) [4, 8]
c) [−4, 3]
d) $[-4, -3[\cup]1, 4[$

Respostas dos exercícios

24. a)]1, 10[

b)]1, 12]

c) { }

d) { }

Página 35 – Exercícios complementares

25. a) Falsa, pois $\mathbb{N} \subset \mathbb{Q}$, mas $\mathbb{I} \not\subset \mathbb{Q}$.

b) Verdadeira, pois $\mathbb{Z} - \mathbb{N} = \mathbb{Z}^*_- \subset \mathbb{Q}$.

c) Falsa, pois $\mathbb{Q} \cap \mathbb{N} = \mathbb{N}$.

d) Verdadeira, pois $\mathbb{I} \cap \mathbb{Q} = \{ \}$ e $\mathbb{R} = \mathbb{I} \cup \mathbb{Q}$.

e) Verdadeira, pois $C^{\mathbb{N}}_{\mathbb{R}} = \mathbb{N} - \mathbb{R} = \{ \}$ e $\{ \} \subset \mathbb{I}$.

f) Verdadeira, pela definição do conjunto dos números reais.

26. a) $\{x \in \mathbb{R} | -3 \leq x < 0\}$

b) $\{x \in \mathbb{R} | -2,5 \leq x \leq 1,3\}$

c) $\left\{x \in \mathbb{R} | -\frac{\sqrt{2}}{2} \leq x \leq \frac{\sqrt{2}}{2}\right\}$

27. a)]−5, 2]

b) $[-2, -1] \cup]2, 4]$

c) [0, 2]

d)]−5, 4]

28. a) Verdadeira.

b) Falsa, pois $\sqrt{7}$ é um número irracional.

c) Falsa, pois $0,33 = \frac{33}{100}$.

d) Falsa, pois se $m = 4$, então $\sqrt{m} = 2$ é um número racional.

e) Falsa, pois se $n = \pi$, então $n^2 = \pi^2$ é um número irracional.

29. a) III e VII

b) I, II e V

c) IV e VI

30. a) $\frac{15}{99}$ ou $\frac{5}{33}$

b) $-\frac{34}{10}$

c) $\frac{0}{b}$, para todo $b \neq 0$

d) $\frac{1\,132}{9\,000}$ ou $\frac{283}{2\,250}$

e) $\frac{39}{9}$ ou $\frac{13}{3}$

f) $\frac{6}{90}$ ou $\frac{1}{15}$

31. a) $a = 29$ e $b = 18$

b) $a = 19$ e $b = 12$

c) Não existem a e b naturais que satisfazem as condições.

32. Entre 0 e a.

33. $\left[\frac{1}{6}, \frac{1}{2}\right]$

34. -3^2; -3; 0; $\frac{1}{4}$; $\frac{3}{5}$; $\sqrt{2}$; $\sqrt{7}$; π; 8; $(-3)^2$; π^2

35. a) Falsa, x e y podem ser números consecutivos e, nesse caso, não existe nenhum número inteiro entre eles.

b) Verdadeira.

c) Falsa, o produto de números irracionais pode ser um número racional. Por exemplo: $\sqrt{2} \cdot \sqrt{8} = \sqrt{16} = 4$

■ Capítulo 3 – Introdução às funções

Página 38 – Para começar

1. A cada metro mergulhado a pressão aumenta 0,1 atmosfera.

2. 2,5 atm.

3. Resposta pessoal.

Página 40 – Ação e cidadania

■ Resposta possível: O que há em comum entre as invenções é que elas foram criadas por causa dos importunos que ocorriam no dia a dia, como os grãos de arroz que se perdiam ao serem lavados e ainda entupiam a pia, e o incômodo causado pelo carrapicho grudado na barra da calça.

Página 41 – Exercícios propostos

2. a) $d = 800t$

b) 6 400 km

3. a) $S = 10h + 35$

b) A variável dependente é S (valor pago pelo serviço) e a variável independente é h (quantidade de horas trabalhadas).

c) R$ 55,00

d) 4 horas

4. a) $y = \frac{24}{x}$

b) 5 cm

c) $x = 2$ cm e $y = 12$ cm

5. a) $A = 100 - 5x$, em que A é a área da região laranja.

b) 35 cm²

Página 43 – Exercícios propostos

10. a) $y = 50x + 30$

b) R$ 280,00

11. a) É função, em que: $D = \{-1, 0, 1, 2\}$, $CD = \{-1, 4, 7, 6\}$ e $Im = \{-1, 4, 7\}$

b) É função, em que: $D = \{1, 2, 3, 4\}$, $CD = \{0, 1, 2, 5\}$ e $Im = \{5\}$

12. a) $f(x) = x^2$

b) $f(x) = 2x + \frac{x}{2} = \frac{5}{2}x$

c) $f(x) = \frac{1}{x}$

13. $CD = \mathbb{R}$ e $Im = \{0, 1, 3, 16\}$

14. a) 0

b) 2

c) $-\frac{2}{19}$

d) $\frac{36}{19}$

15. $x = 1$ e $x = 3$

16. k^2

17. a) 6

b) −2 e −3

Página 46 – Para refletir
- Quedas acentuadas e muita instabilidade nos valores das ações.
- O ritmo cardíaco do paciente.

Página 47 – Exercícios propostos

21.

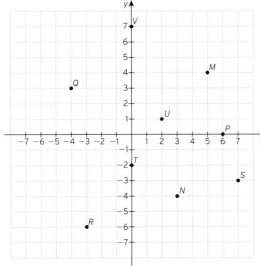

22. a) O maior IPCA foi registrado em 2011, e o menor, em 2009.

b) Respostas possíveis: (2007; 4,46), (2008; 5,9), (2009; 4,31), (2010; 5,91), (2011; 6,5), (2012; 5,84), (2013; 5,91), (2014; 6,41).

23. a) 4

b) (−5, 0)

24. a) $D = \{x \in \mathbb{R} \mid -2 \leq x \leq 2\}$ e $Im = \{y \in \mathbb{R} \mid 0 \leq y \leq 4\}$

b) Os pontos de coordenadas (1, 1) e (0, 0) pertencem ao gráfico; o ponto de coordenada (−1, 2) não pertence ao gráfico.

Página 50 – Exercícios propostos

25. a) $y = 5x$

b) 35

c) 36

26. a) $y = \dfrac{56}{x}$

b) 7

c) 28

27. 300 peças

28. a) 0,000012

b) 35 °C

29. 72 km/h

30. a) As grandezas "medida do lado" e "perímetro" estão em proporcionalidade direta, pois, ao aumentarmos a medida do lado do pentágono, aumentamos o perímetro, e a relação entre o perímetro e a medida do lado é constante.

b) Sendo P o perímetro e ℓ a medida do lado, temos: $\dfrac{P}{\ell} = 5$

31.

Tempo da torneira aberta (h)	Quantidade de água na piscina (L)
1	900
5	4 500
10	9 000
15	13 500
20	18 000
25	22 500
30	27 000

a) 30 horas

b) 60 horas, ou seja, 2,5 dias

Página 51 – Para refletir

A função f da situação 1 não é bijetora, pois não é sobrejetora, ou seja, existe pelo menos um elemento do contradomínio que não é imagem de nenhum elemento do domínio.

A função g da situação 2 também não é bijetora, pois não é injetora, ou seja, existe pelo menos um elemento do contradomínio que é imagem de mais de um elemento do domínio.

Página 52 – Exercícios propostos

33. a) A função é injetora, pois nenhum elemento do contradomínio é imagem de mais de um elemento do domínio. Porém, a função não é sobrejetora, pois tem um elemento no contradomínio que não é imagem de nenhum elemento do domínio. E como essa função não é sobrejetora, ela também não é bijetora.

b) A função é injetora, pois nenhum elemento do contradomínio é imagem de mais de um elemento do domínio, e também é sobrejetora, pois cada elemento do contradomínio é imagem de pelo menos um elemento do domínio. Como a função é injetora e sobrejetora, ela é bijetora.

34. a) Sendo f a função representada, essa função não é injetora, pois há dois elementos do domínio associados ao mesmo elemento do contradomínio, e não é sobrejetora, pois $Im(f) \neq \mathbb{R}$; logo, não é bijetora.

b) Sendo g a função representada, essa função é injetora, pois nenhum elemento do contradomínio é imagem de mais de um elemento do domínio, e é sobrejetora, pois $Im(g) = \mathbb{R}$; logo, é bijetora.

c) Sendo h a função representada, essa função é injetora, pois nenhum elemento do contradomínio é imagem de mais de um elemento do domínio; é sobrejetora, pois $Im(h) = \mathbb{R}$; logo, é bijetora.

d) Sendo k a função representada, essa função não é injetora, pois há dois elementos do domínio associados ao mesmo elemento do contradomínio; é sobrejetora, pois $Im(k) = \mathbb{R}$; logo, não é bijetora.

35. a) Dependendo dos conjuntos A e B, a função g pode ser injetora e sobrejetora (ou seja, bijetora), apenas injetora, apenas sobrejetora, ou pode não ser sobrejetora nem injetora. Logo, sem conhecer os conjuntos A e B não é possível afirmar se a função g é injetora, sobrejetora ou bijetora.

b) Resposta possível: $A = \mathbb{R}_+$ e $B = \mathbb{R}_-$

Página 53 – Para refletir

Não. A função inversa f^{-1} desfaz o que a função f fez, ou seja, se f transforma x em y, então a função f^{-1} transforma y em x. Como a função identidade "transforma" x em x, é como se a função inversa não tivesse o que fazer, ou seja, também "transforma" x em x. Portanto, a função inversa da função identidade é ela mesma.

Respostas dos exercícios

Página 54 – Exercícios propostos

36. a) $f^{-1}(x) = x - 6$
b) $h^{-1}(x) = -\dfrac{x+3}{2}$
c) $g^{-1}(x) = \dfrac{x+2}{3}$
d) $v^{-1}(x) = \dfrac{x-2}{5}$

37. $f^{-1}(x) = \dfrac{3x}{x-1}$ e $D(f^{-1}) = \{x \in \mathbb{R} \mid x \neq 1\}$

38. $\dfrac{2}{3}$

39. a) $f^{-1}(x) = \dfrac{x+4}{2}$
b) 3

40. $\dfrac{2}{3}$

41. $f^{-1}(x) = \dfrac{2x}{x-1}$

42. Os gráficos dos itens **c**, **d** e **e** representam funções inversas.

Página 55 – Exercícios complementares

43. a) $y = 2x + 3$
b) $y = -x + 10$
c) $y = x^2 + 1$

44. a) 16 bactérias
b) 64 bactérias e 1 024 bactérias
c) Não, essas grandezas não apresentam relação de proporcionalidade direta ou inversa, pois a razão e o produto de seus valores não são constantes.

45. a) $x = 6$ e $y = 12$
b) $x = \dfrac{3}{2}$ e $y = 3$

46. a) $D = \{$Gustavo, Paulo, César, Rodrigo, José$\}$
Resposta possível: $CD = [0, 10]$
b) Não há lei de correspondência.
c) $m = 6,7$
O valor de m é a média aritmética das notas dos cinco alunos.
d) Gustavo e José

47. Sendo A a área do trapézio, temos:
$A(x) = x^2 + 3x$

48. a) $D = \{x \in \mathbb{R} \mid -4 \leq x \leq 6\}$
b) $Im = \{y \in \mathbb{R} \mid -3 \leq y \leq 4\}$

49. a) $\sqrt{2}$
b) $\dfrac{1}{4}$
c) $2x$

50. a) R$ 4 750,00
b) $y = 150x + 4\,150$

51. a) 3 915 diagonais
b) 20 lados
c) heptágono

52. a) $f^{-1}(x) = \dfrac{x-2}{4}$
b) $g^{-1}(x) = \dfrac{2(x+1)}{x-1}$
c) $h^{-1}(x) = \dfrac{-4-x}{x-1}$

53. a) $d = 18t$
b) 1,85 horas = 1h 51 min 6s.

54. a) $f(n) = 2n + 1$, para $n \in \mathbb{N}$
b) $f(n) = 5n$, para $n \in \mathbb{N}$
c) $f(n) = n^2$, para $n \in \mathbb{N}$
d) $f(n) = 10n$, para $n \in \mathbb{N}$ tal que $10 \leq n \leq 50$

55. a) O líquido 1.
b) O líquido 1 estava a 60 °C e o líquido 2 a 40 °C.
c) O líquido 1 estava a 90 °C.

56. a) R$ 5 000,00
b) $y = 0,06x + 200$

57.

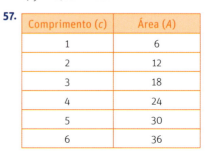

Comprimento (c)	Área (A)
1	6
2	12
3	18
4	24
5	30
6	36

58.

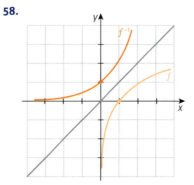

59. a) $D(f) = \{x \in \mathbb{R} \mid 1 \leq x \leq 11\}$ e $Im(f) = \{y \in \mathbb{R} \mid 0 \leq y \leq 5\}$
b) A função f não é injetora nem sobrejetora.
c) A função f não é invertível.

60. 3

61. $f(x) = 2,3x + 4$

62. a) $v(t) = t + 4$, em que v é o valor pago e t é o tempo de permanência do veículo no estacionamento, em hora.
b) R$ 9,00

63. a) A função é bijetora.
b) A função não é bijetora, pois não é sobrejetora nem injetora.
c) A função é bijetora.

64. A função não é sobrejetora, pois $Im(f) = \{x \in \mathbb{R} \mid x \geqslant 0\}$, ou seja, $Im(f) \neq \mathbb{R}$, e não é injetora, pois há dois elementos do domínio associados ao mesmo elemento do contradomínio. Portanto, a função não é bijetora.

65. 46,45 milhões de dólares e $-3,93$ milhões de dólares.

66. Alternativa **b**

67. Alternativa **a**

■ Capítulo 4 – Função afim

Página 58 – Para começar

1. a) 28 000 veículos

b) 112 000 pessoas

c) 187 000 pessoas

2. Resposta pessoal.

Página 61 – Exercícios propostos

2. A função g e q são afins. A função h, $h(x) = \frac{1}{x} + 7 = x^{-1} + 7$, não é afim, pois x tem expoente negativo; e a função p, $p(x) = x^2 - 5$, não é afim, pois x tem expoente 2.

3. a) coeficientes 3 e 7, taxa média de variação 3 e valor inicial 7.

b) coeficientes 8 e 0, taxa média de variação 8 e valor inicial 0.

c) coeficientes $-\frac{1}{2}$ e 4, taxa média de variação $-\frac{1}{2}$ e valor inicial 4.

d) coeficientes -1 e 3, taxa média de variação -1 e valor inicial 3.

e) coeficientes 0 e 17, taxa média de variação 0 e valor inicial 17.

f) coeficientes -2 e -4, taxa média de variação -2 e valor inicial -4.

4. Sendo f função afim, temos:

a) $f(x) = 4x - 7$

b) $f(x) = -x$

c) $f(x) = \frac{1}{3}x + 9$

5. a) 2

b) 7

c) 5

d) $\frac{19}{2}$

6. a) -7

b) $\frac{1}{32}$

c) 30

d) $-\frac{146}{3}$

7. a) 9

b) 12

c) $\frac{2}{7}$

d) $\frac{4}{3}$

e) 0

f) A função m não tem zero.

8. a) 125,6 cm

b) 1 m

9. a) R$ 35,00

b) 5 kg

10. $y = 2x + 3$

11. a) 40 °C

b) Rio de Janeiro

12. a) 50 peças

b) R$ 10 000,00

13. a) Para os clientes que seguem a dieta recomendada pela clínica, a taxa de emagrecimento por semana é sempre 1,5 kg, ou seja, a taxa média de variação é constante. Podemos então representar essa situação por uma função afim.

b) Pelo menos 5 semanas.

14. a) Sim, pois o reservatório é esvaziado à razão de 1 200 litros a cada hora, ou seja, à taxa de variação constante de 1 200 litros a cada hora.

b) 4 horas

c) $f(x) = 4\,800 - 1\,200x$

d) $D(f) = \{x \in \mathbb{R} \mid 0 \leqslant x \leqslant 4\}$ e $Im(f) = \{y \in \mathbb{R} \mid 0 \leqslant y \leqslant 4\,800\}$

15. Alternativa **c**

16. a) $f(x) = 2x + 34$

b) $g(x) = 12x + 60$

17. Alternativa **b**

18. $m = 32$

19. $c(x) = 0,35x$

20. a) 10 minutos

b) 5 000 litros de água

c) $f(t) = 8\,000 - 100t$

21. a) R$ 1 172,00

b) R$ 25 000,00

c) $f(x) = 800 + 0,03x$

22. a) Resposta pessoal.

b) R$ 12,00

c) 15 lanches

23. a) $f(x) = 72$

b) A função f é uma função afim. É classificada como função constante.

Página 65 – Para refletir

O sinal do coeficiente a (taxa de variação média) da função afim $fx = ax + b$ determina se ela é crescente ou decrescente.

Página 65 – Exercícios propostos

24. a) Crescente.

b) Decrescente.

c) Crescente.

d) Decrescente.

e) Constante.

f) Crescente.

Respostas dos exercícios

25. Função crescente. O gráfico corta o eixo das ordenadas no ponto (0, −15).

26. $f(x) = -2x + 6$

Página 66 – Para refletir

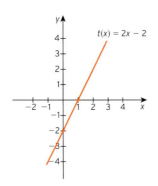

Página 67 – Exercícios propostos

29. a)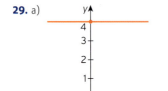

b)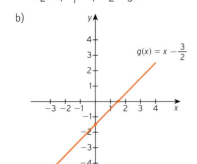

c)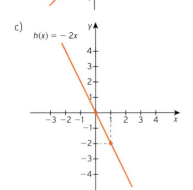

d)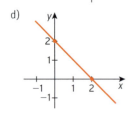

e)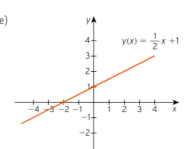

f)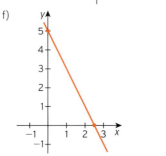

30. a) Têm em comum a direção em relação aos eixos coordenados, ou seja, sendo elas da forma $f(x) = ax + b$, o coeficiente a é igual.

b) A descrição do método utilizado é pessoal.

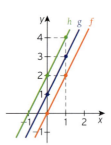

31. a)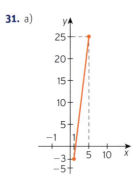

b) $Im(f) = [-3, 25]$

32. a) Sim.

b) $f(x) = 3x - 9$

c) (3, 0)

d) (0, −9)

33. $g(x) = \dfrac{x}{2} + 4$ e $h(x) = \dfrac{x}{2} - 5$

34. a) 4 800 litros.

b) 4 horas

c) 1 200 L/h

230

35. a) $y = 2x + 5$

b) $y = -x + 4$

c) $y = -5x$

d) $y = \frac{1}{2} + 1$

36. $f(x) = 6x - 3$

37. Alternativa **b**

38. $f(x) = -5x + 15$

39. a) $k < -10$

b) $\forall\, k \in \mathbb{R}$

c) $k = -\frac{23}{2}$

40. a) 40 m

b) 200 m

c) $t = 6,5$ s

41. $p = 3$

42. Alternativa **b**

Página 69 – Exercício proposto

43. a)

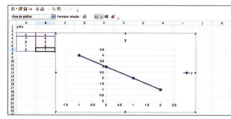

b)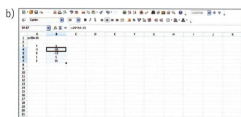

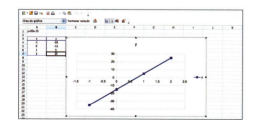

c)

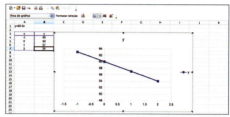

Página 71 – Exercícios propostos

44. a) $\{x \in \mathbb{N} \mid x > 7\}$

b) $\{x \in \mathbb{Q} \mid x \leqslant -2\}$

c) $\{x \in \mathbb{R} \mid x \geqslant 0\}$

d) $\{x \in \mathbb{R} \mid x > 0\}$

45. a) $f(x) < 0$ se $x < 0$

$f(x) = 0$ se $x = 0$

$f(x) > 0$ se $x > 0$

b) $f(x) < 0$ se $x > 4$

$f(x) = 0$ se $x = 4$

$f(x) > 0$ se $x < 4$

c) $f(x) < 0$ se $x < -1$

$f(x) = 0$ se $x = -1$

$f(x) > 0$ se $x > -1$

46. a) $f(x) < 0$ se $x < -3$

$f(x) = 0$ se $x = -3$

$f(x) > 0$ se $x > -3$

b) $g(x) < 0$ se $x > 2$

$g(x) = 0$ se $x = 2$

$g(x) > 0$ se $x < 2$

c) A função é sempre negativa.

d) $h(x) < 0$ se $x < -15$

$h(x) = 0$ se $x = -15$

$h(x) > 0$ se $x > -15$

47. $\frac{15}{7}$

48. a) negativa

b) positiva

c) negativa

d) nula

e) positiva

231

Respostas dos exercícios

49. a) $f(x) = -9x + 18$

b)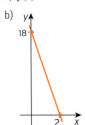

c) $f(x) < 0$ se $x > 2$
$f(x) = 0$ se $x = 2$
$f(x) > 0$ se $x < 2$

50. a) $f(x) = -3x + 7$

b) $x < \dfrac{7}{3}$

c) $x > \dfrac{7}{3}$

51. a) Crescente, pois, à medida que os valores de x aumentam, os valores de y também aumentam.

b) $f(x) = \dfrac{1}{4}x - 1$

c) 4

d) $f(x) < 0$ se $x < 4$
$f(x) = 0$ se $x = 4$
$f(x) > 0$ se $x > 4$

52. $x > 2$

53. a)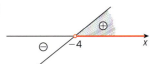

$S = \{x \in \mathbb{R} \mid x > -4\}$

b)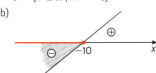

$S = \{x \in \mathbb{R} \mid x \leq -10\}$

c)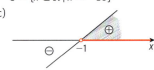

$S = \{x \in \mathbb{R} \mid x > -1\}$

54. a)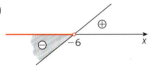

$S = \{k \in \mathbb{R} \mid k < -6\}$

b)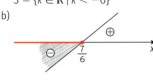

$S = \left\{x \in \mathbb{Q} \mid x \leq \dfrac{7}{6}\right\}$

c)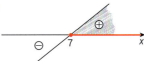

$S = \{y \in \mathbb{N} \mid y \geq 7\}$

d)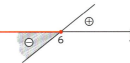

$S = \{k \in \mathbb{R} \mid k \leq 6\}$

55. a)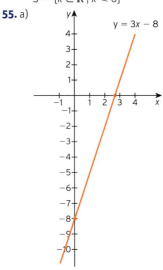

b) $S_1 = \left\{x \in \mathbb{R} \mid x < \dfrac{8}{3}\right\}$

56. Alternativa **d**

57. a) $p(x) = 6x + 4$

b) $S = \{x \in \mathbb{R} \mid x > 6\}$

58. $D(g) \left\{x \in \mathbb{R} \mid x > \dfrac{4}{5}\right\}$

59. Alternativa **d**

60. $D(f) = \{x \in \mathbb{R} \mid x > 8\}$

61. Alternativa **c**

62. 5

63. $f(x) = -7x + 280$

64. a) 501 peças

b) 1 500 peças

c) A fábrica terá prejuízo, de R$ 16 000,00

Página 74 – Exercícios propostos

66. a) $S = \{x \in \mathbb{R} \mid 8 < x < 9\}$

b) $S = \left\{x \in \mathbb{R} \mid \dfrac{5}{2} \leq x < 4\right\}$

c) $S = \{x \in \mathbb{R} \mid 0 < x \leq 3\}$

d) $S = \{x \in \mathbb{R} \mid -9 < x \leq -1\}$

67. $\left\{x \in \mathbb{R} \mid -\dfrac{4}{3} < x < \dfrac{7}{2}\right\}$

68. a) $S = \varnothing$

b) $S = \{x \in \mathbb{R} \mid x = 7\}$

69. Entre 300 e 700 peças, incluindo esses valores.

70. a) $D(f) = \{x \in \mathbb{R} \mid x \geqslant -9\}$

b) $D(g) = \{x \in \mathbb{R} \mid x < 4\}$

c) $D(h) = \left\{x \in \mathbb{R} \mid -\dfrac{5}{2} \leqslant x \leqslant 8\right\}$

71. x está entre 16 m e 28 m

Página 77 – Exercícios propostos

74. a) $S = \{x \in \mathbb{R} \mid -4 \leqslant x \leqslant 7\}$

b) $S = \left\{x \in \mathbb{R} \mid x \leqslant 0 \text{ ou } x > \dfrac{1}{4}\right\}$

c) $S = \{x \in \mathbb{R} \mid x \geqslant -2 \text{ e } x \neq 2\}$

d) $S = \left\{x \in \mathbb{R} \mid x < \dfrac{3}{2} \text{ ou } x > 6\right\}$

e) $S = \left\{x \in \mathbb{R} \mid -1 < x < \dfrac{3}{4} \text{ ou } x > 1\right\}$

f) $S = \{x \in \mathbb{R} \mid x \leqslant 0\}$

75. x maior do que 3 m

76. a) $\{x \in \mathbb{R} \mid x \neq 0\}$

b) $\{x \in \mathbb{R} \mid x \leqslant -2 \text{ ou } x \geqslant 0\}$

c) $\left\{x \in \mathbb{R} \mid x < -1 \text{ ou } x \geqslant \dfrac{9}{2}\right\}$

d) $\{x \in \mathbb{R} \mid x < 8\}$

77. x maior do que ou igual a 5

78. $]-\infty, 2[\cup\,]9, +\infty[$

79. $S = \left\{x \in \mathbb{R} \mid 0 < x \leqslant \dfrac{1}{2}\right\}$

80. 3, 4 e 5

81. 2, 3, 5 e 7

82. 0

83. a) $t = 1$ ou $t = 2$

b) $\{t \in \mathbb{N} \mid t > 3\}$

c) Sim, basta utilizar o intervalo complementar à solução do item **a**, desconsiderando os zeros das funções f e h (que são os valores para os quais a função é constante).

84. a) $m = -2$, $n = -7$ e $p = 1$

b) $f(x) > 0$

c) $f(x) < 0$

d) 1

85. a) R$ 68 850,00

b) 6 serviços

86. a) $S = \{x \in \mathbb{R} \mid -4 < x < -3 \text{ ou } x > 3\}$

b) $S = \{x \in \mathbb{R} \mid 0 \leqslant x \leqslant 3\}$

c) $S = \{x \in \mathbb{R} \mid x \geqslant 0 \text{ e } x \neq 5\}$

d) $S = \{x \in \mathbb{R} \mid -2 < x < 3\}$

87. a) 18 \hspace{2em} b) 6

88. O salário do trabalhador está entre R$ 2 800,00 e R$ 3 200,00.

89. 6, 9, 12 e 15

90. Alternativa **b**

91. Alternativa **e**

92. $m=3$, $n=4$ e $p=5$

93. 4

94. Alternativa **d**

95. Alternativa **b**

96. $\{x \in \mathbb{R} \mid x < 15 \text{ ou } 18 < x < 41\}$

Página 79 – Exercícios complementares

97. a) $t = 2$

b) $S = \{t \in \mathbb{R} \mid t > 2\}$

c) $S = \{t \in \mathbb{R} \mid t < 2\}$

98. a) $p(x) = 24x$, em que p é o perímetro dos 6 quadrados.

b) $c(x) = 140 + 4x$, em que c é o perímetro da peça.

c) 152 cm ou 1,52 m

99. a) $s(t) = 83t + 20$

b) $D(s) = \{t \in \mathbb{R} \mid t \geqslant 0\}$

c) $Im(s) = \{s \in \mathbb{R} \mid s \geqslant 20\}$

d) quilômetro 20

e) 3 horas e 39 minutos

f) 83 km/h

100. a) $V(t) = 0{,}104 \cdot t$, em que V é o volume de sangue e t é o tempo, em segundo.

b) Aproximadamente 48 segundos.

101. a) R$ 19,20

b) 6 km

c) $P(x) = 3{,}20 + 0{,}80 \cdot x$, em que P é o preço da corrida e x é a distância percorrida.

102. a) $S = \{x \in \mathbb{R} \mid x < -5\}$

b) $S = \{x \in \mathbb{R} \mid x < -4 \text{ ou } 0 < x < 6\}$

c) $S = \{x \in \mathbb{R} \mid 3 < x < 6\}$

d) $S = \left\{x \in \mathbb{R} \mid \dfrac{1}{3} < x < \dfrac{3}{5}\right\}$

103. a) $f(t) = 35 + 80t$, em que f é a posição e t é o tempo.

b) $g(t) = 80 + 65t$, em que g é a posição e t é o tempo.

c) 3 horas

d) quilômetro 275

104. Alternativa **b**

■ Capítulo 5 – Função quadrática

Página 80 – Para começar

1.

Quantidade de equipes	2	3	4	5	6	7	8	9
Quantidade de partidas	2	6	12	20	30	42	56	72

2. 11 equipes

3. Resposta possível: Por raciocínio análogo ao utilizado anteriormente, sendo p a quantidade de partidas disputadas e n a quantidade de equipes que disputam o campeonato, uma lei de correspondência que estabelece uma relação entre essas variáveis é:
$p = n \cdot (n - 1)$

4. Desenvolvendo a expressão obtida anteriormente, obtemos:
$p = n^2 - n$

Observando a lei de correspondência de uma função afim, estudada no capítulo anterior, verificamos que o expoente da variável é sempre 1. Como nessa lei de correspondência a variável n tem expoente 2, não pode estar associada a uma função afim.

Página 81 – Para refletir

Comparamos as leis de correspondência das funções com a forma da lei de correspondência de qualquer função quadrática,

233

Respostas dos exercícios

$f(x) = ax^2 + bx + c$, em que a, b e c são números reais e $a \neq 0$.

- $a = 0$, $b = 4$ e $c = 0$
  Como o coeficiente a deve ser diferente de zero, a função f não é uma função quadrática.
- $a = (-2 + 2) = 0$, $b = 0$ e $c = -4$
  Como o coeficiente a deve ser diferente de zero, a função g não é uma função quadrática.
- A variável x está no expoente de um número, o que não caracteriza uma função quadrática.

Página 81 – Para refletir

54 diagonais

Página 82 – Exercícios propostos

3. Comparando as leis de correspondência das funções com a expressão $f(x) = ax^2 + bx + c$, obtemos os seguintes coeficientes:

a) $a = -1$, $b = \dfrac{3}{4}$ e $c = \sqrt{5}$

b) $a = -1$, $b = 0$ e $c = 3$

c) $a = \dfrac{1}{6}$, $b = \dfrac{5}{6}$ e $c = 0$

4. a) 1   c) $x = 1$ ou $x = -1$

    b) 9   d) 38

5. a) R$ 3 700,00

    b) 25 unidades

6. a) 1 e 1   c) 11

    b) $x^2 + 2$ d) 6

7. 21 lados

8. a) $A(x) = 3x^2$, sendo A a área do retângulo.

    b) 4 cm e 12 cm

9. $x = 0$ ou $x = 5$

10. a) 25 metros

    b) $\sqrt{5}$ segundos

11. 4

12. a) 20 metros

    b) 5 segundos

13. a) Sendo A a área da peça, temos:
$$A(r) = 2r^2 + \frac{\pi r^2}{2}$$

    b) 57,12 cm²

14. 1

Página 83 – Cálculo mental

- $x = \pm 2$
- $x = \pm 9$
- $x = \pm 5$
- $x = \pm 3$
- $x = 0$ ou $x = -16$

Página 84 – Exercícios propostos

16. a) 0 e 19   c) -11 e 1

     b) -6 (zero duplo)   d) -4 e 1

17. a) -12 e 0   d) 0 e 8   g) -1 e 5

     b) -3 e -1 e) 0 e 1

     c) -5 e 5   f) 4 e 16   h) -1 e 3

18. 5 anos

19. a) -56

     b) -1

     c) $\dfrac{1}{56}$

20. a) 1

     b) -5

21. a) -2 ou 0

     b) -2 e 1; -6 e 1

22. $m = -4$, $k = 0$

23.   I. Verdadeira, pois: $f(x) = 0 \Rightarrow x^2 + 22x + 121 \Rightarrow (x + 11)^2 = 0 \Rightarrow$
$\Rightarrow x = 11$
Logo, 11 é zero real duplo da função f.

   II. Verdadeira, pois:
$h(x) = 0 \Rightarrow 2x^2 - 14x - 16 = 0 \Rightarrow$
$\Rightarrow 2 \cdot (x + 1) \cdot (x - 8) = 0 \Rightarrow$
$\Rightarrow x = -1$ ou $x = 8$
Logo, a função h admite os zeros reais -1 e 8.

  III. Falsa, pois: $h(x) = 0 \Rightarrow x^2 + 2x + 1 \Rightarrow (x + 1)^2 = 0 \Rightarrow x = -1$
Logo, -1 é zero real duplo da função h.

24. -6

25. -5 e -1

26. A função f tem dois zeros reais distintos, se m pertence ao conjunto $\{m \in \mathbb{R} \mid m < 1\}$; tem um zero real duplo se $m = 1$; e não admite zeros reais se m pertence ao conjunto $\{m \in \mathbb{R} \mid m > 1\}$.

27. a) $k \neq -2$ e $k \neq 2$

     b) $k = 2$

     c) $k = -2$

28. $k = \dfrac{7}{2}$

29. a) $4\sqrt{3}$ cm²

     b) 6 cm

30. $x = 5$ ou $x = -5$

31. $x = -1$ ou $x = -3$

32. Alternativa **b**

33. a) $b = -10$ ou $b = 10$

     b) $-10 < b < 10$

     c) $b < -10$ e $b > 10$

34. $m \neq \dfrac{1}{2}$

35. 170 diagonais

36. a) 1 000 peças

     b) 15 funcionários

Página 88 – Exercícios propostos

38. a) para cima

     b) para baixo

     c) para baixo

39. a) $(-5, 0)$ e $(4, 0)$

     b) $\left(-\dfrac{7}{2}, 0\right)$ e $\left(\dfrac{7}{2}, 0\right)$

     c) $\left(-\dfrac{1}{2}, 0\right)$ e $(0, 0)$

     d) O gráfico da função t não intersecta o eixo Ox.

40. 3

41. O gráfico da função g dada não intersecta o eixo Ox e intersecta o eixo Oy no ponto de coordenadas (0, −28).

42. $k = 18$, $p = -2$ e $m = 9$

Página 89 – Exercícios propostos

43. a) $(-1, -3)$, $(2, 0)$ e $(-3, 5)$
b) $(-4, 4)$, $(-1, 1)$ e $(-6, -4)$

44. a) positivo
b) 4 e 8
c) −4

45. a) $V(-1, -3)$ e valor mínimo igual a −3.
b) $V\left(\frac{5}{2}, \frac{21}{4}\right)$ e valor máximo igual a $\frac{21}{4}$.
c) $V(-2, 14)$ e valor máximo igual a 14.
d) $V(2, 20)$ e valor máximo igual a 20.

46. 16 e −2

Página 92 – Exercícios propostos

47. Pedro precisa transladar verticalmente o gráfico da função f em 4 unidades para baixo, obtendo o gráfico da função g.

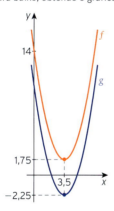

48. Como todas as funções são da forma $l(x) = ax^2$, temos que a abertura da parábola diminui à medida que o valor absoluto de a aumenta.
Em f temos $|a| = \frac{1}{2}$, em g, $|a| = \frac{3}{8}$, e em h, $|a| = \frac{2}{3}$. Assim, temos $\frac{3}{8} < \frac{1}{2} < \frac{2}{3}$ e, então, a parábola com maior abertura é a que representa a função h.

49.

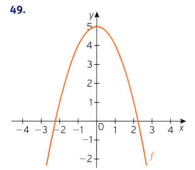

$V(0, 5)$ e valor máximo igual a 5.

50.

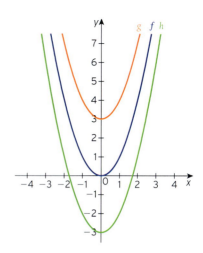

51. a) 1
b) −4
c) $f(x) = x^2 + 8x + 17$

52. Alternativa **b**

53. Alternativa **d**

54. Alternativa **d**

Página 95 – Exercícios propostos

57. a) $S = \{x \in \mathbb{R} \mid 0 \leq x \leq 5\}$
b) $S = \mathbb{R}$

58. a) $f(x) < 0$ se $0 < x < 13$
$f(x) = 0$ se $x = 0$ ou $x = 13$
$f(x) > 0$ se $x < 0$ ou $x > 13$
b) $f(x) > 0$ para todo $x \in \mathbb{R}$
c) $f(x) < 0$ se $x < -5$ ou $x > 8$
$f(x) = 0$ se $x = -5$ ou $x = 8$
$f(x) > 0$ se $-5 < x < 8$
d) $f(x) = 0$ se $x = 9$
$f(x) > 0$ se $x \neq 9$

59. a) 8, 9 ou 10 peças
b) R$ 1 000,00

60. 3

61. a) Falsa, pois, como a função tem um zero real duplo, existe um ponto em que ela é nula.
b) Falsa, pois, como há um zero real duplo, o gráfico intersecta o eixo Ox em um único ponto.
c) Falsa, pois, como a concavidade é para cima, a função não tem valor máximo, mas tem valor mínimo.
d) Verdadeira, pois há apenas um zero real duplo.
e) Falsa, pois o gráfico intersecta o eixo Ox em um único ponto.

Página 97 – Ação e cidadania
- Resposta pessoal.
- Resposta pessoal.

Página 99 – Exercícios propostos

64. a) $S = \{x \in \mathbb{R} \mid x < 1 \text{ ou } x \geq 2, \text{ com } x \neq 3\}$
b) $S = \varnothing$
c) $S = \{x \in \mathbb{R} \mid x < -2 \text{ ou } 2 - 2\sqrt{2} < x < 0 \text{ ou } x > 2 + 2\sqrt{2}\}$

235

Respostas dos exercícios

65. a) $S = \{x \in \mathbb{R} \mid -4 \leq x < -2\}$
b) $S = \{x \in \mathbb{R} \mid -3 \leq x < 2\}$

66. Negativo

67. a) $143 < x \cdot (x + 2) < 195$
b) 12 e 14

68. $S = \{p \in \mathbb{R} \mid p > 0 \text{ e } p \neq 1\}$

69. $S = \{x \in \mathbb{R} \mid -8 \leq x \leq 8\}$

70. a) $S = \{x \in \mathbb{R} \mid 2 \leq x \leq 5\}$
b) $S = \{x \in \mathbb{R} \mid 1 < x \leq 7\}$

71. $3 < x < 5$, com $x \in \mathbb{R}$

72. a) $S = \{x \in \mathbb{R} \mid x \leq 3\}$
b) $S = \{x \in \mathbb{R} \mid x > 3\}$
c) Resposta possível: Não é necessário, pois o quadro de sinais indica o sinal do produto de f por g, apresentando tanto o intervalo em que este produto é positivo (pedido no item **a**), quanto o intervalo em que é negativo (pedido no item **b**).

73. -1

74. a) $\pi \cdot (25 - x^2)$
b) $1 < x < 3$, com $x \in \mathbb{R}$

75. a) Empresa A: entre 2 e 7 quilogramas; empresa B: entre 1 e 5 quilogramas.
b) Empresa A: 4,5 quilogramas; empresa B: 3 quilogramas.
c) Empresa A: R$ 6,25; empresa B: R$ 4,00.
d)

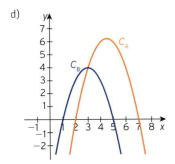

e) 3 quilogramas
f) I. $S = \{x \in \mathbb{R} \mid x > 3\}$
II. $S = \{x \in \mathbb{R} \mid x < 3\}$

76. $-5 < k < 5$

77. a) 6 e 9
b) $S = \{x \in \mathbb{R} \mid 6 < x < 9\}$
c) $f(51) > 0$

78. $S = \{x \in \mathbb{R} \mid x < 5\}$

79. Alternativa **b**

80. Alternativa **b**

81. $S = \{x \in \mathbb{R} \mid x > 400\}$

82. Alternativa **c**

83. Alternativa **c**

84. $P = \dfrac{m^3 \cdot (m + n)^4}{6mn \cdot (n - 7)^2} < 0$

85. Alternativa **b**

Página 101 – Exercícios complementares

86. a) $f(x) = -x^2 - 6x - 9$
b) $g(x) = x^2 - 4x - 21$

87. I. Falsa. Pelo gráfico, temos $f(x) = 0$, quando $x = 0$ ou $x = 2$.
II. Verdadeira. Pelo gráfico, temos que a parábola associada à função está acima do eixo Ox para todos os valores de x negativos e, portanto, $f(x)$ é positiva para todo $x < 0$.
III. Verdadeira. Pelo gráfico, -1 é o valor mínimo que a função assume.
IV. Falsa. Pelo gráfico, $f(x) = 0$, quando $x = 0$ ou $x = 2$, e $f(x) < 0$, quando $0 < x < 2$; logo, $f(x) \leq 0$, quando $0 \leq x \leq 2$.

88. $\left\{ k \in \mathbb{R} \,\middle|\, k < -\dfrac{3}{2} \right\}$

89. a) $P(x) = 310 - 5x$
b) $R(x) = 310x - 5x^2$
c) 31 passageiros
d) R$ 4 805,00

90. a) 4 segundos
b) 5 metros
c) aproximadamente 8,5 segundos.

91. a) 1 metro
b) 2 segundos
c) $H(t) = -t^2 + 2t$
d) 0 e 2
e) Resposta possível: Não é necessário realizar cálculos, pois os zeros da função podem ser obtidos pelo gráfico, pelas abscissas dos pontos de intersecção do gráfico com o eixo Ox.

92. a) R$ 1 700,00
b) 1 bicicleta
c) R$ 98,00

93. Resposta possível: Qualquer par de números naturais consecutivos maiores do que 33.

94. a) $A(x) = x^2 + 8x$
b) $x > 0$

95. a) $A(x) = -\dfrac{x^2}{2} + x + 12$, em que A é a área da região sombreada.
b) 1 cm
c) 12,5 cm²

96. a) (0, 0) e (4, 4)
b) $a = 1$ e $b = 0$
c) Resposta possível: $k(x) = -2x^2 + 9x$

97. Alternativa **d**
98. Alternativa **d**
99. Alternativa **a**
100. Alternativa **d**

■ Capítulo 6 – Módulo e função modular

Página 103 – Para começar

1. a) aproximadamente R$ 134,08
b) aproximadamente R$ 803,80
c) aproximadamente R$ 1 227,55

2. R$ 169,75

3. a) Carla pagaria R$ 135,00 de imposto. Após esse desconto, ela receberia R$ 1 665,00.
b) Nesse caso, não haveria vantagem, pois o salário anterior, R$ 1 700,00, era isento de imposto de renda e maior do que R$ 1 665,00.

c) Carla pagaria R$ 135,00 de imposto, em vez de R$ 0,92. Assim, a utilidade da parcela a deduzir do imposto é fazer com que a pessoa física pague a alíquota percentual apenas sobre o excedente de uma base de cálculo para a outra.

Página 104 – Ação e cidadania

- Resposta possível: Repassar *e-mails* duvidosos pode ser considerado um uso desvantajoso da internet, pois há o risco de se repassar vírus para outros usuários; já uma pesquisa escolar em *sites* confiáveis é um uso vantajoso e auxilia no processo de aprendizagem.

Página 104 – Para refletir

O gráfico deve ser construído observando cada intervalo determinado pela função $f(x)$. Na teoria é possível observar que a função $f(x)$ é definida por cinco sentenças e, portanto, o gráfico será formado por cinco intervalos distintos, conforme mostra o gráfico a seguir.

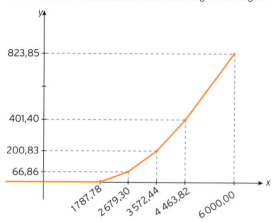

Página 105 – Exercícios propostos

2. a) 6   c) 17
   b) $\frac{118}{25}$ d) $\frac{836}{9}$

3. a)

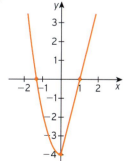

b)

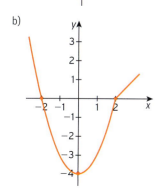

Página 107 – Exercícios propostos

8. a) $\frac{11}{15}$
   b) -1
   c) 9
   d) -13

9. a) 2
   b) 8
   c) $\frac{35}{27}$
   d) 72

10. a) 8 ou -8
   b) $\frac{7}{5}$ ou $-\frac{7}{5}$
   c) Não existe valor real de y que satisfaça essa igualdade.
   d) $\sqrt{21}$ ou $-\sqrt{21}$

11. a) $|x + 7| = x + 7$, para $x \geqslant -5$
   b) $|x - 9| = \begin{cases} x - 9, \text{ se } 9 \leqslant x < 11 \\ -x + 9, \text{ se } x < 9 \end{cases}$
   c) $|2x - 10| = \begin{cases} 2x - 10, \text{ se } x \geqslant 5 \\ -2x + 10, \text{ se } x < 5 \end{cases}$
   d) $|3x - 18| + |2x + 6| = \begin{cases} -x + 24, \text{ se } 4 \leqslant x < 6 \\ 5x - 12, \text{ se } x \geqslant 6 \end{cases}$
   e) $|2x + 4| - |x + 8| = \begin{cases} -x + 4, \text{ se } x < -8 \\ -3x - 12, \text{ se } -8 \leqslant x < -2 \\ x - 4, \text{ se } x \geqslant -2 \end{cases}$

12. a) Verdadeira, pois a distância do número representado por b até o zero é menor do que a distância do número representado por a até o zero.
   b) Falsa, pois a distância entre os números representados por a e d é calculada por $|a - d|$.
   c) Verdadeira, pois $|b| = |c| \Rightarrow b = c$ ou $b = -c$. Como b é um número negativo e c é um número positivo, temos $b = -c$, ou seja, b é o oposto de c.

13. a) $x = 7$ ou $x = -7$
   b) $x = 5$ ou $x = -5$

Página 108 – Para refletir

- Sim, pois se o número real não é positivo e não é nulo, então ele é negativo, e pela definição de módulo de um número real negativo, $|x| = -x$. Portanto, o módulo de um número real negativo é igual ao oposto desse número.

Página 110 – Exercícios propostos

14. a) 5
   b) 50
   c) 11
   d) 13,37
   e) -28
   f) 3

15. $d(x) = |x - 180|$ ou $d(x) = |180 - x|$

16. $x = 7$

Respostas dos exercícios

17.

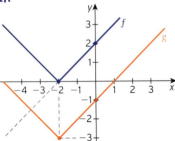

18. a)

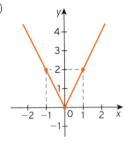

$Im(f) = \{y \in \mathbb{R} \mid y \geq 0\}$

b)

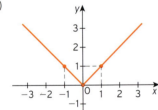

$Im(f) = \{y \in \mathbb{R} \mid y \geq 0\}$

c)

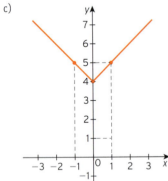

$Im(f) = \{y \in \mathbb{R} \mid y \geq 4\}$

d)

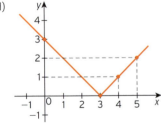

$Im(f) = \{y \in \mathbb{R} \mid y \geq 0\}$

e)

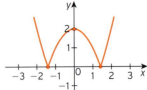

$Im(f) = \{y \in \mathbb{R} \mid y \geq 0\}$

f)

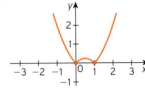

$Im(f) = \{y \in \mathbb{R} \mid y \geq 0\}$

g)

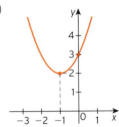

$Im(f) = \{y \in \mathbb{R} \mid y \geq 2\}$

h)

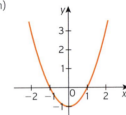

$Im(f) = \{y \in \mathbb{R} \mid y \geq -1\}$

19. a) $2, \frac{3}{2}, 1, \frac{7}{4}$ e 3

b)

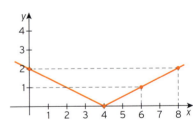

c) $D(f) = \mathbb{R}$ e $Im(f) = \{y \in \mathbb{R} \mid y \geq 0\}$

20.

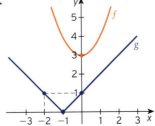

$|x^2 + 3| > |x + 1|$ para qualquer valor real de x.

21. 16

22. a) $h(x) = |2x + 5|$ ou $h(x) = |-2x - 5|$

b) $h(x) = \left|\frac{1}{2}x\right| + 1$ ou $h(x) = \left|-\frac{1}{2}x\right| + 1$

c) $h(x) = \left|\frac{1}{2}x + 1\right|$ ou $h(x) = \left|-\frac{1}{2}x - 1\right|$

d) $h(x) = \left|-\frac{1}{2}x + 1\right|$ ou $h(x) = \left|\frac{1}{2}x - 1\right|$

23. a) $Im(f) = \{y \in \mathbb{R} \mid y \geq 0\}$

b) $D(f) = \mathbb{R}$

c) -2 e 2

Pág 113 – Exercícios propostos

27. a) $x = 13$ ou $x = -13$

b) $x = \frac{7}{8}$ ou $x = -\frac{7}{8}$

c) Não existe valor real de x que satisfaça a equação.

d) $x = \sqrt{5}$ ou $x = -\sqrt{5}$

e) Não existe valor real de x que satisfaça a equação.

f) $x = -7$ ou $x = 3$

g) $x = -3$ ou $x = 5$

h) $x = -3$ ou $x = 3$

28. a) $S = \{2, 4\}$

b) $S = \{26\}$

c) $S = \{4\}$

d) $S = \emptyset$

29. a) $S = \{-3, 3\}$

b) $S = \{-7, -4, 4, 7\}$

c) $S = \{-2 - \sqrt{10}, 2 + \sqrt{10}\}$

d) $S = \{-2\}$

e) $S = \left\{-5, -\frac{1}{2}\right\}$

f) $S = \{-3, 2\}$

30. 20

Página 114 – Para refletir

Resposta possível: Considere a desigualdade $a < b$, para a e b números reais. Subtraindo b de ambos os lados, a desigualdade se mantém: $a - b < 0$

Multiplicando a desigualdade por -1, o primeiro membro resulta em $b - a$, e o segundo membro continua sendo 0. Observe que a é menor do que b, portanto, $b - a$ é positivo. Assim, inverte-se o sinal da desigualdade: $b - a > 0$. Subtraindo b novamente de ambos os lados da desigualdade, obtemos $-a > -b$.

A argumentação para o caso $a > b$ é análoga.

Página 116 – Exercícios propostos

33. a) $S = \emptyset$

b) $S = \mathbb{R}$

34. a) $S = \{x \in \mathbb{R} \mid 8 \leq x \leq 10\}$

b) $S = \{x \in \mathbb{R} \mid x < 1 \text{ ou } x > 5\}$

c) $S = \{x \in \mathbb{R} \mid x \leq -\sqrt{23} \text{ ou } -3 \leq x \leq 3 \text{ ou } x \geq \sqrt{23}\}$

d) $S = \left\{x \in \mathbb{R} \mid \frac{1 - \sqrt{15}}{2} < x < \frac{1 + \sqrt{15}}{2}\right\}$

35. a) $S = \{x \in \mathbb{R} \mid x > -2\}$

b) $S = \left\{x \in \mathbb{R} \mid x > \frac{5}{2}\right\}$

c) $S = \left\{x \in \mathbb{R} \mid \frac{-1 - \sqrt{17}}{2} \leq x \leq 0 \text{ ou } 1 \leq x \leq \frac{-1 + \sqrt{17}}{2}\right\}$

d) $S = \left\{x \in \mathbb{R} \mid x \leq \frac{15}{4}\right\}$

e) $S = \{x \in \mathbb{R} \mid x > -2\}$

f) $S = \left\{x \in \mathbb{R} \mid x < -\frac{2}{7} \text{ ou } x > 2\right\}$

g) $S = \{x \in \mathbb{R} \mid -5 < x < -3 \text{ ou } 3 < x < 5\}$

h) $S = \{x \in \mathbb{R} \mid -2 < x < -1 \text{ ou } 0 < x < 1\}$

36. a) $\{x \in \mathbb{R} \mid x \leq -4 \text{ ou } x \geq 4\}$

b) $\{x \in \mathbb{R} \mid x \neq -1 \text{ e } x \neq -5\}$

37. $S = \{x \in \mathbb{R} \mid 1 \leq x \leq 7\}$

38. a) $\left(\frac{1 - \sqrt{57}}{2}, \frac{-3 + \sqrt{57}}{2}\right)$, $(0, 1)$, $(1, 2)$ e $(3, 4)$

b) $S = \left\{x \in \mathbb{R} \mid x \leq \frac{1 - \sqrt{57}}{2} \text{ ou } 0 \leq x \leq 1 \text{ ou } x \geq 3\right\}$

39. a) $S = \left\{x \in \mathbb{R} \mid \frac{1}{4} < x < \frac{5}{2}, \text{ com } x \neq 1\right\}$

b) $S = \left\{x \in \mathbb{R} \mid x \geq \frac{1 + \sqrt{41}}{2}\right\}$

Página 117 – Exercícios complementares

40. a) Não, sabemos apenas que houve uma variação de 30 mil sacas; não sabemos se a produção aumentou ou diminuiu.

b) $|150\,000 - x| = 30\,000$

c) 120 ou 180 mil sacas

d) Uma saca de soja tem, em média, 60 quilogramas.

41. $S = \{x \in \mathbb{R} \mid 1 < x < 4\}$

42. a)

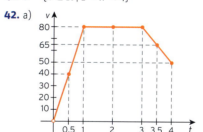

b) 265 km

43. a)

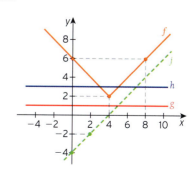

b) 1

44. a) $x \geq -5$

b) $x \leq -5$

c) Não há valores de x para os quais a função é constante.

Respostas dos exercícios

45. a) $S = \left\{ x \in \mathbb{R} \mid -\dfrac{9}{2} \leqslant x < \dfrac{1}{2} \text{ ou } \dfrac{7}{2} < x \leqslant \dfrac{17}{2} \right\}$

b) $S = \left\{ x \in \mathbb{R} \mid x \leqslant -7 \text{ ou } -2 - \sqrt{7} \leqslant x \leqslant -2 + \sqrt{7} \text{ ou } x \geqslant 3 \right\}$

46. a) $f(x) = \begin{cases} -2x - 2, \text{ se } x < 3 \\ 4, \text{ se } -3 \leqslant x < 1 \\ 2x + 2, \text{ se } x \geqslant 1 \end{cases}$

b) 4

c)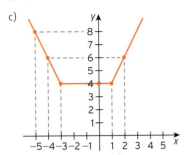

d) Não.

47. a) $S = \left\{ \dfrac{9}{10} \right\}$

b) $S = \left\{ \dfrac{13}{10}, \dfrac{8}{5} \right\}$

48. a) R$ 21,00 e R$ 37,50, respectivamente.

b) $f(x) = \begin{cases} 0{,}50x, \text{ se } x \leqslant 50 \\ 0{,}35x, \text{ se } 50 < x \leqslant 100 \\ 0{,}25x, \text{ se } x > 100 \end{cases}$

49. Alternativa c

■ Capítulo 7 – Potência e função exponencial

Página 122 – Para começar

1. 64 casas

2.

Posição da casa	Quantidade de grãos
1ª	$1 = 2^0$
2ª	$2 = 2^1$
3ª	$4 = 2^2$
4ª	$8 = 2^3$
5ª	$16 = 2^4$
6ª	$32 = 2^5$

3. Pela tabela, observamos a seguinte regularidade:
1ª casa: $2^0 = 2^{1-1}$
2ª casa: $2^1 = 2^{2-1}$
3ª casa: $2^3 = 2^{3-1}$
4ª casa: $2^4 = 2^{4-1}$
E assim sucessivamente até a 64ª casa.
Dessa maneira, a lei de correspondência da função f que relaciona a quantidade n de grãos de trigo colocados na n-ésima casa do tabuleiro é $f(n) = 2^{n-1}$.
Na 11ª casa, temos 1 024 grãos.

4. Resposta pessoal.

Página 123 – Para refletir

Observe que, se a base fosse nula, 0^{-n} seria igual a $\dfrac{1}{0^n} = \dfrac{1}{0}$.

Entretanto, não se define a divisão por 0.

Imaginar um quociente para essa divisão é o mesmo que perguntar sobre algum número que, multiplicado por 0, é igual a um.

Entretanto, todo número multiplicado por 0 é igual a 0. Portanto, não se define a divisão por 0.

Página 124 – Calculadora

$3^{\sqrt{2}} \cong 4{,}728804388$

Página 125 – Exercícios propostos

5. a) 25

b) -64

c) 0,36

d) 1

e) $-10\,000$

f) $\dfrac{16}{2\,401}$

6. a) 4^8

b) $(-7)^{32}$

c) 15^8

d) 8^2

7. $a = \dfrac{1}{4}, b = -\dfrac{4}{3}, c = \dfrac{1}{2} \text{ e } d = \dfrac{3}{2} \Rightarrow b < a < c < d$

8. a) 3

b) 1

c) $\dfrac{1}{3}$

d) 6

9. a) 2^{-2x+26}

b) $3^{\frac{17x+5}{3}}$

10. $0{,}2 \cdot 10^{-3} = 0{,}0002$;
$2 \cdot 10^{-3} = 0{,}002$;
$2 \cdot 10^{-6} = 0{,}000\,002$;
$8 \cdot 10^{-6} = 0{,}000\,008$;
$20 \cdot 10^{-9} = 0{,}000\,000\,02$
$1\,000 \cdot 10^{-9} = 0{,}000\,001$

11. a) $3 \cdot 10^4$

b) $5 \cdot 10^5$

c) $6 \cdot 10^{-4}$

d) $7 \cdot 10^{-7}$

e) $3{,}65 \cdot 10^8$

Página 126 – Calculadora

- 640
- 40 960
- 167 772 160
- 2 814 749 767 106 560

Observação: em alguns modelos de calculadora científica não aparecem todos os algarismos desse número. A calculadora apresenta uma aproximação do resultado utilizando uma potência de base 10 (notação científica). Por exemplo: 2, 814 749 767 · 10^{15}

Página 126 – Para refletir

Supondo $a = 1$, temos a função f dada por: $f(x) = 1^x$. Como $1^x = 1$ para qualquer x real, temos $f(x) = 1$, ou seja, a lei de correspondência de uma função constante.

Página 126 – Ação e cidadania

- Respostas possíveis: evitar fazer compras em novembro e dezembro, quando os produtos ficam mais caros, devido às festas de fim de ano; reunir grupos de amigos ou vizinhos para fazer compras mensais em grandes quantidades, disponíveis em caixas fechadas em certos supermercados, o que torna o preço dos produtos mais baixo; procurar atividades de lazer gratuitas, como passeios em parques e programas culturais e esportivos; pedir e dar carona ajuda a economizar combustível e diminui a emissão de gases nocivos; economizar energia elétrica e água, além de ajudar no orçamento mensal, significa economia para o país e cuidado ambiental.
- Pagamento à vista: R$ 504,00

  Pagamento a prazo: R$ 648,27

  Diferença: R$ 144,27

Página 128 – Exercícios propostos

13. a) 27 e $\dfrac{1}{27}$

b) $\dfrac{4}{9}$ e $\dfrac{9}{4}$

c) 4 e $\dfrac{1}{4}$

14. a) Essa expressão pode ser a lei de correspondência de uma função exponencial porque é da forma $f(x) = a^x$, tal que a é um número real, $a > 0$ e $a \neq 1$.

b) O domínio é $\mathbb{R}$ e o conjunto imagem é $\mathbb{R}_+^*$.

c) 0

15. a) A função é decrescente, pois $0 < \dfrac{1}{5} < 1$.

b) Não.

16. Gráfico da função h:

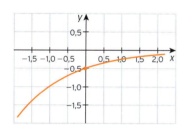

Gráfico da função f:

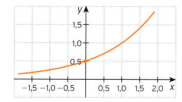

17. $f(x) = 2^x$

Página 130 – Exercícios propostos

21. a) $S = \{x \in \mathbb{R} \mid x \leq 4\}$

b) $S = \left\{x \in \mathbb{R} \mid x < \dfrac{3}{2}\right\}$

c) $S = \left\{x \in \mathbb{R} \mid x \geq -\dfrac{13}{3}\right\}$

d) $S = \{x \in \mathbb{R} \mid x \leq 2\}$

e) $S = \left\{x \in \mathbb{R} \mid x > \dfrac{5}{2}\right\}$

22. 6 meses

23. a) 4 anos

b) 5 anos

24. a) $f(x) = 5 \cdot 3^x$

b) 405 integrantes

c) Ao final do 5º semestre.

Página 132 – Exercícios propostos

27. Aproximadamente 4 096 insetos.

28. a) 60, 180 e 540 microrganismos, respectivamente.

b) $P(t) = 20 \cdot 3^t$

c) 7 horas

29. a) 8 gramas

b) 4 gramas

c) $A(x) = 8 \cdot \left(\dfrac{1}{2}\right)^x$

d) 3 minutos

30. a) R$ 27 000,00; R$ 24 300,00 e R$ 21 870,00, respectivamente.

b) $V(t) = 30\,000 \cdot 0{,}9^t$

c) 5 anos

31. a) 64 miligramas

b) 4 horas

c) 2 horas

d) $S(t) = 64 \cdot \left(\dfrac{1}{2}\right)^{\frac{t}{2}}$

e) 12 horas

Página 133 – Exercícios complementares

32. a) 9^{18}

b) $\left(\dfrac{5}{6}\right)^{15}$

c) 7^{48}

d) b^n

33. $f(x) = 2^x$

34. a) Sendo A e B as funções que descrevem os desenvolvimentos das espécies A e B, temos: $A(x) = 2x$ e $B(x) = 2^x$

b) $2x > 2^x$ e $S = \{x \in \mathbb{R} \mid 1 < x < 2\}$

35. 34 380 anos

36. a) decrescente

b) crescente

c) decrescente

d) crescente

37. a) 20

b) 24 000 000 bactérias

c) 6 horas

Respostas dos exercícios

38. a) $P(t) = 10\,000 \cdot 1{,}07^t$, em que $P(t)$ é a quantidade de indivíduos em t anos.

b) 19 672 baleias-franca.

39. a) $S = \{-3, 3\}$

b) $S = \{-25\}$

c) $S = \{-6, 6\}$

d) $S = \left\{-\dfrac{3\sqrt{2}}{2}, \dfrac{3\sqrt{2}}{2}\right\}$

e) $S = \{2\}$

f) $S = \left\{-\dfrac{1}{2}\right\}$

g) $S = \{0, 4\}$

h) $S = \{-1\}$

40. a) Falsa, pois como $\sqrt{3} < \sqrt{6}$, temos $5^{\sqrt{3}} < 5^{\sqrt{6}}$.

b) Falsa, pois $6^{\sqrt{2}} \cong 6^{1{,}414} \cong 12{,}598$ e $4^{\sqrt{12}} \cong 4^{3{,}464} \cong 121{,}769$; então: $6^{\sqrt{2}} < 4^{\sqrt{12}}$.

c) Falsa, pois $-3^{\sqrt{2}} \cong -3^{1{,}414} \cong -4{,}728$ e $-4^{\sqrt{8}} \cong -4^{2{,}828} \cong -50{,}423$; então: $-3^{\sqrt{2}} > -4^{\sqrt{8}}$.

d) Falsa, pois $2^{-\sqrt{5}} \cong 2^{-2{,}236} \cong 0{,}2123$ e $3^{-\sqrt{2}} \cong 3^{-1{,}414} \cong 0{,}2115$; então: $2^{-\sqrt{5}} > 3^{-\sqrt{2}}$.

41. 250 000 computadores.

42. a) $S = \{-2\}$

b) $S = \{x \in \mathbb{R} \mid x \leq 3\}$

c) $S = \left\{x \in \mathbb{R} \mid x < \dfrac{5}{3}\right\}$

d) $S = \{-7\}$

e) $S = \{3\}$

f) $S = \varnothing$

43. a) $f(x) = 3^x$

b) 2 187

c)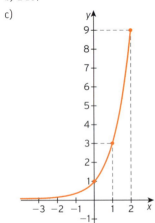

d) $D(f) = \mathbb{R}$ e $Im(f) = \mathbb{R}_+^*$

44. $a = 1$ e $b = 2$

45.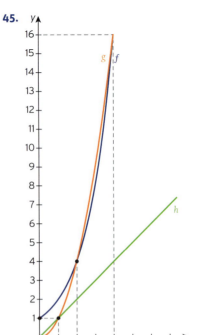

a) $h(3) < f(3) < g(3)$

b) $h(5) < g(5) < f(5)$

c) $h(10) < g(10) < f(10)$

d) A função f.

e) A expressão "cresce exponencialmente" está relacionada com o crescimento rápido dos valores que uma função exponencial assume quando $a > 1$.

46. Alternativa **b**

47. Alternativa **a**

Capítulo 8 – Logaritmo e função logarítmica

Página 135 – Para começar

1. $10^{7,4}$

2. O terremoto seria percebido por todos, as pessoas caminhariam com dificuldade e alguns móveis poderiam virar.

3. 10 vezes

Página 136 – Cálculo mental

■ 3   ■ 2

Página 136 – Para refletir

■ $\log_1 8$ não é definido, pois sua base é 1. De fato, se esse logaritmo fosse definido, teríamos $\log_1 8 = x \Leftrightarrow 1^x = 8$. Como não existe x real que satisfaça essa igualdade, esse logaritmo não é definido.

■ $\log_{(-4)} 8$ não é definido, pois sua base é -4. De fato, se esse logaritmo fosse definido, teríamos $\log_{(-4)} 8 = x \Leftrightarrow (-4)^x = 8$. Como não existe x real que satisfaça essa igualdade, esse logaritmo não é definido.

■ $\log_4 (-16)$ não é definido, pois seu logaritmando é -16. De fato, se esse logaritmo fosse definido, teríamos $\log_4 (-16) = x \Leftrightarrow 4^x = -16$. Como não existe x real que satisfaça essa igualdade, esse logaritmo não é definido.

Página 138 – Exercícios propostos

5. a) $4^x = 16$
b) $\left(\frac{1}{2}\right)^x = 0{,}25$
c) $4^x = 1$
d) $2^x = \frac{1}{5}$

6. a) $x = 2$ e $\log_5 25 = 2$
b) $x = 6$ e $\log_{\sqrt{6}} 216 = 6$
c) $x = 3$ e $\log_8 512 = 3$
d) $x = 2$ e $\log_{\frac{2}{3}}\left(\frac{4}{9}\right) = 2$

7. a) 2
b) 6
c) 4
d) 1
e) $\frac{1}{2}$
f) 3
g) $\frac{5}{2}$
h) 0
i) 3
j) 2
k) -4
l) -3

8. Aproximadamente 364 anos.

9.

Elemento	Distância (m)	Escala logarítmica
pessoas	$1 = 5^0$	$\log_5 1 = 0$
carros	$5 = 5^1$	$\log_5 5 = 1$
casas	$25 = 5^2$	$\log_5 25 = 2$
ruas	$125 = 5^3$	$\log_5 125 = 3$
bairros	$625 = 5^4$	$\log_5 625 = 4$
cidades	$3\,125 = 5^5$	$\log_5 3\,125 = 5$
países	$15\,625 = 5^6$	$\log_5 15\,625 = 6$

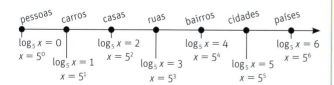

10. a) 3 000 indivíduos
b) 2,75 anos

11. a) 7
b) $\frac{11}{2}$
c) 36
d) 1
e) $\frac{3}{2}$
f) $-\frac{1}{2}$

12. a) 3,698
b) $-2{,}699$
c) aproximadamente 1,782
d) 5,523

13. Aproximadamente 31,06 minutos.

14. $-\frac{7}{4}$

Página 140 – Exercícios propostos

17. a) Verdadeira, pois: $\log_2 6 = \log_2(2 \cdot 3) = \log_2 2 + \log_2 3 = a + b$
b) Verdadeira, pois: $\log_2 12 = \log_2(2 \cdot 2 \cdot 3) =$
$= \log_2 2 + \log_2 2 + \log_2 3 = a + a + b = 2a + b$
c) Falsa, pois: $\log_2\left(\frac{3}{2}\right) = \log_2 3 - \log_2 2 = b - a$
d) Falsa, pois: $\log_2\left(\frac{4}{9}\right) = \log_2 4 - \log_2 9 = \log_2(2 \cdot 2) - \log_2(3 \cdot 3) =$
$= \log_2 2 + \log_2 2 - (\log_2 3 + \log_2 3) = 2a - 2b$
e) Falsa, pois: $\frac{\log_2 2}{\log_2 3} = \frac{a}{b}$
f) Verdadeira, pois: $\log_2\left(\frac{2}{3}\right) = \log_2 2 - \log_2 3 = 1 - b$

18. a) 1,602
b) 2,38
c) 1,398
d) $-0{,}204$
e) $-0{,}079$
f) $-1{,}602$

19. a) 2
b) 2,6
c) $-0{,}8$
d) 1,6
e) 5,4
f) 0,84
g) $-1{,}6$
h) 0,2

20. a) 0
b) $2 \cdot \log 5$
c) $-2 \cdot \log 2$

21. a) $-x$
b) $3 - x$

243

Respostas dos exercícios

22. O erro foi cometido ao substituir $3 \cdot \log\left(\frac{3}{2}\right)$ por $3(\log 3 + \log 2)$, quando o correto é $3(\log 3 - \log 2)$. A partir dessa passagem, a resolução correta é:

$$\left[\frac{3 \cdot (\log 3 - \log 2)}{\log 2 + \log 3}\right] + 1 = \frac{1}{2} \cdot \left[\frac{3 \cdot (0,477 - 0,301)}{0,301 + 0,477}\right] + 1 =$$

$$= \frac{1}{2} \cdot \left(\frac{3 \cdot 0,176}{0,778}\right) + 1 = \frac{0,528}{1,556} + 1 = \frac{528}{1556} + 1 =$$

$$= \frac{132}{389} + \frac{389}{389} = \frac{521}{389}$$

Página 141 – Ação e cidadania
- Resposta pessoal.
- Resposta pessoal.

Página 142 – Exercícios propostos

25. a) 1,4

b) 0,6

c) 0,8

d) 1,5

e) $\frac{10}{7}$

f) $\frac{7}{12}$

26. a) 1

b) 2,1

c) 2,4

d) $-0,6$

e) 0,5

f) 0,9

27. a) 1,1

b) 0,2875

c) $\frac{26}{31}$

d) $\frac{43}{13}$

e) 1,5

f) $\frac{2\,969}{260}$

28. a) 1

b) $\frac{2}{3}$

29. a) $-10,38$

b) 1,078

30. A solução apresenta erros nas seguintes passagens:
- $\log_{\sqrt{5}} (3^3) = \log_{\sqrt{5}} 1$
- $\log 2 = \dfrac{\log_2 2}{\log_{10} 2}$
- $\log_2 2 = 0$

A seguir, temos a resolução correta:

$$\log_{\sqrt{5}} 27 + 3 - \log 2 = \log_{\sqrt{5}} (3^3) + 3 - \log 2 =$$

$$= 3 \cdot \log_{\sqrt{5}} 3 + 3 - \log 2 = 3 \cdot \log_{(5^{\frac{1}{2}})} 3 + 3 - \frac{\log_2 2}{\log_2 10} =$$

$$= 3 \cdot \frac{\log_2 3}{\log_2 \left(5^{\frac{1}{2}}\right)} + 3 - \frac{1}{\log_2 (2 \cdot 5)} =$$

$$= 3 \cdot \frac{\log_2 3}{\frac{1}{2} \cdot \log_2 5} + 3 - \frac{1}{\log_2 2 + \log_2 5} =$$

$$= 3 \cdot \frac{1,6}{\frac{1}{2} \cdot 2,3} + 3 - \frac{1}{1 + 2,3} = 3 \cdot \frac{1,6}{1,15} + 3 - \frac{1}{3,3} =$$

$$= 3 \cdot \frac{16}{10} \cdot \frac{100}{115} + 3 - \frac{10}{33} = \frac{96}{23} + 3 - \frac{10}{33} = \frac{5\,215}{759}$$

Página 144 – Exercícios propostos

32. A quantidade de casas decimais depende do modelo da calculadora.

a) aproximadamente 0,699

b) aproximadamente 0,544

c) aproximadamente 0,477

d) Esse logaritmo não é definido.

e) 0

f) 0

g) -2

h) 1

i) aproximadamente $-0,184$

j) aproximadamente $-1,183$

k) aproximadamente 0,362

l) aproximadamente 0,732

m) aproximadamente $-0,653$

n) aproximadamente $-0,405$

33. Valores aproximados:

a) 6

b) 9

c) 8

d) 6

e) 18

34. Valores aproximados:

a) 5

b) 4

Página 146 – Para refletir
- Uma função logarítmica tem domínio restrito aos reais positivos, pois sua lei de correspondência é um logaritmo, e os logaritmos só estão definidos para os números reais positivos.
- A base de uma função logarítmica deve ser uma constante real positiva e diferente de 1, pois essa é a condição para a base de um logaritmo.

Página 149 – Exercícios propostos

40. a) 0
b) 2
c) $-\frac{1}{2}$
d) $-\frac{4}{3}$
e) -1
f) -2

41. a) $\{x \in \mathbb{R} \mid x > -1\}$
b) $\left\{x \in \mathbb{R} \mid x > -\frac{9}{2}\right\}$
c) $\{x \in \mathbb{R} \mid x < -4 \text{ ou } x > 4\}$
d) $\{x \in \mathbb{R} \mid x > 2\}$
e) $\left\{x \in \mathbb{R} \mid x < -\frac{3}{2} \text{ ou } x > 2\right\}$
f) $\{x \in \mathbb{R} \mid 2 < x < 4\}$

42. a) $2{,}21 \cdot 10^8$ kWh
b) 31,7 vezes

43. a) $L(t) = 2\,000 \cdot 0{,}6^t$, em que $L(t)$ é o lucro em função do tempo t.
b) 3,14 anos

44. a) $t(x) = \log_2\left(\frac{x}{500}\right)$
b) aproximadamente 3 semestres e 1 mês

45. a) 3 e 0
b) 3 e -1

46. a)
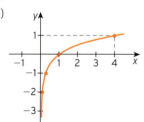

b)
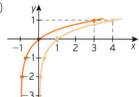

c)
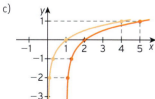

d)
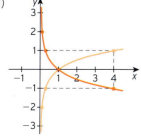

e)
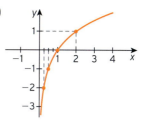

f)
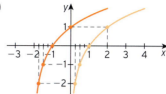

g)
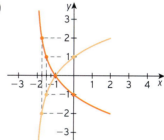

h)
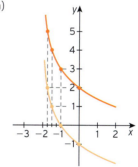

47. $f^{-1}(x) = e^x - 1$

48.
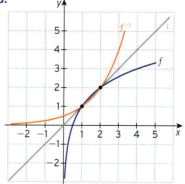

49. a) As funções f e g são decrescentes, pois seus valores diminuem conforme os valores de x aumentam.
b) $f(x) = \left(\frac{1}{3}\right)^x$ e $g(x) = \log_{\frac{1}{3}} x$

Respostas dos exercícios

Página 152 – Exercícios propostos

54. a) $S = \{25\}$

b) $S = \{0{,}027\}$

c) $S = \{2\}$

d) $S = \{3\}$

e) $S = \left\{\dfrac{25}{4}\right\}$

f) $S = \{3, 5\}$

55. a) $S = \{-5 + \sqrt{3}\}$

b) $S = \left\{\dfrac{7}{3}\right\}$

c) $S = \left\{-\dfrac{3}{2}, \dfrac{3}{2}\right\}$

d) $S = \{-7, 2\}$

e) $S = \{-1\}$

56. a) 8

b) 4

c) 4

d) 12

57. a) $\dfrac{\sqrt[3]{9}}{3} - 5$

b) $\dfrac{-1 + \sqrt{33}}{2}$

c) $\dfrac{\sqrt{101}}{2}$

d) $\dfrac{6}{5}$

58. a) Falsa, pois a equação admite as soluções $x = -4$ ou $x = 1$.

b) Verdadeira.

c) A condição de existência é: $-x^2 - 3x + 5 > 0$

Sendo $f(x) = -x^2 - 3x + 5$ a lei de correspondência da função associada a essa inequação, temos os seguintes zeros:

$f(x) = 0 \Rightarrow -x^2 - 3x + 5 = 0$

$\Delta = (-3)^2 - 4 \cdot (-1) \cdot 5 = 29$

$x = \dfrac{-(-3) \pm \sqrt{29}}{2 \cdot (-1)} = \dfrac{3 \pm \sqrt{29}}{-2} \Rightarrow$

$\Rightarrow x = \dfrac{-3 - \sqrt{29}}{2}$ ou $x = \dfrac{-3 + \sqrt{29}}{2}$

Então, temos o seguinte esboço:

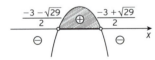

Logo, a condição de existência é:

$\dfrac{-3 - \sqrt{29}}{2} < x < \dfrac{-3 + \sqrt{29}}{2}$

59. a) $S = \left\{\left(\dfrac{72}{7}, \dfrac{12}{7}\right)\right\}$

b) $S = \left\{\left(1 + \sqrt{17}, \dfrac{1 + \sqrt{17}}{2}\right)\right\}$

c) $S = \left\{\left(\sqrt{7}, -1 + \sqrt{7}\right)\right\}$

d) $S = \{\ \}$

60. 1 020

61. 3 anos.

62. a) $n(x) = 900 \cdot 2^x$

b) Aproximadamente 3,33 intervalos de 10 minutos.

63. a) Falso, pois $\log y - \log x = \log 2 \Rightarrow \dfrac{y}{x} = 2 \Rightarrow y = 2x$, que representa uma função crescente, e a reta em azul representa uma função decrescente.

b) Falso, pois a reta em laranja representa uma função crescente, e $x + y = 6 \Rightarrow y = -x + 6$, que representa uma função decrescente.

c) A afirmação é verdadeira.

64. a) Após 16 anos a massa é de 6 gramas

b) Aproximadamente 60,8 anos.

65. a) $S = \{x \in \mathbb{R} \mid x > 10\}$

b) $S = \{x \in \mathbb{R} \mid -2 < x < 1\}$

c) $S = \{x \in \mathbb{R} \mid x \geq 6\}$

d) $S = \{x \in \mathbb{R} \mid -2 \leq x < -1 \text{ ou } 1 < x \leq 2\}$

e) $S = \left\{x \in \mathbb{R} \mid x > -\dfrac{41}{75}\right\}$

f) $S = \{x \in \mathbb{R} \mid x < -2 \text{ ou } x > 1\}$

66. a) $S = \{x \in \mathbb{R} \mid 1 < x < 4\}$

b) $S = \{x \in \mathbb{R} \mid x > -1\}$

c) $S = \{x \in \mathbb{R} \mid x \geq 5\}$

d) $S = \{x \in \mathbb{R} \mid x \leq -3 \text{ ou } x \geq 3\}$

e) $S = \left\{x \in \mathbb{R} \mid \dfrac{4}{7} < x \leq \dfrac{9\sqrt{2}}{14}\right\}$

f) $S = \{\ \}$

67. a) $S = \{x \in \mathbb{R} \mid x > -5\}$

b) $S = \{x \in \mathbb{R} \mid x > 5\}$

c) $S = \{x \in \mathbb{R} \mid -9 < x < -8\}$

d) $S = \{x \in \mathbb{R} \mid -2 - \sqrt{5} \leq x < -3 \text{ ou } -1 \leq x \leq -2 + \sqrt{5}\}$

e) $S = \{x \in \mathbb{R} \mid 3 - \sqrt{34} \leq x < 0 \text{ ou } 6 < x \leq 3 + \sqrt{34}\}$

f) $S = \left\{x \in \mathbb{R} \mid \dfrac{1}{64} < x < 64\right\}$

68. a) $\{x \in \mathbb{R} \mid x \leq 9\}$

b) $\{x \in \mathbb{R} \mid x \neq 3, x \neq -5 \text{ e } x \neq -4\}$

c) $\{x \in \mathbb{R} \mid x < -\sqrt{6} \text{ ou } x > \sqrt{6}\}$

d) $\{x \in \mathbb{R} \mid 4 - \sqrt{15} < x < 4 + \sqrt{15}\}$

69. a) $S = \{\ \}$

b) $S = \{\ \}$

246

70. a) $v(t) = v \cdot 0.8^t$

b) 11 anos

71. a) $x > \dfrac{7}{3}$

b) $x \leqslant -\dfrac{5}{3}$

c) $x < \dfrac{4}{7}$

d) $x \geqslant \dfrac{7}{16}$

72. a) $d(x) = d \cdot 3^x$

b) 2 semestres

73. a) $p(m) = p_0 \cdot 1.03^m$ b) 70 meses

74. a) $x = 2$

b) $x > 2$

c) $x < 2$

d) $x = 1$

e) $x = 3$

f) $x > 0$

Página 154 – Exercícios complementares

75. a) $10^{-3.1}$ W/m²

b) 100 dB

76. $\dfrac{1}{256}$

77. a) O gráfico da função f está representado em laranja e o da função g está representado em azul.

b) $S = \{0, 3\}$

c) $S = \{x \in \mathbb{R} \mid 0 < x < 3\}$

78. a) $C(t) = 30\,000 \cdot 1.2^t$, em que $C(t)$ é a quantia acumulada ao longo do tempo t.

b) 6 anos

79. a) $-\dfrac{5}{2}$

b) aproximadamente 4,301

c) aproximadamente 0,0178

80. aproximadamente 9 anos

81. a) $s(t) = s_0 \cdot 0.989^t$, em que t é o tempo (em ano) e $s(t)$ é a área do Cerrado.

b) aproximadamente 63 anos

82. Alternativa **c**

83. a) 68%

b) 99 minutos

■ Capítulo 9 – Sequência e progressões

Página 155 – Para começar

1. Resposta possível: É possível perceber várias mudanças que decorrem da primeira para a última imagem, por exemplo, a posição do homem que está atravessando a rua.

2. Tanto da primeira imagem para a segunda, quanto da segunda para a terceira, o tempo transcorrido é 0,5 s. Podemos afirmar que o intervalo de tempo de uma imagem para a outra, na situação apresentada, é constante, pois o tempo transcorrido entre duas imagens subsequentes é sempre 0,5 s.

3. No instante de tempo $t = 0$ s, há apenas uma imagem. No intervalo que compreende o instante 0 s e o instante 0,5 s, há duas imagens, assim como em cada um dos intervalos citados.

4. Resposta pessoal.

Página 157 – Exercícios propostos

3. a) $(3, 1, -1, -3)$

b) $(1, 3, 9, 27)$

c) $(2, 1, 0, -1)$

d) $\left(5, 4, \dfrac{11}{3}, \dfrac{7}{2}\right)$

4. a) $(0, -1, 2, -3, 4)$

b) 100

c) Que a sequência é alternada e que, se definirmos uma nova sequência b_n pondo $b_n = |a_n|$, essa sequência será uma PA.

5. a) 3, 27, 243, 2 187.

b) 3^{29}

6. a) Resposta possível: $(5, 10, 15, 20, 25, 30, 35)$.

b) Não, existem diversas maneiras de continuar essa sequência. Por exemplo, considerando que cada novo termo é o dobro do anterior; nesse caso, a sequência é: $(5, 10, 20, 40, 80, 160, 320)$.

7. Quarta-feira.

8. a) Sábado

b) 03/02, 09/02, 15/02, 21/02 e 27/02 respectivamente terça, segunda, domingo, sábado e sexta.

c) 12 dias

9. 67 metros.

10. 61 palitos de fósforo

11. a) 40 palitos, 225 é o quadrado perfeito, 25 é o número da figura.

b) $P = 4F$

c) $Q = F^2$

d) $Q = \left(\dfrac{P}{4}\right)^2 = \dfrac{P^2}{16}$

12. O 39º termo é 1 e o 214º termo é -1.

13. a) $x = 4$

b) $(9, 12, 15)$

14. Alternativa **b**

Página 161 – Exercícios propostos

19. a) crescente

b) decrescente

c) constante

d) decrescente

20. 22 termos

21. 18 termos

22. a) Copa do Mundo de Futebol.

b) Jogos Olímpicos.

247

Respostas dos exercícios

23. $(13, 10, 7)$ ou $(7, 10, 13)$

24. a) 100   b) 81   c) 133

25. $(-4, -2, 0, 2, 4)$

26. A sequência é $(11, 14, 17, 20, 23, 26)$, e a soma dos termos inseridos entre 11 e 26 é 74.

27. a) 10 pontos de água

b) nos quilômetros 3, 7, 11, 15, 19, 23, 27, 31, 35 e 39

28. 51 telefones

Página 163 – Exercícios propostos

31. 525

32. 15 ou 16 termos

33. 47 termos

34. 5 ou -1

35. 1 950 cm

36. $a_n = 4n - 2$

37. 2 400

38. $T_n = \dfrac{n(n+1)}{2}$ e 11 325

39. a) R$ 1 586,00

b) R$ 4 186,00, o que possibilita a compra do televisor

40. 27 900 unidades

41. 36

42. R$ 81,50

43. a) 164 cadeiras

b) 8ª fileira

44. Alternativa **b**

45. a) $\dfrac{4}{5}$

b) Se a, b e c são termos consecutivos de uma progressão harmônica, então $\dfrac{1}{a}$, $\dfrac{1}{b}$ e $\dfrac{1}{c}$ são termos consecutivos de progressão aritmética. O que implica $\dfrac{1}{a} + \dfrac{1}{c} = \dfrac{2}{b} \Rightarrow bc + ab = 2ac \Rightarrow$ $\Rightarrow b(a+c) = 2ac$. Logo, $b = \dfrac{2ac}{a+c}$

46. a) A-----D-----C-----B

b) AD = 190 km, AC = 360 km, BC = 150 km e BD = 340 km.

Página 165 – Cálculo mental

- 92
- 275
- $\dfrac{1}{27}$

Página 166 – Exercícios propostos

49. a) 1

b) $-\sqrt{5}$

c) x

d) $-\dfrac{1}{2}$

e) $\sqrt{7}$

50. a) $-2, -8, -32$ e -128

b) $\dfrac{1}{9}, -\dfrac{1}{3}, 1$ e -3

c) $\dfrac{1}{256}, \dfrac{1}{64}, \dfrac{1}{16}$ e $\dfrac{1}{4}$

d) $1, -1, 1$ e -1

e) $\sqrt{2}, \sqrt{6}, 3\sqrt{2}$ e $3\sqrt{6}$

f) $-\dfrac{3}{5}, -\dfrac{1}{5}, -\dfrac{1}{15}$ e $-\dfrac{1}{45}$

51. $(3, -15, 75)$ ou $(75, -15, 3)$

52. $a_1 = f(1) = 1 \cdot 2^{1-1} = 1$

$a_2 = f(2) = 1 \cdot 2^{2-1} = 2$

$a_3 = f(3) = 1 \cdot 2^{3-1} = 4$

$a_4 = f(4) = 1 \cdot 2^{4-1} = 8$

$a_5 = f(5) = 1 \cdot 2^{5-1} = 16$

A sequência é uma P.G.

53. Resposta possível: $(-4, -8, -16, -32, -64, -128, -256)$

54. a) sim; $a_1, \dfrac{a_1}{2}$ e $\dfrac{a_1}{4}$

b) não

c) sim; $a_1, 3a_1$ e $9a_1$

d) sim; a_1; $1{,}02a_1$ e $1{,}0404a_1$

Página 168 – Exercícios propostos

57. a) 1 024

b) $-59\,049$

c) $\dfrac{-4\,782\,969}{4}$

d) 6 561

58. a) $\sqrt{2}, 6 \cdot \sqrt{2}, 2 \cdot \sqrt{2}, 12 \cdot \sqrt{2}, 4 \cdot \sqrt{2}, 24 \cdot \sqrt{2}, 8 \cdot \sqrt{2}$ e $48 \cdot \sqrt{2}$

b) $2^{18} \cdot \sqrt{2}$ e $2^{18} \cdot 6 \cdot \sqrt{2}$

59. 405 coelhos infectados

60. R$ 1 552,27

61. a) 5

b) 3 125

62. $(2, 10, 50, 250)$ ou $(-3, 15, -75, 375)$

63. 6,2 L de agrotóxico

64. 9 termos

65. P.G. formada: $\left(16, 8, 4, 2, 1, \dfrac{1}{2}, \dfrac{1}{4}\right)$

66. 4 termos

Página 169 – Ação e cidadania

- Resposta pessoal.
- P.G.

Página 170 – Exercícios propostos

69. a) 4

b) 1

c) 1 365

70. aproximadamente 120 m

71. $\dfrac{63}{32}$

72. 1º de outubro

73. $x = 11$

74. 349 525 pessoas

75. a) R$ 510,05

b) aproximadamente R$ 41 243,18

c) menor

d) Excluindo-se o caso de apenas duas parcelas, a comparação do valor total pago, independentemente do tempo de duração, sempre resulta no pagamento maior na situação representada pela P.G. em relação a P.A.

76. a) $\frac{1}{3}$ e 1   b) 3   c) $a_n = 3^{n-2}$

Página 171 – Para refletir

Conforme os valores de x aumentam, os valores de $\frac{1}{x}$ diminuem, ficando cada vez mais próximos de zero, mas sempre positivos.

Página 171 – Exercícios propostos

78. a) $\frac{1}{8}$

b) $\frac{7}{6}$

79. 0,0125

80. $S = \{6\}$

Página 172 – Exercícios propostos

81. a) O comprimento da espiral é $\frac{315\pi}{32}$.

b) O comprimento é 10π.

c) A expressão algébrica em função da quantidade (n) é

$10\pi \cdot \left[1 - \left(\frac{1}{2}\right)^n\right]$.

82. A 1ª proposta é mais conveniente.

83. a) Tem 27 equipes na 1ª fase, tem 9 equipes na 2ª fase, tem 3 equipes na 3ª e última fase.

b) Deve ter 6 fases para outra gincana com 729 equipes.

84. Alternativa **d**

85. Alternativa **e**

Página 176 – Exercícios propostos

88. a) $(-6, -2, 2, 6, 10, 14, 18, 22)$

b) Sendo $f(n) = -6 + 4n$ a lei de correspondência da função associada a essa P.A., tal que $n \in [1, 8]$, temos a seguinte representação gráfica.

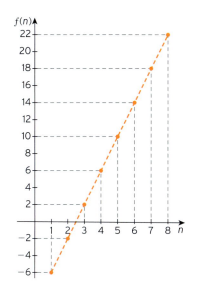

89. a) $\left(\frac{3}{2}, 3, 6, 12, 24\right)$

b) Sendo $f(n) = 3 \cdot 2^{n-2}$ a lei de correspondência da função associada a essa P.G., tal que $n \in [1, 5]$, temos a seguinte representação gráfica.

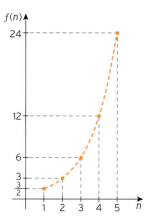

90. a) P.A., de razão 1,5 e com os seguintes sete primeiros termos: 2; 3,5; 5; 6,5; 8; 9,5 e 11

b) P.G., de razão 4 e com os seguintes sete primeiros termos: 1, 4, 16, 64, 256, 1 024 e 4 096

c) P.A., de razão 4 e com os seguintes sete primeiros termos: -3, 1, 5, 9, 13, 17 e 21

d) P.G., de razão 3 e com os seguintes sete primeiros termos: 1, 3, 9, 27, 81, 243 e 729

91. 77

92. $\frac{8}{3}$ e $\frac{16}{3}$

93. -4 e 2

94. $\frac{1}{32}$

95. (3, 4, 5, 6, 7, 8, 9)

96. a) Como a sequência é uma P.A., temos $a_2 - a_1 = a_3 - a_2$. Então:

$x + 10 - x = x^2 - x - 10 \Rightarrow$
$\Rightarrow x^2 - x - 20 = 0 \Rightarrow$
$\Rightarrow x = -4$ ou $x = 5$

Como $x < 0$, temos: $x = -4$

Então, temos a P.A. $(-4, 6, 16, ...)$, cuja razão é:

$r = 6 - (-4) = 10$

Então, o 20º termo é:

$a_{20} = a_1 + 19r = -4 + 19 \cdot 10 = 186$

Portanto, a afirmativa é verdadeira.

b) A sequência de números naturais ímpares é representada pela P.A. (1, 3, 5, ...), em que a razão é $r = 2$.

A soma dos n primeiros termos dessa P.A. é:

$S_n = \dfrac{n \cdot (a_1 + a_n)}{2} =$
$= \dfrac{n \cdot (a_1 + a_1 + (n-1) \cdot r)}{2} =$
$= \dfrac{n \cdot (1 + 1 + (n-1) \cdot 2)}{2} = n^2$

Portanto, a afirmativa é falsa.

249

Respostas dos exercícios

c) Temos uma P.G. em que $a_1 = 2$ e $q = \frac{1}{2}$. Então, determinamos o 12º termo da P.G.:

$$a_{12} = a_1 \cdot q^{11} = 2 \cdot \left(\frac{1}{2}\right)^{11} = \left(\frac{1}{2}\right)^{10} = \frac{1}{1\,024}$$

Portanto, a afirmativa é verdadeira.

d) Da relação entre os termos consecutivos de uma P.A., temos:

$a_2 - a_1 = a_3 - a_2 \Rightarrow y - x = 10 - y \Rightarrow$
$\Rightarrow x = 2y - 10$

Da relação entre os termos consecutivos de uma P.G., temos:

$\frac{b_2}{b_1} = \frac{b_3}{b_2} \Rightarrow \frac{y}{x} = \frac{18}{y} \Rightarrow y^2 - 18x = 0$

Substituindo x por $2y - 10$ nessa equação, obtemos o valor de y:

$y^2 - 18 \cdot (2y - 10) = 0 \Rightarrow$
$\Rightarrow y^2 - 36y + 180 = 0 \Rightarrow$
$\Rightarrow y = 6$ ou $y = 30$

Então:

Para $y = 6$, temos: $x = 2 \cdot 6 - 10 = 2$

Para $y = 30$, temos: $x = 2 \cdot 30 - 10 = 50$

Como as duas sequências são crescentes, a resposta $x = 50$ e $y = 50$ não convém.

Então, $x = 2$ e $y = 6$, e, como $x \cdot y = 2 \cdot 6 = 12$, a afirmativa é verdadeira.

e) O primeiro membro da equação é a soma dos termos de uma P.G. de razão $q = \dfrac{\frac{x}{3}}{x} = \frac{1}{3}$.

Determinamos soma dos termos da P.G.:

$S_n = \dfrac{a_1}{1-q} = \dfrac{x}{1-\frac{1}{3}} = \dfrac{x}{\frac{2}{3}} = \dfrac{3x}{2}$

Como $S_n = 12$, obtemos o valor de x:

$\frac{3x}{2} = 12 \Rightarrow x = 8$

Portanto, a afirmativa é falsa.

97. a)

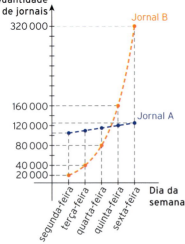

b) O jornal B, com 320 000 exemplares distribuídos.

98. R$ 4 403,20 e R$ 4 723,04, resgatando R$ 9 126,24 ao todo.

99.

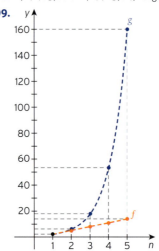

$a_n = b_n$ apenas para $n = 1$ e $a_n > b_n$ para $n \in \{2, 3, 4, 5, 6, ...\}$

100. Alternativa **c**

101. Alternativa **d**

102. a) 44 345 046 habitantes.

b) 235 646 610 habitantes

c) Após 3 anos as taxas serão iguais.

Página 178 – Exercícios complementares

103. a) 7

b) 180

104. 0,45

105. P.A.: $\left(\frac{4}{5}, \frac{24}{5}, \frac{44}{5}, \frac{64}{5}\right)$

P.G.: $\left(\frac{8}{5}, \frac{16}{5}, \frac{32}{5}, \frac{64}{5}\right)$

106. a) Para a_n temos a sequência (2, 5, 8, 11, 14, 17, 20, 23, 26, 29). Para b_n temos a sequência (1, 3, 5, 7, 9, 11, 13, 15, 17, 19).

b) $A \cup B = \{1, 2, 3, 5, 7, 8, 9, 11, 13, 14, 15, 17, 19, 20, 23, 26, 29\}$ e $B \cap A = \{5, 11, 17\}$

107. 163

108. P.G. formada: $(-3, 6, -12, 24, -48, 96, -192, 384)$

109. a) de atendimento

b) 17 postos de socorro

c) 14 postos de atendimento

d) Resposta pessoal.

e) Resposta pessoal.

110. 11 e 16, ou 26 e 31

111. R$ 24,00

112. a)

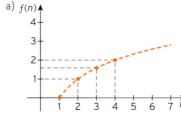

250

b) Não, pois $1 - 0 \neq 1{,}58 - 1$ e
$f(1) = 0$.

c) $f^{-1}(x) = 2^x$

d) Sim, pois $\frac{8}{4} = \frac{4}{2} = 2$.

113. Para $a_n = 3 - 5n$, temos: $-2, -7, -12, -17, -22$ e -27

Para $a_n = 2n + 3$, temos: $5, 7, 9, 11, 13$ e 15

114. 27,3 km

115. $\frac{5}{3}$

116. a) Essa sequência é uma P.G., pois: $\frac{10^{x+1}}{10^x} = \frac{10^{x+2}}{10^{x+1}}$

b) 10

117.

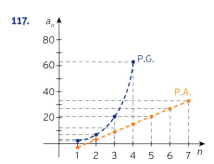

118. a) A sequência formada pelas parcelas dessa igualdade é (0,6; 0,06; 0,006; ...), uma P.G. infinita, pois: $\frac{0{,}06}{0{,}6} = \frac{0{,}006}{0{,}06} = 0{,}1$

b) O valor esperado é 0,666..., pois a soma dos termos dessa P.G. representa a dízima periódica 0,666...

Pela soma dos termos de uma P.G. infinita, verificamos que, de fato, a soma desses termos é 0,666...

$S = \frac{0{,}6}{1 - 0{,}1} = \frac{0{,}6}{0{,}9} = \frac{2}{3} = 0{,}666...$

119. P.A.: (10, 14, 18)

P.G.: (8, 16, 32)

120. a) 4, 6, 4, 6, 4, 6, 4, 6, 4 e 6

b) 6

121. 2

122. a) 36

b) 8 190

c) 2 391 480

d) aproximadamente 3

123. $113 + 3\sqrt{5} + 8\pi$

124. a) Para os cinco primeiros termos, temos:

n	$f(n) = -0{,}7^n$
1	$-0{,}7^1 = -0{,}7$
2	$-0{,}7^2 = -0{,}49$
3	$-0{,}7^3 = -0{,}343$
4	$-0{,}7^4 = -0{,}2401$
5	$-0{,}7^5 = -0{,}16807$

b)

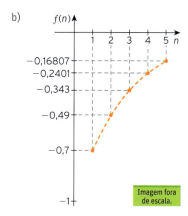

c) Sim.

d) $-0{,}7; -0{,}49; -0{,}343; -0{,}2401$ e $-0{,}16807$; razão 0,7

e) $-1{,}9412$

125. 2 350 m

126. Alternativa c

127. 5 050 cubinhos

128. Alternativa d

129. Alternativa b

130. Alternativa d

■ Capítulo 10 – Semelhança

Página 182 – Para começar

1. Área de cada trapézio: 150 cm²; área do triângulo: 100 cm²

2. 20 cm, 20 cm e $20\sqrt{2}$ cm

3. Todas as razões são iguais a $\frac{1}{2}$.

Página 185 – Exercícios propostos

4. Como D e E são pontos médios dos segmentos $\overline{BA}$ e $\overline{BC}$, e o segmento $\overline{AC}$ tem o dobro da medida do segmento $\overline{DE}$, temos:
$\frac{BA}{BD} = \frac{BC}{BE} = \frac{AC}{DE} = 2$

Portanto, os triângulos são semelhantes.

5. Embora as razões das medidas dos lados correspondentes sejam iguais $\left(\frac{5}{5} = \frac{12}{12} = 1\right)$, os ângulos internos desses polígonos não são congruentes. Por isso, esses polígonos não são semelhantes.

6. a) A razão de quaisquer dois lados correspondentes desses quadrados é $\frac{a}{b}$, pois os quatro lados de um quadrado têm medidas iguais.

Logo, quaisquer dois quadrados são semelhantes.

b) A razão de quaisquer dois lados correspondentes desses triângulos é $\frac{a}{b}$, pois os três lados de um triângulo equilátero têm medidas iguais.

Logo, quaisquer dois quadrados são semelhantes.

251

Respostas dos exercícios

7. Resposta possível:
Reduzimos as fotografias de dimensões (em cm) 30 × 40 em $\frac{1}{4}$ de seu tamanho, obtendo fotografias com dimensões (em cm) 7,5 × 10.
Reduzimos as fotografias de dimensões (em cm) 25 × 35 em $\frac{1}{5}$ de seu tamanho, obtendo fotografias com dimensões (em cm) 5 × 7.
Reduzimos as fotografias de dimensões (em cm) 10 × 15 em $\frac{1}{2,5}$ de seu tamanho, obtendo fotografias com dimensões (em cm) 4 × 6.
Assim, podemos ter a seguinte distribuição das fotografias sobre a folha de papel:

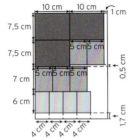

Portanto, com essas dimensões as fotografias ocupam mais da metade da folha.

8. $AB = 2$; $CB = 2$; $CD = 3$.

9. Alternativa **a**

10. Alternativa **c**

11. Alternativa **d**

12. Alternativa **c**

Página 186 – Ação e cidadania
- Resposta pessoal.
- Resposta pessoal.

Página 188 – Exercícios propostos

15. 20 cm

16. $x = 20$ dm e $y = 3$ dm
A área do triângulo MPT é 216 dm², e a área do triângulo PRS é 6 dm².

17. 12 dm

18. 16 cm

Página 189 – Exercícios propostos

20. 22,5 m

21. 12 cm

22. 16 km a menos

23. 4

24. 12,5 m

25. 5 cm

26. aproximadamente 21,8 cm

27. 4 m

28. 3 cm

29. Alternativa **c**

30. Alternativa **b**

31. Alternativa **a**

32. Alternativa **a**

33. Alternativa **b**

34. Alternativa **c**

35. a) Final do ano 2032
b) − 0,183%

36. Alternativa **d**

Página 193 – Exercícios propostos

39. a) $\frac{1}{3}$
b) $\frac{1}{3}$
c) $\frac{1}{9}$

40. Resposta possível:

1 cm   2 cm

41. a) $\frac{2}{5}$
b) $\frac{4}{25}$

42. a) 600 azulejos
b) 150 azulejos

43. Os lados do primeiro triângulo medem 12,5 cm e do segundo triângulo 50 cm, e a razão de semelhança dos triângulos é $\frac{1}{4}$.

44. a) Uma cópia de tamanho reduzido com metade das dimensões do original.
b) 25%

45. $h' = \frac{h}{2}$

46. Alternativa **c**

47. Alternativa **a**

48. Alternativa **e**

49. Alternativa **d**

50. Alternativa **d**

51. Alternativa **e**

52. Alternativa **e**

53. Alternativa **b**

54. Alternativa **b**

Página 197 – Exercícios propostos

59. Medidas em centímetro:
a) 5 e $\frac{9}{4}$
b) 20 e 15
c) 9 e $2\sqrt{5}$
d) 9,6 e 7,2

60. a) 5
b) 3

61. Sendo d a medida da diagonal do quadrado, temos: $d = a\sqrt{2}$

62. $6\sqrt{2}$

63. Sendo h a altura do triângulo equilátero, temos: $h = \dfrac{a\sqrt{3}}{2}$

64. 6

65. 24 cm

66. 10 cm

67. 44 cm

68. $30\sqrt{15}$ cm

69. 4,8 dm

70. Alternativa **a**

71. Alternativa **c**

72. Alternativa **e**

73. Alternativa **c**

74. Alternativa **d**

75. Alternativa **b**

76. Alternativa **c**

77. Alternativa **e**

Página 199 – Exercícios complementares

78. ■ figura 1 ~ figura 3 ~ figura 6
- figura 8 ~ figura 11
- figura 4 ~ figura 10
- figura 7 ~ figura 9 ~ figura 12

As figuras 2 e 5 não são semelhantes a nenhuma outra figura.

79. 32 cm

80. a) 30   b) 2

81. a) Os ângulos internos $E\hat{C}D$ e $A\hat{C}B$ são opostos pelo vértice C; logo são congruentes. Os dois triângulos têm um ângulo de 90°. Pelo caso AA de semelhança de triângulos, os triângulos ABC e EDC são semelhantes.

b) $\dfrac{3\sqrt{17}}{85}$

c) $\dfrac{24\sqrt{17}}{17}$

82. $\dfrac{4\sqrt{3}}{3}$

83. a) 67,5 cm

b) aproximadamente 219,26 cm²

84. 8 m e 10 m

85. Alternativa **a**

86. $\left(3\sqrt{3} + 2\right)$ m

87. Alternativa **a**

88. 106,3 km

89. $20\sqrt{2}$ m

■ Capítulo 11 – Trigonometria em um triângulo

Página 201 – Para começar

1. Sim, os segmentos $\overline{HI}$, $\overline{FG}$, $\overline{DE}$ e $\overline{BC}$ estão contidos em retas paralelas, pois esses segmentos são perpendiculares ao segmento $\overline{AH}$.

2. $\overline{DE} = 6$ m, $FG = 9$ m, $\overline{HI} = 12$ m e $\overline{AI} = 20$ m.

3. Resposta possível: determinar a altura de um poste, considerando o comprimento da sombra desse poste e o comprimento da sombra de um bastão de altura conhecida e que esteja posicionado de modo que o ângulo formado entre o bastão e o solo tenha medida igual ao ângulo formado entre o poste e o solo.

Página 205 – Exercícios propostos

3. 15

4. a) 20

b) $\dfrac{3}{5}$

c) $\dfrac{4}{5}$

d) $\dfrac{3}{4}$

e) $\dfrac{4}{5}$

f) $\dfrac{3}{5}$

5. 54 cm e $5\sqrt{3}$ cm

6. a) 15 dm e 20 dm

b) $\dfrac{4}{5}$ e $\dfrac{4}{3}$

c) Os valores de sen α e tg α seriam maiores do que os calculados no item **b**.

7. a) 90°

b) $\dfrac{1}{2}$, $\dfrac{\sqrt{3}}{2}$ e $\dfrac{\sqrt{3}}{3}$

c) 4 cm e $4\sqrt{3}$ cm

d) O valor de $\alpha + \beta$ permanece igual a 90°, pois, ao alterar o valor de α, o valor de β também se altera, já que a soma das medidas dos ângulos internos do triângulo é sempre 180°.

8. a) aproximadamente 0,2756

b) aproximadamente 0,342

c) 0,3639

d) aproximadamente 2,748

Página 208 – Exercícios propostos

10. 900 m

11. a) aproximadamente: 31,17 cm e 62,37 cm

b) 30°

12. a) aproximadamente 34,312

b) aproximadamente 5,6018

13. 12 dm e aproximadamente 6,32 dm

14. a) 100 m

b) aproximadamente 173 m

15. 108 lajotas

16. a) aproximadamente 13,5915

b) aproximadamente 68,1

Página 209 – Ação e cidadania

- Resposta pessoal.
- aproximadamente 5°

Página 210 – Ação e cidadania

Resposta pessoal.

253

Respostas dos exercícios

Página 210 – Exercícios propostos

17. a) aproximadamente 0,1736
b) aproximadamente −0,9903
c) aproximadamente −0,267
d) aproximadamente −0,8192
e) aproximadamente 0,8480
f) aproximadamente −0,524

18. a) Falsa, pois:
sen 135° = sen (180° − 135°) = sen 45°
b) Falsa, pois:
sen 170° = sen (180° − 170°) = sen 10°
c) Verdadeira, pois:
sen 165° = sen (180° − 165°) = sen 15°
d) Verdadeira, pois:
tg 130° = −tg (180° − 130°) = −tg 50° e, como tg 50° > 0, temos tg 130° < 0 e tg 130° < tg 50°.
e) Falsa, pois:
cos 150° = −cos (180° − 150°) = −cos 30° e, como cos 30° > 0, temos cos 150° < 0 e cos 150° < cos 30°.
f) Falsa, pois 30° e 60° são as medidas de ângulos complementares; logo cos 30° = sen 60°.

19. a) 2
b) 0
c) $2 + \sqrt{2}$
d) 1
e) 4
f) $\frac{7}{4} + \sqrt{3} - \frac{\sqrt{2}}{2}$

Página 211 – Exercícios propostos

20. a) 0,325
b) 0,809
c) 2,050
d) −0,601
e) −1,110
f) 0,156

21. a) 62° ou 118°
b) 41°
c) 24°
d) 126°
e) 162°
f) 82° ou 98°

Página 213 – Exercícios propostos

24. 2

25. 4 cm

26. $\frac{3}{8}$

27. aproximadamente 6,93 cm.

28. aproximadamente 7 174 m.

29. $\sqrt{6} + \sqrt{2}$

30. Suponha que o primeiro ângulo medido tenha sido o representado na figura.

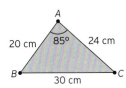

Então: $\hat{B} \cong 53°$ e $\hat{C} \cong 42°$
a) Resposta pessoal.
b) Como o processo de construção dos triângulos e medição dos ângulos utilizando um transferidor pode apresentar imprecisões, é comum ocorrerem variações entre as medidas obtidas.

Página 216 – Exercícios propostos

32. aproximadamente 7,21 cm

33. −0,175

34. aproximadamente 173,2 m

35. 75 m

36. aproximadamente 18,54

37. 8

38. a) O menor ângulo é o oposto ao lado de 2 centímetros.
b) 0,8

39. aproximadamente 3,6 cm

40. aproximadamente 635,82 m

41. 7,5 m

Página 217 – Exercícios complementares

42. aproximadamente 290 kg

43. a) aproximadamente 7,63 m
b) Ao diminuir a medida do ângulo $A\hat{B}D$, a distância entre os pontos A e D diminui, de modo que, quando a medida desse ângulo é 0°, a distância entre esses pontos é mínima. Ao aumentar a medida desse ângulo, a distância entre esses pontos aumenta, de modo que, quando a medida desse ângulo é 180°, a distância entre os pontos é máxima.

44. a) O jogador não fará o gol.
b) aproximadamente 17,36 m
c) Ele deve diminuir o ângulo, pois a altura da bola no momento em que cruza a linha do gol deve ser menor do que a altura obtida no chute dado.

45. a) O guindaste não conseguirá realizar o trabalho.

Primeira justificativa: se o braço formasse um ângulo de 90° em relação à horizontal, o guindaste poderia erguer a caixa à altura máxima de 18 m do solo (15 m de seu comprimento mais 3 m de sua base). Portanto, com inclinação do braço a 75°, a caixa será erguida a uma altura menor, que não é suficiente para o trabalho.

Segunda justificativa: Sendo h a altura máxima à qual o guindaste erguerá a caixa, temos:

sen 75° = $\frac{h}{15} \Rightarrow h \cong 15 \cdot 0{,}9659 \cong 14{,}49$

Portanto, com inclinação do braço a 75°, o guindaste erguerá a caixa à altura máxima de 17,49 m, que não é suficiente para realizar o trabalho.

b) A primeira justificativa é mais intuitiva, visto que leva em consideração a altura máxima do braço do guindaste. Portanto, a primeira justificativa é mais simples do que a segunda, que requer conhecimentos de trigonometria.

46. a) Verdadeira. Para justificar, podemos considerar o seguinte triângulo:

Temos então: sen $\alpha = \dfrac{x}{h} =$ cos β

b) Verdadeira. Pelo desenvolvimento do item **a**, temos:
cos $\beta =$ sen α; analogamente, cos $\alpha =$ sen β. Portanto:
tg $\alpha = \dfrac{\text{sen } \alpha}{\cos \alpha} = \dfrac{\cos \beta}{\text{sen } \beta} = \dfrac{1}{\text{tg } \beta}$

c) Verdadeira. Pelo desenvolvimento do item **a**, temos:
cos $\beta =$ sen α. Então, cos $\beta =$ cos α, ou seja, $\alpha = \beta$. Mas α e β são medidas de ângulos complementares; então: $\alpha + \beta = 90° \Rightarrow$
$\Rightarrow \alpha + \alpha = 90° \Rightarrow \alpha = 45°$

47. a) 37,5 m e 21 m
b) 378 m²
c) Sim, é possível determinar a medida α, por exemplo, pela relação sen $\alpha = \dfrac{h}{a}$.
sen $\alpha = \dfrac{h}{a} = \dfrac{36}{37,5} = 0,96$
Pela tabela de razões trigonométricas, temos que seno de 0,96 corresponde a aproximadamente 74°. Portanto, $\alpha \cong 74°$.

48. $2 - \sqrt{2}$

49. a) $\dfrac{1}{9}$

b) $\dfrac{1}{3}$

50. a) Pela regra do paralelogramo, temos:

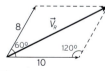

$\vec{V}_R \cong 15,62$

b) Temos as seguintes representações:

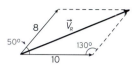

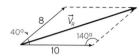

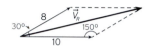

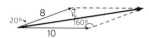

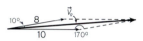

O módulo do vetor-soma aumenta conforme o ângulo entre os vetores adicionados diminui.

c) Valores aproximados: 16,33; 16,93; 17,39; 17,73 e 17,93

Os resultados confirmam a conclusão obtida no item **b**.

51. Depois de a tempestade chegar.

52. $-\dfrac{\sqrt{10}}{10}$

53. $\dfrac{\sqrt{3} + 1}{2}$

54. aproximadamente 4,8 m

55. $AC \cong 6,93$ e sen $C \cong 0,5$

56. Depois do navio.

57. aproximadamente 83,08

58. $3\sqrt{3}$ cm

59. $4\sqrt{3}$ cm

60. Alternativa **c**

61. Alternativa **b**

255

Tabela de razões trigonométricas

Medida do ângulo	sen	cos	tg
0°	0,0000	1,0000	0,0000
1°	0,0175	0,9998	0,0175
2°	0,0349	0,9994	0,0349
3°	0,0523	0,9986	0,0524
4°	0,0698	0,9976	0,0699
5°	0,0872	0,9962	0,0875
6°	0,1045	0,9945	0,1051
7°	0,1219	0,9925	0,1228
8°	0,1392	0,9903	0,1405
9°	0,1564	0,9877	0,1584
10°	0,1736	0,9848	0,1763
11°	0,1908	0,9816	0,1944
12°	0,2079	0,9781	0,2126
13°	0,2250	0,9744	0,2309
14°	0,2419	0,9703	0,2493
15°	0,2588	0,9659	0,2679
16°	0,2756	0,9613	0,2867
17°	0,2924	0,9563	0,3057
18°	0,3090	0,9511	0,3249
19°	0,3256	0,9455	0,3443
20°	0,3420	0,9397	0,3640
21°	0,3584	0,9336	0,3839
22°	0,3746	0,9272	0,4040
23°	0,3907	0,9205	0,4245
24°	0,4067	0,9135	0,4452
25°	0,4226	0,9063	0,4663
26°	0,4384	0,8988	0,4877
27°	0,4540	0,8910	0,5095
28°	0,4695	0,8829	0,5317
29°	0,4848	0,8746	0,5543
30°	0,5000	0,8660	0,5774
31°	0,5150	0,8572	0,6009
32°	0,5299	0,8480	0,6249
33°	0,5446	0,8387	0,6494
34°	0,5592	0,8290	0,6745
35°	0,5736	0,8192	0,7002
36°	0,5878	0,8090	0,7265
37°	0,6018	0,7986	0,7536
38°	0,6157	0,7880	0,7813
39°	0,6293	0,7771	0,8098
40°	0,6428	0,7660	0,8391
41°	0,6561	0,7547	0,8693
42°	0,6691	0,7431	0,9004
43°	0,6820	0,7314	0,9325
44°	0,6947	0,7193	0,9657
45°	0,7071	0,7071	1,0000

Medida do ângulo	sen	cos	tg
46°	0,7193	0,6947	1,0355
47°	0,7314	0,6820	1,0724
48°	0,7431	0,6691	1,1106
49°	0,7547	0,6561	1,1504
50°	0,7660	0,6428	1,1918
51°	0,7771	0,6293	1,2349
52°	0,7880	0,6157	1,2799
53°	0,7986	0,6018	1,3270
54°	0,8090	0,5878	1,3764
55°	0,8192	0,5736	1,4281
56°	0,8290	0,5592	1,4826
57°	0,8387	0,5446	1,5399
58°	0,8480	0,5299	1,6003
59°	0,8572	0,5150	1,6643
60°	0,8660	0,5000	1,7321
61°	0,8746	0,4848	1,8040
62°	0,8829	0,4695	1,8807
63°	0,8910	0,4540	1,9626
64°	0,8988	0,4384	2,0503
65°	0,9063	0,4226	2,1445
66°	0,9135	0,4067	2,2460
67°	0,9205	0,3907	2,3559
68°	0,9272	0,3746	2,4751
69°	0,9336	0,3584	2,6051
70°	0,9397	0,3420	2,7475
71°	0,9455	0,3256	2,9042
72°	0,9511	0,3090	3,0777
73°	0,9563	0,2924	3,2709
74°	0,9613	0,2756	3,4874
75°	0,9659	0,2588	3,7321
76°	0,9703	0,2419	4,0108
77°	0,9744	0,2250	4,3315
78°	0,9781	0,2079	4,7046
79°	0,9816	0,1908	5,1446
80°	0,9848	0,1736	5,6713
81°	0,9877	0,1564	6,3138
82°	0,9903	0,1392	7,1154
83°	0,9925	0,1219	8,1443
84°	0,9945	0,1045	9,5144
85°	0,9962	0,0872	11,4301
86°	0,9976	0,0698	14,3007
87°	0,9986	0,0523	19,0811
88°	0,9994	0,0349	28,6363
89°	0,9998	0,0175	57,2900
90°	1,0000	0,0000	∄

(Valores aproximados.)